上海市卫生和健康发展研究中心

国外最新卫生政策研究译丛

多准则决策分析在卫生决策中的应用

（英）凯文·马什（Kevin Marsh）

（加）米雷耶·格彻伯尔（Mireille Goetghebeur）

（英）普拉文·托科洛（Praveen Thokala）　　主编

（荷兰）罗布·巴尔图森（Rob Baltussen）

胡善联　金春林　　**主审**

何江江　　**主译**

MCDA

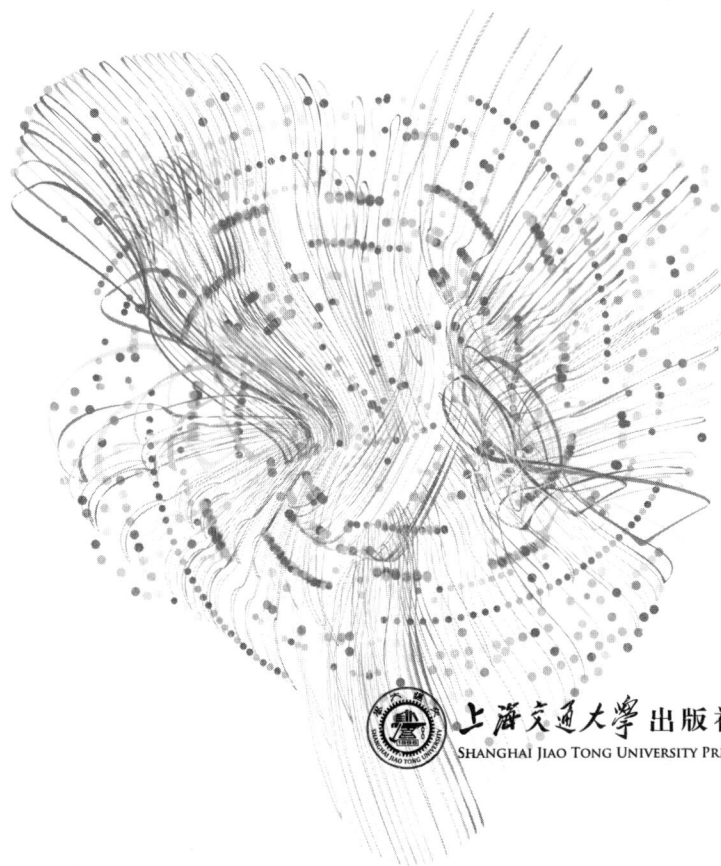

上海交通大学出版社

SHANGHAI JIAO TONG UNIVERSITY PRESS

内容提要

多准则决策分析(Multi-criteria decision analysis, MCDA)广泛应用于卫生决策、卫生技术评估和药物经济学研究,能够帮助制定更好的卫生决策。本书共分为三个部分。第一部分阐述了多准则决策分析应用于卫生领域决策的基础,给出了多准则决策分析的理论基础,以及如何根据不同的决策问题选择合适的多准则决策分析方法。第二部分由实际研究案例构成,涉及领域包括:投资组合的开发、收益-风险分析、卫生技术评估、设置优先级、资源最优化、临床实践和共享决策制定。第三部分探索多准则决策分析在卫生领域内未来的应用方向。本书可为医疗保险报销项目的确定、疾病干预措施的选择、卫生技术的评估和科研基金的分配提供有益的参考。

图书在版编目(CIP)数据

多准则决策分析在卫生决策中的应用/(英)凯文·
马什(Kevin Marsh)等主编;何江江主译. —上海:
上海交通大学出版社,2019
ISBN 978-7-313-22001-1

Ⅰ.①多…　Ⅱ.①凯…　②何…　Ⅲ.①决策学-应用
-卫生管理-研究　Ⅳ.①C934②R19

中国版本图书馆 CIP 数据核字(2019)第 213202 号

First published in English under the title
Multi-Criteria Decision Analysis to Support Healthcare Decisions
edited by Kevin Marsh, Mireille Goetghebeur, Praveen Thokala and Rob Baltussen,
edition: 1
Copyright © Springer International Publishing AG, 2017*
This edition has been translated and published under licence from
Springer Nature Switzerland AG.
Springer Nature Switzerland AG takes no responsibility and shall not be made liable
for the accuracy of the translation.

上海市版权局著作权合同登记号:图字 09-2018-1054 号

多准则决策分析在卫生决策中的应用

主　　编:	[英]凯文·马什(Kevin Marsh)等		主　　译:	何江江
出版发行:	上海交通大学出版社		地　　址:	上海市番禺路 951 号
邮政编码:	200030		电　　话:	021-64071208
印　　制:	上海景条印刷有限公司		经　　销:	全国新华书店
开　　本:	787 mm×1092 mm　1/16		印　　张:	19.25
字　　数:	355 千字			
版　　次:	2019 年 10 月第 1 版		印　　次:	2019 年 10 月第 1 次印刷
书　　号:	ISBN 978-7-313-22001-1			
定　　价:	98.00 元			

版权所有　侵权必究
告读者:如发现本书有印装质量问题请与印刷厂质量科联系
联系电话:021-59815625

国外最新卫生政策研究译丛
编委会

《多准则决策分析在卫生决策中的应用》
编译委员会

主　审

胡善联（复旦大学公共卫生学院）

金春林（上海市卫生和健康发展研究中心）

主　译

何江江（上海市卫生和健康发展研究中心）

秘　书

杨　燕（上海市卫生和健康发展研究中心）

编校组成员

耿劲松（南通大学医学院）

徐　菲（复旦大学公共卫生学院）

操　仪（上海市疾病预防控制中心）

唐　密（上海市卫生和健康发展研究中心）

袁骋麒（复旦大学公共卫生学院）

柳　睿（上海罗氏制药有限公司）

刘　超（上海罗氏制药有限公司）

彭小宸（上海罗氏制药有限公司）

质控专家组成员

陶立波（中山大学药学院医药卫生经济研究所）

肖　月（国家卫生健康委卫生发展研究中心）

周　艳（英国约克大学）

序

以价值为基础的卫生决策不仅取决于经济学的评价,如成本效果分析、预算影响分析等,还取决于伦理、质量、效果、安全、成本等多种其他因素,这就需要采用多准则(标准)决策分析(multi-criteria decision analysis,MCDA)的方法。近年来,MCDA 已广泛用于卫生决策、卫生技术评估和药物经济学研究。目的是用最小的成本获得最大的健康结果,可从健康产品、医疗服务、医药制造商、价值四个方面来评价。通常的做法是首先选择确定评价的准则、找出准则、测定各准则的权重、评价相对重要性排序、建立多准则决策分析的框架,最终确定不同的政策方案。目前已广泛地用于药物和卫生技术的优先重点选择、药品招标采购、药品定价、治疗方案和卫生政策的选择。促进了以循证为基础的卫生决策的透明度和科学性,有利于促进卫生技术评估决策在利益相关者中的可信度。当前,卫生和健康领域的决策者正面临着全球化的挑战:如何通过稳健的、基于证据的决策方法来决定是否需要投入、覆盖或报销某一项卫生技术或药品,决策者通常需要在不同的标准间做出取舍。多准则决策分析作为一个工具可以帮助决策者在复杂的价值组合中做出选择,从各种备选决策方案中做出选择。MCDA 包含一系列方法论,已广泛应用于交通、移民、教育、投资、环境、国防等公共部门或私有部门的决策中。

MCDA 在卫生和健康领域得到更广泛的应用还需要根据卫生和健康领域的特殊性和不确定性进行一些调整。医疗卫生决策者如何很好地理解 MCDA 的相关技术方法?卫生决策时如何考虑不同利益相关者的偏好?在不同的决策过程中哪种加权方法最适用?应用 MCDA 决策时如何处理不确定性?在 MCDA 框架中如何测量机会成本?除了这些技术问题以外,还需要让决策者充分认识到 MCDA 方法对卫生决策的意义,乐于应用 MCDA 方法帮助做出科学的卫生决策。总之,MCDA 能够帮助卫生体系以一种公平和可持续的方式为患者和全体人群提供物有所值的卫生技术。

国内 MCDA 的理论与方法学在高校和科研机构中已开始应用于药品招标采购、基本药物目录和医疗保险药品报销目录的药品遴选以及临床治疗方法的评价和医疗保险方案的选择,但总的来说,MCDA 在国内卫生和健康领域中的应用还没有普及,且缺乏相应的指导性参考材料或指南。为促进学科的发展和科学的决策,引进 MCDA 相关理论框架与方法学的指导资料是非常必要的。为此,上海市卫生和健康发展研究中心邀请国内卫生技术评估、卫生经济学、卫生政策学等专业领域内的专家,发起了对 *Multi-Criteria Decision Analysis to Support Healthcare Decisions* 一书的翻译和出版工作,并计划在中文翻译工作的基础上进一步推动中国卫生和健康领域多准则决策分析能力建设工作,具体包括后期的意识提高与宣传,教材开发与培训,拓展机构应用性研究等方面,提升国内卫生决策者在药品、医疗器械和耗材、诊疗方案等医疗资源配置领域的优选和决策能力,保证其学术研究和实际应用的科学性和规范性。

本书共分三个部分、16 章,主要介绍了 MCDA 在卫生决策中应用的相关理论、现状和未来发展方向,并提供了大量的案例研究。本书的翻译将为今后医疗保险报销项目的确定、疾病干预措施的选择、卫生技术的评估和科研基金的分配等提供有益的参考。

谨在此感谢所有为本书中文版翻译做出努力和贡献的专家和人士,感谢上海罗氏制药有限公司对翻译本书提供的大力支持。由于整个翻译过程时间比较仓促,书中难免有不当之处,敬请批评指正。

复旦大学公共卫生学院教授

2019 年 6 月

目　录

第三部分　未来的方向

第 1 章

引 言

Kevin Marsh，Mireille Goetghebeur，Praveen Thokala，Rob Baltussen

摘要

多准则决策分析（multi-criteria decision analysis，MCDA）具有帮助制定更好的卫生决策的潜力，但首先需要克服许多挑战。这其中既有技术上的挑战（如何赋予权重以及处理不确定性），也有政策上的挑战（需要得到政策制定者对此类方法的支持）。本书第一次尝试将当前相对分散的 MCDA 研究进行整合，以识别和解决这些挑战。在本章中，我们将描述 MCDA 在卫生领域的应用潜力，给出其他章节的提纲和组织过程，并且指出决定 MCDA 在卫生领域未来发展方向的关键问题。

1.1 背景

随着人们越来越意识到多准则决策分析（MCDA）在支持卫生决策中的作用，对 MCDA

K. Marsh（✉）
Evidera，London，UK
e-mail：kevin. marsh@evidera.com

M. Goetghebeur，MEng PhD
School of Public Health，University of Montreal
and LASER Analytica，Montréal，Québec，Canada
e-mail：mm. goetghebeur@umontreal. ca

P. Thokala
University of Sheffield，Sheffield，UK
e-mail：p. thokala@sheffield. ac. uk

R. Baltussen
Radboud University Medical Center，Nijmegen，The Netherlands
e-mail：Rob. Baltussen@radboudumc. nl

在卫生领域内应用的兴趣和实践也越来越多。然而,与任何其他新技术一样,在卫生领域内发挥 MCDA 的潜力还面临着许多挑战。对于不熟悉 MCDA 的人而言,方法及应用的多样性阻碍了 MCDA 的实际使用,使得理解 MCDA 是什么以及如何更好地使用 MCDA 变得非常困难。MCDA 的使用者拥有不同的学术及政策背景,他们所建议的研究方法也不尽相同。来自不同组织的研究者缺乏一个会面交流、分享理念和互相学习的机会,这使得 MCDA 在卫生领域的应用缺乏一个统一的愿景。我们希望本书能够成为跨越这些阻碍的第一步。

MCDA 是用以支持在多重及互相冲突的准则上做决策的一系列分析技术的集合(Belton 和 Stewart,2002)。这些技术能够帮助决策者在评价准则的相关性、不同准则的重要性以及如何利用已有信息来评价备选方案等方面达成共识。只有这样才能够提高决策的一致性、透明性和合理性。

MCDA 包含了一系列丰富的来自研究实践的方法论,而且在其他学科中也有着丰富的应用基础(Kaksalan 等,2011)。MCDA 广泛应用于交通、移民、教育、投资、环境、国防等公共部门或私有部门(Dodgson 等,2009)。卫生领域对 MCDA 的应用相对落后一些,但是随着越来越多的研究者和实践者认识到这一技术,MCDA 在卫生领域内的应用也急剧增加(Diaby 等,2013;Marsh 等,2014)。

MCDA 在卫生领域内的应用应该被看作循证医学及其相关实践(如卫生技术评估)的自然延伸。在过去的 40 年里,循证医学的应用(通过系统性的综述、评价和使用临床研究来为患者提供最佳的临床治疗)彻底改变了医疗卫生供给(Belsey,2009)。同时,我们不应该低估循证医学能够达到的成就,到目前为止,它已解决了卫生决策所面临的部分挑战——精确测量不同治疗方案的效果。MCDA 继承了循证医学的这一侧重点。但是 MCDA 提供的一系列技术能够决定应该对绩效的哪些要素进行测量,如何得到利益相关者对不同绩效变化的偏好,以及如何将绩效和偏好的数据进行整合来评价不同的治疗方案。通过这样的方式,MCDA 将循证医学对效果的精确测量扩展到了对利益相关者偏好的量化(Weernink 等,2014)。

卫生决策从来都不简单,它涉及多因素、多选择、信息不完全、利益相关者具有不同偏好等方面。循证医学奠定了通过对多个因素进行精确测量来做出选择的重要性,然而决策者在使用这些信息时仍然面临着困难,即如何处理和系统评价这些相关信息,从而根据多个因素在备选方案中做出取舍。在这种情况下,依据非正式的流程或判断会导致做出次最优的决策(Baltussen 和 Niessen,2006)。MCDA 为决策过程提供的支持能应对这些挑战。

一项对 MCDA 使用者的挑战在于 MCDA 有许多不同的方法可以使用,而由于目前这一领域的碎片化,研究者通常是根据自己的背景和之前的研究经验来选择研究方法,而不是通过系统地考查哪种方法是"最好"的来选择；目前也没有如何在不同方法间做出选择的指南(Marsh 等,2014)。本书写作的目的在于支持 MCDA 在卫生领域的应用。本书第一次将擅长于不同研究方法和卫生决策的研究者集合起来,通过他们的研究经验为读者提供借鉴。为了帮助读者在不同 MCDA 技术间做出选择,我们阐述和评价了应用于卫生领域的不同 MCDA 方法,总结了 MCDA 的伦理和理论基础,并提出了帮助读者在不同 MCDA 技术间做出选择的良好的实践指南。

1.2　本书写作过程

我们于 2014 年 4 月找到施普林格(Springer)出版社,计划做一个 MCDA 文章的合辑,并明确为"多准则决策分析在卫生决策中的应用"。我们的第一步是一起拟定了本书的大纲(见下文),对每一章进行简要说明并明确每一章的主要作者。令我们非常高兴的是,主要作者都非常热情地参与了本书的写作。

与其他大多数书不同的是,我们将作者组织起来,让他们面对面地展示并讨论各自的章节。我们于 2015 年 6 月下旬在阿姆斯特丹举行了研讨会,研讨会得到了内梅亨大学医学中心的支持,资金来自 Rob Baltussen 在荷兰科学研究组织(NWO)获得的 V1C1 基金。研讨会的出席人数众多,所有作者到场并介绍各自章节。所有的章节经过展示后,都会有一位指定的商讨者(由其他章节的作者担任)收集所有评价并在与会者间进行讨论。本次研讨会使每一位作者都更好地了解这本书的结构,明确了各自章节所处的位置,并将其他人的意见纳入,最终成文。我们还要感谢 Evelinn Mikkelsen 为组织这场研讨会提供的支持。

1.3　本书提纲

本书由三部分组成,每一部分的侧重点不同。在介绍各部分前,需要明确的是本书大多数例子中使用的是加权求和① MCDA 方法(价值测量方法)。同时,我们也认识到有其他的 MCDA 方法(见本书第 15 章对一些价值函数以外的测量方法的综述)。大多数用于

---

① Weighted-sum：加权求和。

卫生领域的 MCDA 采用的是价值测量方法,因此本书也侧重于该类方法的介绍。

第一部分阐述了 MCDA 应用于卫生领域决策的基础知识,给出了 MCDA 的伦理和理论基础,以及如何根据不同的决策问题选择合适的 MCDA 方法。第 1 章为引言。第 2 章是理论基础。第 3 章是 MCDA 在卫生领域的伦理考虑。第 4 章是 MCDA 在加权和评分时所使用的多种方法及各自的优缺点。第 5 章是处理 MCDA 不确定性的各种方法。

第二部分由实际研究案例构成,所涉及的领域包括投资组合的开发、收益-风险分析、卫生技术评估、设置优先级、资源最优化、临床实践和共同决策制定。第 6 章是使用 MACBETH 在机器人研究中制定最优化投资组合。第 7 章是使用 MCDA 对药物的收益-风险分析。第 8 章是哥伦比亚、意大利和比利时的卫生技术评估(HTA)机构使用 MCDA 的经验。第 9 章是中低收入国家通过 MCDA 设置优先级的经验。第 10 章是英国南约克郡通过 MCDA 进行资源分配的研究案例。第 11 章是在临床实践中使用联合分析和层次分析开展的共同决策。第 12 章强调了卫生领域研究的优先级设定和卫生干预优先级设定的相似点并为未来的方法学研究提出建议。第 13 章是 MCDA 在临床实践指南和临床研究优先级设定中的应用。

第三部分是对未来 MCDA 在卫生领域内应用方向的探索。第 14 章强调了 MCDA 在 HTA 中应用的问题和机遇。第 15 章展示了价值函数以外的测量方法及其应用条件。第 16 章给出了 MCDA 应用于卫生领域时的设计、实施和分析的一般原则。

1.4　未来的方向

这一部分呈现的是当前 MCDA 在全球医疗卫生决策中的反响、知识和实际应用。未来的发展有赖于对以下问题的明确回答:为什么在医疗卫生领域内需要 MCDA? 值得吗?

全世界卫生服务的使用者、提供者和支付者面临的伦理困境使当前的决策方法达到了极限。循证医学用于在临床领域内做出最好的治疗选择,卫生经济学用于确保最优的资源分配,卫生技术评估(HTA)用于确保做出最优的选择并保证卫生系统的可持续性。然而当前的许多新的争议提出了对超越以上领域的决策方法的需求,如丙型肝炎新的治疗药物虽然具有可接受的成本-效果,但对全世界的卫生系统的可持续性带来了挑战(Neuman 和 Cohen,2015),对罕见病治疗方案的报销决策需要考虑当前 HTA 没有包含的许多方面的因素(Wagner 等,2016)。在我们这个时代,需要根据卫生系统赖以建立的社会价值来定义医疗卫生的价值,从而引导对高价值卫生服务的投入并避免对低价值卫生服务的投入。MCDA 建立在循证医学和 HTA 的基础上,为解决 21 世纪的卫生系统的挑战并帮助其成功转型提供了一个综合的方法论。

正如本书所呈现的,MCDA 提供了一个结构化的方法来支持合理的和负责任的决策 (Daniels 和 Sabin,1997)。无论是从个人还是集体水平,MCDA 可以帮助提高群体健康结果并促进可持续发展,在共同决策、临床研究、临床实践指南、投资组合、卫生技术评估、优先级设置和资源优化等方面提供支持。

要使得 MCDA 得到更广泛的应用还需要根据医疗保健的特殊性进行一些调整。医疗决策者需要很好地理解 MCDA 的相关技术,并回答以下问题:决策时需要考虑谁的偏好? 在不同的决策过程中哪种加权方法最适用? 应用 MCDA 决策时如何处理不确定性? 在 MCDA 框架中如何测量机会成本? 研究和讨论是解决这些问题的最好途径。

除了这些技术问题,还需要通过进一步的工作来解决决策者对于 MCDA 功能的担心。具体来讲,决策者可能会认为 MCDA 会通过算法来替代思考从而做出决策。因此有必要对决策者进行教育,让他们认识到 MCDA 是设计出来用于支持思考的,从而确保决策过程的平衡性和可靠性。决策者还应该参与决策原则的制定,并明确这些原则与 MCDA 方法的内在关联。

总之,MCDA 能够帮助卫生体系以一种公平和可持续的方式聚焦于对患者和人群有意义的方面。基于这一潜力,现在正是 MCDA 的开发者和使用者回答以上问题并证明这些方法所能带来的价值的好机会。希望本书能够成为这一进程的第一步,通过演示目前 MCDA 在医疗卫生领域应用的实例,从中获得经验教训,并确定未来能够使 MCDA 发挥潜力的研究议题。

参考文献

Baltussen R, Niessen L (2006) Priority setting of health interventions: the need for multi-criteria decision analysis. Cost Eff Resour Alloc 4:14

Belsey J (2009) What is evidence-based medicine? Hayward Medical Communications, London

Belton V, Stewart TJ (2002) Multiple criteria decision analysis: an integrated approach. Kluwer Academic Publishers, Boston

Daniels N, Sabin J (1997) Limits to health care: fair procedures, democratic deliberation, and the legitimacy problem for insurers. Philos Public Aff 26(4):303–350

Diaby V, Campbell K, Goeree R (2013) Multi-criteria decision analysis (MCDA) in health care: a bibliometric analysis. Oper Res Health Care 2(1–2):20–24

Dodgson J, Spackman M, Pearman A, Phillips L. (2009) Multi-criteria analysis: a manual.

Department for Communities and Local Government. London. http://www.communities.gov.uk/documents/corporate/pdf/1132618.pdf

Kaksalan M, Wallenius J, Zionts S (2011) Multiple criteria decision making from early history to the 21st century. World Scientific, Singapore

Neuman P, Cohen J (2015) Measuring the value of prescription drugs. N Engl J Med 20:1–4

Marsh K, Lanitis T, Neasham D et al (2014) Assessing the value of health care interventions using multi-criteria decision analysis: a review of the literature. Pharmacoeconomics 32(4):345–65

Wagner M, Khoury H, Willet J, Rindress D, Goetghebeur M (2016) Can the EVIDEM framework tackle issues raised by evaluating treatments for rare diseases: analysis of issues and policies, and context-specific adaptation. Pharmacoeconomics 34(3):285–301

Weernink MGM, Janus SIM, van Til JA, Raisch DW, van Manen JG, Ijzerman MJ (2014) A systematic review to identify the use of preference elicitation method in healthcare decision making. Pharm Med 28:175–185

第一部分
卫生领域 MCDA 的基础知识

第 2 章
MCDA 的理论基础

Dean A. Regier, Stuart Peacock

摘要

　　卫生部门的决策者面临着一个全球化的挑战：如何通过稳健的、基于证据的决策方法来决定是否要资助、覆盖或报销某一项卫生技术。要将有限的资源合理分配到不同的卫生技术上是非常困难的，因为卫生决策过程中涉及太多准则，如：某项技术的效果、成本-效果和预算影响；某种疾病的发病率、患病率和严重程度；受影响的人群亚组；可供选择的替代技术；已有证据的质量；等等。在比较不同的卫生技术时，决策者通常需要在不同的准则间做出取舍。多准则决策分析（multi-criteria decision analysis, MCDA）作为一个工具，可以帮助决策者通过一致且透明的方式在复杂的价值组合中做出取舍。MCDA通过一系列方法，对每一项技术根据其达到政策目标所实现的价值进行排名，从而对备选决策进行从最优到最差的排序。本章的目的是对 MCDA 的理论基础进行简要概述。我们回顾了问题建构和模型建立的理论后发现，问题建构的目标是定性地确定政策目标和能够影响决策的相关准则。模型建立理论是通过价值测量模型（多属性价值理论、多属性效用理论和层次分析法）、优序法（ELECTRE）和参考模型（加权和字典序目标规划）对决

D. A. Regier (✉)
Canadian Centre for Applied Research in Cancer Control (ARCC), Cancer Control Research, British Columbia Cancer Agency, Vancouver, BC, Canada

School of Population and Public Health, University of British Columbia, Vancouver, BC, Canada
e-mail: dregier@bccrc.ca

S. Peacock
Canadian Centre for Applied Research in Cancer Control (ARCC), Cancer Control Research, British Columbia Cancer Agency, Vancouver, BC, Canada

Faculty of Health Sciences, Simon Fraser University, Burnaby, BC, Canada

策者的偏好和价值取舍做出一致性的陈述。我们认为,MCDA 理论已经在其他领域内取得了很大进展,但是适宜卫生领域的 MCDA 的相关理论还需要得到进一步发展。

2.1　引言

卫生部门的决策者面临着一个全球化的挑战:如何通过稳健的、基于证据的决策方法来决定是否要资助、覆盖或报销某一项卫生技术。从历史上看,卫生技术评估机构通常将成本-效果分析作为首要的决策工具,来对有限的卫生预算进行分配。成本-效果分析推荐的标尺是增量成本-效果比(ICER)。ICER 是将增加的成本作为分子,将获得的质量调整生命年(QALY)作为分母(Drummond,2005),通过成本-效果阈值对价值进行判断。成本效果阈值代表了在卫生部门选择一项技术而放弃另一项技术时所付出的机会成本。虽然成本-效果分析在资源约束的条件下是决策的必要组成部分,但并不是充分条件。还有一系列相关的准则需要纳入考虑范围,包括疾病的发病率、患病率和严重程度;受影响的患者人群;可供选择的替代技术;已有证据的质量;是否对技术创新有所贡献(Devlin 和 Sussex,2011)。技术评估组织已经公开发布了其决策过程中需要考虑的准则,包括在决策中应该如何反映每一项准则(NICE,2008;Rawlins 等,2010)。

将决策者在制定优先级时所考虑的准则进行公开发布,可以让利益相关者清楚地了解委员会是如何做出决策的(Devlin 和 Sussex,2011)。明确决策准则在很大程度上可以影响资金流向,可以提高决策的合法性、透明度和可靠性,从而提高公众对决策过程的信任程度(Regier 等,2014a;Rowe 和 Frewer,2000);此外还可以提高决策的一致性,为公众参与决策提供机会,并且能为行业创新指明方向,明确哪些方面的创新更加重要因而应该加大研发力度(Devlin 和 Sussex,2011)。

MCDA 是决策者在通过多准则制定优先级的过程中可以应用的一套方法。MCDA 可以帮助利益相关者总结决策过程中复杂的价值取舍,从而实现一致的、透明的、更加公平的决策(Peacock 等,2009)。MCDA 明确了决策过程中适用的准则及不同准则的相对重要性。因此,MCDA 同时结合了价值判断的客观测量和主观判断(Belton 和 Stewart,2002)。为了实现这些目标,支撑 MCDA 的理论和方法需要同时包括决策的技术和非技术方面,提供复杂的定量算法,同时也为决策提供结构化的方法。所有这些都有助于政策制定的可重复性和透明度(Belton 和 Stewart,2002)。

本章对 MCDA 的理论基础进行概述,并着重于问题建构和模型建立两个部分。问题建构涉及通过明确政策相关准则的方法来确定政策目标。模型建立要求对政策制定者所关心的价值和价值取舍建立一致的模型。MCDA 用于卫生领域的理论研究还非常少,因此在下文中我们采用了其他领域的相关理论。

2.2　MCDA 和决策的相关原理

MCDA 开始于决策者面临至少两个选择时。MCDA 的一个关键原则是决策者在评判某一行动方案时需要考虑几个目标(Keeney 和 Raiffa,1993)。通常不太可能存在一个方案满足所有目标或全面优于其他方案的情况。每一个方案都会在不同水平上满足政策目标,在做决策时必定会做出取舍(Belton 和 Stewart,2002)。政策目标可以被认为是评判每个方案的准则。选择一个方案而拒绝另一个必定会带来机会成本。通过达到平衡和可接受的多目标(准则)达成决策。决策者的目标是在以多准则为特征的可选行动方案中做出最好的选择(Belton 和 Stewart,2002)。这样做有助于确保所做出的决策与政策目标相一致。

这些关键原则提出了 MCDA 的几个基本假设。第一,决策是在有限的资源下做出的——不是所有的方案都能得到资助,选择一个方案而放弃另一个会带来机会成本。第二,决策者的目标是在他们的个人自由裁量权之内做出的,而不是由伦理或经济学的理论(如功利主义或社会正义)所规范而决定的(Peacock 等,2009)。第三,一个方案不能被认为具有同质的优点。相反,可以通过准则的多个水平来描述不同的备选方案,决策者可以给每一个准则水平赋权重和赋值(Lancaster,1966)。决策者可以将准则水平和备选方案相联系,准则的增量变化会导致从一个具有某些特征组合的方案切换到另一个具有更加有利的特征组合的方案。支持 MCDA 价值理论的第四个假设是通过对准则的取舍权衡和对相对重要性的设定,可以对不同方案进行打分,从而排序(Baltussen 和 Niessen,2006;Baltussen 等,2006)。

2.3　问题构建

问题构建是利益相关者识别政策目标和他们认为具有价值的决策准则的过程(Belton 和 Stewart,2002)。构建模型和确定价值的定量方法是早期 MCDA 的研究重点。如今的文献已经越来越多地认可问题构建的重要性（Phillips，1984；Schoner 等，1999）。这是因为人们越来越多地认识到，不能正确地描绘和构建政策问题将会增加犯第Ⅲ类错误的可能性，也就是针对错误的问题得到正确的答案（Kimball，1957）。问题构建背后的理论开始于对 MCDA 本质的理解。明确来说，MCDA 是辅助决策的工具，它将需要做出价值取舍的互相冲突的多个准则和可选的行动过程联系起来。决策准则由决策者的目标决定，决策者可以根据不同的目标和偏好设置不同的价值。决策者在选择不同的卫生项目时可能对其目标的"正确性"有所争议，例如：是应该实现健康最大化，解决一个政治问题，还是在健康状况和公平性间做出取舍。同样的，任何目标的解决方案都是有争议的，因为决策者对准则所设定的权重不是一成不变的，这可能会使得对相同问题产生不同的解决方案。使用 Ackoff（1979a,b）对决策问题类型的定义，Belton 和 Stewart（2010）认为，MCDA 的问题可被称为"混乱"，因为问题的定义和解决方案都是有争议的。促成这一"混乱"的是 MCDA 的准则可以基于硬科学或软科学的证据（定量或定性的评估）（Goetghebeur 等，2008）。Hester 和 Adams（2014）将硬科学和软科学的交叉部分定义为混杂问题（messy problems）（见图 2.1）。

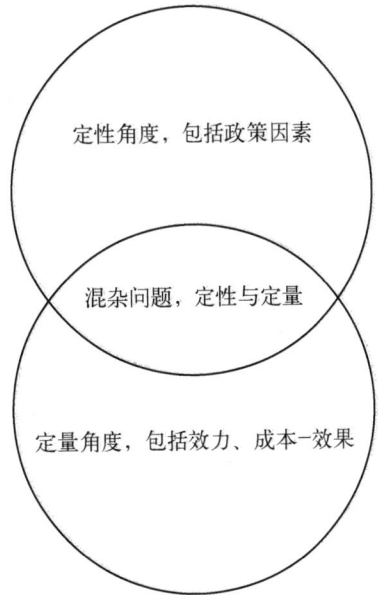

图 2.1　混杂问题图示

（图中文字）
定性角度，包括政策因素
混杂问题，定性与定量
定量角度，包括效力、成本-效果

　　解决混杂类型问题的一个关键方法是通过识别价值和构建多准则问题的框架将问题简化（Keeney 和 Mcdaniels，1992）。根据 Keeney（1992）的研究，决策者的核心价值决定了战略目标、准则和决策。一般决策者能了解自己所关心的潜在价值，因此他们的价值设定可以随着新信息的变化而改变（Schoner 等，1999）。将问题简化就是要将通过对目标和准则的设定、决策的备选方案集、用于确定相关准则权重的方法等的设定来表达决策者的潜在价值（Belton 和 Stewart，2002）。

　　决策者之间的不同视角以及决策者对整个系统的影响，决定了决策者是由多元化的利益相关者组成的。利益相关者可以通过卫生系统的特性来定义（Checkland，1981）。在软科学系统的方法论中，可以通过一个"CAT WOE"框架来理解系统和利益相关者：C 指顾客（Customers），是直接受系统影响的个体；A 为行动者（Actors），是运行系统的个体；T 即转化（Transformation），是系统的目的；W 为世界观（World View），包括了系统的社会目的；O 为所有者（Owners），是控制系统活动的人；E 指环境（Environment），包括系统外部的需求和约束。利益相关者包括来自政府或机构中的关键决策者、临床医生、医疗卫生专业人员、患者、公众或药物研发人员的代表。需要强调的是,在决策过程中对利益相关者的纳入和利益相关者的意见范围取决于决策者的自由裁量权(Belton 和 Stewart,2002)。

需要注意的是,利益相关者可能会对某一项决策产生过高或过低的影响,甚至可能只是象征性地参与而实际上对决策的投入很少(Arnstein,1969)。为了减少权力结构的影响,应当遵循慎重的、尊重参与过程的协商原则,利益相关者的观点可以被其他人证明为合理或由其他人提出质疑,最终得到的一致性的结论代表了集体努力的成果(O'Doherty 等,2012;MacLean 和 Burgess,2010)。组织者应当努力了解小组中的情况以及参与者之间的关系,同时需要积极推进小组的工作(Phillips 和 Phillips,1993)。

无论是否有不同背景的利益相关者被包含在内,在问题构建的过程中总会出现不同的框架(Roy,1996)。相同的个体对于同一个准则的信息采用不同的表达方式时,通常会产生认知偏差(如获得的年数和损失的年数)(Belton 和 Stewart,2010)。决策者需要建立一个框架,使不同利益相关者能够对同一个准则产生相似的理解。Belton 和 Stewart(2002)提出了一组需要考虑的一般性质,包括与价值的相关性、可测量性、非冗余性、判断的独立性、完备性和可操作性。

● 相关性:决策者能否将概念化的目标与表达他们偏好的准则相结合? 例如,以竞争性项目的成本-效果作为准则时,相关的目标是追求项目的物有所值。

● 可测量性:MCDA 意味用准则测量某一备选项目的可取性。应当考虑能够通过将准则分解为多个准则属性水平来一致性地测量或描述指定准则的能力。

● 非冗余性:准则应相互排斥,以避免重复测量或过度简约。在引出目标和定义准则时,决策者可能会在不同的标题下识别出相同的概念。如果两次都被包含在内,则会由于重复计算使该准则被赋予更高的重要性。如果在易化过程中存在关于重复计算的持续性分歧,则可通过区分(在达到终点的过程中)过程目标和根本目标来避免,以确保只有后者被纳入(Keeney 和 Mcdaniels,1992)。

● 判断独立性:指对不同准则的偏好和取舍应该是相互独立的。这一类问题可以通过偏好的价值函数来考虑。

● 完备性和可操作性:指以穷尽而吝啬的方式获得问题的所有重要方面。这需要与可操作性相平衡,其目的是通过不对决策者过度要求的方式对决策进行建模。

对于如何将判断和决策脱离"理性"的规范假设,有基于心理学和行为经济学的广泛研究(Kahneman,2003)。为了全面地改进判断的技术,有兴趣的读者可以参考 Montibeller 和 von Winterfeldt(2015)的相关论著。

2.4　模型建立

模型建立是指构建一个能够定量表示决策者偏好或价值判断的行为模型。MCDA模型起源于不同的理论传统,但大多数有共同的两个组成部分:① 针对每个单独的准则表达偏好;② 将估计偏好的准则进行整合,通过聚合模型来进行比较(Belton 和 Stewart,2002)。可以通过聚合模型建立起备选方案的偏好顺序。决策目标的鸟瞰图通过一个层次化的价值树来表示,其中,在最低层次上有 m 个准则(见图 2.2)。最广泛的目标在顶部。随着决策者向更低等级移动,需要定义更具体的准则,一直持续到最低级别的准则,可以为每个备选方案确定一个明确的价值排序(Belton 和 Stewart,2002)。通常可以跨价值树或在更高层次的准则间进行聚合。

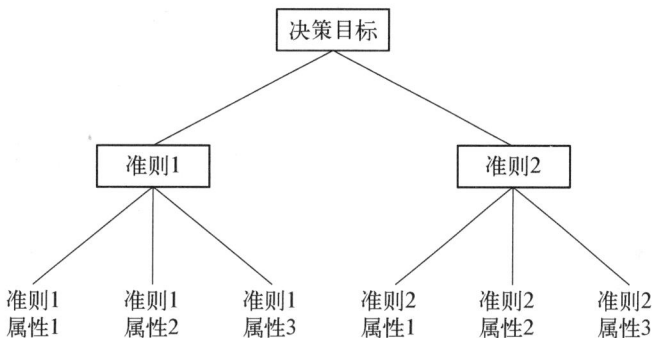

图 2.2　分层价值树

以下部分将重点介绍 MCDA 支持价值评价模型建立的几个基本理论,包括多属性价值理论、多属性效用理论和层次分析法;优序法,侧重于 ELECTRE;使用加权目标和字典序目标规划的参考模型。以上理论并不全面,我们选择的是能够支持 MCDA 主要理论的方法。

2.4.1　价值测量

价值测量模型将不同准则代表的偏好聚合起来,能够帮助决策者描述他们对某一方案相比于另一个备选方案的偏好程度(Belton 和 Stewart,2002)。挑战在于如何将决策者的偏好与定量的实际数字联系起来,从而以一致且有意义的方式对每一个备选方案进行比较。价值测量方法是医疗卫生领域最常见的 MCDA 方法(Dolan,2010)。

2.4.1.1 多属性价值理论

决策者要做出一致决策的原则是多属性价值理论的关键构成要素。可以通过两个基于偏好的假设将一致性的概念形式化：① 完备性，任何两个备选方案可以进行比较，方案 a 优于方案 b，或方案 b 优于方案 a，或具有同样优势；② 传递性，如果 a 优于 b，b 优于 c，那么 a 优于 c。这些假设称为经济学效用理论中的公理（Mas-Colell 等，1995），从数学上证明了存在能够表达偏好的实值函数。也就是说，这些假设允许通过对价值的定量描述来反映备选方案的价值。以 $V(a)$ 表示备选方案 a 的价值，$V(a) > V(b)$ 表示当且仅当 $a \succsim b$，$\succsim$ 是一个二元偏好关系，表示"至少一样好"；或者 $V(a) = V(b)$，当且仅当 $a \sim b$，$\sim$ 代表无差别。根据决策的情景和复杂性，在真实世界环境中可以违背完备性和传递性的假设（Camerer，1995；Rabin，1998）。在价值测量理论中，这些公理提供了一致性决策的指导，但不一定要按字面上进行应用（Belton 和 Stewart，2002）。也就是说，公理不是教条。

下一组定义概括了准则的价值分值。价值方程的偏函数，用 $v_i(a)$ 代表方案 a 的得分，$v_i(a) > v_i(b)$ 表示在考虑了机会成本（也称为"取舍权衡"，即为了获得某个方面的优势必须放弃另一方面的优势）后在准则 i 上方案 a 优于方案 b。备选方案 a 在准则 i 的表现定义为属性 $z_i(a)$ [如 $z_1(a)$，$z_2(a)$，…，$z_m(a)$]，如果该准则的价值独立于另一个准则 z_i，并且随着偏好的增多而增加，就可以表示为 $v_i(z_i)$（Keeney 和 Raiffa，1993）。需要注意的是，与以上特性相一致的一个给定组合的价值等同于 $v_i(a) = v_i[z_i(a)]$；同样的，$z_i(a)$ 称作局部偏好函数或边际偏好函数（Belton 和 Stewart，2002）。

一个广泛应用于聚合决策者偏好的方法是加和或加权加和的方法（Belton 和 Stewart，2002）：

$$V(a) = \sum_{i=1}^{m} w_i v_i(a) \tag{2.1}$$

式中，$V(a)$ 是备选方案 a 的综合价值，w_i 是准则 i 的相对重要度，$v_i(a)$ 是备选方案在第 i 个准则上的得分（Belton 和 Stewart，2002；Thokala 和 Duenas，2012）。偏价值函数 v_i 取值限定在 0（最差结果）和最好结果（例如 1）之间。取值可以通过不同的技术进行测量，包括直接评分法（Keeney，1992）。准则 i 的重要性通过摆幅权重法获得，其中 w_i 表示第 i 个准则的分值和相对重要性（Diaby 和 Goeree，2014；Goodwin 和 Wright，2010；Belton 和 Stewart，2002）。

价值方程的加和形式是最简单的聚合方式，但是应用的前提依赖于一系列假设。第一个假设是一阶偏好独立,即可以在不考虑其他准则的条件下根据准则的某个子集做出决策(Keeney 和 Raiffa,1993)。假设有两个备选方案,它们在 $r<m$ 的准则上存在差异。定义 D 为体现备选方案间差异的准则的集合。假定不在集合 D 内的准则保持不变(例如备选方案在这些准则上是一样的)。根据定义,对不在集合 D 内的准则的偏价值函数是相等的。因此方案 a 优于方案 b,当且仅当

$$\sum_{i \in D} w_i v_i(a) > \sum_{i \in D} w_i v_i(b) \tag{2.2}$$

这意味着决策者可以对一组有意义的准则进行偏好排序,而不考虑其他准则,前提是其他准则保持不变。

第二个假设是偏价值函数是等距的。等距假设要求偏价值函数相同的增量代表在该准则上相同数量的距离(例如在从 1 到 10 的量表中,从 1 到 2 的差值与从 8 到 9 的差值是相同的)。通过这种方法,等距量表提供了关于顺序的信息,并且标尺上相等的间隔代表了相同的权衡取舍。

最后一个假设是权衡条件,满足权重是度量常数的概念并与价值尺度相称(Keeney 和 Raiffa,1993;Belton 和 Stewart,2002)。这一条件可以通过摆幅权重获得,摆幅权重代表了每个准则上从最差值到最好值所获得的价值。例如,假设对两个准则构建两个偏价值函数,接着假设方案 a 和方案 b 在两个准则(r 和 s)上有差异,但对 r 和 s 具有相同偏好。就其本身而言,$V(a)=V(b)$。这就意味着 $w_r v_r(a)+w_s v_s(a)=w_r v_r(b)+w_s v_s(b)$。为了得到上式,通过简单的数学运算可知 $w_r/w_s = v_s(a)-v_s(b)/v_s(a)-v_s(b)$。

2.4.1.2　多属性效用理论

多属性效用理论(MAUT)是对冯·诺依曼和摩根斯坦(VNM)期望效用理论(von Neumann 和 Morgenstern,1953)的扩展,因为它整合了多属性选择(Keeney 和 Raiffa,1993)。VNM 的理论基础与价值测量相类似,但 MAUT 允许对特定行动的不确定结果设定偏好关系,通常通过抽签的方式表示风险。为了符合风险选择的理念,把对抽签结果的偏好直接纳入对偏好关系的假设中。VNM 的第一个公理是存在偏好并且偏好是可传递的。例如,风险选择之间是可比的,两者相比必然得到三种结果之一:a 优于 b 或 b 优于 a 或 a 与 b 无差异;如果 a 优于 b 且 b 优于 c,则 a 优于 c。第二个公理是独立性,即对两个风险商品之间的偏好独立于纳入的第三个风险商品。假设在第一个阶段有三个风险商品(a,b,c),a 的概率为 p_1,b 的概率为 $(1-p_1)$。根据独立性公理可以得到,如果 $a \geqslant b$,则 $p_1 a + (1-p_1)c \geqslant p_1 b + (1-p_1)c$。该公理表明,如果决策者在商品 a 和商品 b 间进行比较,他们的偏好应该与概率 p_1 和商品 c 都无关。这也称为不相关备选的独立性假设,因为如果风

险商品 c 是 a 和 b 的一部分替代,则它不应该改变排序。第三个公理是连续性,是对偏好
连续性的数学假设。假设有 z_i、z_j、z_k 三种结果,z_i 优于 z_j,z_j 优于 z_k,对于确定得到结果
z_j 与以 p_1 概率得到结果 z_i 和以 $1-p_1$ 的概率得到结果 z_k 的偏好无差异。

这些公理确保了存在一个实值效用函数使得当且仅当 a 的期望效用大于 b 的期望效
用时,a 优于 b(Mas-Colell 等,1995)。连续性公理为决策提供了指导:选择能够获得最
大的概率加权求和效用值的行动路线。这就是期望效用规则。要应用这一规则,就要确
定与每一个行动结局相关的概率和效用,并将概率和效用相乘(见图 2.3)。然后将结果
加总在一起,获得某一行动的期望效用 $U(z_i)$,对其他行动重复这一过程,选择得到最大
期望效用的方案。

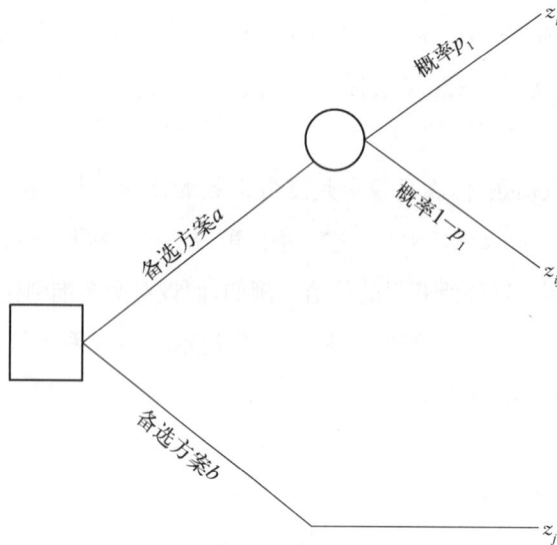

图 2.3 使用标准博弈法的期望效用理论

将 VNM 效用和多属性问题的特点结合起来依赖于多属性效用方程。$u_i(z_i)$ 对 $i=$
$1,\cdots,m$ 累积为多属性效用方程 $U(z_i)$,与对属性的抽签保持一致。最常见的多属性效
用方程为累加法:

$$U(z) = \sum_{i=1}^{m} k_i u_i(z_i) \tag{2.3}$$

式中 k_i 为比例常数,$\sum_{i=2}^{m} k_i = 1$(Drummond,2005)。需要有两个额外的假设来保证累加
效用函数的存在:效用的独立性和累加的独立性。准则间效用的独立性取决于对一个准
则抽签结果的偏好与另外的准则及给定的准则水平间没有相互作用;也就是说,给定准则

水平的相对分值在每一个准则间是不变的。累加的独立性假设更强,要求对属性的偏好之间没有相互作用。因此,偏好取决于准则的水平,而不依赖于属性水平的不同组合方式。放宽关于累加独立性的限制性假设可以得到多属性效用函数的乘法或多元线性形式(Keeney 和 Raiffa,1993;Drummond,2005)。

2.4.1.3　层次分析法

层次分析法(AHP)是一种基于数学和心理学的测量理论(Mirkin 和 Fishburn,1979;Saaty,1980,1994)。AHP 有三个原则:① 分解,将决策问题分解为一个层次集群;② 比较判断,在每一个层次的准则和属性水平间判断偏好;③ 合成优先级,也就是聚合模型。以下是支持 AHP 的四个公理:互反性公理、同质性公理、依存性公理和期望公理(Saaty,1986)。AHP 允许决策者通过成对比较的结果来得到以绝对数的形式呈现的比值。

互反性公理要求,以 $P(x_1, x_2)$ 表示在准则属性水平 x_1 和 x_2 的成对比较结果为 x_1 优于 x_2;S 代表了偏好的强度,则 x_2 对 x_1 的比较结果为 $P_c(x_2, x_1) = 1/S$(Belton 和 Stewart,2002;Saaty,1980)。也就是说,如果对 x_1 的偏好是 x_2 的两倍,那么对 x_2 的偏好就是对 x_1 的偏好的一半。同质性公理要求准则属性水平的偏好在强度方面不应该有太大差异。例如,一般的提问形式是"准则水平 x_1 相比于 x_2 的重要性是多少?"(见图 2.4)。重要性通过数值来表示,体现偏好的强度,从同等重要(标度 1)到极端重要(标度 9)。依存性公理要求关于更高层次准则的偏好独立于低等级层次的要素(Saaty,1986)。期望公理表明决策者的偏好或期望能够充分地体现在 AHP 的实践结果上(Saaty,1986)。

x_1 相比于 x_2 有多重要?	偏好标度	描　　述
同等重要	1	两个准则水平贡献相同
稍微重要	3	经验和判断稍微偏向其中一个水平
较强重要	5	经验和判断较强偏向其中一个水平
强烈重要	7	强烈偏向一个准则水平并且在实践中证明了这种优势
极端重要	9	证明一个准则水平强于另一个的证据是当前可得的最高水平
两相邻级别的中间值	2,4,6,8	当需要折中的时候

图 2.4　Saaty(1980)提出的层次分析法的偏好标度

可以利用比较矩阵对 AHP 配对比较的数据进行分析。矩阵的主对角线上的元素等于 1,因为每个准则至少与其自身一样好。矩阵的非对角线元素不是对称的,而且是以比值形式表示的偏好强度的数值标度(如第一公理所要求的)。形式分析要求估值的集合 $v_i(a)$ 与比较矩阵中表示的相对值一致。虽然任何一对数值的互反性判断是完全一致的,但并不能保证替代方案之间判断的一致性(Belton 和 Stewart,2002)。需要找到能够拟合比较矩阵中记录的观测值的 v_i,这通过求解矩阵的最大特征值的特征向量来实现。另一种方法是计算比较矩阵每行的几何平均数;每行对应一个准则的权重(Dijkstra,2011)。

在 AHP 的聚合模型中,需要计算层次结构中上位准则的权重系数 w_i,可以通过上述成对比较的步骤获得。最终的聚合模型通过加和的方法获得对备选方案的价值测量,从而帮助决策者对备选方案进行排序:

$$P(a) = \sum_{i=1}^{m} w_i v_i(a) \tag{2.4}$$

式中 $P(a)$ 是备选方案 i 的优先级,$v_i(a)$ 是准则水平的偏价值函数,w_i 是准则的总体权重。

2.4.2 优序法

优序法利用了备选方案在边际偏好上占优的概念(Belton 和 Stewart,2002)。在 MCDA 中,占优定义为对于所有的准则 i,有 $z_i(a) \geqslant z_i(b)$;对至少一个准则 j 严格不等,$z_j(a) \geqslant z_j(b)$(Belton 和 Stewart,2002)。在真实世界的决策中很少会发生完全占优。优序法通过级别高于关系来定义占优,通过一个二元关系来定义备选方案集 A 中,方案 a 级别高于方案 b 级别只要求"方案 a 至少与方案 b 一样好"。这种级别高于关系用 $aSb[(a, b) \in A]$ 表示(Ehrgott 等,2010)。值得注意的是,优序法关注的是是否存在关于 aSb 假设令人信服(即"足够强")的证据,而不是关注对于替代方案的偏好的强度(Belton 和 Stewart,2002)。因此,除了占优和无差别的可能性外,还可能缺乏令人信服的证据来证明占优或无差别(Belton 和 Stewart,2002)。

使用和谐指数和不和谐指数来构建级别高于关系。这些指数表明支持或反对一个方案的证据的充分性高于另一个方案。和谐指数和不和谐指数的概念可以阐述如下:

- 和谐性:为了使 aSb 为真,必须有足够大多数的准则支持这一判断。
- 不和谐性:当和谐性成立时,在其余少数的准则中不应该有非常强的证据反对 aSb 的判断;或者说不和谐性是在少数准则中存在一个或多个 b 强烈优于 a 的证据,从而使得

对 aSb 的假设产生怀疑(Figueira 等,2005)。

　　为表征和谐性和不和谐性,首先要用代表边际偏好的决策矩阵来评估备选方案在各个准则上的表现。矩阵的每一行总结了每一个准则在 m 列中的边际偏好函数。优序法总结的边际偏好函数并不精确(Belton 和 Stewart,2002)。定义无差别阈值 $p_i[z]$ 和 $q_i[z]$ 来表示弱、强偏好;在准则 i 下 a 弱偏好于 b 表示为 $z_i(a) > z_i(b) + q_i[z_i(b)]$,等价于 $z_i(a) - z_i(b) > q_i[z_i(b)]$;在准则 i 下 a 强偏好于 b 表示为 $z_i(a) > z_i(b) + p_i[z_i(b)]$,即 $z_i(a) - z_i(b) > p_i[z_i(b)]$。 用这种表示法,需要有 $q_i[z_i(b)] > p_i[z_i(b)]$,才能区分要求低的和更加严格的阈值(Belton 和 Stewart,2002)。当边际偏好函数没有严格不等时,a 和 b 之间无差异。尽管决策矩阵可以表明 a 在每一个准则上都优于 b,但是它并不考虑准则的相对重要性。重要性是通过准则权重(w_i)来衡量。权重衡量的是每一个准则在构建备选方案时所产生的影响。

　　有不同的方法可用于估计和谐性和不和谐性,包括 ELECTRE 方法(Roy,1991),PROMETHEE 方法(Brans 和 Vincke,1985)和 GAIA 方法(Brans 和 Mareschal,1994)。ELECTRE 的方法如下:和谐指数 $C(a,b)$ 定义为支持 a 至少与 b 一样好的证据的强度;不和谐指数 $D(a,b)$ 测量的是反对 aSb 的证据强度。在 ELECTRE 中,和谐指数为

$$C(a,b) = \frac{\sum_{j \in Q(a,b)} w_j}{\sum_{i=1}^{m} w_i} \tag{2.5}$$

式中,$Q(a,b)$ 是决策矩阵中 a 与 b 一样好或 a 好于 b 的准则的集合。和谐指数处于 0 和 1 之间,$C(a,b)$ 越接近 1,支持 a 好于 b 的证据越强。和谐指数取 1 表示 a 在所有准则上都胜过 b。

　　不和谐指数则根据决策矩阵的值是否为序数或权重是否在准则间可比有所不同(Belton 和 Stewart,2002)。当这些条件成立时,不和谐指数为

$$D(a,b) = \frac{\max_{i \in R(a,b)} [w_i z_i(b) - z_i(a)]}{\max_{i=1}^{m} \max_{c,d \in A} [w_i \mid z_i(c) - z_i(d) \mid]} \tag{2.6}$$

式中,$R(a,b)$ 是在集合 A 中 b 严格优于 a 的准则的集合。不和谐指数的计算是用 b 优于 a 的最大加权估计除以该准则上任意两个备选方案间加权差的最大值。需要注意的是,在两个备选方案间,b 胜过 a 会使值为 1。当边际偏好得分不是基数(如是定性关系)或准则间的重要性权重不具有可比性时,则不和谐的准则是基于否决阈值。也就是说,对于每个准则 i,定义否决阈值 t_i,如果 b 在任何准则上的分数超过 a,则 a 级别不能

高于 b。这种情况下的不和谐指数为

$$D(a,b) = \begin{cases} 1, & z_i(b) - z_i(a) > t_i \\ 0, & \text{其他} \end{cases} \tag{2.7}$$

和谐指数和不和谐指数通过阈值 C^* 和 D^* 进行评价,它们之间的关系是:如果 $C(a,b) > C^*$ 且 $D(a,b) < D^*$ 则 aSb,否则 b 级别不高于 a。当 aSb 且 bSa 时,a 与 b 无差异。如果任何一个方案级别都不高于另一个(如非 aSb 且非 bSa),则两者不可比。关于这些级别高于关系详见图 2.5(Belton 和 Stewart,2002)。

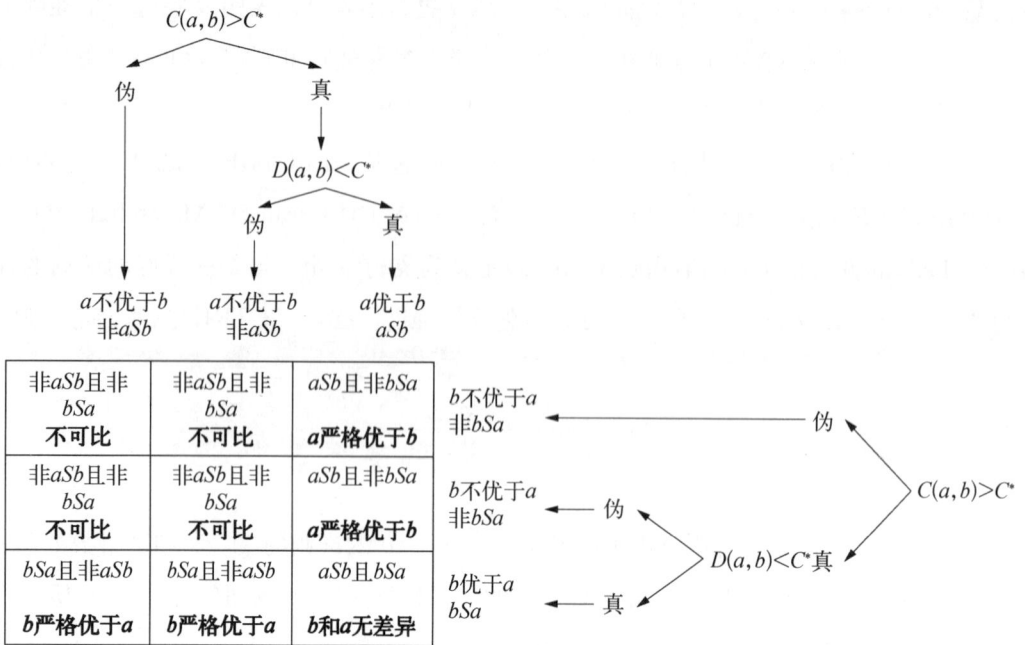

图 2.5　成对比较的优序关系

2.4.3　多目标规划法

多目标规划尝试通过"满意法"的决策启发进行复杂的多准则问题的建模(Belton 和 Stewart,2002)。由 Simon(1976)提出的"满意法"是一种认知启发法,决策者通过检验可选方案的特征达到一个可接受阈值。与补偿性框架假设决策者具有无限的认知处理能力并且会仔细地考虑所有信息相反(Regier 等,2014b;Kahneman,2003;Simon,2010),由于复杂性,决策者会寻求一种"足够好"的选择,即一种令人满意而非最佳的选择。

多目标规划假设决策者通过对每个准则寻求令人满意的水平来使满意度实现操作化

(Tamiz 等,1995)。当达到期望的阈值后,就将注意力转移到其他准则。多目标规划基于以下两个假设:第一,每个准则与一个可测量并且能以序数尺度表示的属性相关,这些方法利用了边际偏好函数 $z_i(a)$ $(i=1,\cdots,m)$ 表示备选方案 a 的准则;第二,决策者通过对准则 m 的目标或"期望水平"(也就是理想的效果水平,如 ICER 低于每 QALY 50 000 美元的阈值)表达判断。在目标规划的表示方法中,目标用 $g_i(i=1,\cdots,m)$ 来表示。定义了目标后,使用算法通过优先顺序的方法来识别满足目标的备选方案(Thokala 和 Duenas,2012;Ignizo,1978)。

决策者对目标的偏好会根据每个准则的背景和构成而有所不同。也就是说,每个目标所反映的偏好方向将根据准则属性 $z_i(a)$ 的不同定义[如最大值代表的是达到满意的最低水平,最小值代表的是最大的耐受水平,或达到 $z_i(a)$ 的令人满意的水平]而不同(Belton 和 Stewart,2002)。$z_i(a)$ 和 g_i 之间的差异用 δ_i^- 和 δ_i^+ 表示,分别代表了低于或高于边际偏好的数量。

为了解决决策者满意度的问题,应用了数学最优化技术(利用线性规划)进行研究,该技术的目标是在给定的约束条件(在给定约束方程下达到属性值偏差最小)下达到给定目标的最佳结果。目标规划模型可以通过加权目标规划或基于字典序偏好的目标规划来实现。在加权目标规划中,目标是在将重要性权重赋给每个 $z_i(a)$ 后实现与目标的偏差最小化。这可以通过以下的代数公式来实现(Tamiz 等,1998;Rifai,1996;Kwak 和 Schniederjans,1982):

$$\min Z = \sum_{i=1}^{m}(w_i^-\delta_i^- + w_i^+\delta_i^+)$$

约束条件为 $$f_i(x)+\delta_i^- - \delta_i^+ = g_i \quad (i=1,\cdots,m) \tag{2.8}$$

式中,x 是决策变量的向量,通过 x 的改变可以使得准则达到特定的目标(例如药物的价格),$f_i(x)$ 是等价于实现对 x 向量的边际偏好 $z_i(a)$ 的线性目标函数,g_i 是每一个 $z_i(a)$ 的目标值,δ_i^- 和 δ_i^+ 是与目标值的负偏差和正偏差,w_i^- 和 w_i^+ 是重要性权重。值得注意的是,当使用加权求和的方法时,重要性权重需要符合权衡条件(例如通过摆幅权重)。

在字典序目标规划中,偏差变量被分配优先级并按字典序最小化(Belton 和 Stewart,2002)。字典序是指决策者认为一个准则的某一个数量优先于另一个准则的某一个数量。只有达到平局时,决策者才会考虑下一个最偏好的准则。在目标规划中,相继将每个优先级准则字典序最小化,同时保持达到较高优先级最小化所需的最小值

(Ijiri, 1965):

$$\text{Lex min } O = [g_1(\delta^+, \delta^-), g_2(\delta^+, \delta^-), \cdots, g_m(\delta^+, \delta^-)]$$

约束条件为 $\qquad f_i(x) + \delta_i^- - \delta_i^+ = g_i \quad (i = 1, \cdots, m)$ $\qquad\qquad$ (2.9)

式中 O 表示优先级的次序向量(Tamiz 等,1995)。从实践角度看,就是定义了每个准则的优先级以及实现目标的最小化加权和。

一旦获得了对更高阶优先级的解,第二优先级的最小化的限制条件就是使上一优先级中的目标加权和不超过上一步确定的值。该过程将在每个优先级中继续进行。

2.5　结语

本章介绍了 MCDA 的理论基础和方法。MCDA 为利益相关者提供了一套可以产生一致和透明决策的工具。MCDA 方法利用了定性和定量的决策理论,是一个包括了问题构建和模型建立的综合方法。最后,我们认为医疗卫生领域还很缺乏与 MCDA 理论相关的研究,因此我们鼓励未来在医疗卫生领域 MCDA 方法的研究探讨,以帮助利益相关者应对在改善健康和医疗方面所面临的独特挑战。

致谢

加拿大癌症控制应用研究中心(Canadian Centre for Applied Research in Cancer Control,ARCC)由加拿大癌症研究协会(Canadian Cancer Society Research Institute)资助(♯2015-703549)。Stuart Peacock 博士作为西蒙弗雷泽大学医学院癌症生存中心 Leslie Diamond 主席得到资助。

参考文献

Ackoff RL (1979a) Future of operational-research is past. J Oper Res Soc 30(2):93–104. doi:10.2307/3009290

Ackoff RL (1979b) Resurrecting the future of operational-research. J Oper Res Soc 30(3):

189–199. doi:10.2307/3009600

Arnstein SR (1969) Ladder of citizen participation. J Am Inst Plann 35(4):216–224. doi:10.1080/01944366908977225

Baltussen R, Niessen L (2006) Priority setting of health interventions: the need for multi-criteria decision analysis. Cost Effectiveness and Resource Allocation : C/E 4:14. doi:10.1186/1478-7547-4-14

Baltussen R, Stolk E, Chisholm D, Aikins M (2006) Towards a multi-criteria approach for priority setting: an application to Ghana. Health Econ 15(7):689–696. doi:10.1002/hec.1092

Belton V, Stewart T (2010) Problem structuring and multiple criteria decision analysis. In: Trends in multiple criteria decision analysis, vol 142, International series in operations research & management science. Springer, New York, p xvi, 412 p

Belton V, Stewart TJ (2002) Multiple criteria decision analysis: an integrated approach. Kluwer Academic Publishers, Boston

Brans JP, Mareschal B (1994) The Promcalc and Gaia decision-support system for multicriteria decision aid. Decis Support Syst 12(4–5):297–310. doi:10.1016/0167-9236(94)90048-5

Brans JP, Vincke PH (1985) A preference ranking organization method – (the Promethee method for multiple criteria decision-making). Manag Sci 31(6):647–656. doi:10.1287/mnsc.31.6.647

Camerer C (1995) Individual decision making. In: Kagel J, Roth A (ed) The Handbook of Experimental Economics. Princeton University Press, NJ

Checkland P (1981) Systems thinking, systems practice. J. Wiley, Chichester/New York

Devlin N, Sussex J (2011) Incorporating multiple criteria in HTA: methods and processes. Office of Health Economics, London

Diaby V, Goeree R (2014) How to use multi-criteria decision analysis methods for reimbursement decision-making in healthcare: a step-by-step guide. Expert Rev Pharmacoecon Outcomes Res 14(1):81–99. doi:10.1586/14737167.2014.859525

Dijkstra T (2011) On the extraction of weight from pairwise comparison matrices. CEJOR 21(1):103–123

Dolan JG (2010) Multi-criteria clinical decision support: a primer on the use of multiple criteria decision making methods to promote evidence-based, patient-centered healthcare. Patient 3(4):229–248. doi:10.2165/11539470-000000000-00000

Drummond M (2005) Methods for the economic evaluation of health care programmes, 3rd edn, Oxford medical publications. Oxford University Press, Oxford England/New York

Ehrgott M, Figueira J, Greco S (2010) Trends in multiple criteria decision analysis, vol 142, International series in operations research & management science. Springer, New York

Figueira J, Greco S, Ehrgott M (2005) Multiple criteria decision analysis : state of the art surveys. Springer, New York

Goetghebeur MM, Wagner M, Khoury H, Levitt RJ, Erickson LJ, Rindress D (2008) Evidence and value: impact on DEcisionMaking--the EVIDEM framework and potential applications. BMC Health Serv Res 8:270. doi:10.1186/1472-6963-8-270

Goodwin P, Wright G (2010) Decision analysis for management judgment, 4th edn. Wiley, Hoboken

Hester PT, Adams KM (2014) Problems and messes. 26:23–34. doi:10.1007/978-3-319-07629-4_2

Ignizo J (1978) A review of goal programming: a tool for multiobjective analysis. J Oper Res Soc 29:1109–1119

Ijiri Y (1965) Management goals and accounting for control. Studies in mathematical and managerial economics, vol 3. North Holland Pub. Co., Amsterdam

Kahneman D (2003) A perspective on judgment and choice – mapping bounded rationality. Am Psychol 58(9):697–720. doi:10.1037/0003-066X.58.9.697

Keeney RL (1992) Value-focused thinking: a path to creative decision making. Harvard University

Press, Cambridge

Keeney RL, Mcdaniels TL (1992) Value-focused thinking about strategic decisions at Bc Hydro. Interfaces 22(6):94–109. doi:10.1287/Inte.22.6.94

Keeney RL, Raiffa H (1993) Decisions with multiple objectives : preferences and value tradeoffs. Cambridge University Press, Cambridge/New York

Kimball AW (1957) Errors of the 3rd kind in statistical consulting. J Am Stat Assoc 52(278): 133–142. doi:10.2307/2280840

Kwak NK, Schniederjans MJ (1982) An alternative method for solving goal programming-problems – a reply. J Oper Res Soc 33(9):859–860

Lancaster KJ (1966) New approach to consumer theory. J Polit Econ 74(2):132–157. doi:10.1086/259131

MacLean S, Burgess MM (2010) In the public interest: assessing expert and stakeholder influence in public deliberation about biobanks. Public Underst Sci 19(4):486–496. doi:10.1177/0963662509335410

Mas-Colell A, Whinston MD, Green JR (1995) Microeconomic theory. Oxford University Press, New York

Mirkin BG, Fishburn PC (1979) Group choice. Scripta series in mathematics. V. H. Winston; distributed by Halsted Press, Washington, D.C.

Montibeller G, von Winterfeldt D (2015) Cognitive and motivational biases in decision and risk analysis. Risk Anal 35(7):1230–1251. doi:10.1111/risa.12360

NICE (2008) Guide to the Methods of Technology Appraisals. National Institute of Clinical Excellence, London, England

O'Doherty KC, Hawkins AK, Burgess MM (2012) Involving citizens in the ethics of biobank research: informing institutional policy through structured public deliberation. Soc Sci Med 75(9):1604–1611. doi:10.1016/j.socscimed.2012.06.026

Peacock S, Mitton C, Bate A, McCoy B, Donaldson C (2009) Overcoming barriers to priority setting using interdisciplinary methods. Health Policy 92(2–3):124–132. doi:10.1016/j.healthpol.2009.02.006

Phillips LD (1984) A theory of requisite decision-models. Acta Psychol 56(1–3):29–48. doi:10.1016/0001-6918(84)90005-2

Phillips LD, Phillips MC (1993) Facilitated work groups – theory and practice. J Oper Res Soc 44(6):533–549. doi:10.1057/Jors.1993.96

Rabin M (1998) Psychology and economics. J Econ Lit 36(1):11–46

Rawlins M, Barnett D, Stevens A (2010) Pharmacoeconomics: NICE's approach to decision-making. Br J Clin Pharmacol 70(3):346–349. doi:10.1111/j.1365-2125.2009.03589.x

Regier DA, Bentley C, Mitton C, Bryan S, Burgess MM, Chesney E, Coldman A, Gibson J, Hoch J, Rahman S, Sabharwal M, Sawka C, Schuckel V, Peacock SJ (2014a) Public engagement in priority-setting: results from a pan-Canadian survey of decision-makers in cancer control. Soc Sci Med 122:130–139. doi:10.1016/j.socscimed.2014.10.038

Regier DA, Watson V, Burnett H, Ungar WJ (2014b) Task complexity and response certainty in discrete choice experiments: an application to drug treatments for juvenile idiopathic arthritis. J Behav Exp Econ 50:40–49. doi:10.1016/j.socec.2014.02.009

Rifai AK (1996) A note on the structure of the goal-programming model: assessment and evaluation. Int J Oper Prod Manag 16(1):40. doi:10.1108/01443579610106355

Rowe G, Frewer LJ (2000) Public participation methods: a framework for evaluation. Sci Technol Hum Values 25(1):3–29

Roy B (1991) The outranking approach and the foundations of electre methods. Theor Decis 31(1):49–73. doi:10.1007/Bf00134132

Roy B (1996) Multicriteria methodology for decision aiding, vol 12, Nonconvex optimization and its applications. Kluwer Academic Publishers, Dordrecht/Boston

Saaty TL (1980) The analytic hierarchy process : planning, priority setting, resource allocation. McGraw-Hill International Book Co, New York/London

Saaty TL (1986) Axiomatic foundation of the analytic hierarchy process. Manag Sci 32(7): 841–855. doi:10.1287/mnsc.32.7.841

Saaty TL (1994) Fundamentals of decision making and priority theory with the analytic hierarchy process, vol 6, 1st edn, Analytic hierarchy process series. RWS Publications, Pittsburgh

Schoner B, Choo E, Wedley W (1999) Comment on 'Rethinking value elicitation for personal consequential decision' by G wright and P goodwin. J Multi-Criteria Decis Anal 8:24–26

Simon HA (1976) Administrative behavior: a study of decision-making processes in administrative organization, 3dth edn. Free Press, New York

Simon HA (2010) A behavioral model of rational choice. Compet Policy Int 6(1):241–258

Tamiz M, Jones D, Romero C (1998) Goal programming for decision making: an overview of the current state-of-the-art. Eur J Oper Res 111(3):569–581. doi:10.1016/S0377-2217(97)00317-2

Tamiz M, Jones DE, Eldarzi E (1995) A review of goal programming and its applications. Ann Oper Res 58:39–53. doi:10.1007/Bf02032309

Thokala P, Duenas A (2012) Multiple criteria decision analysis for health technology assessment. Value Health : J Int Soc Pharmacoeconomics Outcomes Res 15(8):1172–1181. doi:10.1016/j.jval.2012.06.015

Von Neumann J, Morgenstern O (1953) Theory of games and economic behavior, 3dth edn. Princeton University Press, Princeton

第 3 章
价值识别：MCDA 用于卫生决策时的伦理考虑

Mireille Goetghebeur，Monika Wagner

摘要

背景：在过去的几个世纪中，产生了许多伦理理论，如道义论、后果主义（包括功利主义）、美德伦理学，以及最近的罗尔斯的正义理论和哈贝马斯的商谈伦理学，在卫生领域中都有进一步的研究。这些主要的伦理立场和程序理论整合了许多伦理问题。决策者（特别是政策层面的）在努力为患者提供最好的治疗、维护人群健康、建立可持续的卫生系统（三重目标）过程中不断面临着各种伦理问题。尽管存在伦理困境，但是这三重目标正变得越来越关键，对可靠的决策过程的需求在不断上升，多准则决策分析（MCDA）提供了一个以创新的方式整合伦理问题和促进合理问责（A4R）的机会。

目的：本章是第一次尝试探讨 MCDA 如何将伦理问题整合到固有的卫生决策中。我们的主要思考是关于 HTA/MOH（卫生技术评估/卫生部）在做决策时所面临的现实约束，而不是关于特定伦理立场的考虑。

方法：本章探讨了 MCDA 每个发展步骤的伦理问题。遵循 ISPOR 关于 MCDA 特别工作组提出的八步纲要，以及从 HTA/MOH 出发的决策合理性，以三重目标作为目标来说明这一探索。对于每一个步骤，我们讨论了如何用这种方法整合伦理立场和程序理论的相关实质和程序的要素。

M. Goetghebeur，MEng PhD (✉)
School of Public Health，University of Montreal
and LASER Analytica，Montréal，Québec，Canada
e-mail：mm.goetghebeur@umontreal.ca

M. Wagner
LASER Analytica，Montreal，Quebec，Canada

结果：卫生领域决策的合理性要求在 MCDA 的设计和操作过程中让有代表性的利益相关者参与进来，以确保采用的准则和他们的思考与该机构的使命和价值相一致。以三重目标作为 MCDA 的目标(步骤 1)使得产生了更广泛的源自伦理考虑的准则(步骤 2)定义，如在患者层面上的"必要帮助"，"健康状况更差的人具有更高的优先级"，以及实现"最大多数的最大获益"的目标，同时保持卫生系统的可持续性。前两个 MCDA 步骤促进了利益相关者之间的反思、合作和交流，来确立共同的基础并确认干预的整体价值，也就是要整合三个目标的所有伦理问题。这些准则的证据综合(步骤 4)要求用实践智慧来提供清晰的、透明的和系统的证据。MCDA 的其他方面，如加权(步骤 3)、评分(步骤 5)、权重和分数的整合(步骤 6)和不确定性的处理(步骤 7)，则除了实践智慧还需要额外的价值考量，如价值的透明性、一致性、参与性、可靠性和审慎的决策。MCDA 的准则和实施过程中的考虑可以帮助对干预措施的"整体价值"进行可问责的和合理的测量，从而为三重目标的实现做出最大的贡献。

结论：本章认为，MCDA 可以用于将许多伦理问题整合到卫生决策中。通过加强其可操作性，MCDA 为基于医疗卫生干预整体价值的决策提供可靠的和合理的决策过程。对 MCDA 在卫生领域应用时的伦理考虑尚处于起步阶段，未来每个方面都值得深入研究。

3.1　引言

在过去的几个世纪中，已经发展起来了许多伦理理论，如道义论、后果主义(包括功利主义)(Cleret de Langavant，2001)、美德伦理学，以及最近罗尔斯的正义理论和哈贝马斯的商谈伦理学，在卫生领域中都有进一步的研究。这些伦理立场整合了决策者特别是政策层面(HTA/HOM)在努力确保医疗质量、维护人群健康并建立可持续的卫生系统[三重目标：服务、健康和成本(Berwick 等，2008)]的过程中面临的诸多伦理问题。尽管存在伦理困境，但是这三重目标正变得越来越关键，对可靠决策过程的需求在不断上升。

本章并不试图去总结一些人类最伟大的思想家的思考，而是对 HTA/MOH 关于三重目标和 A4R 的考虑所诱发的伦理问题进行一些阐释；更高层面的概览只是为了介绍基本概念。美德伦理学是西方伦理学中最古老的概念，由柏拉图和亚里士多德提出。它认为，正确的事情就是一个品德高尚的人所做的事情，并强调品德高尚的人会运用实践智慧和善良来激励和指导他/她的决定(Hursthouse，2013)。在这种情况下，是以有道德的人作为规范，而不是义务(如道义论)或实用主义(如结果主义)。道义论来自希腊语 deon

（"义务"），是一种遵守已有规则或义务的有道德的行为和伦理立场。康德（1724—1804）认为，行为的道德价值与它的后果无关，而与它所反映的道德义务有关，其表现为行动的必要性。希波克拉底（公元前460—前370）在"希波克拉底誓言"中概述了医学"帮助的必要性"："我将根据我的能力和判断力，采取我认为有利于患者的医疗措施，不能给患者带来危害"，强调仁慈和非恶意的道德义务。根据誓言，要求医生使用他们的"能力和判断"，或者换句话说，使用他们对医疗行为后果的专业技能和知识。结果主义（包括功利主义）认为结果好的行为就是可取的。根据边沁（1748—1832）和密尔（1806—1877）提出的功利主义，一种行动必须以其效用为导向，因此社会应该追求"最大多数的利益最大化"（效用最大化），这一理论对公共政策有强烈的影响（Driver，2014）。

当代的道德方法包括罗尔斯提出的正义理论（Rawls，1971），它认为"应给予处于最坏处境的人优先权"，尽管对于分配有许多模式（例如自由主义、共产主义、平等主义和功利主义等），但都一致地将优先权赋予最需要帮助的人。这是植根于平等的正义模式中的一个关键概念，并且是许多医疗系统坚持的原则（Kieslich，2012；Hoedemaekers 和 Dekkers，2003）。Daniels 的分配正义模型旨在公平分配生存机会（Daniels，2001）。

过程理论也得到了发展，如哈贝马斯的商谈伦理学（Habermas，1984）以及最近的协商实践（Danis 等，2010）。在关于合理的问责制（A4R）的开创性工作中，Daniels 和 Sabin 提出了确保决策过程合法的四个条件（Daniels 和 Sabin，1997；Daniels，1999）：公开（决策和依据可公开）、修正和申诉（挑战和修正的机会）、执行（确保其他 A4R 条件得到满足的规定）以及相关原因。后者指的是决策所依据的基本原则，这些原则应该被"公正"的人所接受。

由 Beauchamp 和 Childress 提出的原则主义，提出了四个指导医学决策的道德原则：善行（"善待他人"）、非恶意（"避免伤害他人"）、尊重自主性（"待人为自由人"）和公正（"对获益和负担进行公平分配"）（Beauchamp 和 Childress，2001）。

这些主要的伦理立场和过程理论在某种程度上是相互矛盾的，但在卫生政策决策中起着重要作用，并且决策者正试图在实际中对它们进行整合。政策决策不可避免地涉及价值判断（Littlejohns 等，2012）。这些价值植根于个人价值和社会价值，可分为实质价值（做出决定的相关理由或准则，例如效果、成本）和程序价值（过程本身反映的价值，这对于决策的合法性至关重要）（Clark 和 Weale，2012）。同时出现在 20 世纪的循证医学和卫生技术评估提高了人们对医疗卫生干预的结果（或真正价值）的理解，以便更好地在临床和政策层面做出决策（Battista 和 Hodge，2009；Jenicek，2006），但还需要有务实和可靠的程序来支持社会价值的实现、整合医疗决策固有的伦理问题，并解决伦理困境。

MCDA 提供了一个以创新的方式整合伦理问题以及实现合理问责机制的机会

（Daniels 和 Sabin，1997；Daniels，1999）。虽然 MCDA 在许多领域已经广泛使用了几十年（例如工程领域），但它在卫生领域的应用却是相当新的。本章第一次尝试探索如何使用 MCDA 整合卫生决策固有的伦理问题。这里提出的反思主要是基于现实约束的 HTA/MOH 级别的决策，而不是特定的伦理立场。

　　本章探讨了 MCDA 的每个步骤的伦理问题，遵循 ISPOR 关于 MCDA 特别工作组的大纲，探索从 HTA/MOH 角度最具挑战的伦理困境。MCDA 还可以行使更具体的功能（例如传统意义上的获益风险评估），但是为了从广义的角度探索 MCDA 相关的伦理问题，我们构建了一个为达到三重目标选择最具有优势的干预方式的 MCDA 模型。对于 MCDA 的每一步，我们都讨论了主要的伦理立场和程序理论的实质和程序特征。

3.2　谁来做决定？决策的合法性和 MCDA 使用者的代表性

　　卫生决策的合法性要求在 MCDA 的审议和设计的过程中包含有代表性的利益相关者，以确保所纳入的准则和考虑的方式与机构的使命和价值相一致。决策委员会要能代表他们所服务的社会/人群，决策的合法性取决于利益相关者所持观点的多样性。根据 Daniels 和 Sabin 的 A4R 框架（Daniels 和 Sabin，1997；Daniels，1999），合法性的相关条件要求决策基于中立者能够认可的与决策相关的证据、理由和原则。Martin 等人（2002）探讨了中立者应该是哪些人，并且认为，一个有代表性的决策委员会中应该包括以下人员：委员会主席、行政人员、专科医生、全科医生、公众代表和患者代表。最近，Rosenberg-Yunger 等人（2012）提出，决策委员会应包括多个利益相关者，包括医疗专业人员、学术界专家、管理者、患者和/或公众代表，行业代表可以参与决策过程的其他方面但不应作为决策委员会的成员。Garrido 等人（2016）建议 HTA 委员会成员"可以包括患者、医疗服务提供者、支付者、政府或厂商的代表，以及临床和方法学专家"。MCDA 的程序价值如图 3.1 所示。MCDA 可以通过结构化的方式获得所有参

图 3.1　开发和使用 MCDA 时的程序价值

与者的观点,从而区分个人和群体的推论,并有助于委员会成员之间的沟通。同样的,MCDA 可以用来咨询更多的人。当被设计用来支持思考时,MCDA 提供了一种增强决策合法性和可接受性的实用手段。

3.3 如何做决定?

3.3.1 第一步: 明确决策问题

在 Berwick(2008)和美国联邦医疗保险(Medicare)与医疗补助(Medicaid)服务中心[①](2015)关于卫生体系的三重目标(服务、健康和成本)的开创性工作中提出,只有当利益相关者把患者健康、人群健康和卫生系统的资源管理作为相互联系的广泛目标时,才能实现高价值的卫生体系。

同情心是卫生体系的伦理基础和根本推动力(Lown,2015),其目的在于预防疾病,治愈、减轻疼痛和痛苦,避免早亡(卫生体系的最终目标)(Callahan,1999)。虽然运转良好的卫生系统本身并不是目的,但它与卫生体系的最终目标密不可分,这是因为它是医疗卫生部门产生健康的唯一工具。正如三重目标的开发者所认识到的,追求这一广泛联系的目标系统既可以"获得巨大的收益",但也可能产生"潜在的破坏",需要利益相关者进行广泛的思考。将三重目标集成到一个全面的(或整体的)MCDA 中,可以为所有利益相关者提供一个反映和识别是什么构成了高价值的卫生体系的路线图,从而通过协作和参与的方法来推进卫生体系的最终目标。

因此,从 HTA/MOH 的角度来看,决策问题可以定义为:"以卫生体系的三重目标来评价干预的价值,确保所有潜在的伦理问题都包括在内。"在程序价值方面,在开发达成三重目标的 MCDA 方法的过程中促进了反思和合作,同时也促进了不同利益相关者之间的沟通和交流。因此它为从三重目标角度出发,为确认价值的构成要素提供了共同的基础。

3.3.2 第二步: 选择和构建准则

将三重目标作为 MCDA 框架的目标(步骤 1)要求选择更广泛的准则(步骤 2),其中就包括了伦理要素,如在患者层面上的"必要帮助","健康更差的人具有更高的优先级",以及在群体层面上实现"最大多数的最大获益"的目标,同时保持卫生系统的可持续性。为了平

---

① The Center for Medicare and Medicaid Services,CMS,医疗保险与医疗补助服务中心。

衡这些通常具有竞争关系的伦理要求，需要实践的智慧和激励来引导决策，如图 3.2
(Hursthouse，2013)所示。这些伦理困境的解决最终是由 HTA/MOH 的决策委员会所代表
的每个国家的伦理和法律传统相关的普遍的和具体的价值所驱动(Schlander 等，2014)。

　　假定这些伦理因素可以转化为目标，进而转化为决策准则(定量或定性，或两者兼而
有之)，可以在此基础上设计一个 MCDA 框架，并通过该框架来识别对卫生体系三重目标
贡献最大的干预措施(即最有益或最有价值的干预措施)。值得注意的是，图 3.2 的分类

三重目标

患者	人群	可持续性
迫切需要帮助	最大多数的最大获益 健康更差的人具有更高优先级	

患者
- 最佳治疗获益（治愈）
- 最佳预防获益-公共卫生（根除）
- 最大效力/效果
- 最佳安全性
- 最优患者自感健康/自报健康结局

人群
- 最多人获益（人口数）
- 缓解患严重疾病患者的痛苦
- 缓解无治疗措施患者的痛苦（未满足的需要）
- 最佳安全性
- 为设定的优先事项提供干预措施（如易感人群）

可持续性
- 最佳的经济结果：干预的成本
- 最佳的经济结果：其他医疗成本
- 最佳的经济结果：非医疗成本
- 符合卫生系统的要求和范围
- 最小的环境影响

知识和环境

实践智慧
- 相关且有效的证据
- 专家共识
- 对系统能力的认知及对干预的合理应用
- 对共同目标和特殊兴趣的认知
- 对政治、历史和文化环境的认知

MCDA 测量卫生干预的整体价值

对资源的合理利用
通过识别最有价值的干预来管理机会成本和可负担性

图 3.2　三重目标、潜在的道德问题转变为用 MCDA 衡量干预方案整体价值的准则，以指导资源的合理利用和机会成本的管理

可以作为对这些问题进行思考的起点,但是仍是存在争议的。

3.3.2.1 患者

在患者层面上,最明显的能体现医疗卫生干预价值的准则是医疗卫生体系能产生的健康获益的类型,这直接关系到以减轻或预防痛苦为根本目的的同情心。由科学家和临床医生组成的伦理委员会在面对预防和减轻痛苦的治疗时,应该以平等的方式进行评价,以避免先验地认为治疗的价值高于预防的价值。质量调整生命年(QALY)的概念既适用于预防也适用于治疗,但是作为一个人为构建的指标,它从自然概念上会产生"心理距离";诸如疾病的消除、治愈或症状缓解等指标与决策者的思考方式更为接近。MCDA 可以将预防类和缓解/治疗类的卫生服务作为独立的准则整合在一起,从而在决策过程中保持自然概念并确保不同类型的健康收益都能成为价值测量的一部分。

当进一步探索慈善的伦理动力时,最大限度地预防和减轻痛苦(即向目前状况的最大改善努力)的目标可以转化为从临床立场反映获益程度的准则(有效性),以及从患者的角度反映的获益("患者感知的健康")。同时,从患者的观点出发反映了尊重患者自主性和尊严的原则,这也是 Beauchamp 和 Childress(2001)所阐述的原则主义中所强调的医疗卫生体系的两个关键方面。最后,正如希波克拉底誓言中所暗示的,医疗帮助的必要性需要与干预的安全性和耐受性相平衡,遵从"从不伤害"或非恶意的原则。为解决这一伦理道德问题,必须考虑干预的即刻和长期不利结局。

3.3.2.2 群体

在群体水平上,为尽可能多的个体预防或缓解痛苦,即"使最大多数获益",可以通过纳入潜在的获益人数作为准则来实现。因此能够使更多个体获益的干预将被赋予更高的价值。

"先去帮助处境更差的人"这一理念在现实生活中通常作为公平性而提及,在评价时可以转化为疾病严重程度的准则。因此对严重疾病的干预(预防、治疗或缓解)将比对不严重疾病的干预有更高的价值。尽管已经有一些研究(Shah,2009;Ottersen,2013;Lindemark 等,2014),但对疾病严重程度进行排序并不是一项简单的工作。人们对"严重"的判断将根据个人经历、观点和对痛苦的感知而有所不同。未满足的医疗需求(如罕见病或缺乏有效干预的疾病)也与优先考虑那些最差的人的概念有关,并且可以转化为"未满足需求"这一准则,这是解决跨治疗领域的不公平性的一种方法。

国家政策制定者可以通过给予在特定社会中处境最差的人(例如弱势群体、罕见病、偏远地区人口)以优先次序来进一步实现公平性。可以通过纳入一个准则来评估干预在何种程度上与预先定义的优先级相一致,来确保针对既定优先级高的干预比那些优先级低的干预更有价值。

3.3.2.3　卫生系统

为了确保可持续性，需要在 MCDA 模型中考虑干预的经济影响，这就意味着能够减少治疗费用或节约其他医疗和非医疗资源（如从更广的视角来看能够节约医疗、社会和个人资源）的干预措施比那些增加治疗费用或消耗医疗和非医疗资源的干预措施更具有价值。将这些准则纳入 MCDA 模型可以激励开发和推广那些能够减少医疗费用或节约医疗和非医疗资源的干预和项目。相反的，不把经济因素纳入 MCDA 就无法区分哪些是对三重目标有贡献的干预，哪些是没有贡献的干预。Daniels 等人（2015）最近指出，慢性丙型肝炎的药物治疗可能会是一个潜在的不可持续的干预。由于成本过高，这种干预将只能覆盖一部分人，而这会带来难以解决的伦理问题（参见下文关于机会成本的评论）。

当把经济因素纳入 MCDA 框架时，决策者经常在成本之间做出区分，这其中既有不确定性较低的成本（如干预本身的成本和实施过程中发生的成本），也有不确定性较高的成本，即干预对其他医疗和非医疗成本的影响，这一类成本因缺少真实世界数据而通常是模拟的数据。MCDA 可以通过设计单独的准则来处理这些不同类型的成本。

某些干预可能带来另一种挑战，因为它们可能被一些人认为超出了卫生系统的任务和范围（例如生长激素用于增高、辅助生殖、保健用药等）。为了解决这个问题，可以在 MCDA 中引入一个准则来考虑医疗系统覆盖这些干预的伦理意义。

在社会层面，对医疗干预的环境影响的考虑正越来越多地成为价值的一个要素（Tanios 等，2013）。通过纳入干预对环境影响的准则，对环境造成最小损害的干预被认为更具有价值，这样可以发展和促进对环境有益的干预，从而有利于所有人的利益。

3.3.2.4　知识和环境

实践智慧是以正式证据为基础的显性知识、来自经验的知识、关于决策环境的知识、常识和隐含判断的结合。基于对干预的临床和经济结果的了解，在此基础上，知识是实践智慧的关键因素，并且需要长期的真实世界数据作为支持。数据的可用性和质量的伦理意义是显而易见的，因为判断一项干预在实际中是否具有可持续性，就意味着可能会选择对三重目标没有什么贡献的干预。知识来自研究产生的证据时，可能会面临相关性和质量的变异；来自临床医生的直接经验时，可能会在临床指南中得到体现；当然知识也可以来自患者。如果将可靠的知识作为价值要素，则可以添加两个准则：证据的质量和专家共识。这样的设计可以确保有可靠知识的干预被赋予更高的价值。

由于证据的产生是有代价的，因此正式的数据收集往往集中于新的、复杂的干预和产品，而对于简单干预的数据往往缺乏，这会使得对前者产生了很强的偏倚。为了应对这一困境,人们可以认为知识的产生是一种社会责任,并且在某些情况下,常识是一种合理可接受的知识来源。在 MCDA 中纳入一个衡量证据强度的准则,可以推动获得坚实和有意义的证据的研究,同时以更加正式的方式来整合常识以证明各种干预的价值。

卫生系统实施和适当地使用医疗干预的能力是 HTA 和 MOH 共同考虑的。这可以看作是实践智慧的一个方面,它需要了解系统的基础设施、立法、组织、障碍和技术。在 MCDA 中引入适当的准则(很可能是定性的)可以将这些问题纳入考虑范围,并且意味着那些易于实施且在不当使用时产生较低内部风险的干预更有价值。

对实施干预背景的认识与实践智慧有关。意识到利益相关者的压力和障碍有助于确保决策是公正的,以三重目标为驱使的,且不受特定利益的过度影响。意识到政治、历史和文化背景对于评估干预实施的可行性是很重要的。例如,关于类似干预的决策优先权或干预对研究和创新的影响(因为新的治疗通常提供新的科学知识)可能对决策时的综合价值产生影响。

除了基础的伦理立场,MCDA 模型还需要遵循 MCDA 的方法学要求,参考 Dean 等人的研究(GLB,2009),简要总结如下:

- 非冗余性(避免重复计算准则);
- 互相独立(准则可以独立地被评价);
- 可操作性(合适的测量尺度且数据可得);
- 完备性(所有与决策相关的重要准则都包含在内);
- 可聚类(在概念上以有意义的方式构建准则)。

与识别和选择准则的过程相关的价值是非常关键的,因为这个过程对于如何在决策中从开发者到监管者、决策者、临床医生和患者将伦理立场转化为实用工具具有启发思考的作用。此外,基于三重目标选择准则的 MCDA 模型促进了在评估和识别价值构成时的系统性、一致性、参与性和协作性。

考虑到 MCDA 的类型和过程,对 MCDA 的实施就是促进利益相关者之间慎思和沟通的定性实践。在这个过程中反映额外的伦理问题和程序价值的定量准则如下文所示。

3.3.3　第三步:对准则赋权重

在为决策准则赋权重的过程中面临的伦理问题包括:我们每个人对道德取舍的意识(个人的价值体系)、在利益相关者之间的变数以及与三重目标(潜在的伦理问题)的相关智慧。事实上,尽管为准则赋权重是任何决策所固有的,但它往往是隐含的。

与赋权重相关的关键程序价值包括每位利益相关者在对准则做出权衡过程中的参与

和反馈，以及他们对自己立场的澄清和处理伦理困境的方式。在委员会中，视角的多样性可以用最适合该群体的加权技术整合到评价中。对 MCDA 的常设委员会或特别小组成员的选择过程也具有伦理意义，例如患者或患者代表的加入可能会影响以患者为中心的护理决策的合法性。

有许多获得权重的方法，应根据需要和偏好进行选择（Dolan，2010）（见第 4 章）。赋权重的过程本身可以提高价值评价的透明度，并可以通过调查（参与）使利益相关者与民众进行协商，如哥伦比亚卫生部的实践（见 Castro 等人撰写的第 8 章）。

3.3.4　第四步：提供证据测量绩效

对准则进行评价需要与这些准则相关的证据，包括科学的和通俗的证据以及常识。被选择并提供给决策者的数据类型具有伦理意义，并会涉及众多价值判断（Hofmann 等，2014a，b）。有效的、可理解的和有意义的证据交流，包括标准化的呈现方式（如绝对和相对数据、研究间的变异范围）对于确保决策者的知情至关重要。提取信息的过程并非易事，必须为决策者提供充分和必要的数据来形成判断从而做出决定。为决策者提供无偏的和务实的证据对于衡量干预的真正价值至关重要，虽然这种干预仍然不确定，但可以通过 MCDA 促进从各种角度来进行的探索。因此，MCDA 的过程在证据提取的系统化和准则水平上提高了证据的透明度。

此外，在群体层面（如决策委员会），MCDA 提供了一种在成员间分享观点和证据的结构化过程，这个过程能够促进思考，提高评价和审议过程的参与性。

3.3.5　第五步：对准则赋分来评价干预的绩效

正如最近所强调的，价值判断涉及卫生干预评估，包括评价和决策的各个方面（Hofmann 等，2014a）。

与赋权重一样，对准则赋分能够促进参与、反思和系统化。赋分方法的选择对过程的透明化和提高问责的水平有着深刻的影响。通过构建评分量表可以对证据进行判断，从而提高证据解释的透明度（例如，对于"比较安全性"的准则而言，评分量表的范围可以设定为从"比对照组的安全性好很多"到"比对照组的安全性差很多"）。另一种选择是，通过数值转换来定义量表的上限值和下限值；例如，通过不良事件发生的频率可以量化得分和数据解释之间的心理距离。既然决策者最终必须依据证据做出判断，那么在设计可问责（ensure accountability）的 MCDA 时必须考虑赋分过程对判断（judgement）的支持程度。

3.3.6 汇总数据后进行排序,然后决定进行投资或撤资

定量的 MCDA 模型要求将权重和分数进行组合以测量价值(价值模型),并基于测量模型中纳入的准则得到的价值来对干预进行排序。

但是,要全面理解干预的价值通常会包括一些难以测量的方面。实际上,通过前文的分析可以认识到,一些伦理方面(如文化背景)的评价准则由于无法系统地定义评分量表,因而无法进行定量的考虑。尽管如此,对这些准则的考虑可能会影响干预的价值,因此需要通过包括定量和定性准则的全面的 MCDA 来识别细微差别。基于这样的 MCDA 的评价可以为投资最有价值的干预和对不具价值技术的撤资提供指导,其中对价值的定义整合了与三重目标相关的且互相冲突的伦理立场。

3.3.7 对不确定性的处理

认识到不确定性并且提供处理不确定性的方法支持了 MCDA 过程的合理性。

一个根本的不确定性来自所纳入的准则是否在实际上涵盖了人们想要衡量的所有概念。这需要对准则背后的概念进行反复和彻底的验证,同时要牢记 MCDA 的原则和框架旨在实现的目标。通过 MCDA 实践获得的结果进行名义效度的探索是避免误传参与者观点的先决条件。

权重反映了权衡取舍,这些权衡取决于代表不同社会观点的利益相关者。这里的不确定性更多的是来自决策委员会成员对系统的代表性而不是来自数学计算的问题。然而通过数学计算,可以使用适当的统计方法来测量多样性并将参与过程转化为测量值,从而估计变异程度。

与评分相关的不确定性包括证据的不确定性(这是决策中的事实)以及对证据含义解释的不确定性(可以通过允许使用者提供得分的范围来获得)。

许多技术方面的不确定性处理在 Oudshorn 的章节里有更详细的叙述,例如为每个准则设定价值函数、设定这些准则时需要做出的假设以及与聚合模型(线性或更复杂)相关的不确定性。从程序价值的角度来看,简单性对于缩短 MCDA 框架与决策过程中的自然反思和审议之间的心理距离非常重要。

3.3.8 报告结果、审议、决策、沟通和执行

MCDA 所得到的结果,无论是定量的、半定量的还是定性的,都必须清晰地报告给使用者,从而确保表面效度。报告结果并非易事,而且对合法性至关重要。理想情况下应该

在审议期间完成，因为 MCDA 的关键程序价值在于其透明化地支持审议过程的能力（Baltussen 等，2016；Jansen 等，2016）。MCDA 还有助于传达委员会在审议期间的推论。这种推论的清晰度有助于利益相关者接受相关结果。通过这种方式，MCDA 可被视为实现合理性问责制（A4R）的一种方法。

　　一旦 MCDA 测量了与三重目标（整体价值）相关的价值，就需要通过财务对那些具有高价值的医疗干预进行投资，并对那些价值较低的医疗干预缩减投资。从机会成本和可行性的基础上考虑，这种整体的价值衡量为对干预进行排序和指导资源的合理使用提供了坚实的基础（见图 3.2）。实际上，从实施新的干预而放弃的资源的角度来看，机会成本实质上是受到集体资助的医疗卫生体系的伦理管理（Claxton 等，2015）。对机会成本和可负担性的管理需要通过财务活动来估计干预措施对特定系统的总体经济影响（Peacock等，2007）。因此，MCDA 可以帮助建立可持续的卫生体系。

3.4　结论

　　以上的相关思考表明，MCDA 可以实现众多的伦理方面的考量，并能强化 Daniels 和 Sabin 二十年前提出的 A4R 框架（Daniels 和 Sabin，1997）。各级医疗卫生决策者在顺应患者、医生、政策制定者、支付者和开发者的要求和约束时，面临着越来越多的伦理困境。MCDA 提供的是一个机会、一张路线图以及开辟一条集体思考的道路，以帮助选择对三重目标贡献最大的干预措施，从而实现相应的社会责任。事实上，基于 A4R 框架的原则，MCDA 可以用来明确医疗决策中的价值、处理伦理困境，明确其固有的不确定性，同时促进参与性和透明性（Baeroe 和 Baltussen，2014；Baltussen 和 Niessen，2006）。

　　为所服务的群体的代表做出决定时，决策者会努力帮助个体患者以公平的方式在为整个群体提供服务与维持卫生体系可持续性之间取得平衡。虽然 MCDA 方法不能解决伦理困境，但其优势在于可以明确地识别、做出和沟通伦理主张之间的取舍权衡。MCDA 通过清晰地定义能够代表一个特定的机构或社会的价值观和原则的相关准则，以及帮助利益相关者确定其取舍权衡来实现上述目的。这可以使推理过程更加有力和透明，并有助于理解和接受报销范围的决策，同时还可以促进对三重目标做出最大贡献的医疗干预措施的发展。

　　因此，为 HTA/MOH 开展 MCDA 选择准则具有强烈的伦理意义。例如，如果纳入了疾病严重程度并将其作为准则，并假定对严重疾病的干预比对非严重疾病的干预具有更高的价值(该假设可以转化为评分量表:量表的上端为严重疾病;量表的下端为非常轻微的症状),通过这样的设计得到的 MCDA 价值测量的结果,自然地会优先考虑那些状况最差(患有严重疾病)的人,这也是公平性的体现。通过优先次序的设定,对严重疾病的干预被给予更高的价值。可以将这种方法应用于植入三重目标的 MCDA 的所有准则,包括明显相互冲突的目标及其内在的伦理问题:

- 为个体患者服务(提供最有益的医疗类型、最佳疗效、安全性和 PRO 的必要性——道义论)。

- 为群体服务(使大多数个体获益:最大多数的最大获益——功利主义;优先考虑患有严重疾病和未满足需求的状况最差的人——分配公平)。

- 确保可持续性(降低干预的成本和其他成本——功利主义)可以基于知识(相关的和有效的证据、专家知识、背景知识——实践智慧)和委员会成员的决策来做出合理的决定。值得注意的是,这种方法是开源的 EVIDEM 框架(Goetghebeur 等,2008;Collaboration,2015;EVIDEM,2015)发展的根源,该框架的设计和不断发展是基于过去十年间世界各地的利益相关者将伦理规范付诸行动的实践。

本章旨在启发关于 MCDA 伦理方面的讨论。由于该领域尚处于起步阶段,因此有必要对提出的每个方面开展进一步研究。

致谢

我们要感谢 Bjorn Hofmann(医疗伦理中心,健康与社会研究所,奥斯陆,挪威)和 Ken Bond(CADTH,加拿大安大略省渥太华)对本章的贡献,以及 Rob Baltussen(拉德堡德大学,荷兰奈梅亨市),Ghislaine Cléret de Langavant 和 Isabelle Ganache(魁北克省政府卫生和福利局,蒙特利尔,魁北克,加拿大),Payam Abrishami(荷兰国家卫生研究院)和 Norman Daniels(哈佛大学公共卫生学院,剑桥,马萨诸塞州,美国)提供的有见地的建议和审阅。

参考文献

Baeroe K, Baltussen R (2014) Legitimate healthcare limit setting in a real-world setting:

integrating accountability for reasonableness and multi-criteria decision analysis. Publ Health Ethics 7(2):98–111

Baltussen R, Niessen L (2006) Priority setting of health interventions: the need for multi-criteria decision analysis. Cost Eff Resour Alloc 4:14

Baltussen R, Jansen MP, Mikkelsen E, Tromp N, Hontelez J, Bijlmakers L et al (2016) Priority setting for universal health coverage: we need evidence-informed deliberative processes, not just more evidence on cost-effectiveness. Int J Health Policy Manag 5:615–618

Battista RN, Hodge MJ (2009) The "natural history" of health technology assessment. Int J Technol Assess Health Care 25(Suppl 1):281–284

Beauchamp TL, Childress JF (2001) Principles of biomedical ethics. Oxford University Press, New York

Berwick DM, Nolan TW, Whittington J (2008) The triple aim: care, health, and cost. Health Aff (Millwood) 27(3):759–769

Callahan D (1999) Remembering the goals of medicine. J Eval Clin Pract 5(2):103–106

Centers for Medicare & Medicaid Services (2015) CMS partnership for patients. http://www.ihi.org/topics/cmspartnershipforpatients/Pages/default.aspx. Accessed 26 Nov 2015

Clark S, Weale A (2012) Social values in health priority setting: a conceptual framework. J Health Organ Manag 26(3):293–316

Claxton K, Sculpher M, Palmer S, Culyer AJ (2015) Causes for concern: is NICE failing to uphold its responsibilities to all NHS patients? Health Econ 24(1):1–7

Cleret de Langavant G (2001) La bioéthique Bioéthique: méthode et complexité. Presses de l'Université du Québec, pp 21–52

Daniels N (1999) Decisions about access to health care and accountability for reasonableness. J Urban Health 76(2):176–191

Daniels N (2001) Justice, health, and healthcare. Am J Bioeth 1(2):2–16

Daniels N, Sabin J (1997) Limits to health care: fair procedures, democratic deliberation, and the legitimacy problem for insurers. Philos Public Aff 26(4):303–350

Daniels N, Porteny T, Urritia J (2015) Expanded HTA:enhancing fairness and legitimacy. Int J Health Policy Manag 5(1):1–3

Danis M, Ginsburg M, Goold S (2010) Experience in the United States with public deliberation about health insurance benefits using the small group decision exercise, CHAT. J Ambul Care Manage 33(3):205–214

Dolan JG (2010) Multi-criteria clinical decision support. A primer on the use of multiple-criteria decision-making methods to promote evidence-based, patient-centered healthcare. Patient 3(4):229–248

Driver J (2014 Winter) The history of utilitarianism. In: Zalta EN (ed) The stanford encyclopedia of philosophy. Ed 2014. http://plato.stanford.edu/archives/fall2013/entries/ethics-virtue/

EVIDEM Collaboration (2015) Decision criteria – Conceptual background, definitions, design & instructions. https://www.evidem.org/components-decision.php. Accessed 29 Jul 2015

EVIDEM Collaboration (2015) Evidence and value: impact on DecisionMaking. https://www.evidem.org/. Accessed 17 Sep 2015

Goetghebeur MM, Wagner M, Khoury H, Levitt RJ, Erickson LJ, Rindress D (2008) Evidence and value: impact on DEcisionMaking–the EVIDEM framework and potential applications. BMC Health Serv Res 8:270

Habermas J (1984) The theory of communicative action. Beacon, Boston

Hoedemaekers R, Dekkers W (2003) Justice and solidarity in priority setting in health care. Health Care Anal 11(4):325–343

Hofmann B, Cleemput I, Bond K, Krones T, Droste S, Sacchini D et al (2014a) Revealing and acknowledging value judgments in health technology assessment. Int J Technol Assess Health

Care 30(6):579–586

Hofmann B, Droste S, Oortwijn W, Cleemput I, Sacchini D (2014b) Harmonization of ethics in health technology assessment: a revision of the Socratic approach. Int J Technol Assess Health Care 30(1):3–9

Hursthouse R (2013 Fall) Virtue ethics. In: Zalta EN (ed) The stanford encyclopedia of philosophy. Ed 2012. ed.), URL http://plato.stanford.edu/archives/fall2013/entries/ethics-virtue/

Jansen MP, Helderman JK, Boer B, Baltussen R (2016) Fair processes for priority setting: putting theory into practice. Comment on "expanded HTA: enhancing fairness and legitimacy". Int J Health Policy Manag 5:1–3

Jenicek M (2006) Evidence-based medicine: fifteen years later. Golem the good, the bad, and the ugly in need of a review? Med Sci Monit 12(11):RA241–RA251

Kieslich K (2012) Social values and health priority setting in Germany. J Health Organ Manag 26(3):374–383

Lindemark F, Norheim OF, Johansson KA (2014) Making use of equity sensitive QALYs: a case study on identifying the worse off across diseases. Cost Eff Resour Alloc 12:16

Littlejohns P, Weale A, Chalkidou K, Faden R, Teerawattananon Y (2012) Social values and health policy: a new international research programme. J Health Organ Manag 26(3):285–292

Lown BA (2015) Compassion is a necessity and an individual and collective responsibility comment on "why and how is compassion necessary to provide good quality healthcare?". Int J Health Policy Manag 4(9):613–614

Martin DK, Abelson J, Singer PA (2002) Participation in health care priority-setting through the eyes of the participants. J Health Serv Res Policy 7(4):222–229

Ottersen T (2013) Lifetime QALY prioritarianism in priority setting. J Med Ethics 39(3):175–180

Peacock SJ, Richardson JR, Carter R, Edwards D (2007) Priority setting in health care using multi-attribute utility theory and programme budgeting and marginal analysis (PBMA). Soc Sci Med 64(4):897–910

Rawls J (1971) A theory of justice. Belknap, Cambridge

Rosenberg-Yunger ZR, Thorsteinsdottir H, Daar AS, Martin DK (2012) Stakeholder involvement in expensive drug recommendation decisions: an international perspective. Health Policy 105(2–3):226–235

Schlander M, Garattini S, Holm S, Kolominsky-Rabas P, Nord E, Persson U et al (2014) Incremental cost per quality-adjusted life year gained? The need for alternative methods to evaluate medical interventions for ultra-rare disorders. J Comp Eff Res 3(4):399–422

Shah KK (2009) Severity of illness and priority setting in healthcare: a review of the literature. Health Policy 93(2–3):77–84

Tanios N, Wagner M, Tony M, Baltussen R, van TJ, Rindress D et al (2013) Which criteria are considered in healthcare decisions? Insights from an international survey of policy and clinical decision makers. Int J Technol Assess Health Care 29(4):456–465

UK Department for Communities and Local Government (2009) Multi-criteria analysis: a manual. London. https://www.gov.uk/government/uploads/system/uploads/attachment_data/file/7612/1132618.pdf

Velasco Garrido M, Børlum Kristensen F, Palmhøj Nielsen C, Busse R (2008) Health technology assessment and health policy-making in Europe. Current status, challenges and potential. http://apps.who.int/medicinedocs/en/d/ (Accessed 3 Feb 2016)

第 4 章
在 MCDA 中整合偏好和优先级：
选择合适的评分和加权技术

Kevin Marsh，Praveen Thokala，Axel Mühlbacher，Tereza Lanitis

摘要

　　多准则决策分析（MCDA）的一个关键组成部分是通过得分和权重来体现利益相关者的偏好。MCDA 实践者面临的一个挑战是，缺乏对于如何在众多的评分和加权技术之间进行选择的指导。本章阐述了四种常用的方法——直接评级（特别是一个基于证据和价值影响决策的 EVIDIM 框架）、Keeney-Raiffa MCDA、层次分析法和离散选择实验——并识别这些技术之间的关键差异，以期支持研究人员在不同的情况下选择最合适的技术。结果表明，并不存在"最佳"的 MCDA 方法，而是应当依据分析的目标选择合适的方法。

4.1　引言

　　在医疗卫生领域之外，多准则决策分析（MCDA）已广泛应用［社区和地方政府（CLG），2009］，但其对于卫生决策者的价值最近才得以实现。随着人们越来越熟悉

K. Marsh（⊠）· T. Lanitis
Evidera，London，UK
e-mail：Kevin. marsh@evidera.com

P. Thokala
University of Sheffield，Sheffield，UK
e-mail：p. thokala@sheffield. ac. uk

A. Mühlbacher
Hochschule Neubrandenburg，Neubrandenburg，Germany

MCDA,卫生决策者和研究人员认识到它可以帮助改善决策(Baltussen 和 Niessen,2006；Devlin 和 Sussex,2011；Marsh 等,2014；Thokala 和 Duenas,2012)。因此,最近在医疗领域应用 MCDA 的论文发表数量增加了(Diaby 等,2013)很多,包括许多关于 MCDA 用于评估卫生干预和支持决策(Marsh 等,2014)的研究；而且这种兴趣并不局限于对方法论的好奇。决策者本身正在引导和实施 MCDA。在德国,医疗质量与效率研究所(IQWiG)已经尝试使用两种类型的 MCDA(联合分析法和层次分析法)来衡量临床终点,并基于聚合的结果产生效率边界(Muhlbacher 等,2013；Hummel 等,2013)。意大利的隆巴尔迪地区在卫生技术评估(HTA)中采用了 MCDA 框架(Radaelli 等,2014),而且 MCDA 的使用不仅仅局限于 HTA。欧洲药品管理局(EMA)回顾了定量的收益风险评估(BRA)方法,得出结论认为,MCDA 可以用于收益-风险处于边际时的困难或有争议的情况(欧洲药品管理局,2012)；而且,MCDA 作为支持临床医生和患者之间共同决策(SDM)的工具(Dolan,2008),也受到了检验。

这种对 MCDA 的兴趣反映了它(如果做得好)可以支持透明的、一致的和严密的卫生决策的潜力。卫生决策总是需要在不确定的条件下通过利益相关者对不同维度定义的相对价值来评估不同维度上的干预措施。MCDA 提供了一个框架和一系列的分析技术,来帮助决策者识别和商定评估干预措施的准则,衡量干预措施在这些准则上的表现,明确相关准则的权重,将表现和优先级数据综合为全面的评价,并探讨不确定性对这一评价的影响(CLG,2009)。参与 MCDA 的决策者认识到它的积极意义在于有助于知识的转移,提高透明度和讨论的质量(Marsh 等,2014)。

MCDA 是几种分析技术的涵盖性术语。首先,三种最常用的方法为价值测量、目标规划和优序法(Thokala 和 Duenas,2012)。本章侧重于价值测量技术,因为这是迄今为止在医疗卫生领域的文献中最常用的方法(Marsh 等,2014)。其次,虽然价值测量技术有几个共同的步骤,但可以采用多种技术来实现这些步骤。这一章侧重于两个步骤——评分和加权①。有多种获得评分和权重的方法,如直接评级、摆幅权重法、层次分析法(AHP)和离散选择实验(DCE)(Marsh 等,2014)。

然而,医疗卫生领域的文献对如何选择适当的评分和加权方法很少提供指导,而且医疗领域中的 MCDA 也很少证明他们选择评分和加权技术的合理性(Marsh 等,2014)。考虑到这一点,本章的两个目标是:第一,描述和阐明在医疗领域中使用 MCDA 的不同评分和加权方法；第二,确定这些技术之间的关键差异,以支持研究人员在不同的情况下选

---

① scoring and weighting：评分和加权。

择最合适的技术。

4.2 加权和评分技术概览

MCDA 的加权和评分步骤旨在获得利益相关者对于相关准则的优先级和偏好，然后将其与绩效数据相结合，以评估方案的相对综合价值。权重获得的是准则之间的优先级或偏好，如准则 1 与准则 2 相比有多重要。评分获得的是在一个准则中的优先级或偏好，如在准则 1 下从 A 到 B 的变化与从 C 到 D 的变化相比有多重要——有时是对准则的绩效进行评价。结合这两个数据，我们能够评估在任何准则上的任何绩效变化的相对重要性。

我们用"优先级或偏好"这一术语来反映不同观念用于表征权重和分数这一事实。文献中经常会比较 MCDA 方法和效用理论的公理（传递性、完备性和独立性）间存在的差别和相同点（Guitouni 和 Martel，1998；De Montis 等，2005）。我们可以使用"偏好"一词来描述与效用理论要求相同的权重和分数，用"优先级"来描述那些与效用理论不同的要求。

我们可以用其他方式有效地描述加权和评分方法。首先是采用不同引导模式的方法，即可以使用不同类型的量表（如包括分类的、序数的、区间的和比率）来描述得分和权重。其次，可以用排序、直接评级、配对、基于选择的或匹配的方法来描述引导技术（Weernink 等，2014）。直接方法需要利益相关者提供能够直接给出各个准则的评分和权重的数据。成对比较方法通过比较两个准则的相对重要性获得数据，多个成对比较可以用于获得权重和/或评分。选择实验需要利益相关者在假设的选项之间进行选择，每个选择通过多个准则进行描述，对多个选择集的响应用来引出权重和评分。匹配方法要求受访者对不同准则描述的特定结果表示无差别的数据。

该部分将阐述四种不同的评分和加权方法：直接评分和加权（特别是一个基于证据和价值影响决策的 EVIDIM 框架）、Keeney-Raiffa MCDA（摆幅权重与偏价值函数）、层次分析法和离散选择实验。之所以选择这些技术，是因为它们在医疗卫生领域文献中特别常见（Marsh 等，2014），而且代表了所采用的方法的多样性，但重要的是，要注意还有许多其他可用方法（Guitouni 和 Martel，1998）。表 4.1 表示以上方法的不同特征。

表4.1 不同情形下评分和赋权重方法的概述

实　例	评 分 方 法	赋 权 重 方 法
直接评级	直接引导 顺序量表	直接引导 顺序量表
Keeney-Raiffa MCDA	平分方法 等距量表	摆幅权重 等距量表
层次分析法（AHP）	成对比较 顺序量表	成对比较 顺序量表
离散选择实验（DCE）	选择实验 等距量表	

4.2.1　直接评级

该部分用一个 EVIDIM 框架的应用来举例说明直接评级。EVIDIM 框架用于 HTA 报告（Radaelli 等，2014；Goetghebeur 等，2008；Goetghebeur 等，2010，2012；Tony 等，2011；Miot 等，2012）和制定临床决策（Deal 等，2013）。该框架是一个合作开发的用于支持决策和设定优先级的工具。目前版本包括基于文献分析和利益相关者协商确定的 13 个定量准则（见表 4.2）和 7 个定性准则（Tanios 等，2013）。

表4.2 EVIDEM（3.0 版）评分量表举例

领域/准则		评分量表和锚点
需求	疾病严重程度	5＝非常严重；0＝不严重
	受影响的人群	5＝常见疾病；0＝非常罕见的疾病
	未满足的需求	5＝许多严重的未满足的需求；0＝没有未满足的需求
比较结果	效果	5＝比对照好很多；－5＝比对照差很多
	安全性/耐受性	5＝比对照好很多；－5＝比对照差很多
	患者感知的健康	5＝比对照好很多；－5＝比对照差很多
获益的类型	预防性获益的类型	5＝消除疾病；0＝不降低疾病的风险
	治疗性获益的类型	5＝治愈/挽救生命；0＝没有治疗获益
经济结果	干预的成本	5＝实质性的节约；－5＝实质性的增加支出
	其他医疗成本	5＝实质性的节约；－5＝实质性的增加支出
	非医疗成本	5＝实质性的节约；－5＝实质性的增加支出
关于干预的认识	证据的质量	5＝非常相关且有效；0＝不相关和/或无效
	专家共识/临床实践指南	5＝相比其他方案非常推荐；0＝不推荐

虽然 EVIDEM 可以应用不同的加权方法——EVIDEM 提供了 6 种加权方法（van Til 等，2014），但其特异性在于对准则的评分方法（见表 4.2）。EVIDIM 框架的具体实现（一个 5 分加权法与 EVIEDM 评分系统相结合的例子）是直接评分和加权的一个例子。

直接评级方法的简单性意味着它被频繁地应用于卫生决策（Marsh 等，2014）。然而该方法存在许多缺点。首先，使用分类量表得分可能导致信息的丢失。也就是说，如果准则的测量值和得分之间的关系是连续的，则在模型中没有包含在分类量表节点上的差异。其次，准则的权重是独立于被评估的表现的。

4.2.2　Keeney-Raiffa MCDA

文献中有许多将摆幅权重与偏价值函数相结合的例子（EMA，2011），我们称之为 Keeney-Raiffa MCDA，以该方法的开创性作者命名。在这里用一个具有以下特征的假设的例子来说明：发生轻微安全性事件的风险在 10% 到 20% 之间，经历恶化的风险在 5% 到 10% 之间。

摆幅权重和偏价值函数都可以使用局部标尺或全局标尺来构造。局部标尺包含了所考虑的准则的取值范围，全局标尺包含了所有可能的取值范围。在这里的示例中，对以上特征使用局部标尺，对超出这些范围的特征使用全局标尺，取值范围为 0%～100%。使用局部或全局标尺不应对备选方案的排名产生影响，但可能会影响分析框架评估其他治疗的能力（CLG，2009）。

4.2.2.1　构建偏价值函数

当明确了每个准则的范围后，就可以确定在这些范围内绩效的变化与最终输入 MCDA 分数（通常为 0～100 分）之间的关系。如果是通过线性函数定义这种关系，则偏价值函数非常直观。如果是非线性函数，有很多方法可以从利益相关者处获得这些偏函数（Belton 和 Stewart，2002；Keeney 和 Raiffa，1976）。例如通过回答以下问题，可以使用二分法获得上述 5%～10% 经历恶化风险的偏价值函数："5% 的风险和 10% 的风险的中间值是多少（在局部函数中最理想的值为 100 分，最差的值为 0 分）？"（Suedel 等，2009）。此过程可以在取值范围内的多个点之间迭代，以获得价值函数的形状。

4.2.2.2　摆幅权重法

摆幅权重法的第一步是识别摆幅（绩效的范围）内最重要的准则并将其赋值为 100。然后将这个准则与其他准则进行成对比较，以确定其他准则的相对重要性，并为其在 0 到 100 内赋值。例如，如果将经历恶化的权重赋为 100，我们可以问利益相关者："如果将经历恶化的风险从 10% 降低到 5% 权重赋值为 100（范围为 0～100），那么将轻微安全事件发生的风险从 20% 降低到 10% 有多重要？"将这一过程重复，一直到所有其他准则都获得了相对比分。

虽然摆幅权重法和构建偏价值函数比简单的直接评分法（如 EVIDEM 方法）有更高的认知要求且更加耗时，但它们有许多优点。首先，摆动加权的一个主要好处是准则的权重反映了被评估的备选方案的绩效范围（CLG，2009）。其次，使用连续标度来定义偏价值函数可以使得在构建优先级时更加精细。

4.2.3　使用序数进行成对比较（层次分析法）

AHP（层次分析法）是由 Saaty 在 20 世纪 70 年代开发的（Saaty，1977，1980），并于 1989 年由 Dolan 引入医疗保健领域（Dolan，1989；Dolan 等，1989）。AHP 在医疗卫生领域中的应用近年来有所增加（Liberatore 和 Nydick，2008）（见第 11 章）。在过去的 5 年中，PubMed 上出现了大约 200 项研究。因此有不同疾病领域的分析，如在心血管疾病领域（Lee 等，2015）、传染病领域（Tu 等，2013）或肾癌领域（Suner 等，2012）等。

AHP 的一个关键特征是使用层次结构将复杂的决策问题分成更小的部分。但是在本章中，我们感兴趣的是为了获得给定准则的分数和权重而在这些层次结构中进行的成对比较。

例如，假设我们对患有 2 型糖尿病（T2DM）的患者的优先级感兴趣。决策问题可以分解为首要决策准则，即寻找 T2DM 的最佳治疗（层级 1）。又可以细分为特定治疗的相关维度，如"治疗结果"和"可能的副作用"（层级 2）。每一个维度又可以进一步细分，也就意味着在较低级别进行描述。如"治疗结果"可以是"血糖控制水平""推迟胰岛素治疗"和"减少低血糖事件"；"可能的副作用"可以是"可能的体重变化""尿路感染""生殖器感染"和"胃肠道问题"等（层级 3）。

为了确定准则的权重，患者需要对准则进行成对比较，并用 9 分制的标尺给相对重要性打分（见图 4.1）。根据这些成对比较获得的数据使用特征向量来估计权重（Saaty，1980，1990）。特征值和特征向量用于求解常微分方程。为了检查回答是否一致，Saaty 提出了所谓的一致性比率。在计算优先级之前，先做一致性检查，这意味着回答必须具有传递性，此方法才具有一致性。根据 Saaty 的定义，如果一致性比率小于 0.1，则评价矩阵就足够一致（Saaty，1980）。其他作者则认为，在复杂的层次结构中，0.2 的一致性比率也是可以接受的（Dolan，2008；IJzerman 等，2008；van Til 等，2008）。如果一致性评价超过给定的基准，则应再次评估层次结构的元素，或者应对层次结构进行全面评估（Saaty，

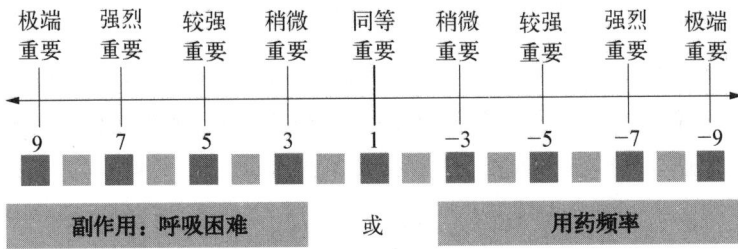

图 4.1　通过成对比较确定 AHP 中准则权重的例子

1977，1980）。

　　AHP 可以通过构建患者、医疗保险、专家和其他利益相关者的期望和意见来支持决策。Dolan（1995）提出，通过使用 AHP 方法，患者能够构建和分析复杂的临床问题（Dolan，1995）。在 AHP 的应用中，重要的是要注意，传递性公理是必要的，但不是充分条件（Scholl 等，2005）。这意味着在一定程度上可以接受不一致的偏好判断（Haedrich 等，1986）。此外，在 AHP 应用于偏好测量之前，应该考虑到，缺乏理论基础和结果缺乏稳定性是批评的中心。在应用 AHP 之前，还应考虑到对 AHP 中使用量表解释的局限性，以及无法对单个元素进行成对比较（Manthey，2007；Dyer 和 Wendell，1985）。

　　AHP 假设决策准则彼此独立。当该假设不成立时，可以使用网络分析法（ANP）（Saaty 和 Vargas，2006）。ANP 不是在层次结构中构建决策准则，而是在网络中构建准则，允许识别和考虑准则之间的相互关系。此外，ANP 允许评估的替代方案的特征影响权重。例如，如果所有替代方案在某个准则上的表现相似，那么该准则的重要性将会降低。与 AHP 一样，ANP 使用成对比较来确定准则的权重。尽管 ANP 技术消除了 AHP 方法中固有的缺陷，但 ANP 在医疗卫生领域文献中的应用并不那么突出（Marsh 等，2014）。

4.2.4　离散选择试验

　　离散选择试验（DCE）是基于选择的联合分析，Lancaster（1966）和 McFadden（1974）开创了其理论工作。DCE 要求参与者根据 MCDA 中纳入的准则选择（决定）具有不同配置的虚拟产品，而不是对不同治疗方案的特征进行排序或打分（如传统的获得重要性的方法和联合分析）（Ben-Akiva 和 Lerman，1985）。这样的方式迫使参与者在不同的属性及各自的水平间进行权衡。对基于选择的调查中获得的数据进行回归分析，就可以确定准则的变化对受访者愿意接受一项干预的可能性的贡献。

　　DCE 越来越多地用于卫生经济学和卫生服务研究。de Bekker-Grob 的研究小组在

2012 年发表的一篇论文显示了相关研究数量的迅速增长(de Bekkcr-Grob 等,2012)。Whitty 及其同事在医疗卫生领域中发现了 1 100 多项的偏好研究(Whitty 等,2014)。

举一个例子,假设我们对患有心肌梗死并需要长期用药的患者的偏好感兴趣。可以确定在决策过程中与患者相关的治疗方案的五个特征分别为:"降低死亡风险""治疗引起的副作用(如'气短')""出血""新发心肌梗死的风险"以及"用药频率"(Mühlbacher 和 Bethge,2015)。在 DCE 中,这些特征作为治疗选择进行呈现,并要求患者指出他/她将选择哪种治疗方案(见图 4.2)。

特征	治疗方案A	治疗方案B
用药频率	一天三次	一天一次
心脏病发作风险 …患者经历一次新的心脏病发作	低 100个患者中的 5个(5%)	中等 100个患者中的 6个(6%)
出血 5%的患者经历	轻微出血	中度出血
气短 患者(短期)忍受	严重呼吸困难	没有呼吸困难
死亡风险 患者死亡	低 100个患者中的 4个(4%)	高 100个患者中的 6个(6%)

图 4.2　离散选择试验中选项的设定举例

每个参与者或患者都面临着一系列决策任务。通过估计数百个这样的权衡决策,生成用于回归建模足够的数据,以应用于确定参与者对准则内和准则之间的变化的偏好。

这种方法具有实践优势,因为权衡决策是每个人日常生活的一部分。对假设替代方案的成对比较大大降低了参与者任务的复杂程度(Ryan 等,2008)。然而有一些问题需要在研究中进一步解决,例如最佳实验设计、属性及其水平的识别、回归模型的假设以及更多相关的问题。一些检查单和指南可以帮助研究人员解决设计 DCE 时遇到的问题(Bridges 等,2011;Lancsar 和 Louviere,2008;Johnson 等,2013)。

4.3 哪一种评分和加权技术最适合？

评价 MCDA 方法优缺点的研究通常倾向于在方法层面上进行，而不是专门比较不同的评分和加权技术。例如，研究者经常将 AHP 与多属性效用理论（MAUT）进行比较（Guitouni 和 Martel，1998；De Montis 等，2005；Velasquezl 和 Hester，2013；De Montis 等，2000；Getzner 等，2005；Ivlev 等，2014；Dolan，2010）。然而，鉴于评分和加权方法可能是区分 MCDA 方法的要素，这些文章中仍然有本章研究的关注点。

然而，在方法层面的比较仅对那些想要在医疗卫生领域中实施 MCDA 的人有用。首先，有许多符合 MAUT 原则的特定技术。因为这种方法使研究人员对可用的方法选择产生不必要的困惑。我们认为，对特定的评分和加权技术进行比较比对不同的 MCDA 方法进行比较会更有成效。其次，这些文献没有解决与卫生决策制定有关的具体目标和挑战。例如卫生决策制定者的目标通常是在特定的准则或选项间进行详细的比较，而不是简单地在离散的选项间进行选择。

因此，本节借鉴了这些文献的部分观点，但提出了对评分和加权技术的比较，而不是对方法的比较。此外，我们更加强调不同方法产生的结果的"有效性"。我们认为这对于一些卫生决策者了解干预的相对"价值"是必要的。

有卫生领域的文献比较了不同加权方法的结果（van Til 等，2014），但我们只发现了两篇从卫生决策角度评估不同方法优缺点的文献（Ivlev 等，2014；Dolan，2010）。这些文献着重强调了操作因素，如用户友好性和资源需求。这些在确定方法的相关性时很重要，但我们认为应该更加强调所得结果的有效性。

本节的其余部分围绕以下区分 MCDA 技术的因素展开：

- 分析中对"有效性"的要求
- 方法对利益相关者产生的认知负担
- 解释和传达 MCDA 的结果
- 实际制约

下面将使用前一节中涉及的四个评分和加权方法的示例来说明这些因素的相关性。

4.3.1 评分和权重的"有效性"

如果一种方法测量的是它声称要测量的东西，那么该方法是有效的（Kelley，1927）。

在 MCDA 的语境下,我们可以将其解释为:如果评分和加权方法以分析模型所要求的方法准确地获得了优先级和偏好,则该评分和加权方法是有效的。

毫无疑问,我们希望 MCDA 能够产生有效的结果。然而与其他任何方法一样,不同的实施 MCDA 的方式会反映在有效性效力的权衡上。MCDA 结果的有效性的重要程度将取决于分析的目标。如果目标是对选项的价值进行精确估计,以便对潜在选项进行完整排序,那么有效性就至关重要,例如为了为定价决策提供信息或设计一个未来可重复应用于多个评价的 HTA 方法时。当目标是对选项进行排名时(如确定选项列表的优先级时),可以设想较低的有效性水平是可接受的,这种情况下对方法的要求不那么严格,只需要确定一个选项的价值是否大于另一个选项的价值,而不需要提供每个选项价值的精确测量。尽管如此,在排名时随着选项间的差异变小或排名所依据的选项数量的增加,有效性的重要性随之增加。

为了理解 MCDA 语境下的有效性意味着什么,可以采用一个大多数医疗卫生领域内的 MCDA 所采用的基础方法——简单的加权求和法。以下面的等式进行说明:

$$V_j = \sum_0^i S_{ij} \cdot W_i$$

其中 S_{ij} 是干预 j 在准则 i 上的得分,w_i 是准则 i 的权重。

应用简单的加权求和法时,必须遵守一些原则。首先假设准则间是互补的——一个准则的改进可以补偿另一个准则的恶化。这个互补原则还有几个要求。首先,权重必须是度量常数或价值权衡,能够反映准则变化相互补偿的速率。其次,得分必须具有等距属性——得分尺上相等的增量应表示相等的价值增量,例如从 10 到 20 的变化与从 40 到 50 的变化具有相同的价值。

4.3.1.1　得分是否有区间属性?

区间属性由区间变量和比率变量显示。例如在上面的例子中,偏价值函数、点数分配方法和由 DCE 产生的回归系数都具有区间属性。

上面展示的序数量表不一定具有区间属性。在前一节应用 EVIDEM 框架的例子中,采用了两个序数量表——1~5 的权重(其中 1 表示最低权重,5 表示最高权重)和 0~3 的得分(其中 0 表示最不具有价值的分数,3 表示最有价值的分数)。在这些情况中,我们都不能确定从 1 到 2 的变化必然与从 2 到 3 的变化所代表的值相同。对于 AHP 采用的序数量表可以得到同样的观点,不可能说从 2 分(弱)到 4 分(中等强)的变化与从 5 分(强)到 7 分(非常强或被证明了的重要性)的变化有相同的价值。

　　这可以通过健康相关生命质量（HRQoL）的单位收益所带来的价值来说明。通常认为，HRQoL 中较高基线水平的单位增益带来的价值低于较低基线水平。图 4.3 通过一个假设将 HRQoL 转化为得分的偏价值方程说明这种情况。在这个例子中，同样是在 0~1 的范围内 HRQoL 的 0.1 的改善，基线值是 0.1 的得分（在 0~100 范围内的 14 分）是基线值是 0.6 的得分（7 分）的两倍。

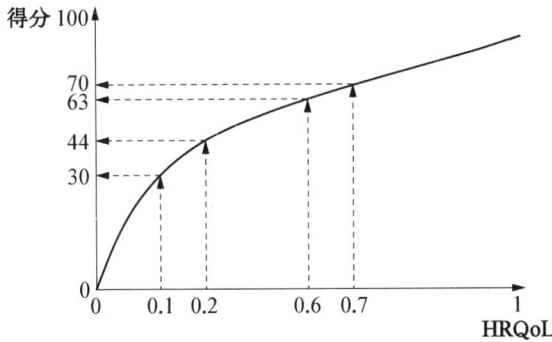

图 4.3　非线性偏价值函数的图解

　　上面所提到的序数量表（EVIDEM 的直接评分和 AHP 的成对比较）原则上都可以反映这种非线性。然而，使用这种量表来精确反映这种非线性的障碍在于它们不一定具有区间属性。

　　偏价值函数和选择试验生成的量表具有区间属性，因此更适合用来反映非线性。选择试验能否准确反映非线性取决于研究团队应用的回归模型的函数形式。例如，如果在特定属性（或准则）的调查中仅指定了两个水平，则相当于假设该属性的偏价值函数是线性的。或者可以采用复杂的 DCE 设计，纳入每个属性的多个级别来探索非线性，但代价是需要增加研究预算。然而，并不完全清楚这种设计用于确定优先级的有效性如何，因为并不是从利益相关者那里引出的偏价值函数。

4.3.1.2　权重是否反映度量常数和权衡？

　　上一节中描述的假设摆幅权重的实践可能产生以下结果：将经历恶化的风险从 10% 降至 5% 被认为是准则上最重要的摆幅，从而被赋予 100 的权重。另一个准则上的摆幅（例如将经历轻微安全事件从 20% 降低到 10%）被赋予 50 分。MCDA 模型将这些权重解释为权衡，这意味着如果他们同时经历了轻微安全事件的风险从 10% 增加到 20% 和经历恶化的风险从 10% 降低到 7.5%，利益相关者的收益不会变得更糟。对摆幅权重做出反映的利益相关者并不能清晰地意识到这一含义。因此，有必要向参与者仔细解释摆幅权重法，并验证结果以确保获得度量常数。

在加权实践中获得度量常数的另一个障碍是,某些方法不通过绩效或结果的范围来获得重要性评价(Keeney,2002)。例如摆动权重是获得特定范围(摆幅)的权重的方法。而 EVIDEM 和 AHP 的例子,利益相关者对准则重要性的评估,不依赖于绩效的范围。例如,EVIDEM 询问利益相关者,在 1～5 的范围内疗效的改善有多重要,但它没有为利益相关者提供评估疗效改善水平的范围,而没有这个范围,很难想象所获得的权重是度量常数。

DCE 要求受访者进行权衡。通过让利益相关者在假设选项(每个选项通过多个准则进行描述)之间做出选择,它要求利益相关者在这些准则的绩效变化之间进行权衡。如果受访者能够对准则进行理性思考(即以反映预期效用理论公理的方式),并且他们不会依靠启发式来简化选择问题,那么所得到的结果就是度量常数。

4.3.2 利益相关者的认知负担

不同的评分和加权方法对参与者的认知要求有所不同。这又可以分为三个维度。

首先,采用的引导模式的技术有所不同。例如,做出选择(如 DCE 的要求)是参与者习惯做的事情,因此比提供评估更直观(根据技术不同,实现的轻松程度不同)。与此相关的是,在 DCE 中收集的序数数据比点数分配技术中要求基数数据更容易获得,而反过来获得基数数据又比描述偏价值函数简单。

引导模式的另一个变数是以数字还是非数字来表达优先级或偏好。行为实验表明,具有较高计算能力的决策者在数值技术的辅助下更容易表达价值,而表达能力更流畅的决策者使用非数学技术更容易表达价值(Fasolo 和 Bana e Costa,2014)。例如,AHP 具有文字表述、定量和图形化的引导工具(Dolan,2008),因此可以根据决策者的能力量身定制。

其次,所采用的引导技术会给参与者带来不同复杂程度的任务。例如,AHP 所要求的成对比较对于参与者而言比摆幅权重(需要考虑准则可以采用的值的范围)或 DCE(要求参与者根据多个准则对选项做出权衡)更容易。但是应该指出,AHP 启发问题的相对简单性是有代价的,AHP 需要提出多个类似的问题,并且分别为其评分和赋权重。此外,DCE 选择集带来的认知挑战将取决于 DCE 的设计,研究者需要确保此类设计不会过于复杂。

最后,提供给参与者的"支持"因技术而异,它至少会部分地取决于是否采用了研讨会或调查的方法。DCE 总是采用基于调查的方法,这些方法不可避免地在他们可以为参与者提供的信息方面存在局限,并且无法允许与参与者进行交互。DCE 假设利益相关者的潜在的价值函数可以通过他们对调查的回应来引出。相反,上面提到的其他技术则倾向于在研讨会中进行。这有助于专家和参与者之间的知识共享，使参与者能够清楚认识被分配的任务，并促进参与者之间的讨论。当参与者对准则没有确定的偏好时，后者会特别有价值。

4.3.3　解释 MCDA 的产出

影响解释 MCDA 产出的因素可大致分为三组。

首先，结果的含义因加权方法而异。上面讨论的许多方法采用了简单的加权求和方法，这种方法倾向于产生 0～1 的结果，其含义将随着 MCDA 的设计而变化，并且需要对利益相关者进行仔细的解释。例如，当加权方法产生的是对权衡的估计而不是对重要性的估计时，这种量表的变化具有更具体的含义，因此更容易解释。在探讨输入的不确定性从而引出权衡的情况下，利益相关者偏好得分高的干预方案。DCE 收集利益相关者在假定的干预中选择的数据，利用此类数据的模型可以预测利益相关者选择一种干预而不是另一种干预的可能性。

其次，这些方法的透明度将影响 MCDA 结果对利益相关者的可及性。例如，在使用直接评分或摆幅权重法时，利益相关者可以实时参与 MCDA 的权重估计；然而在使用 AHP 时，需要将成对比较的结果通过矩阵计算的方法估计特征向量（和特征值）转化为权重；类似的，DCE 的权重和得分需要通过对利益相关者的选择进行统计分析来获得。

最后，对结果的解释应当考虑偏好的异质性和不确定性产生的影响。需要对目标是否是在利益相关者之间达成共识做出选择。基于研讨会的方法倾向于涵盖范围较小但可以达成共识的利益相关者的样本，这是基于调查的方法所无法实现的。

MCDA 的输出结果还应包括对证据不确定性的敏感性/稳健性分析。一些加权/评分方法允许直接纳入不确定性证据，而其他方法需要根据不确定的证据重新合并权重/分数。例如，摆幅权重法可以将证据的不确定性直接纳入偏价值得分，而直接评分和 AHP 则不能。

类似的问题是在完成 MCDA 后新的"替代方案"的可获得性。同样的，考虑到其在不同准则下的表现，摆幅权重法和 DCE 可以评估新替代方案的综合价值。但是在使用直接评分法时，需要单独评估这种新的"替代方案"；在使用 AHP 时，需要将此替代方案与所有其他初始"替代方案"进行比较。

4.3.4　实践挑战

在 MCDA 中与获得权重和评分相关的实践挑战可大致分为两类，一类是技能和资源的限制,另一类是可获得性和时间的限制。

技能和资源限制是指用于支持 MCDA 的具有特定技能的人员、专业软件和分析工具的可得性。重点是要考虑利益相关者的组织是否有相关的专业知识或专业技能。应该区分两种类型的资源。首先是组织利益相关者研讨会所需要的组织和引导技能;其次是处理 MCDA 产生的数据所需的分析技能。例如,AHP 和 DCE 需要专业的分析技能和软件,而直接评分法可以使用标准的电子表格计算来实现。然而值得注意的是,虽然某些方法可以用标准的电子表格来计算,但是所有的方法都可以通过专业软件或高级电子表格建模技术来获得支持,例如可以进行敏感性/不确定性分析。

可得性和时间限制是指协调利益相关者对 MCDA 的投入时所面临的挑战。这在很大程度上取决于在获得利益相关者的意见时,采用的是研讨会方式还是调查的方式,以及所需研讨会的数量和持续时间。加权/评分方法所需的研讨会数量不同,例如,取决于是否需要达成共识。利益相关者需要付出的时间也取决于不同的引导技术。例如,AHP 需要通过成对比较来估计权重/得分,因此通常需要花费大量的时间;摆幅权重法也需要相当长的时间来确定范围/摆幅;直接评分和 DCE 可以较快地完成。

4.4 讨论

尽管 MCDA 应用于医疗卫生领域的兴趣正在日益增加,但还没有相应的指导方针来帮助该领域内的工作者在不同的加权和评分方法中进行选择,从而满足他们的需求。这给在医疗卫生领域内开发和使用 MCDA 来支持决策带来了一定的风险。首先,那些设计 MCDA 的人对各种技术知之甚少;其次,研究者可能知道有不同的方法,但不确定哪种方法最合适。

本章通过区分不同评分和加权技术的相关因素,可以帮助设计 MCDA 的人确定最适合他们需求的技术,并通过描述四种常用的 MCDA 技术所采用的评分和加权方法来加以说明。

我们同意其他为理解 MCDA 方法差异所提出的框架(Guitouni 和 Martel,1998;De Montis 等,2005)和以此得出的结论:没有"最好的"MCDA 方法。Guitouni 和 Martel (1998)恰当地总结了这一点,"所有方法都有其假设,这是所有理论和公理发展的基础,超出了这些假设的边界,就不能使用这些方法"。

更具体地说,上述评分和加权技术的特征取决于分析的目的,尤其是分析的目的是对备选方案进行排序还是对它们进行评估。后者对 HTA 可能是必要的，因为其目标是生成可以重复应用于不同产品评价或决定不同备选方案价格的方法。在这种情况下，确保分数和权重是度量常数并具有等距量表属性是很重要的。也有可能对所需要的时间和资源进行必要性分析。

　　MCDA 在医疗卫生领域还有其他用途，例如支持 SDM 或许可决策，在这种情况下只需要排名就够了。对评分和加权技术准确性的要求取决于排名的边际程度。如果对备选方案的排名的决定不是边际的，那么准确性较低且认知能力较低的技术（如直接评级或 AHP）可能是可以接受的。在评分和加权的时间有限的情况下，例如与患者一起决定处方时，这些方法特别有价值。但是了解与这些方法相关的风险仍然很重要，应当采取适当的步骤来验证分析结果。此外，欧洲药品管理局的结论认为，MCDA 在边际上做决策时特别有用（EMA，2012）。也就是说，当对精度要求较高时倾向于使用 MCDA。

　　鉴于不同评分和加权方法的优缺点，有人认为在为高风险决策提供信息时没有一种方法是足够可靠的。对于真正重要的决策，应该使用多种方法来测试产生的结果，这个过程被称为"复数分析"（Phillips，1984）。

　　据我们所知，这是第一个对支持不同类型的医疗卫生决策的评分和加权技术适用性的分析；因此不可避免地存在很多局限。首先，虽然本研究通过四种技术说明了迄今为止应用在医疗卫生领域的 MCDA 方法的差异，但还有许多其他可用的技术。因此，在医疗卫生领域设计 MCDA 不应局限于本研究所讨论的内容，而且 MCDA 的评分和加权技术可以以不同于本文所示的方式进行组合。其次，本文对技术之间的差异进行了概念性的探讨，还需要对技术的不同性能进一步进行实证测试。再次，应该对决策者对不同方法的偏好进行测试，虽然本文中没有涉及，但它对于 MCDA 的成功至关重要。最后，本文没有涉及方法的执行。一旦选择了适当的方法，研究者应该仔细设计并实施这些方法，以尽量将产生偏倚的风险降到最低（Montibeller 和 von Winterfeldt，2014）。

参考文献

Baltussen R, Niessen L (2006) Priority setting of health interventions: the need for multi-criteria decision analysis. Cost Eff Resour Alloc C/E 4:14. doi:10.1186/1478-7547-4-14

Belton V, Stewart TJ (2002) Multiple criteria decision analysis: an integrated approach. Kluwer Academic Publishers, The Netherlands

Ben-Akiva ME, Lerman SR (1985) Discrete choice analysis: theory and application to travel demand, MIT Press series in transportation studies. MIT Press, Cambridge

Bridges JFP, Hauber AB, Marshall D, Lloyd A, Prosser LA, Regier DA, Johnson FR, Mauskopf J (2011) Conjoint analysis applications in health–a checklist: a report of the ISPOR good research practices for conjoint analysis task force. Value Health 14:403–413

Communities and Local Government (CLG) (2009) Multi-criteria analysis: a manual see http://eprints.lse.ac.uk/12761/

de Bekker-Grob EW, Ryan M, Gerard K (2012) Discrete choice experiments in health economics: a review of the literature. Health Econ 21(2):145–172. doi:10.1002/hec.1697

De Montis A, De Toro P, Droste-Franke B, Omann I, Stagl S (2000) Criteria for quality assessment of MCDA methods. In: 3rd Biennial Conference of the European Society for Ecological Economics, Vienna

De Montis A, De Toro P, Droste-Franke B, Omann I, Stagl S (2005) Assessing the quality of different MCDA methods. In: Getzner M, Spash C, Stagl S (eds) Alternatives for environmental evaluation. Routledge, Abingdon/Oxon

Deal CL, Tony M, Hoybye C, Allen DB, Tauber M, Christiansen JS, Growth Hormone in Prader-Willi Syndrome Clinical Care Guidelines Workshop P (2013) GrowthHormone Research Society workshop summary: consensus guidelines for recombinant human growth hormone therapy in Prader-Willi syndrome. J Clin Endocrinol Metab 98(6):E1072–1087. doi:10.1210/jc.2012-3888

Devlin NJ, Sussex J (2011) In corporating multiple criteria in HTA: methods and processes.

Diaby V, Campbell K, Goeree R (2013) Multi-criteria decision analysis (MCDA) in health care: a bibliometric analysis. Oper Res Health Care 2:20–24

Dolan JG (1989) Medical decision making using the analytic hierarchy process choice of initial antimicrobial therapy for acute pyelonephritis. Med Decis Making 9(1):51–56

Dolan JG (1995) Are patients capable of using the analytic hierarchy process and willing to use it to help make clinical decisions? Med Decis Making 15(1):76–80

Dolan JG (2008) Shared decision-making--transferring research into practice: the analytic hierarchy process (AHP). Patient Educ Couns 73(3):418–425. doi:10.1016/j.pec.2008.07.032

Dolan JG (2010) Multi-criteria clinical decision support: a primer on the use of multiple criteria decision making methods to promote evidence-based, patient-centered healthcare. Patient 3(4):229–248. doi:10.2165/11539470-000000000-00000

Dolan JG, Isselhardt BJ, Cappuccio JD (1989) The analytic hierarchy process in medical decision making a tutorial. Med Decis Making 9(1):40–50

Dyer JS, Wendell RE (1985) A critique of the analytic hierarchy process. Department of Management, College of Business Administration and Graduate School of Business, Austin

European Medicines Agency (EMA) (2011) Benefit-risk methodology project. Work package 3 report: field tests

European Medicines Agency (EMA) (2012) Benefit-risk methodology project. Work package 4 report: benefit-risk tools and processes

Fasolo B, Bana e Costa C (2014) Tailoring value elicitation to decision makers' numeracy and fluency: expressing value judgements in numbers or words. Omega 44:83–90

Getzner M, Splash CL, Stagl S (2005) Alternatives for environmental valuation. Routledge, New York

Goetghebeur MM, Wagner M, Khoury H, Levitt RJ, Erickson LJ, Rindress D (2008) Evidence and value: impact on DEcisionMaking–the EVIDEM framework and potential applications. BMC Health Serv Res 8:270. doi:10.1186/1472-6963-8-270

Goetghebeur MM, Wagner M, Khoury H, Rindress D, Gregoire JP, Deal C (2010) Combining multicriteria decision analysis, ethics and health technology assessment: applying the EVIDEM decision-making framework to growth hormone for turner syndrome patients. Cost Eff Resour

Alloc : C/E 8:4. doi:10.1186/1478-7547-8-4

Goetghebeur MM, Wagner M, Khoury H, Levitt RJ, Erickson LJ, Rindress D (2012) Bridging health technology assessment (HTA) and efficient health care decision making with multicriteria decision analysis (MCDA): applying the EVIDEM framework to medicines appraisal. Med Decis Mak : Int J Soc Med Decis Mak 32(2):376–388. doi:10.1177/0272989X11416870

Guitouni A, Martel J-M (1998) Tentative guidelines to help choosing an appropriate MCDA method. Eur J Oper Res 109:501–521

Haedrich G, Kuß A, Kreilkamp E (1986) Der analytic hierarchy process. Wirtschaftswissenschaftliches Studium 15(3):120–126

Hummel M, IJzerman M, van Manen J, Danner M, Gerber-Grote A, Volz F, Wiegard B (2013) Analytic hierarchy process (AHP) – pilot project to elicit patient preferences in the indication "depression". IQWiG Report

IJzerman MJ, van Til JA, Snoek GJ (2008) Comparison of two multi-criteria decision techniques for eliciting treatment preferences in people with neurological disorders. Patient: Patient-Cent Outcomes Res 1(4):265–272

Ivlev I, Kneppo P, Bartak M (2014) Multicriteria decision analysis: a multifaceted approach to medical equipment management. Technol Econ Dev Econ 20(3):576–589

Johnson RF, Lancsar E, Mashall D, Kilambi V, Mühlbacher A, Regier DA, Bresnahan BW, Kanninen B, Bridges JFP (2013) Constructing experimental designs for discrete-choice experiments: report of the ISPOR conjoint analysis experimental design good research practices task force. Value Health 16(1):3–13

Keeney RL (2002) Common mistakes in making value trade-offs. Oper Res 50(6):935–945

Keeney RL, Raiffa H (1976) Decisions with multiple objectives: preferences and value tradeoffs. Wiley, New York

Kelley T (1927) Interpretation of educational measurements. Macmillan, New York

Lancaster KJ (1966) A new approach to consumer theory. J Polit Econ 74(2):132–157

Lancsar E, Louviere J (2008) Conducting discrete choice experiments to inform healthcare decision making: a user's guide. Pharmacoeconomics 26(8):661–678

Lee WC, Hung FH, Tsang KF, Tung HC, Lau WH, Rakocevic V, Lai LL (2015) A speedy cardiovascular diseases classifier using multiple criteria decision analysis. Sensors 15(1):1312–1320

Liberatore MJ, Nydick RL (2008) The analytic hierarchy process in medical and health care decision making: a literature review. Eur J Oper Res 189(1):194–207

Manthey L (2007) Methoden der Präferenzmessung: Grundlagen, Konzepte und experimentelle Untersuchungen. Universität Jena, Norderstedt

Marsh K, Lanitis T, Neasham D, Orfanos P, Caro J (2014) Assessing the value of healthcare interventions using multi-criteria decision analysis: a review of the literature. Pharmacoeconomics 32(4):345–365. doi:10.1007/s40273-014-0135-0

McFadden D (1974) Conditional logit analysis of qualitative choice behavior. In: Zarembka P (ed) Frontiers of economics. Academic, London, pp 105–142

Miot J, Wagner M, Khoury H, Rindress D, Goetghebeur MM (2012) Field testing of a multicriteria decision analysis (MCDA) framework for coverage of a screening test for cervical cancer in South Africa. Cost Eff Resour Alloc : C/E 10(1):2. doi:10.1186/1478-7547-10-2

Montibeller G, von Winterfeldt D (2014) Cognitive and motivational biases in decision and risk analysis. LSE Working Paper

Mühlbacher AC, Bethge S (2015) Reduce mortality risk above all else: a discrete-choice experiment in acute coronary syndrome patients. Pharmacoeconomics 33(1):71–81. doi:10.1007/s40273-014-0223-1

Mühlbacher A, Bridges J, Bethge S, Nübling M, Gerber-Grote A, Markos Dintsios C, Scheibler F, Schwalm A, Wiegard B (2013) Choice-based conjoint analysis – pilot project to identify, weight, and prioritize multiple attributes in the indication "hepatitis C". IQWiG Report

Phillips L (1984) A theory of requisite decision models. Acta Psychol 56:29–48

Radaelli G, Lettieri E, Masella C, Merlino L, Strada A, Tringali M (2014) Implementation of EUnetHTA core model(R) in Lombardia: the VTS framework. Int J Technol Assess Health Care 30(1):105–112. doi:10.1017/S0266462313000639

Ryan M, Gerard K, Amaya-Amaya M (2008) Using discrete choice experiments to value health and health care. Springer, The Netherlands

Saaty TL (1977) A scaling method for priorities in hierarchical structures. J Math Psychol 15(3):234–281

Saaty TL (1980) The analytic hierarchy process: planning, priority setting, resource allocation. McGraw-Hill, New York

Saaty TL (1990) How to make a decision: the analytic hierarchy process. Eur J Oper Res 48(1):9–26

Saaty TL, Vargas LG (2006) Decision making with the analytic network process: economic, political, social and technological applications with benefits, opportunities, costs and risks. Springer, New York

Scholl A, Manthey L, Helm R, Steiner M (2005) Solving multiattribute design problems with analytic hierarchy process and conjoint analysis: an empirical comparison. Eur J Oper Res 164(3):760–777

Suedel BC, Kim J, Banks CJ (2009) Comparison of the direct scoring method and multi-criteria decision analysis for dredged material management decision making, 2009 U.S. Army Engineer Research and Development Center, Environmental Laboratory, 3909 Halls Ferry Road, Vicksburg, MS,39180-6199

Suner A, Çelikoğlu CC, Dicle O, Sökmen S (2012) Sequential decision tree using the analytic hierarchy process for decision support in rectal cancer. Artif Intell Med 56(1):59–68

Tanios N, Wagner M, Tony M, Baltussen R, van Til J, Rindress D, Kind P, Goetghebeur MM, International Task Force on Decision C (2013) Which criteria are considered in healthcare decisions? Insights from an international survey of policy and clinical decision makers. Int J Technol Asses Health Care 29(4):456–465. doi:10.1017/S0266462313000573

Thokala P, Duenas A (2012) Multiple criteria decision analysis for health technology assessment. Value Health: J Int Soc Pharmacoeconomics Outcomes Res 15(8):1172–1181. doi:10.1016/j.jval.2012.06.015

Tony M, Wagner M, Khoury H, Rindress D, Papastavros T, Oh P, Goetghebeur MM (2011) Bridging health technology assessment (HTA) with multicriteria decision analyses (MCDA): field testing of the EVIDEM framework for coverage decisions by a public payer in Canada. BMC Health Serv Res 11:329. doi:10.1186/1472-6963-11-329

Tu C, Fang Y, Huang Z, Tan R (2013) Application of the analytic hierarchy process to a risk assessment of emerging infectious diseases in shaoxing city in southern china. Jpn J Infect Dis 67(6):417–422

van Til JA, Renzenbrink GJ, Dolan JG, IJzerman MJ (2008) The use of the analytic hierarchy process to aid decision making in acquired equinovarus deformity. Arch Phys Med Rehabil 89(3):457–462

van Til J, Groothuis-Oudshoorn C, Lieferink M, Dolan J, Goetghebeur M (2014) Does technique matter; a pilot study exploring weighting techniques for a multi-criteria decision support framework. Cost Eff Resour Alloc: C/E 12:22. doi:10.1186/1478-7547-12-22

Velasquezl M, Hester PT (2013) An analysis of multi-criteria decision making methods. Int J Oper Res 10(2):56–66

Weernink MGM, Janus SIM, van Til JA, Raisch DW, van Manen JG, Ijzerman MJ (2014) A systematic review to identify the use of preference elicitation method in healthcare decision making. Pharm Med 28:175–185

Whitty JA, Lancsar E, Rixon K, Golenko X, Ratcliffe J (2014) A systematic review of stated preference studies reporting public preferences for healthcare priority setting. Patient-Patient-Cent Outcomes Res 7(4):365–386

第 5 章
MCDA 分析和报告中的不确定性处理

Catharina G. M. Groothuis-Oudshoorn，Henk Broekhuizen，Janine van Til

摘要

　　本章旨在为影响多准则决策分析（MCDA）模型结果的各种类型和来源的不确定性提供指导，对每一个 MCDA 步骤（即构建、评分、加权和聚合）描述不确定性的来源并指出处理这些不确定性的方法。此外还将讨论敏感性分析的使用以及 MCDA 中定性的和定量的不确定性间的相关性。对不确定性的考虑虽然困难，但对在捕捉决策的复杂不确定性和保持 MCDA 可供决策者理解之间达成平衡非常重要。

5.1　引言

　　多准则决策分析（MCDA）并不是一门精确科学。任何决策分析的输出或结果都取决于在构建模型及把准则权重和绩效分数填入该模型时所做的假设和决定。通常用术语"不确定性"来表示。不确定性可以被视为缺乏关于模型应该是什么样或正确的输入应该是什么的完整性或确定性（French，1995）。有许多类型和来源的不确定性以不同的方式影响 MCDA 模型的结果，在解释 MCDA 的结果时，每一种都值得特别关注。

　　本章首先描述了不同类型的不确定性。然后概述不同类型的不确定性如何在 MCDA 的不同阶段发挥作用（见第 4 章）。本章还分别报告了构建、评分、加权和聚合阶

C. G. M. Groothuis-Oudshoorn（⊠）· H. Broekhuizen · J. van Til
Department Health Technology and Services Research，MIRA institute，University of Twente，
Drienerlolaan 5，7522 NB Enschede，The Netherlands
e-mail：c. g. m. oudshoorn@utwente. nl

段的不确定性,并讨论了不确定性的来源、(适当地)阐述不确定性以及研究不确定性对模型输出影响的方法。最后,本章讨论了敏感性分析的使用以及 MCDA 中定性的和定量的不确定性的关联。在整个章节中,我们将指引读者对不同主题进行进一步阅读。

Briggs 及其同事在决策分析建模中区分和定义了四种不确定性,即随机不确定性、参数不确定性、异质性和结构不确定性(Briggs 等,2012)。我们使用体重秤的例子来说明这些不同类型的不确定性。随机不确定性是由于用相同类型和品牌的同一个体重秤测量同一个人的体重所显示的不同测量值之间随机的、无法解释的变化,例如硬币的翻转或同一个人在相同设备上多次测量得到的体重值。参数不确定性是指对同一测量尺度的不同解释而导致的感兴趣的参数估计值的变异性。例如,同一个人在不同日期或不同人员对模拟体重量表的不同读数(其中不能归因于实际的体重差异)。随机和参数不确定性之间的区别类似于标准偏差(群体中个体的变异性的度量)与标准误差(即估计量的精确度的度量)之间的差异。标准误通常可以通过增加测量次数来减少或消除参数不确定性。标准偏差的随机不确定性不能被消除,而只能通过描述随机变量的密度或累积分布来更好地表示。异质性是可以通过个人特征来解释的人与人之间的差异。例如对于体重估计,不同的人体重的差异是由于身体组成的差异导致的。结构不确定性指的是任何模型的输出都取决于对其结构的假设,该假设是达到其自身目标的最佳方式,例如是在模拟还是在数字体重秤上称体重。

如前几章所述,MCDA 有四个阶段:构建(即建立决策背景和构建模型)、加权、评分和聚合(推荐和敏感性分析)(见图 5.1)。在 MCDA 的每个阶段,都可以识别出不同类型的不确定性。

5.1.1　问题构建

MCDA 主要用于群体决策制定。Belton 和 Pictet 区分了可以从参会的决策者中得到群体决策的三种类型的模型:分享型决策、汇总型决策和比较型决策(Belton 和 Pictet,1997)。在进行分享型决策时,所有的决策者都是 MCDA 模型的一个决策者。这就意味着,尽管最初组中可能存在关于给出的判断的不同意见,但是每个阶段的每个权重和绩效得分必须由该组商定后得到一个值,并且在该分析中仅使用该值。相反,在进行汇总型决策时,每个决策者的个人判断在整个决策过程中都会保留,并且在最终结果中汇总到决策者那里,例如采用所有个人判断的均值。在进行比较型决策时,决策者对权重和绩效得分的判断在整个决策分析中得到保留,并且在最终讨论期间对个别判断进行积极地比较,以深入了解群体成员之间可能存在的意见分歧。

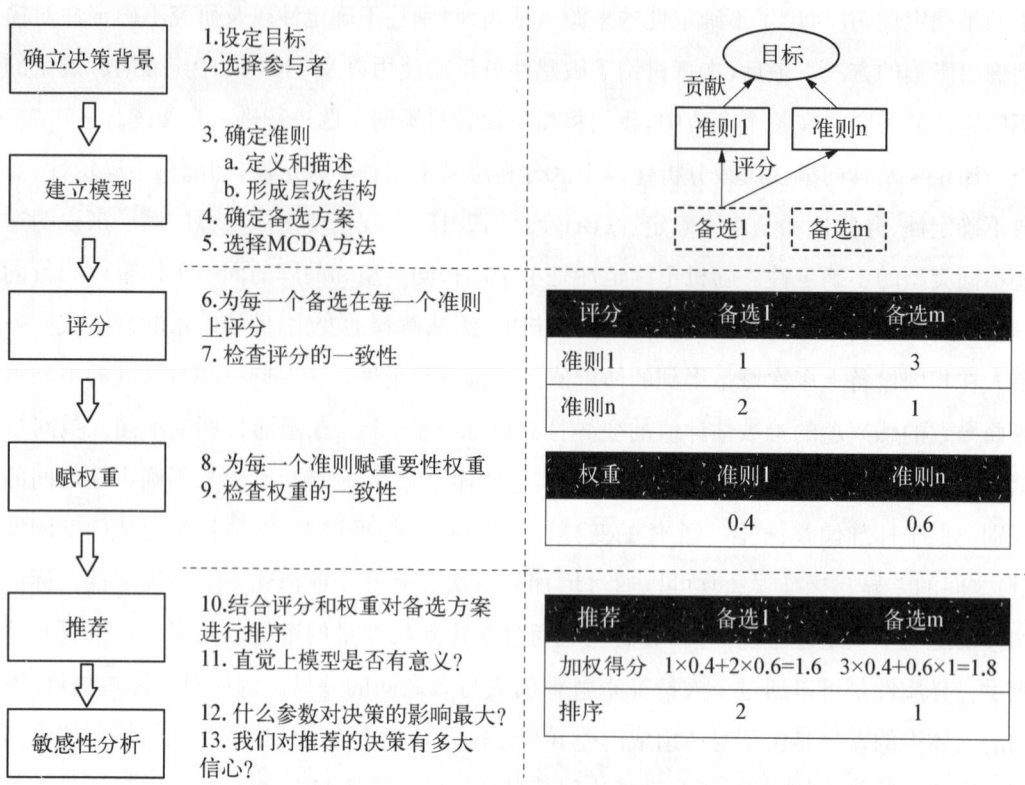

左侧流程图：

确立决策背景 → 建立模型 → 评分 → 赋权重 → 推荐 → 敏感性分析

1. 设定目标
2. 选择参与者

3. 确定准则
   a. 定义和描述
   b. 形成层次结构
4. 确定备选方案
5. 选择MCDA方法

6. 为每一个备选在每一个准则上评分
7. 检查评分的一致性

8. 为每一个准则赋重要性权重
9. 检查权重的一致性

10. 结合评分和权重对备选方案进行排序
11. 直觉上模型是否有意义？

12. 什么参数对决策的影响最大？
13. 我们对推荐的决策有多大信心？

右侧：目标 — 贡献 — 准则1、准则n — 评分 — 备选1、备选m

评分	备选I	备选m
准则1	1	3
准则n	2	1

权重	准则1	准则n
	0.4	0.6

推荐	备选I	备选m
加权得分	1×0.4+2×0.6=1.6	3×0.4+0.6×1=1.8
排序	2	1

图 5.1　基于价值的 MCDA 决策过程(左)和简单数值计算示例(右)概览

在处理判断差异的方式上类似但略有不同的原因在于对统计聚合和行为聚合的判断。统计聚合类似于 Belton 和 Pictet 对聚合的定义：根据群体内的个体判断得出均值，并结合方差捕捉决策者之间的差异。行为聚合类似于 Belton 和 Pictet 的共享判断：通过结构化的群体过程达到单一的判断，但是在群组内可以"分享他们的知识并允许有说服力的论据改变他们的观点"，从而修改他们的判断(Phillips，1999)。

决定使用哪种群体决策模型是结构不确定性的一种形式，而且会影响分析的后期阶段其他类型不确定性的程度。例如，如果在第一阶段决定使用共享模型，尽管可能有不同的判断，但权重和评分都被设置为单个数字，那么就无法研究平均权重估计的不确定性(参数不确定性)和决策者之间的差异(异质性)。为清楚地说明不确定性，我们将使用统计聚合的方法。在本章，我们将通过一个简化的在医学背景下群体决策的例子来简要介绍 MCDA 在不同阶段的不确定性的来源(见专栏 5.1)。

专栏 5.1：案例描述

私人诊所内的六位泌尿科医生讨论了在实践中减少 I 期前列腺癌患者选择一线

治疗时不期望的临床变异。目前他们可以开具四种不同类型的治疗方法：主动监测、根治性前列腺切除术、体外放射治疗和近距离放射治疗。

5.1.2　问题构建中的不确定性

MCDA 中准则的选择是结构不确定性的来源。准则必须反映决策参与者的不同观点，并能够比较各种备选方案（Bouyssou，1990）。是否将所有相关准则都包含在分析中，为减少此类结构不确定性，建议将自上而下和自下而上的方法结合起来制定一组准则。自上而下的方法是参与者首先就特定结果的相关性达成一致，然后提出层次价值树可能出现的结果的例子。自下而上的方法通常首先列出大量的来自不同集合的准则的列表，如果需要，再将这些准则结构化为层次结构。在问题构建阶段，必须确定价值树和最终的准则集。关于价值树的形状以及要包括的准则的数量和类型的结构不确定性，可以通过详细记录此步骤中所做出的所有决策并包括尽可能多的参与者来获得广泛支持的价值树来加以明确。

问题构建的目标是提出一个清晰、合乎逻辑且共同的观点，来反映什么样的决策准则和决策结构最能反映手头的决策，并且帮助决策者实现其目标。最终的准则清单应尽可能简单，但要抓住决策的复杂性。关于什么是最佳准则和/或决策结构，并没有指导方针。在某些情况下，MCDA 的类型或利益相关者的认知限制了准则的数量或某个价值树结构的应用。当对是否纳入某个准则存在疑问时，明智的做法是将其纳入分析，因为一些MCDA 方法允许在稍后阶段删除准则，但在后期添加准则会比较麻烦。问题构建是一种通过经验获得的技能。流程图、鱼骨图、利弊列表和定量技术（如名义群体技术）可以帮助小组提出一套适当的准则和问题构建方法（Taner 等，2007）。然而众所周知，准则的选择、MCDA 方法和权重引导方式会影响模型的结果。除了对反映决策问题的准则选择、价值树形状和 MCDA 方法的选择进行良好的记录外，明确研究结构不确定性的一个方法是测试不同选项（如不同的准则集、价值树和 MCDA 技术）的影响。文献中有很多这种测试的例子（van Til 等，2014；IJzerman 等，2012a，b）。

5.2　评分中的不确定性

如第 4 章所述，在评分阶段，可以通过可得的临床证据或专家意见对备选方案在不同准则上的绩效进行评判,从而将临床表现(可以通过各种量表进行测量)转化为共同的价值测量。临床证据和专家意见都可能带来参数不确定性、随机不确定性和异质性(Durbach 和 Stewart,2012)。

专栏 5.2:MCDA 模型和临床证据

在该示例中,存在许多可能影响前列腺癌治疗选择的准则。在延长诊断后的寿命方面的治疗效果、治疗的副作用(如肠道问题、膀胱问题、勃起问题和疲劳)、治疗的过程特征(如成本、持续时间和随访频率)都可能影响治疗偏好。出于说明的目的,我们将示例限制为表 5.1 中提到的四个准则,并选择简单多属性评估技术(SMART)来演示加权、评分和敏感性分析中的不同类型的不确定性。

SMART 是一种基于线性求和方程的简单的基于价值的 MCDA 方法。这个例子中的模型是 $V_i = \sum_{k=1}^{4} w_k x_{ik}$,其中 V_i 是治疗 i 的综合价值,w_k 是用摆幅权重法获得的第 k 个准则的权重,x_{ik} 是治疗 i 在准则 k 上的绩效。本例中假设的临床证据在表 5.1 中给出。

表 5.1 治疗后五年内肠道问题、尿失禁和勃起功能障碍发生的概率

	主动监测	根治性前列腺切除术	体外放射治疗	近距离放射治疗
样本量	1 000	800	200	800
生存时间(年)	10(9.4～10.6)	15(14.0～16.1)	12(10.3～13.7)	12(11.0～13.1)
肠道问题	0%	0%	15%	0%
尿失禁	0%	10%	1%	0.5%
勃起功能障碍	5%	75%	45%	24%

根据 Cooperberge 等人(2012),Hayes 等人(2013)。

5.2.1 绩效评估

用于确定不同备选方案偏好的准则最好是基于临床数据(包括患者登记、成本数据库等)。在我们的例子中,四种治疗的平均生存时间可以从科学文献中得出。当临床证据用作 MCDA 模型的输入时,通常仅使用其点估计值。然而,围绕这些绩效估计值测量的参数不确定性和随机不确定性可用于表示 MCDA 的不确定性。绩效评估中的参数不确定性是指由于抽样(误差)导致的结果估计值(例如生存时间)的变异性。从临床试验数据中获得的点估计值的标准误差(或等价于置信界限)可用于表示参数不确定性的程度。随机不确定性(例如临床证据中无法解释的变异)可以通过患者样本的标准偏差或结果的范围加以呈现。

为了证实模型中的临床证据的异质性,可以计算不同亚组患者的平均值和标准偏差。当缺乏临床数据时,需要通过专家判断来估计绩效。可以使用不同的专家引导技术(O'Hagan 等,2006;Bojke 等,2010;Bojke 和 Soares,2014)。不同技术的差异会给模型带来结构不确定性。如果要用专家判断取代临床证据,就不仅要求有绩效的点估计值,而且应该要求专家给出他们所估计的分布和/或置信区间,如果有可能的话,还要与患者特征相关联。只有这样,分析者才能将参数不确定性和异质性考虑在内。

5.2.2　从绩效到价值

将绩效转化为价值,要求将备选方案在自然尺度(如生存年)上的绩效转化为反映这一绩效价值的得分——从 0(无价值)到 1(最大价值)。可以直接确定备选方案绩效估计值的相对价值或用偏价值函数将绩效的中间值映射到相对价值上。这种对应可以是"局部的",意味着对备选方案在准则上的最好和最差的绩效判定(由专家确定)对应价值函数的上限和下限;也可以是"全局的",意味着上限和下限是基于可能的最好和最差结果,而不考虑所纳入的备选方案的绩效。例如,尽管在临床实践中的诊断测试极不可能达到100% 的灵敏度,但 100% 灵敏度可用作理论上的最佳可能结果。

在确定价值的阶段,价值函数的形状是结构不确定性的一个来源。通常假定的线性函数(见图 5.2a)是简单的线性对应,它将所有绩效的价值在最差水平 W(偏价值为 0)到最好水平 B(偏价值为 1)之间进行线性对应:

$$v(x) = \begin{cases} 1, & x \geqslant B \\ \dfrac{x-W}{B-W}, & W < x < B \\ 0, & x \leqslant W \end{cases} \qquad (5.1)$$

在这样的线性价值函数中,需要假定相同绩效的增加量会产生相同价值的增加量,而与绩效增加量在量表中发生的位置无关。对生存时间而言,就意味着从 0 到 5 年的生存时间的增加与从 15 年到 20 年的生存时间的增加有相同价值。绩效价值的置信界限可以通过在绩效的置信界限上的偏价值函数获得(见表 5.2)。

但是还存在许多其他形式的价值函数。例如延长寿命的回报可能是递减的,对于一些人而言,在一定年龄之后的生存可能会降低这一结果的增量价值(见图 5.2b)。对于其他结果,有阈值的价值函数对于绩效(结果)从无价值到最大价值切换的情形可能会更加合适(见图 5.2c)。或者可以存在线性函数和收益递减的结合,即 S 形价值函数(见图 5.2d)。通常在群体层面可以对函数形状达成共识。

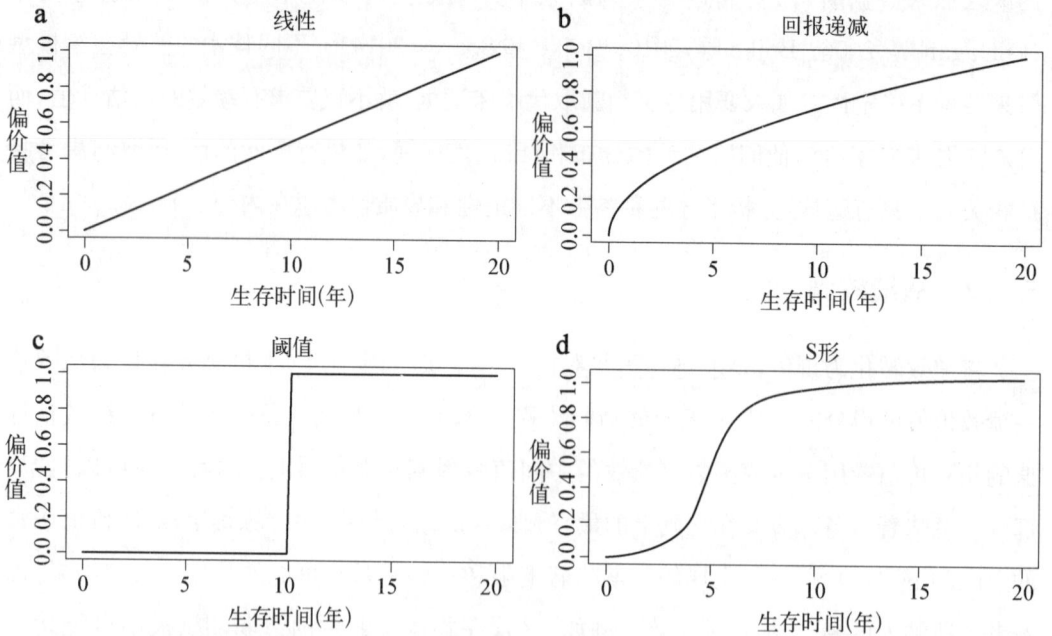

图 5.2　(a) 函数与增加的生存时间成线性比例的偏价值函数;(b) 生存时间收益递减的偏价值函数,即 0~5 年的生存时间增加被认为比 5~10 年的生存时间增加更有价值;(c) 具有阈值的偏价值函数,生存时间不到 10 年的所有增加都被认为是没有价值的,但超过 10 年的生存时间的增加被认为是有价值的;(d) S 形偏价值函数,可以看作是阈值函数的平滑版本

　　如果想要使用非线性函数,则决策者需要额外的输入来确定价值函数的特定形状。例如在二分法中,决策者被要求在属性标度上定义一个在两个端点中间的点,由此可以构建两段式线性价值函数(Belton 和 Stewart,2002)。这个过程可以重复多次,直到决策者认为不需要进一步的二等分。在 MACBETH 中,特定准则的价值函数是通过使用线性规划对该准则上的替代方案的性能进行成对比较而构建的(Costa 等,2012)。

　　由于决策者之间的价值判断可能不同,因此价值函数的最终构建可以基于这些判断的平均值或基于另一个中心度量(中位数,众数)。通过计算均值、标准误和置信区间,可以获得参数不确定性的度量。通过计算价值判断的标准偏差,可以对价值判断中的随机不确定性进行定量分析。

　　异质性是指可以用决策者群体之间的背景差异来解释的价值函数或产出结果的价值

的可能差异。例如,日常工作中接触较年轻患者的泌尿科医生跟接触的大多数是老年患者的泌尿科医生所认可的生存阈值可能有所不同。通过为不同的群体构建价值函数,可以看出是否存在异质性。

　　总而言之,所有类型的不确定性都会在评分步骤对价值产生影响。证据中的(参数,随机或异质性)不确定性也意味着价值函数的不确定性。证据的不确定性和由于价值判断差异引起的不确定性可以通过计算标准误差、标准偏差或置信界限来量化。

5.3　加权中的不确定性

　　加权阶段的所有输入都是由利益相关者(决策者、患者、医生、一般公众等)提供的,因此这是此阶段不确定性的主要来源。加权中可能存在结构不确定性、参数不确定性、随机不确定性和异质性。

专栏 5.3:计算偏价值

　　假设在泌尿科医生的案例中有以下线性价值函数,绩效置信界限的点估计通过公式 5.1 转换为置信界限的价值估计(见表 5.2)。

表 5.2　泌尿科医生案例中的偏价值,基于临床试验中报告的生存
时间的置信界限获得的偏价值的 95% 置信区间

	主动监测	根治性前列腺切除术	体外放射治疗	近距离放射治疗
平均生存时间	0.50(0.47~0.53)	0.75(0.70~0.80)	0.6(0.52~0.68)	0.6(0.55~0.65)
肠道问题	1	1	0.85	1
尿失禁	1	0.90	0.99	0.5
勃起功能障碍	0.95	0.59	0.25	0.29

　　例如,主动监测患者的平均生存时间的 95% 置信区间为 9.4~10.6 年(见表 5.1),表明偏价值的置信区间为 0.47~0.53。

　　加权中的参数不确定性是在参数估计时由于抽样产生的可变性。虽然它们的内在价值可能相同,但不同的决策者对权重标尺的解释可能不同,因此会产生不同的权重。这可以通过计算一组决策者对每一个准则的权重均值和方差来反映。参数不确定性是样本量和潜在的随机不确定性的函数。样本量 n 越大,参数不确定性越小,因为它是 n 的函数:

$1/\sqrt{n}$。

通常会将决策者的个人权重合并为平均权重。组合个人权重最常用的方法是算术平均值。但在层次分析过程中,常用几何平均值组合不同决策者的权重估计值。使用算术平均值还是几何平均值的选择很重要,因为它决定了应该用哪种方法计算权重均值的标准误。

异质性是可以通过决策者特征来解释的人与人之间的差异。例如,治疗前列腺癌导致的勃起功能障碍对一名 40 岁男性而言可能(或可能不)比 80 岁男性更重要,因为后者往往性生活不太活跃。重要的是要估计与 MCDA 的背景特征相关的异质性,因为不同人(群)的分析结果可能不同。

随机不确定性是同一个人对权重估计的不同测量值之间的随机的、无法解释的变异性。但在大多数 MCDA 分析中,个体内的随机变异的大小通常是未知的,因为只会进行一次权重判断。

异质性与随机不确定性相类似的地方在于两者都不能被减少。不同之处在于,由于受试者的异质性导致的权重差异只需要被理解而不需要最小化,但不希望有太大的随机变异。

权重引导技术的选择会产生结构不确定性,因为使用不同技术可能导致准则权重估计值的差异,或者可能意味着权重具有不同的(方法论)含义(Choo 等,1999)。意识到精确权重会随着引导方法变化,因此需要强调对最终结果进行敏感性分析。先前的研究表明,虽然精确权重可能会根据权重引导方法而有所不同,但准则的排序大多保持不变。一些研究显示,由于不同技术引起的权重差异对备选方案的综合价值只有轻微影响。但在备选方案的等级顺序发生变化之前测试权重可以变化的范围(以及判断这种变化程度是否可能由于权重引导方法而产生)应该作为敏感性分析的一个重要目标(IJzerman 等,2012a;van Til 等,2014)。为了减少由于 MCDA 模型定义和决策者之间对权重含义理解的不匹配导致的结构不确定性,向决策者深入解释 MCDA 的(引导)方法,让他们理解权重的含义是非常重要的。

总而言之,所有类型的不确定性都会影响权重的估计。参数不确定性可以通过权重的均值和置信区间来表示。随机不确定性与结构不确定性相关,但除非决策者被要求用同样的权重引导技术(随机不确定性)重复他们的权重估计,或用不同的权重引导技术进行权重估计,否则很难被明确。异质性可以通过了解决策者并对决策者进行分类以及计算不同亚组的平均权重(和置信区间)得到阐明。

5.4　聚合方法

在评分和加权步骤完成之后,将绩效的值和准则权重(通过统计)聚合为一个综合价值。最常用的聚合方法是权重加和,即将不同准则的偏价值乘以其权重,然后对每一个备选方案求和(见第 4 章)。权重加和的简单性让决策者很容易理解。但是从理论角度来看,其他统计聚合方法可能更合适(Zhou 和 Ang,2009;Zanakis 等,1998)。

聚合方法的选择是结构不确定性的一种形式,因为它可以改变模型结果(Zhou 和 Ang,2009)及其解释。此外,由于某些方法(如层次分析法)对绩效和权重的引导技术提出了非常具体的要求,因此必须在 MCDA 的早期选择聚合方法(Choo 等,1999;Liberatore 和 Nydick,2008)。

另一种结构不确定性是决定在加权和绩效阶段的哪一个点上汇聚不同决策者的结果。有两种方法可以选择:一种是对个体的绩效值和准则权重(具有方差度量)求均值,并使用聚合方法(如加和模型)来计算综合价值(具有方差度量);另一种是计算每个个体的综合价值,再对综合价值的多个估计值求均值(具有方差度量)。由于聚合是基于两个数值的乘积,因此这两种方法会导致不同的平均综合价值和不同的方差。此外,在前一种情况下,很难通过计算综合价值的标准误差来测量参数不确定性,因为综合价值是平均值的乘积之和。另一种计算结果方差(以及标准偏差)的方法是 delta 方法(Rice,2006)。

最后,无论使用何种确切的统计聚合方法,MCDA 模型的输出都是不同备选方案综合价值的点估计。基于绩效和权重的标准误(参数不确定性)或标准差(随机不确定性),可以计算一种治疗方案的综合价值的标准误差、置信区间或范围,从而可以明确不确定性对综合价值的影响。除了报告综合价值的点估计外,同时报告其标准误差或置信区间,可以获得综合价值的参数不确定性或随机不确定性。

5.5　敏感性分析

基于价值的 MCDA 方法的结果是每种备选方案的综合价值。然而如果没有关于权重估计和绩效值的不确定性的信息,综合价值的稳定性就是未知的,从而对 MCDA 的结果解释的可信度也是未知的。如果考虑一种或多种类型的不确定性，就会产生围绕点估计值的价值分布。价值分布的形状和延展可以为分析得到的结论的稳定性提供有关信息。

敏感性分析是研究决策过程中的不确定性对其结果的影响。结构不确定性是由在问题构建时对价值树形状的选择、分析中包含的准则的类型和数量以及所选择的 MCDA 方法（包括获得权重和绩效值的方法）所引起的。结构不确定性对结果的影响只能通过对相同问题执行具有不同价值树、准则和方法的 MCDA 来明确。这种类型的敏感性分析是一个非常耗时的过程，通常不会执行。

一种更常见的敏感性分析类型是研究权重和绩效的参数不确定性或异质性对 MCDA 结果的影响。在评估不确定性的影响时，可以在整个 MCDA 过程中进行，并分别确定每个阶段不确定性的来源并进行测量，然后研究其对 MCDA 过程结果的影响；或者也可以在汇总准则权重和绩效值之后评估不确定性对综合价值的影响。这两者在文献中通常被称为"敏感性分析"，后者有时也被称为"稳健性分析"或"事后敏感性分析"。尽管这是两种不同的概念，但在应用过程中可以使用类似的方法来证明点估计值的不确定性。在接下来的段落中，我们将描述两种常用的敏感性分析方法（即确定性和概率敏感性分析），并简要介绍一些替代方法。

在卫生领域内的早期文献综述中，有 19 项研究中的 MCDA 分析明确考虑了不确定性（Broekhuizen 等，2015a）。其中的 9 项研究使用了确定性敏感性分析方法，4 项研究使用了概率方法，而在其他 4 项研究（涉及环境健康问题）应用了模糊集理论。似乎在大多数 MCDA 支持的决策中使用了确定性的敏感性分析，因为它易于使用并且对结果稳定性的分析是充分的。然而当需要同时考虑多个模型参数的不确定性时，就应该使用概率分布的方法。

确定性敏感性分析是（事后）敏感性分析中最直接的方法。在确定性敏感性分析中，一次改变一个参数（即准则权重或绩效分数），并且观察该参数的改变对备选方案的等级顺序的影响。如果引入的变化不会改变备选方案的排序（即一种备选方案优先于另一方案的偏好不变），则该决策似乎是稳健的。或者可以在备选方案的等级顺序改变之前评估参数可以增加或减少的程度。特定参数可能改变的范围可以基于专家的判断或可用临床数据的变化。

在泌尿科医生的案例中，从文献中获得了不同治疗方案的平均生存时间的置信区间。在前面的部分中已经证明了这些置信区间可以转换为偏价值的置信界限。然而有必要考虑偏价值的范围对治疗的综合价值的影响，这可以通过在整体价值函数中插入置信区间的上限值和下限值来完成,从而可以获得由于平均生存时间的不确定性导致综合价值的不确定所产生的置信区间(见图 5.3)。

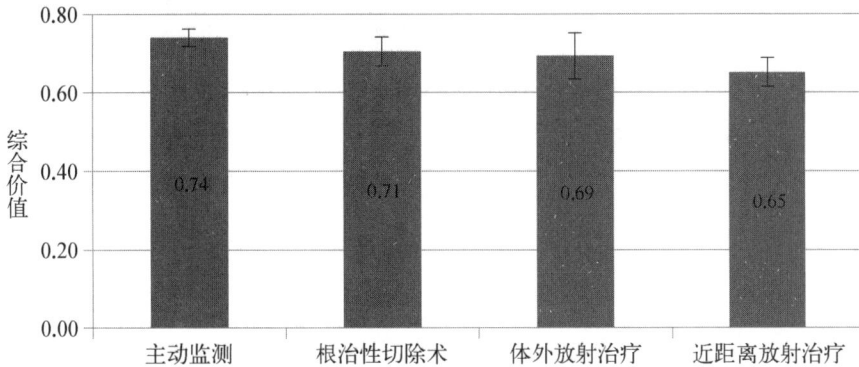

图 5.3　在泌尿科医生的例子中,各治疗方案的生存时间的参数不确定性对综合价值的影响。注意重叠的置信界限表明了治疗综合价值的不确定性

这种确定性的敏感性分析表明,综合价值的置信界限之间存在重叠,这至少(部分地)取决于生存时间估计中的参数不确定性。此外,似乎在置信区间内改变生存时间的估计值可能导致备选方案的排序逆转。例如体外放射治疗可能具有比根治性切除术更高的综合价值。然而仍然存在的问题是,发生这种排序逆转的可能性有多大。

确定性敏感性分析还可用于评估准则权重(的不确定性)对备选方案和综合价值的影响。可以通过逐个手动改变准则权重并观察备选方案的综合价值如何变化来进行分析。例如,如果我们增加生存时间的权重而减少其他准则的权重(因为权重加起来为 1),那么与生存时间相对较短的备选方案相比,具有更长生存时间的备选方案的综合价值将增加。可以将每个准则的权重从其最低可能值变为其最高可能值,并观察对备选方案综合价值的影响(见图 5.4)。或者更有效地,可以在组内由参数的不确定性和偏好的异质性导致的置信界限内改变权重,并查看该变化是否会改变模型的结果。

在卫生经济学评估中流行的另一个特殊的确定性敏感性分析图是旋风图。旋风图显示了单个模型参数的固定变化(例如,－10% 和 ＋10%)对模型结果的影响。旋风图对于确定哪个模型参数对结果有最大影响非常有用(Briggs 等,2012)。

图 5.4 所示的分析结果将为泌尿科医生案例提供有关其结果稳健性的更多信息。当使用泌尿科医师组的平均准则权重时,主动监测的综合价值最高。然而线之间的交叉意味着基于准则权重的变化会导致备选方案之间的排序发生逆转。例如,如果生存时间的权重增加到 58% 以上,根治性切除术将具有最高价值,从而成为首选治疗方法。然而导致根治性切除术与主动监测之间发生排序逆转的生存时间权重的阈值偏离了原点估计值

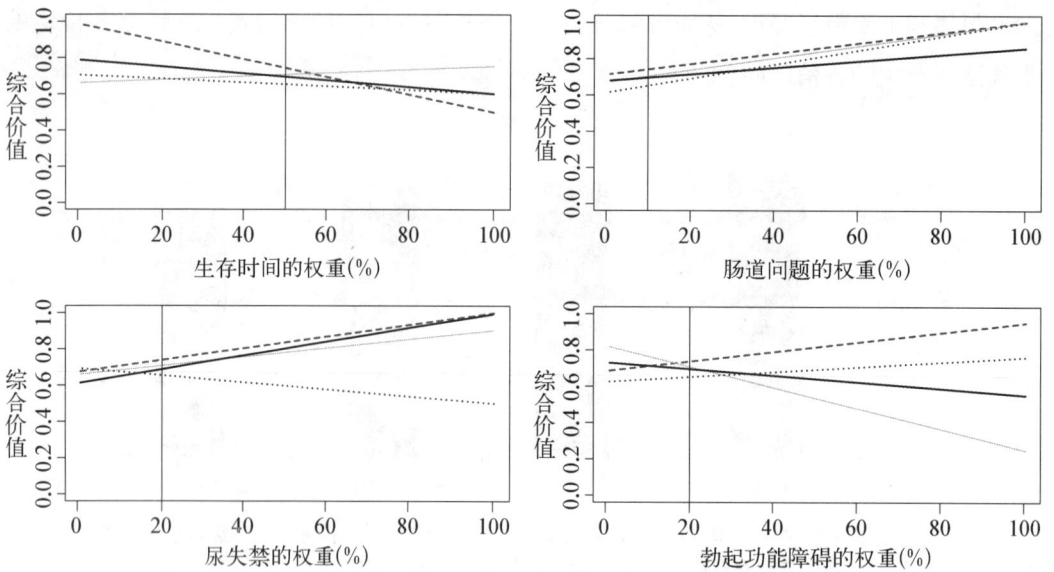

图 5.4 以上每一个图都显示了如果泌尿科医生为每个准则选择不同（更高或更低）的权重，治疗的总体值将如何变化。综合价值在垂直轴上，权重在水平轴上，垂直黑线表示权重的点估计。----代表主动监测、——代表根治性切除、 代表体外放射治疗、……代表近距离放射治疗。

8%，虽然在个别医生给出的权重的置信区间内，但是却不在平均权重的置信区间内。泌尿科医生需要确定这样的权重增加是否可能发生。目前来看，基于确定性敏感性分析，似乎不太可能发生排序逆转，因而对主动监测的偏好是稳健的。

虽然易于实施，但确定性敏感性分析有两个重要缺点。首先，一次只能改变模型的一个参数（权重或绩效得分）。它只假设一个参数存在不确定性，但这是不现实的，实际上多个（或所有）模型参数都可能是不确定的。其次，手动更改模型参数（例如上面示例或旋风图中所示）并未考虑模型参数实际的不确定性。例如，如果观察到的权重范围在 40% 到 60% 之间，则研究当权重为 80% 时发生的排序逆转是没有意义的。这与泌尿科医生的案例有关，因为确定性敏感性分析表明，在生存时间估计的特定组合中会发生排序逆转，但发生的可能性却无法被量化。

除了确定性敏感性分析之外，还可以使用概率方法来深入了解临床证据、评分和/或权重的不确定性的组合对备选方案综合价值的影响。例如，Wen 等人的一项研究比较了两种不同的方法（delta 方法和蒙特卡罗方法）通过 MCDA 模型获得总体收益-风险评分的置信区间（Wen 等，2014）。该研究的目的是为在评估不同治疗方案的总体收益-风险概况时，将基于临床证据的绩效数据的不确定性纳入 MCDA 模型提供建议。在Broekhuizen 等人的一项研究中，分析了基于临床证据的绩效评估中不确定性和患者给出的准则权重的不确定性的影响（Broekhuizen 等，2015b）。在随机多准则可接受性分析

（SMAA）中，把偏好数据和临床试验数据的不确定性进行组合，用基于准则等级顺序的无信息（均匀）分布作为权重的分布（Tervonen 等，2011；van Valkenhoef 等，2012）。最后，Caster 等人使用准则排名的定性数据，将其与临床数据的概率分布进行结合（Caster 等，2012）。

　　在概率方法中，模型参数的不确定性用概率分布表示。存在许多不同类型的概率分布。当数据可用时，可以使用经验分布或者必须对参数的分布进行假设。O'Hagan 等人（2006）对如何根据专家意见获得概率分布的方法进行了全面综述。

　　在选择或获得了反映每个模型参数不确定性的概率分布之后，可以通过蒙特卡罗模拟方法评估所有这些参数的不确定性如何转换为备选方案的综合价值的不确定性，该方法同时从一个或多个模型参数的分布中抽样，然后计算每个（组合）抽样估计的备选方案的综合价值。通过多次重复这一过程（例如 1 000 次或更多次），可以让决策者了解每个备选方案的综合价值的可能分布（Broekhuizen 等，2015b）

　　在我们的前列腺癌实例中，因为样本量足够大，可以认为生存时间符合正态分布。在用基于临床研究中报告的标准误差作为该分布的参数并运行蒙特卡罗模拟之后，获得如图 5.5 所示的综合价值的分布。

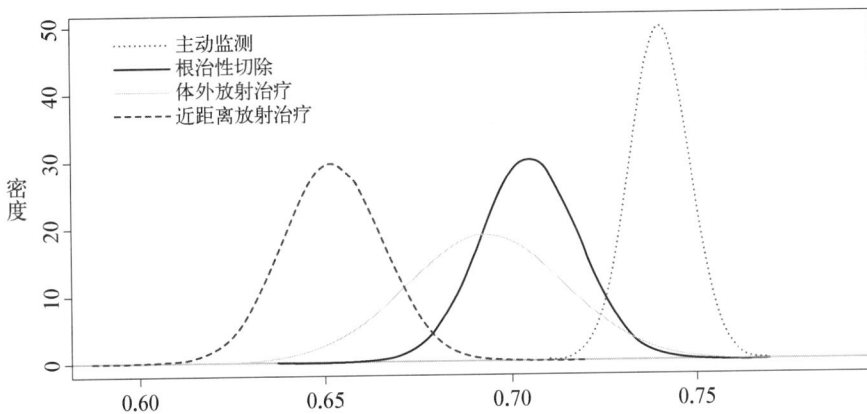

图 5.5　在泌尿科医生案例中备选方案的综合价值分布，用基于临床文献的正态分布作为"生存时间"绩效参数。使用高斯核密度进行估计

　　这些分布之间的重叠部分显示的是治疗方案处于正确的偏好顺序的可能性，而曲线的宽度是价值的点估计的可能性指标。如果两种方案的价值分布之间存在很多重叠，并且价值分布很"宽"（例如图 5.5 中的"——"），就不能确定哪种治疗具有最高价值。这种不确定性可以通过用特定方案具有最高价值时的蒙特卡罗样本的百分比来量化，也被称为排名第一的概率。1 减去排名第一的概率可以作为决策不确定性的替代指标，因为它估计的是具有最高平均价值的备选方案不具有最高排名的概率(见表 5.3)。

表 5.3　在泌尿科医生的案例中的排名概率,生存时间的不确定性
采用正态分布,进行 5 000 次蒙特卡罗模拟

概　率	主动监测	根治性切除	体外放射治疗	近距离放射治疗
排名第 1	97%	1%	2%	—
排名第 2	3%	68%	29%	—
排名第 3	—	31%	64%	5%
排名第 4	—	—	5%	95%

请注意这里只考虑了生存时间的不确定性。当可以确定更多参数的概率分布以反映不确定性时,排序逆转的概率可能增加。

除了用确定性和概率方法将不确定性分析纳入 MCDA 之外,还有其他方法如贝叶斯框架、模糊集理论和灰色理论(Broekhuizen 等,2015a)。

在贝叶斯框架内,要区分基于贝叶斯网络的方法(Fenton 和 Neil,2001)和基于 Dempster – Shafer 理论的方法(Beynon 等,2000)。模糊集理论旨在捕捉人类语言和判断中存在的歧义,并经常与 MCDA 的 AHP 方法相结合。与模糊集理论相对的是基于灰色理论的方法(Ju-Long,1982)。通过这些方法,可以解决除结构不确定性外的所有类型的不确定性。这些方法在解决不确定性方面的适用性有时严格依赖于所使用的 MCDA 的具体形式。例如,SMAA 是一种严格的概率方法(Lahdelma 和 Hokkanen,1998)。AHP、ROMETHEE、TOPSIS 和 ELECTRE 等其他 MCDA 方法可以与(几乎)所有不确定性方法相结合。

5.6　总结和结论

在 MCDA 的以下阶段会引入不确定性:问题构建阶段、绩效评估阶段和准则加权阶段。结构不确定性是作为方法选择的结果引入的,例如 MCDA 方法、价值树的结构、权重和绩效引导技术以及聚合方法。由于抽样误差产生了参数不确定性。随机不确定性是由随机的、无法解释的变化引起的,并且可以通过例如权重和绩效分值的直方图/密度函数加以呈现。异质性解释的是由于不同背景特征和受访者的价值观引起的变异。通常不可能或甚至不希望减少(在异质性的情况下的)不确定性,但本章的目的是解释如何在整个决策过程中明确不确定性并研究其对 MCDA 输出结果的影响。

　　我们强调了模型的定量结果如何取决于权重和绩效的聚合方式,而模型输出的解释也取决于将输出呈现给决策者的方式。

　　通过敏感性分析可以明确不确定性对决策分析结果的影响。我们已经证明了MCDA 模型输入不同类型的不确定性如何影响其输出,以及如何使用不同的变异性度量(标准偏差、标准误差、范围)来量化不确定性,或者以图形的方式显示。本章还解释了确定性敏感性分析和概率敏感性分析。

　　为了全面分析 MCDA 中不确定性的影响,可能需要决策者在获得额外的模型输入(权重或分数的变异的度量、概率分布、范围)和提高决策分析者的分析能力方面做出额外的努力。一方面需要通过证明不确定性的影响增加决策者对 MCDA 产出的信心,另一方面不能因为分析过于复杂而使决策者对 MCDA 本身失去信心,必须在这两者间取得平衡。

参考文献

Belton V, Pictet J (1997) A framework for group decision using a MCDA model: sharing, aggregating or comparing individual information? J Decis Sys 6(3):283–303. Available at: http://www.tandfonline.com/doi/abs/10.1080/12460125.1997.10511726. Accessed 18 Feb 2014

Belton V, Stewart TJ (2002) Multiple criteria decision analysis: an integrated approach, 2nd edn. Kluwer Academic Publishers, Dordrecht

Beynon M, Curry B, Morgan P (2000) The Dempster-Shafer theory of evidence: an alternative approach to multicriteria decision modelling. Omega 28(1):37–50

Bojke L, Soares M (2014) Decision analysis: eliciting experts' beliefs to characterize uncertainties. Elsevier Ltd. Available at: http://www.sciencedirect.com/science/article/pii/B9780123756787014061

Bojke L et al (2010) Eliciting distributions to populate decision analytic models. Value Health 13(5):557–564

Bouyssou D (1990) Building criteria: a prerequisite for MCDA. In: Readings in multiple criteria decision aid. Springer, Berlin, pp 58–80

Briggs AH et al (2012) Model parameter estimation and uncertainty: a report of the ISPOR-SMDM modeling good research practices task force-6. Value Health 15(6):835–842. Available at: http://www.ncbi.nlm.nih.gov/pubmed/22999133

Broekhuizen H et al (2015a) A review and classification of approaches for dealing with uncertainty in multi-criteria decision analysis for healthcare decisions. Pharmacoeconomics 33(5):445–455

Broekhuizen H et al (2015b) Estimating the value of medical treatments to patients using probabilistic multi criteria decision analysis. BMC Med Info Decis Making 15(1):1–10. Available at: http://dx.doi.org/10.1186/s12911-015-0225-8

Caster O et al (2012) Quantitative benefit-risk assessment using only qualitative information on utilities. Med Decis Making 32(6):E1–E15. Available at: http://www.ncbi.nlm.nih.gov/pubmed/22936214 [Accessed 3 Dec 2012]

Choo EU, Schoner B, Wedley WC (1999) Interpretation of criteria weights in multicriteria decision making. Comput Ind Eng 37(3):527–541. Available at: http://linkinghub.elsevier.com/retrieve/pii/S036083520000019X

Cooperberg MR et al (2012) Primary treatments for clinically localised prostate cancer: a comprehensive lifetime cost-utility analysis. BJU Int 111(3):437–450

Bana E Costa, C. A, De Corte J.-M, Vansnick J.-C (2012) Macbeth. Inter J Info Tech Decision Making 11(02):359–387. Available at: http://www.worldscientific.com/doi/abs/10.1142/S0219622012400068

Durbach IN, Stewart TJ (2012) Modeling uncertainty in multi-criteria decision analysis. Eur J Oper Res 223(1):1–14. Available at: http://linkinghub.elsevier.com/retrieve/pii/S0377221712003591. Accessed 27 Jan 2014

Fenton N, Neil M (2001) Making decisions: using Bayesian nets and MCDA. Knowl Based Syst 14(7):307–325. Available at: http://www.scopus.com/inward/record.url?eid=2-s2.0-0035505967&partnerID=tZOtx3y1. Accessed 18 Feb 2014

French S (1995) Uncertainty and imprecision: modelling and analysis. J Oper Res Soc 46(1):70–79. Available at: http://www.jstor.org/stable/2583837

Hayes J et al (2013) Observation versus initial treatment for men with localized, low-risk prostate cancer. Ann Intern Med 158(12):853–860

IJzerman MJ, Van Til JA et al (2012) A comparison of analytic hierarchy process and conjoint analysis methods in assessing treatment alternatives for stroke rehabilitation. Patient 5(1):45–56. Available at: http://www.ncbi.nlm.nih.gov/pubmed/22185216

IJzerman MJ, Til JA, Snoek GJ (2012) Comparison of two multi-criteria decision techniques for eliciting treatment preferences in people with neurological disorders. Patient Patient-Centered Out Res 1(4):265–272. Available at: http://dx.doi.org/10.2165/1312067-200801040-00008

Ju-Long D (1982) Control problems of grey systems. Syst Control Letters 1(5):288–294. Available at: http://linkinghub.elsevier.com/retrieve/pii/S016769118280025X

Lahdelma R, Hokkanen J (1998) SMAA-stochastic multiobjective acceptability analysis. Eur J Oper 2217(97):137–143. Available at: http://www.sciencedirect.com/science/article/pii/S037722179700163X. Accessed 26 Mar 2012

Liberatore MJ, Nydick RL (2008) The analytic hierarchy process in medical and health care decision making: a literature review. Eur J Oper Res 189(1):194–207

O'Hagan A et al (2006) Uncertain judgements: eliciting expert probabilities. John Wiley & Sons Ltd, Chichester. Available at: http://eu.wiley.com/WileyCDA/WileyTitle/productCd-0470029994.html

Phillips LD (1999) Group elicitation of probability distributions: are many heads better than one? In: Shanteau J, Mellors B, Schum D (eds) Decision science and technol- ogy: reflections on the contributions of ward edwards. Kluwer Academic Publishers, Norwell, p 313–330. Available at: http://eprints.lse.ac.uk/10520/

Rice J (2006) Mathematical statistics and data analysis. Thomson Brooks/Cole Belmont, CA, USA

Taner M, Sezen B, Antony J (2007) An overview of six sigma applications in healthcare industry. Int J Health Care Qual Assur 20(4):329–340

Tervonen T et al (2011) A stochastic multicriteria model for evidence-based decision making in drug benefit-risk analysis. Stat Med 30(12):1419–1428. Available at: http://www.ncbi.nlm.nih.gov/pubmed/21268053. Accessed 26 Mar 2012

van Til J et al (2014) Does technique matter; a pilot study exploring weighting techniques for a multi-criteria decision support framework. Cost Eff Res Allocation 12:22

van Valkenhoef G et al (2012) Multicriteria benefit-risk assessment using network meta-analysis. J Clin Epidemiol 65(4):.394–403. Available at: http://www.ncbi.nlm.nih.gov/pubmed/22197518

Wen S, Zhang L, Yang B (2014) Two approaches to incorporate clinical data uncertainty into multiple criteria decision analysis for benefit-risk assessment of medicinal products. Value Health 17(5):619–628. Available at: http://www.ncbi.nlm.nih.gov/pubmed/25128056. Accessed 21 Aug 2014

Zanakis SH et al (1998) Multi-attribute decision making: a simulation comparison of select methods. Eur J Oper Res 107(3):507–529

Zhou P, Ang BW (2009) Comparing MCDA aggregation methods in constructing composite indicators using the Shannon-Spearman measure. Social Indic Res 94(1):83–96

第二部分
应用和案例研究

第 6 章
多准则资源配置模型在项目投资组合选择决策中的应用

J. M. Hummel, Monica D. Oliveira, Carlos A. Bana e Costa, Maarten J. IJzernian

摘要

卫生服务产业需要谨慎地平衡其在研发项目投资组合中发展的技术的各种收益、风险和成本。尽管多准则投资组合选择模型在卫生领域并不普遍,但它能提供结构化、透明的方法来支持决策者分享其研发项目执行效果的信息,商讨并做必要的权衡来评估项目,并完成决策者们所致力的研发项目投资组合的决策。本章,我们阐述如何通过基于分类的评估技术来测量吸引力(MACBETH)的方法,并由最近的 M-MACBETH 决策支持系统的投资组合单元协助,建立模型,选择关于微创外科手术的革新机器人的投资组合。我们阐述如何根据项目的经济价值而确定优先级,以及在预算限制和项目间的相互关系可能会影响收益、风险和/或成本时,研发投资组合的价值如何能够最大化。

6.1 简介

开发卫生服务技术的机构正面临越来越大的压力。它们要在卫生服务系统成本限制日益加大的背景下,满足更加严格的技术收益和风险监管要求(Paul 等,2010)。为了能

J. M. Hummel (✉) · M. J. IJzerman
Department of Health Technology & Services Research, MIRA, University of Twente,
Drienerlolaan 5, 7522 NB Enschede, The Netherlands
e-mail: j. m. hummel@utwente. nl

M. D. Oliveira · C. A. Bana e Costa
Centre for Management Studies of Instituto Superior Técnico, Universidade de Lisboa,
Alameda da Universidade, 1649-004 Lisbon, Portugal

生存,这些机构正面临多重挑战,它们要在控制研发风险和成本的情况下开发出高性能的技术,需要将稀缺的资源有效地配置给有发展前途的研发项目。

无论在技术还是社会层面,选择能最好地利用可用资源的卫生服务技术研发项目投资组合都是很复杂的。为了最大化投资组合的价值,需要在期望的技术收益和风险,以及开发组织的风险和成本间进行各种权衡。由于一位管理者不太可能对所有收益、风险和成本都很了解,因此管理者们会与他们的利益相关者一起评估这些权衡(Philips 和 Bana e Costa,2007)。而且,在选择多个项目时,预算限制以及研发项目间的相关性可能使这些评估变得复杂(Stummer 和 Steinberger,2003)。

决策分析方法可以支持管理者对研发项目做复杂的资源配置决策。他们帮助决策者在大量的项目中选择最有效的项目投资组合,同时也考虑到相关的限制、偏好和不确定因素(Salo 等,2011)。当对项目进行多准则评估(例如,收益和风险)以及在资源有限的情况下竞争资金时,资源配置的多准则决策分析(MCDA)工具显示出特别的价值(Kleinmuntz,2007)。

在健康服务系统的背景下,不同的 MCDA 技术被应用于评估新技术的各种收益和风险(Diaby 等,2013;Marsh 等,2014),以及用于优选这些技术的价值(Thokala 和 Duenas,2012)。特别是基于价值测量原则的 MCDA 模型——这篇文章中,我们将其命名为多准则价值模型(MCVM)——已经被推荐用来评估卫生服务技术(Thokala 和 Duenas,2012)。在政策制定者选择技术时,MCVM 被证明能支持卫生决策的制定,分析市场准入选择或比较报销系统(Baltussen 和 Niessen,2006)。

在为研发项目配置资源时应用 MCVM,应从研发机构角度评估技术的收益和风险。除了收益和更低的风险,研发机构努力让健康服务获得市场的成功,这可以合并诸如技术或市场的失败等其他风险。也就是在这样的背景下,不同 MCDA 技术被应用于辅助建立多准则资源配置模型(例如,Hurson 和 Ricci-Xella,2002;Vetschera 和 de Almeida,2012;Liberatore,1987)。

多准则资源配置模型将 MCVM 从评估单一技术的价值延伸到评估在有限预算下发展多种技术的累计价值。最简单和最常用的使用 MCVM 进行资源配置的方法是优先法。在这种方法中,通过研发项目的经济价值,即总价值除以成本(Philips 和 Bana e Costa,2007)将其排序。成本一般包括技术开发和市场开发所需的研发投入。然而,这种优先方法并非必须保证在给定预算内产出最大总价值,也不能简单地应用至项目间存在互相依赖关系的案例。我们的建议是将优先选择和最优化方法一起使用。最优化是指在选择投资组合时,在预算内通过解数学规划问题来最大化项目的累计价值,又同时考虑到研发项目投资组合在一起的限制与合力（Lourenco 等，2012）。

有几种可以辅助多准则投资组合分析的软件包，如，用于优先级分析的"公平和高优先级"（Equity and HiPriority），用于最优化方法选择的"专家资源选择调整器"（Choice Resource Aligner），能同时实现优先级和最优化方法的"逻辑决策组合"（Logical Decisions Portfolio）和"稳健性评价"（PROBE）（Lourenco 等，2012）。尽管在一些背景下，多准则资源配置模型的使用有增加的趋势——例如，在药品及油、气行业，以及公共领域（Salo 等，2011），但直到现在，它们也很少被用于健康服务产业。

本章阐述了在医疗卫生服务行业，一个多准则资源配置模型如何协助决策制定者在受到预算限制时选择卫生服务技术的研发投资组合——或者，在我们的案例研究中，通过机器人革新实现了微创外科的发展。我们应用 MACBETH 的方法来进行投资组合分析（Bana e Costa 等，2005，2012a）。MACBETH 是建设评估模型的一种交互方法，要求评估者（或是一位决策者，或是一组决策者）判断不同选择间吸引力的差异。MACBETH 有建立在附加价值测量原则上的强大的理论基础，可在卫生服务的不同管理场景下使用（Oliverira 等，2012），包括社区服务项目的优先选择和医院审计（Bana e Costa 等，2012b）。最近的 M-MACBETH 决策支持系统的投资组合单元（Bana Consulting，2005）使多准则资源配置模型成为可能。根据决策辅助视角，我们提倡多准则资源配置模型应该反映研发组织管理者的观点，它们的发展可以帮助这些决策者讨论、协商，并与研发项目的利益相关者决定投资意向，切记项目的收益、风险和成本。

6.2　案例研究和方法

6.2.1　案例研究

微创手术的使用大幅减轻了患者的疾病负担，减少了住院时间（Mack，2001）。为了将微创流程扩展应用至新的、更复杂的干预治疗中，机器人创新受到青睐（Mack，2001；Gomes，2011）。然而，目前机器人系统的应用常常失败，这是由于该系统未满足使用者的需求且成本过于高昂（Ben Messaoud 等，2011）。为选择机器人系统最佳研发项目投资组合，决策者需要考虑多个目标，这包括对于患者（BenMessaoud 等，2011）和健康服务的专业人士（Vander Schatte 等，2009）能同时最大化收益和最小化风险，并最小化健康服务的成本（Barbash 和 Glied，2010）。需要考虑这些（常常）有冲突的目标间的平衡，还有发展这些新技术并将其推向市场的成本。

6.2.2　使用 MACBETH 和资源配置模型进行机器人革新

在 MCDA 中，MACBETH 是一种建立定量价值模型的交互式方法，仅需要定性判断价值的不同（Bana e Costa 等，2012a）。这种方法的核心是一个提问的方案，方案中的评估者（一位决策者或者一个决策咨询组）使用一种语义量表来定性、成对地比较项目（不，很弱，弱，中等，强，很强，吸引力完全不同），这样避免了用数字表达价值的困难（Von Winterfeldt 和 Edwards，1986）。通过使用线性规则（Bana e Costa 等，2005），MACBETH 不仅协助测试表述定性判断的一致性，而且当达到一致性时，协助提出与判断一致的数值量表。在与提供的语义判断相一致的范围内，决策制定者可以微调提议的数值。这种 MACBETH 流程被用于通过每种收益和风险准则对项目的价值进行判断，并用于对这些判断准则给予权重。然后，项目的综合价值可以用一种简单的附加模型进行计算，那就是在每种准则下，将项目价值和各自权重相乘并将结果相加。MACBETH 背后的数学算式的解析可以在 Bana e Costa 等人的文献中找到（2005，2012a）。

我们通过两种主要活动开发了 MACBETH 资源配置模型：首先，建立 MCVM，评估 9 种可选的机器人研发项目的价值，其次，通过使用优先方法和最优化方法进行投资组合分析，分析出哪种项目投资组合能使项目的综合价值最大化。这些活动通过最新的 M-MACBETH 决策支持系统（β 版本）投资组合模块实现，之后是下一个模型的建立步骤。

步骤 1：明确评估准则

第一步包括明确评估机器人革新价值的关键方面，即用作评估准则的收益和风险。

文献（Von Winterfeldt 和 Edwards，1986）中普遍承认，应用一个附加价值模型要求每个准则代表一个独立的评估轴，即，一个准则上的（部分）项目价值不应该依赖于项目在其他准则上的表现。偏好独立可能要求重新构建评估准则体系，即将具备相关性的几方面整合入一项准则。每项评价准则都归入一种属性或一项效果的评价（Bana e Costa 等，1999），效果水平可以是连续的（定量），也可以是非连续的（定性）。在 Keeney（2002）或者 Bana e Costa 和 Beinat（2005）的文献中可以查到关于确定属性或效果评价细节的讨论。

为了比较 9 种可选的机器人协助外科方法的潜在价值，将其可预见的收益和风险纳入 M-MACBETH（版本 2.4.0）决策支持系统作为评估准则（Bana Consulting，2005）。Cooper 和 Kleinschmidt（1995）发现，这些准则是从解释技术和商业成功可能性的技术成功因素改编而来的。对于所有的准则,研究者界定了定性或定量的效果描述符号来测量 9 种机器人革新方面的效果。在每种描述符号中,研究者定义了两种参考的效果水平:"低(或中等)"效果和"好"效果的参考,意即,分别为令人稍微满意和完全满意的效果。这些有内部价值的参考资料帮助分析每个机器人项目是有一个不佳的(比低更糟糕)还是一个令人满意的(从低到好)或是杰出的(比好更佳)效果。这种分析也可延伸至共同考虑所有的准则,用以评估一个项目的总体内部价值。

步骤 2:建立评估模型

这一步阐述在 MACBETH 价值判断的基础上定义评估准则的价值量表和权重。

一个价值量表使绩效转变为测量绩效的吸引力或受欢迎程度的分数。权重应用于所有准则的价值量表,并使价值量表可以合计为一个综合价值量表,可以用数字代表可选方案的吸引力或受欢迎程度。

通过使用 MACBETH 方案,研究者构建每个评估准则的价值量表,将可预见的机器人革新的成果转变为价值分数。对于任何一项准则,都要求评估者使用 MACBETH 的语义分类来判断不同绩效水平间吸引力的差异。与用定性方法判断机器人研发项目的吸引力差异一致的是,MACBETH 决策支持系统推荐使用数值量表。每个评估准则中,机器人革新的低绩效和高绩效的参考描述符号是这些价值量表中的锚点,被分别赋值,分值在 0~100 之间。然后,要求评估者最终调整和验证每个评估准则的数值。

为了给准则定权重,紧随 MACBETH 之后的是摆幅置权流程(Bana e Costa 等,2012a;Oliveira 等,2015)。要求评估者考虑机器人革新绩效评估准则的好和差的参考范围。"假设一个机器人在所有准则中都是低绩效,哪种准则会使它从低绩效变化至高绩效最具吸引力?"之后,明确具备其次吸引力的变化,直至完成所有绩效的变化排序。和附加价值模型一样,这种排序和准则权重的排序一致。值得注意的是,某种准则的一个参考水平的变化可能引起权重排序的变化。如同 Philips 和 Bana e Costa(2007)所述,"多准则模型的一个主要错误是试图将反映'重要性'的准则分配权重,而没有考虑去参考任何价值量表的范围和那些范围中每种权重对决策者影响多少"(Keeney,2002)。下一步要求评估者使用 MACBETH 类别,成对比较摆幅的全局吸引力。M-MACBETH 决策支持系统再一次提供了与评估者提供的定性判断相一致的数字权重。研究者需要分析这些权重,最后要调整和验证它们。

在建立价值或权重量表时,M-MACBETH 自动识别不一致的判断,推荐相应方法来解决这种不一致性(细节请见 Bana e Costa 等,2012a)。

步骤 3：评估机器人研发项目的价值

这个步骤包括根据准则对项目绩效进行评估，计算它们的(部分)价值分和综合价值分。

从通用机器人到协助多种微创操作(例如，以达芬奇机器人作为主要竞争对手的机器人 G)再到某一特别流程的专业化机器人(例如，专门针对膝部手术的机器人 F)。在每个评估准则中，通过分别给一种绩效水平分配一个描述符号，构建每种机器人辅助方法的绩效；然后，通过使用界定的各自准则的价值量表，将每种绩效转换成一项价值分(见步骤 2)；最后，计算价值分的权重平均分，估计所有准则中每个项目的综合价值。

步骤 4：架构投资组合模型

这个步骤包括界定投资组合基线和项目协同的模型，以及界定其他可选投资组合分析的相关限制。

合适的投资组合决策分析对基线价值有特殊化要求，那就是，一个所谓"什么也不做"的项目。只有比"什么也不做"的项目更有吸引力的项目值得被考虑为筹资的候选。这点很重要，因为使用独特的基线可以影响最佳投资组合(Morton，2015)。设定基线价值有不同流程(Liesiö 和 Punkka，2014)。在我们的案例研究中，如果一项机器人革新项目获得比基线项目更低的分数，就是用所有准则，它都是"低"绩效，相关人员就不值得为该革新项目筹资。这样，会从投资组合分析中剔除该项目(Bana e Costa 等，2006)。除了估算收益、风险和每个革新项目的开发成本外，还要制定研发预算。而且，据观察，所有候选项目的开发成本的总和超过了预算。对彼此有协同的项目，研究者分析了其收益、风险和开发成本协同的程度。

步骤 5：使用优先和最优化方法分析投资组合

步骤 5a：在研发项目的经济价值的基础上按优先排序

按照优先顺序，用 M-MACBETH 决策支持系统给这 9 种机器人项目进行排序。这些优先项目是从其金额潜在的价值衍生而来的，即用开发项目需要的投资成本分解每个机器人革新的综合价值(见步骤 3)。将这些项目通过优先级下降的顺序进行排序。

步骤 5b：最优化研发项目投资组合

用 M-MACBETH 模块进行最优化，解决了一个发现最优化投资组合的数学问题，那就是在既定预算限制和项目间协同情况下，最大化综合价值的子集。尤其是，构建了相似的机器人技术开发成本间的互相协同模型。

6.3 结果

步骤1：明确评估准则

评估革新项目的准则包括：

(1) 患者的健康收益，用外科干预与当前实践相比较获得的额外质量调整生命年表示。

(2) 卫生服务的经济收益，用与当前实践比较节省的潜在成本表示。

(3) 与现有卫生服务系统中的基础建设和技术相适应。

(4) 与开发机构的技术专长和机构资源相适应。

(5) 市场规模，指机器人外科干预的目标患者人群的规模。

(6) 市场竞争，指竞争开发者的数量。

为根据准则测量研发项目的绩效，研究者定义了定量和定性的绩效描述符号（见表6.1）。准则(1)(2)和(5)与健康服务市场革新的收益相关，而准则(3)和(4)与开发风险相关，准则(6)与市场风险相关。所有准则的构建都是正向的，意即低风险或高收益的质量描述符号代表高绩效。在这种情况下，更特殊操作化的定性描述因子是所有风险相关的描述符号，将由评估者讨论和达成一致。

表6.1 绩效描述符号的准则和类型

评估准则	准则类型	描述符号类型	绩效描述符号
患者获得的质量调整生命年	收益	定量	获得的质量调整生命年
卫生服务的经济学优势	收益	定量	金额（欧元）
契合卫生服务背景	风险	定性	5种定性绩效水平
契合专业技术及资源条件	风险	定性	5种定性绩效水平
市场规模	收益	定量	患者数量
市场竞争	风险	定性	5种定性绩效水平

步骤2：建立评估模型

每个评估准则都通过MACBETH的绩效水平吸引力的成对比较构建了价值量表。0和100分别代表绩效低和绩效好的参考水平。图6.1显示了首个准则价值曲线的案例：每位患者获得的质量调整生命年。要注意的是，在水平轴上，每位患者获得半年的质量调整生命年对微创机器人来说是绩效差的结果。2.5 个质量调整生命年的增加则代表好的绩效。S形的价值曲线显示，在卫生服务领域，获得更高的质量调整生命年的机器人并不被期待有更旺盛的市场需求。这样，它们对开发者而言并没有更高的价值。

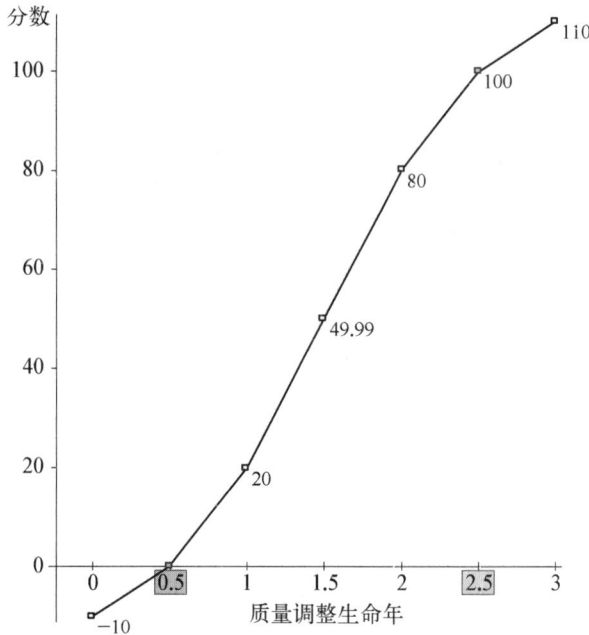

图 6.1　基于 M-MACBETH 模型的质量调整生命年获得准则的价值曲线案例

构建权重的 MACBETH 方案结果如表 6.2 中第二行描述的权重设置所述。

表 6.2　准则的权重和机器人革新的部分及综合价值分

	获得的质量调整生命年	经济收益	契合卫生服务背景	契合专业技术和资源	市场规模	竞争力	综合价值
权重	0.26	0.13	0.14	0.26	0.15	0.06	
机器人 A	102	−115	60	0	5	100	27
机器人 B	27	116	120	−80	112	60	39
机器人 C	−3	−102	0	0	11	60	−9
机器人 D	−8	13	0	0	−6	60	2
机器人 E	27	61	100	120	−7	−80	54
机器人 F	14	19	100	100	−6	60	49
机器人 G	102	−115	60	0	5	0	21
机器人 H	6	−116	100	60	5	60	20

续　表

	获得的质量 调整生命年	经济 收益	契合卫生 服务背景	契合专业 技术和资源	市场 规模	竞争力	综合 价值
机器人 I	39	47	−80	0	−6	120	11
所有参考依据 显示是好的	100	100	100	100	100	100	100
所有参考依据 显示是差的	0	0	0	0	0	0	0

步骤 3：评估备选机器人研发项目的价值

研究者将价值量表应用于把机器人革新绩效转化成价值分。如同在步骤 1 中估计的，健康收益准则的绩效是对获取的质量调整生命年（QALY）的正向预测。如果能获得的话，这些预测来自类似机器人的首次临床证据。例如，机器人 F 是协助外科膝关节成形术的微创流程的。通过防止疼痛和膝盖僵硬，轻度增加膝盖的物理功能，它估计能在平均 14 年间增进 0.06 的生活质量。相应地，预测的健康收益总共是 0.84 个 QALY。对于那些更加通用的机器人，预测获得的平均 QALY 超过临床操作中最经常使用的流程。在第三步，价值量表帮助将这些 QALY 分数转变成部分价值分；对于机器人 F，获得 0.84 个 QALY 被转变成很低的 14 分价值分。

表 6.2 显示了 9 种机器人外科手术方法的部分及综合价值分。为评估每个项目总体内在的价值，表 6.2 也包含了两个假设的机器人革新项目，即根据所有准则，依据均显示总体良好以及均显示总体不好的绩效，其总分分别为 100 分和 0 分。通过表 6.2 可见，对于多种准则，机器人的绩效为低或很低（导致负分）。

步骤 4：构建投资组合模型

投资协同被整合到两个研发项目的投资组合模型中：机器人 A 和 G。这两种机器人都旨在协助通用于多种微创流程的机器人。当开发使用类似的核心技术的两种机器人时，就产生了协同。相应地，只有同时在研发投资组合中纳入这两种机器人，对于这种核心技术的投入才会同时使两种机器人受益。

将零综合价值和成本插入 M-MACBETH 来建立投资组合分析的基线，机器人 C 由于总体得分不理想而被排除。如 Bana e Costa 等人（2006）提出的，拒绝一个总价值分不理想的项目与使用"多准则筛查准则"相一致。

步骤 5a：在研发项目的性价比的基础上按优先排序

可以通过累计成本对比累计价值图描绘这些产品的 9 种外科方法计算的综合价值和

估计的开发成本,图中,各自价值与金额的比值按递增顺序排序(见图6.2)。曲线中的每一点代表一个项目投资组合,从左至右项目数依次增加。当忽略项目间的互相作用时,与点相连的曲线是有效投资组合凸面的前沿。在这些条件下,对于最多1000万欧元的预算,项目F、B、E、H和A将会被选择,总成本共920万欧元。

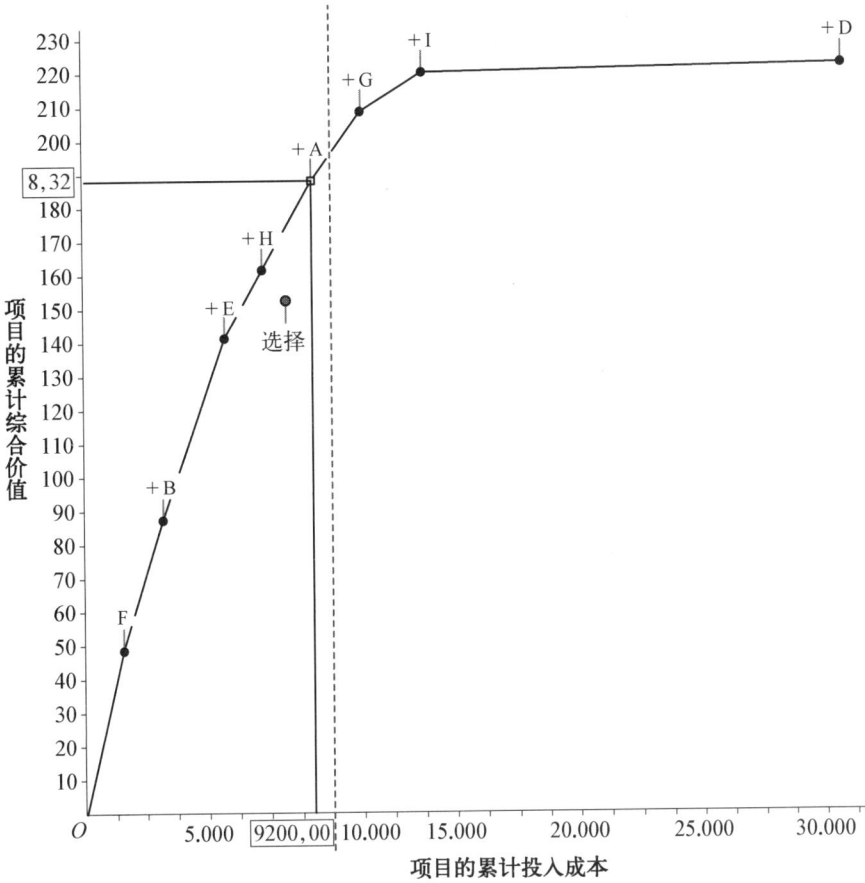

图6.2　有效边界和预算截止点(以1 000欧元单位计的成本)

步骤5b:最优化研发项目投资组合

当考虑到机器人A和G的开发成本的协同时,即使机器人H比机器人G有更高的综合价值与成本的比值,机器人G被纳入,而机器人H从优先投资组合B中被排除了。通过比较图6.2中用优先方法获得的投资组合与表6.3中用最优化方法获得的投资组合,显示了以上结果。值得注意的是,如果单独考虑,是会将机器人A或机器人G纳入投资组合的,但当两者一起纳入考虑,考虑到的将是成本的变化和机器人A′与机器人G′。

项目投资组合的最优化将总成本从920万欧元降低到910万欧元,投资组合的累计价值从总体188价值单位微弱地上升至199价值单位。

表 6.3　研发项目和投资组合的金额价值

	价　值	成　本	价值/成本	在投资组合 B 中
机器人 A	27	2 000	1.33	否
机器人 B	39	1 700	2.28	是
机器人 E	54	2 500	2.17	是
机器人 F	49	1 500	3.24	是
机器人 G	21	2000	1.03	否
机器人 H	20	1500	1.35	否
机器人 I	11	2 500	0.45	否
机器人 A'（协同）	27	1 700	1.33	是
机器人 G'（协同）	21	1 700	1.03	是
累计价值投资组合				189
累计成本投资组合				9 100

6.4　经验总结和讨论

　　展示的案例阐述了多准则资源配置模型如何支持多种健康服务革新的研发投资决策。在多准则投资组合分析中，候选研发项目可以基于他们可预见的价值和成本被选为研发投资组合。在投资组合中，当纳入的每个项目需要符合收益或最大可接受风险的最低绩效水平要求时，候选研发项目的数量会减少。在我们的案例中，有个研发项目由于比综合价值"低"而被排除。为防止可能的投资组合数量过多，那些绩效的阈值都有关联。在实践中，可行的投资组合数量可以很大，超过目前我们阐述的数量（Ghasemzadeh 和 Archer，2000）。对于被考虑为投资组合的合适的候选研发项目，（凸面）效率边界用曲线图按照优先降低顺序描述了这些项目，优先情况是通过性价比计算的。通过引用优先方法对一个投资组合进行前期分析，研发项目投资组合可以遵循效率边界顺序从左至右进行分析，直到可用的预算用完。

　　然而，优先方法并非必定确保选择最优化投资组合，即在尊重预算限制时最大化累计价值的项目子集。而且只有最优化的方法能考虑到项目间协同的存在。需要注意的是，当预算截断点和总体预算相差较远时，最优化方法会导致很大一部分可用预算没有被利用起来。在我们的阐述中，由于两个研发项目间的投入协同，改变初始投资组合增加了总预算的综合价值,并降低了投资组合成本。这两个项目的目标是开发核心技术类似的机器人,这可以节约成本。总体而言,项目间的互相依赖不仅会影响成本,而且能影响收益和/或研发项目的风险(Eilat 等,2006)。成本相关性的案例是项目资源共享,即单一项目间接成本的降低。效益相关性的例子是联合项目的效益降低时使用竞争技术;或是在只有同时选择了另一个项目,某一项目才能开发时,有补充技术可以选择。开发的风险相关性的例子是存在足够的增加研发项目中成功可能性的资本,即较低的项目风险(Eilat 等,2006)。由于这些项目间的互相依赖,必须有同时分析研发项目在可替代的投资组合中的价值、成本和风险的适宜工具。最优化模块可以协助提供投资组合如何在不超预算的情况下进行变化以最大化综合价值的建议(Lourenço 等,2012)。然而,值得注意的是,与优先方法相反的是,当考虑到可获得的预算会增加时,最优化方法不能保证选择的投资组合的稳定性。这就是为何推荐两种方法结合在一起使用的原因。

我们阐述的组合方法为支持决策者在竞争稀缺财务资源的研发项目的收益、风险和成本分享信息方面提供了一种结构化、透明的方法,能在必要时进行协调,帮助决策者在致力的研发项目投资组合上进行决策。对于我们的阐述,研究者构建了由文献和专家意见组成的多准则资源配置模型。在经验型应用中,让需要加入的(内部)利益相关者参与好的实践,可以使其成功了解研发项目。事实上,利益相关者可能会有利益冲突,充分涉及多种利益相关者对于构建能采集所有相关利益、风险和成本的价值树是至关重要的(Montibeller 等,2009)。向决策者展示改变投资组合的结果可以支持关键利益相关者讨论和协商投资组合,并选择他们愿意参与的投资组合(Ghasemzadeh 和 Archer,2000)。在真实案例中,Philips 和 Bana e Costa(2007)成功地使用了多准则投资组合分析中的决策会议法,展示了决策会议可以协助利益相关者之间的沟通,使其对投资组合分析中涉及的问题达成共识,并作出更明智的决定。

通过在投资组合价值评估中分析不确定性,研发项目投资组合分析可以更加先进。在我们的阐述中,我们清楚地分析了这种不确定性,通过纳入预测获得商业成功可能性的成功因素作为评估准则,并使这些因素适应卫生服务的背景。相应地,更高分的成功因素预测更有可能取得市场成功。在开发过程中,还有其他方法来处理这些不确定性——例如,包括纳入收益不能完全达到预期的可能性(Philips 和 Bana e Costa,2007)或不完全达到成功的可能性(例如,Liberatore,1987)作为风险准则。或者更加宽泛的是,可以应用不确定性分析(Broekhuizen 等,2015)。在最优化研发项目的投资组合中,可以进行敏感性分析,或者可以测试所选的投资组合的稳健性(Lourenço 等,2012)。也可以使用一种模糊的方法(Carlsson 等,2007)。对我们阐述的案例,关于用机器人进行微创干预,现有文献显示,其健康收益的结果是矛盾的,因此,收益不确定性的分析会是一种有价值的附加方法。

这项研究中另外描述的多准则资源配置模型是分开分析的,也使每个投资组合为开发组织带来的收益和风险更加明晰。高风险和低风险的项目可以得到平衡,不同目标的投资组合的患者最低收益水平可以获得保证,或者,对于组织合理的其他组合方式可以获得最优化。通过这些阐述,可以对多准则资源配置模型进行调整,为决策者提供其所期望的特定研发信息,用以辅助其选取研发项目投资组合的决策。

参考文献

Baltussen R, Niessen L (2006) Priority setting of health interventions: the need for multi-criteria decision analysis. Cost Eff Res Allocation 4:14. doi:10.1186/1478-7547-4-14

Bana e Costa CA et al (1999) Decision support systems in action: integrated application in a multicriteria decision aid process. Eur J Oper Res 113(2):315–335

Bana e Costa CA, De Corte JM, Vansnick JC (2005) On the mathematical foundation of MACBETH. In: Figueira J, Greco S, Ehrgott M (eds) Multiple criteria decision analysis: state of the art surveys. Springer, New York, pp 409–442

Bana e Costa CA et al (2006) Prioritisation of public investments in social infrastructures using multicriteria value analysis and decision conferencing: a case study. Intl Trans in Op Res 13:279–297

Bana e Costa CA, De Corte JM, Vansnick JC (2012a) MACBETH. Inter J Info Tech Decision Making 11(2):359–387

Bana e Costa CA, Carnero CM, Oliveira MD (2012b) A multi-criteria model for auditing a predictive maintenance programme. Eur J Oper Res 217:381–393

Bana Consulting, M-MACBETH Version 1.1: User Manual (2005). Available at http://www.m-macbeth.com/help/pdf/M-MACBETH%20User's%20Guide.pdf

Barbash GI, Glied SA (2010) New technology and health care costs—the case of robot-assisted surgery. N Engl J Med 363(8):701–704

BenMessaoud C, Kharrazi H, MacDorman KF (2011) Facilitators and barriers to adopting robotic-assisted surgery: contextualizing the unified theory of acceptance and use of technology. Plos One 6(1):e16395

Broekhuizen H, Groothuis-Oudshoorn CG, van Til JA, Hummel JM, IJzerman MJ (2015) A review and classification of approaches for dealing with uncertainty in multi-criteria decision analysis for healthcare decisions. Pharmacoeconomics 33(5):445–455. doi:10.1007/s40273-014-0251-x

Carlsson C, Robert Fuller R, Heikkilac M, Majlender P (2007) A fuzzy approach to R&D project portfolio selection. Inter J Approx Reasoning 44:93–105

Cooper RG, Kleinschmidt EJ (1995) Benchmarking the firm's critical success factors in new product development. J Product Inno Manage 12(5):374–391

Bana e Costa CA, Beinat E (2005) Model-structuring in public decision-aiding. Operational Research working papers. LSEOR 05.79

Diaby V, Campbell K, Goeree R (2013) Application of multicriteria decision analysis in health care: a systematic review and bibliometric analysis. Oper Res Health Care 2(1-2):20–24

Eilat H, Golany B, Shtub A (2006) Constructing and evaluating balanced portfolios of R&D projects with interactions: a DEA based methodology. Eur J Oper Res 172:1018–1039

Ghasemzadeh F, Archer NP (2000) Project portfolio selection through decision support. Decision Support Syst 29:73–88

Gomes P (2011) Surgical robotics: reviewing the past, analysing the present, imagining the future. Robot CIM-INT Manuf 27:261–266

Hurson C, Ricci-Xella N (2002) Structuring portfolio selection criteria for interactive decision support. Eur Res Studies 5(1-2):69–93

Keeney RL (2002) Value-focused thinking: a path to creative decisionmaking. Harvard University Press, Cambridge, MA

Kleinmuntz DN (2007) Resource allocation decisions. In: Edwards W, Miles RF Jr, von Winterfeldt D (eds) Advances in decision analysis: from foundations to applications. Cambridge University Press, New York, pp 400–418

Liberatore MJ (1987) An extension of the analytic hierarchy process for industrial R&D project selection and resource allocation. IEEE Transactions Eng Manage 34(1):12–18

Liesiö J, Punkka A (2014) Baseline value specification and sensitivity analysis in multiattribute project portfolio selection. Eur J Oper Res 237:946–956

Lourenço JA, Morton A, Bana e Costa CA (2012) PROBE—a multicriteria decision support system for portfolio robustness evaluation. Decision Support Syst 54(1):534–550

Mack MJ (2001) Minimally invasive and robotic surgery. JAMA 285(5):568–572

Marsh K, Lanitis T, Neasham D, Orfanos P, Caro J (2014) Assessing the value of healthcare interventions using multi-criteria decision analysis: a review of the literature. Pharmacoeconomics 32(4):345–365. doi:10.1007/s40273-014-0135-0

Montibeller G, Franco A, E Lord E, Iglesias A (2009) Structuring Resource Allocation Decisions: A framework for building multi-criteria portfolio models with area-grouped options. European Journal of Operational Research 199:846–856

Morton A (2015) Measurement issues in the evaluation of projects in a project portfolio. Eur J Oper Res 245(3):789–796

Oliveira MD, Rodrigues TC, Bana e Costa CA, Sa de AB (2012) Prioritizing health care interventions: a multicriteria resource allocation model to inform the choice of community care programmes. In: Tanfani E, Testi A (eds) Advanced decision making method applied to health care. Springer, Milan, pp 141–154

Oliveira MD, Bana e Costa CA, Lopes DF (2015) Designing and exploring risk matrices with MACBETH. Inter J Infor Tech Decision Making. Forthcoming http://dx.doi.org/10.1142/S0219622015500170 pp. 1-37

Paul SM, Mytelka DS, Dunwiddie CT et al (2010) How to improve R&D productivity: the pharmaceutical industry's grand challenge. Nat Rev Drug Discov 9:203–214

Philips LD, Bana e Costa CA (2007) Transparent prioritisation, budgeting and resource allocation with multi-criteria decision analysis and decision conferencing. Ann Oper Res 154:51–68

Rodrigues T, Bana e Costa CA, De Corte J-M, Vansnick J-C (2015) M-MACBETH for multicriteria resource allocation, 27th European Conferences Operational Research (EURO 2015), Glasgow

Salo A, Keisler J, Morton AE (2011) Portfolio decision analysis: improved methods for resource allocation. Springer, New York

Stummer C, Steinberger K (2003) Interactive R&D portfolio analysis with project interdependencies and time profiles of multiple objectives. IEEE Transactions Eng Manage 50(2):175–183

Thokala P, Duenas A (2012) Multiple criteria decision analysis for health technology assessment.

Value Health 15:1172–1181

Van der Schatte ORH, van't Hullenaar CDP, Ruurda JP, Broeders IAMJ (2009) Ergonomics, user comfort, and performance in standard and robot-assisted laparoscopic surgery. Surg Endosc 23:1365–1371

Vetschera R, de Almeida AT (2012) A PROMETHEE-based approach to portfolio selection problems. Computers Oper Res 39:1010–1020

Von Winterfeldt D, Edwards W (1986) Decision analysis and behavioral research. Cambridge University Press, Cambridge

第 7 章
收益-风险评估

Fillip Mussen

摘要

自 20 世纪 60 年代卫生管理者开始要求临床试验起,就对药物的收益和风险进行了评估,只是到最近才开始出现了更加规范的收益-风险评估的方法。欧洲药品管理局(European Medicines Agency,EMA)和食品药品监督管理局(Food and Drug Administration,FDA)都在执行定性的收益-风险框架,但在同一时期,产业和一些其他利益相关者开始规范化地对定量的收益-风险方法进行预试验。尤其对于复杂的多因素收益-风险投资组合的药品,多准则决策分析(MCDA)似乎成为更优选的定量方法之一。本章将会对药物开发过程中一系列使用 MCDA 进行收益-风险评估以及监管的案例研究进行描述。在这些案例研究的基础上,将会讨论技术流程和操作过程,使用中获得的经验和面对的挑战,并会对何时使用以及如何使用 MCDA 进行药品收益-风险评估提出建议。这些结论将在使用规范的收益-风险方法作为用于监管的决策工具的进一步讨论中体现。

7.1 简介

7.1.1 收益-风险评估的目的和时机

药物的收益-风险评估的目的是描述在伴随不确定因素的情况下,偏好的效果是否超

F. Mussen
Janssen R&D, Pharmaceutical Companies of Johnson & Johnson,
New Brunswick, NJ 08933, USA
e-mail: fmussen@its.jnj.com

过了不利的效果(EMA,2010)。在这样的情况下,欧洲药品管理局(European Medicines Agency, EMA)指导定义了"偏好的效果",是指和药物相关的对目标人群任何有益的效果(常常被引用为"受益"或者"临床受益")。偏好的效果最常和临床效率的提高有关,但也包括其他因素,例如依从性的增加和群体免疫力的提升。"不利的效果"包括任何归咎于药物的或者与患者健康、公共卫生或环境不希望引起的效果有关的有害效果(常常指已知或未知的"风险""害处""危害")。

要在三个不同的"阶段"进行药物的收益-风险评估(Mussen 等,2002)。在最初的临床发展阶段,制药公司决定初期化合物的收益-风险组合能否保证进展至下一发展阶段,如果是的话,下一发展阶段应该包含什么临床项目。在法规审批的过程中,申请者和之后的监管者要评估新的药物是否应该获得市场准入以及准入后的标签(适应症,剂量等)。在获得审批后的阶段,当出现新的疗效和安全方面数据时,要定期重新评估收益-风险组合。在以上每个阶段,MCDA 的收益-风险模型都可以是有价值的。

7.1.2　收益-风险评估的历史和方法

1962 年,Kefauver－Harris 药品修正案首先要求公司在药物上市前展示药品的有效性,《美国食品、药品和化妆品法案》首先采纳了收益对比风险的理念。然而,直到 1987 年才出现了第一项收益-风险方法学的建议(Walker 和 Asscher,1987)。1998 年,国际医学组织理事会(CIOMS)第四次会议宣布"没有明确和经测试的运算法则或经归纳的准则结合了收益和风险数据,并可能直接定量比较不同的治疗方式,同时可能相应地为决策提供帮助,这点令人感到挫败"(CIOMS IV,1998)。卫生管理者的动力最早出现于 2007 年,那时 EMA 签署了人用医药产品委员会(CHMP)工作小组的收益-风险评估模型(BRAM)和方法。这份报告包括了 MCDA 在其为 CHMP 科学评估的有用性方面的优势和劣势的综述,是进一步研究的开始和讨论用 MCDA 制定规范的收益-风险决策的开始。在创新药物计划保护(IMI PROTECT)项目中,关键性地评估和分类了 49 种收益-风险评估方法。MCDA 也属于在合适案例研究中被推荐进行进一步检测和测试的(Mt-Isa 等,2014)方法中的一种。此外,最近起草的食品和药品监督管理局(FDA)的有关患者偏好信息的药物评估及研究中心(CDRH)指南将 MCDA 列为阐述患者偏好的方法之一(FDA,2015)。最后,修订后的国际人用药品注册技术协调会(ICH)指南 M4E(R2)和指南特别的收益-风险结论部分规定,申请者可以使用定量方法来表达收益-风险评估中的优先判断和不确定性(ICH guideline,2016)。

7.2　基于 MCDA 的收益-风险模型发展概览

7.2.1　简介

MCDA 运用分步骤方法，一个典型的收益-风险评估的 MCDA 模型包含以下步骤
（Mussen 等，2007）：

（1）创建决策背景。

（2）定义评估的备选方案。

（3）定义准则：

- 定义准则来评估每种备选方案的结果。
- 整理准则，将准则分类至高水平和低水平目标的等级中（可选）。

（4）评估每种备选方案的期望表现，与准则进行比较（"分数"）。

- 描述每种备选方案的结果。
- 根据准则给备选方案打分。
- 对照每个准则，检查得分的一致性。

（5）为每个准则分配权重，反映其对决策的相对重要性。

（6）在等级中计算每个层级的权重分，计算总体权重分。

（7）检查结果并进行敏感性分析。

应该注意，第 4 步和第 5 步可以倒转进行，即，可以在按准则给备选方案打分前进行
权重分配。

大部分 MCDA 涉及所有上述步骤和量化的临床判断，从而能充分量化收益和风险，
其他模型仅仅使用前 3 步或前 4 步，有时候被叫作"部分 MCDA 模型"。这种模型的一个
典型案例是收益-风险行动组（BRAT）框架（Coplan 等，2011），这体现了通过开发一个收
益-风险评估的结构化、系统、透明的总体平台来提升收益-风险评估的需求。它包含 6 个
步骤（见图 7.1），并且协助了选择、组织、总结、诠释与收益-风险决策相关的数据和偏好，

图 7.1　使用收益-风险行动组（BRAT）的收益-风险评估框架的步骤（Coplan 等，2011）

广泛地就决策合理性进行沟通。

7.2.2 创建决策背景

创建决策背景是建立稳健的 MCDA 模型的先决条件（Mussen 等，2007；Coplan 等，2011），它与四个应描述的重要方面有关：

- 化合物情况，即，要考查的具体的治疗适应症（例如，一线或二线适应症）和意向患者人群及治疗剂量。

- 治疗背景，即，对同一适应症的相同和其他药理学类别的可用药物的治疗价值的总体回顾，以及明确未满足的医疗需求。和之后描述的确定准则流程以及打分流程相对比的是，描述治疗背景的目的不是为了基于特别的准则直接对比不同的治疗方式，而是为整体描述打好基础。

- 开发背景应该包括化合物（设计、对照等）临床研究的概览，也包括安全数据、暴露持续时间，其他如观察性研究数据来源的可能性的概览。

- 利益相关者情况，即，谁的价值会被纳入 MCDA 模型。可供选择的包括决策者，如药物公司或卫生管理部门专家的价值，但也可以从临床医生或患者处查找客户的替代价值。

7.2.3 明确被评估的备选方案

这一步在收益-风险评估中常常非常直接。关键问题是新的化合物是否应该获得市场准入，以及其使用是否应受限制。为了进行这些评估，新的化合物应该与在临床项目中使用的对照组，例如活性药物对照、安慰剂、标准治疗或者没有治疗进行对比。理论上，进行对比的对象也可以包括具有相同适应症但在临床项目中没有作为对比产品使用的其他药物，不过，这需要论述清楚交叉研究对比的有效性和局限性。从技术层面来看，讨论的新化合物的 MCDA 收益-风险分数或收益-风险比值应该与活性药物对照、安慰剂、标准治疗或没有治疗的收益-风险分数或收益-风险比值相比较。

7.2.4 明确准则

明确相关收益和风险的准则是非常关键的。Mussen 等（2007）在回顾欧盟、美国和 ICH 指南的基础上明确了准则，并通过详细地回顾文献对其进行补充。确定每条准则的价值要进行三项预试验，试验涉及行业和监管部门的高资历人员，请他们确认每条准则对于收益-风险的作用。表 7.1 概括了明确的收益和风险准则。还应该注意的是，这些表中所列的一些准则可以被标为不确定性准则(例如,研究人群对于说明书上注明的人群的代表性)。关于如何对不确定性进行表述将在这章的下一个部分进行描述。

表 7.1　Mussen 等(2007)明确的收益和风险准则

收益准则	1. 与对照相比的效果,以及其临床相关性(对每个关键试验) 2. 试验的设计、执行和统计充分性(对每个关键试验) 3. 主要终点的临床相关性(对每个关键试验) 4. 研究人群对于说明书上注明的人群的代表性(对每个关键试验) 5. 疗效结果方面的统计显著性(对每个关键试验) 6. 相关亚组的疗效证据(对每个关键试验) 7. 每个非主要终点结果的疗效(对每个关键试验) 8. 相关的每个非关键试验的结果的疗效和外推 9. 临床操作中预估的患者依从性 10. 关键试验结果的聚类(一致性)
风险准则	1. 不良反应的总体发生率 2. 严重不良反应的总体发生率 3. 因不良反应引起的脱落率 4. 特殊不良反应的发生率、严重程度、持续时间和可逆性 5. 亚组中的安全性 6. 与其他药物和食物的相互作用 7. 超适应症使用引起的安全性风险 8. 因临床试验和/或患者暴露大小的局限性而存在其他潜在的未显示的风险 9. 在临床前安全性研究中观察到,但在人体试验中未观察到的安全问题 10. 在相同药理类别中的其他药物中观察到的潜在的安全性问题

在所有最近使用 MCDA 进行收益-风险的评估中,相关收益和风险的准则是根据具体情况而定的,但却没有更进一步的工作来明确相关准则的一般列表。设计上述表格是为了从监管决策者角度进行新产品的收益-风险评估。这张列表也可作为其他情况的基础,例如审批后评估和患者启发的方法。对那些类别的决策问题,可能添加其他相关的准则,例如,基于观察性研究的结果和患者报告的结果。

明确了准则以后,MCDA 常常需要将准则列表精细化,以确保设定的准则与其他经常在 MCDA 中使用的模型的分析需求相一致,尤其是这关系到确保准则有完整性、不冗余、不重复、偏好独立(Marsh 等,2016)等特征。

一旦确定了特定的 MCDA 模型的相关准则,较好的方法是将准则集合在一起,尤其在准则很多时。最简单和最合适的组织收益和风险准则的方法是构建一个价值树,这样就将准则用清晰的层级集合在一起(见图 7.2)。

2013 年,食品和药品监督管理局发布了其收益-风险表,强调了食药监局宏观层次的决策因素(见表 7.2)(FDA,2013)。这个表可以用于组织准则及与那些准则相关的可用数据。除收益和风险外,其他三个决策因子也被纳入表格,即,对疾病的分析(对疾病自然

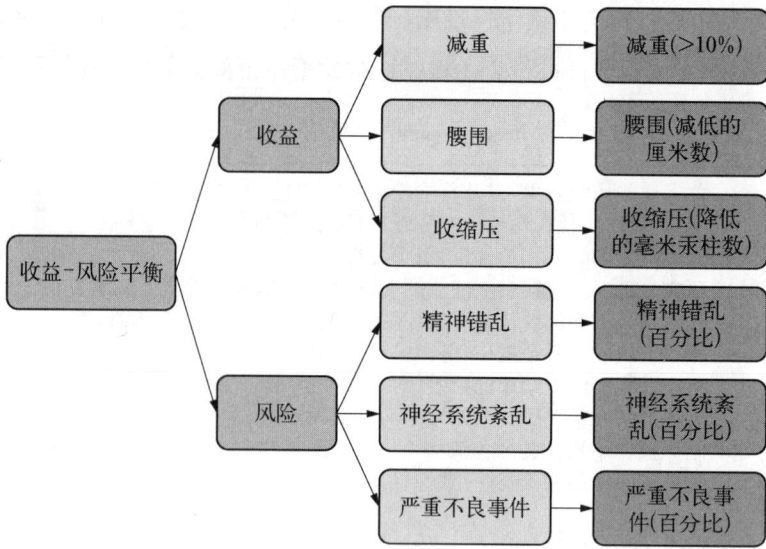

图 7.2　利莫那班的减重作用在肥胖或超重患者中的收益-风险价值树案例(Hughes 等, 2013)

病程的一种描述),目前治疗的选择(对其治疗价值的概括)和风险管理(描述如何评估和降低与使用药物相关的最重要的风险)。尤其是"对疾病的分析"和"风险管理",作为"收益"和"风险"的补充,可将其在一个 MCDA 模型中归为更高级别的准则。这种表格的另一个有趣的特征是它可以描绘出与每个高级别准则相关的非确定性。

表 7.2　FDA 收益-风险表

决 策 因 素	证据和不确定性	结论和理由
对疾病的分析		
目前的治疗选择		
收益		
风险		
风险管理		
收益-风险总结评估		

7.2.5　为准则打分

在为备选方案的准则打分前,通常要收集备选方案绩效的数据。这可能对总结每个准则的可获得绩效的测量、解释表格或森林图的信息来源有帮助。可能的格式如所谓的"效果表"所示(EMA, 2012)。

打分是在共有区间量表中对照准则对备选方案的表现进行数字测评(Mussen 等,

2007)。为创建量表，必须明确两个参考点，并为其配备数值。有一些打分方法是可以使用的，包括将临床研究中的自然量表[例如，用于测量患者精神分裂症症状严重性的阳性和阴性症状量表(PANSS)]转换成一个可用于所有收益和风险准则的单一标准化量表。当收益和/或风险表现为一系列事件的降低时，可以开发直接量表并简单地将彼此进行比较(例如，死亡率降低，心肌梗死的减少，大出血的增加)。将自然量表转变成价值函数，协同摆幅置权(如下)，这通常是对以关键临床研究的主要终点和次要终点来测量收益以及以频率测量风险的最好方法。另一个容易执行但有些欠准确的打分方法是绝对价值尺度(Felling 等,2009)。当没有可得的既定收益或风险的相关数据时，例如，当认为一项新疗法能够增加依从性或更加方便管理时可以使用这种方法。第 4 章中的相关内容介绍了为准则打分的进一步的细节。

7.2.6　给准则赋予权重

在 MCDA 中，权重被用于反映准则的相对重要程度(Belton 和 Stewart,2002)。一些赋权重方法被应用于收益-风险评估。已经在一些收益-风险模型中描述了摆幅置权技术的使用(Mussen 等,2007；Felli 等,2009)。在摆幅置权中，配置给一项准则的权重是能联系起该项准则分数与其他准则分数必需的比例因子。这样，如果准则 A 的权重是准则 B 的两倍，就可以理解成准则 A 的 10 个价值点相当于准则 B 的 20 个价值点(Belton 和 Stewart,2002)。摆幅置权要求判断每项准则应用时摆幅相对于其他每个准则的重要性。

Sarac 等人使用分类权重，并建议将每个收益和风险准则打分为 1(低)、2(中等)或 3(高)的权重/重要性(Sarac 等,2012)。Tervonen 等人使用一种排序方法(Tervonen 等,2011)。询问专家以明确他或她认为最重要的准则，即，会首先从最坏价值增加到最好价值，然后是第二重要的准则，等等。推测这两种方法相比摆幅置权，所需要付出的努力更少，但可能产生相对不精确的权重。那就是，摆幅置权所达到的效果是以利益相关者更大认知负担为代价的，且有行为偏倚的风险(Tervonen 等,2015)。另外，在现实生活的很多情况下，决策制定者不能或不想给出完整的偏好信息(Tervonen 等,2011)。

传统情况下，由决策制定者分配权重，决策制定者或是开发某种化合物的制药企业，或是评估某种化合物的监管部门。然而，现在出现从患者角度决定准则相对重要性的趋势(FDA,2015；Ho 等,2015)。关于为准则设置权重的进一步细节在第四章的相关内容中有描述。

7.3　基于 MCDA 的收益-风险模型的案例

现实中,基于 MCDA 的收益-风险评估的前瞻性真实世界案例很少有发表。然而,已有两个机构/项目广泛地测试了收益-风险评估的 MCDA,即,欧洲药品管理局(EMA)和 IMI PROTECT。

EMA 执行了一系列使用 MCDA 的实操试验,并通过在一个假想药物上的应用来说明如何用图像进行表述(价值树,权重分数的结果,敏感性分析)(EMA,2011)。用每一个准则在现实中可能达到的最好和最差绩效作为终点,开发出为备选方案打分的量表。摆幅置权则用于定量准则的相对重要性。总结下来,MCDA 模型是对目前 EMA 收益-风险评估流程的有效补充。它们不仅是为了更好地解释外部利益相关者授权的决策,也能让监管者通过将患者价值融入决策流程而偏离"最先没有危害"(Eichler 等,2013)。

在 IMI PROTECT 项目中,通过依法利珠单抗、那他珠单抗、利莫那班、罗格列酮以及泰利霉素等案例研究,对 MCDA 进行了测试(见 http://www.imiprotect.eu/)。至于给准则打分,则是每个准则的数据通过数字化而转变成效用分数。摆幅置权常常被用作确定权重的方法。总之,MCDA 提供了结构化的逐步指导,具备评估和整合多种收益和风险准则,以及对比不同替代方法的能力。根据 IMI PROTECT,MCDA 也是唯一可以正式同时处理多种目标的方法。MCDA 另一项很吸引人的特征是具备一些可以进行分析的软件包。

在 IMI PROTECT 工作包 6 中,一项使用依法利珠单抗的案例研究被用于测试 MCDA 在现实中如何于监管授权决策后应用(Goetghebeur 等,2016)。当相关证据受限制时,可以运用高级统计学分析和纵向模型进行效果估计。在"证据与价值对决策的影响"(Evidence and Value:Impact on Decision Making,EVIDEM)方法的基础上开发了一种收益-风险准则证据矩阵,它包含了每个准则的合成数据和记分量表。权重方法则使用了分级点配置,这涉及在价值树的整个准则和亚准则中进行权重的分布(每个水平 100点)。如果和分类记分量表一起使用,有一种相对简单的直接权重方式是合适的。设计用构建的 11 个类别的打分量表来执行从"比对照好很多"(+5 分)到"比对照差很多"(-5分)的对照评估。这种构建量表可以处理数据异质性问题,因为它们可以容纳不能减至一种测量方法的不同类型的数据(例如,基于不同治疗疗程)。此外,它们允许在 MCDA 模型中使用绝对数据和相对数据(例如,比值比)。然而,与测量量表相反的是,构建量表要求判断数据,而测量量表要求将数据转换至 1～100 之间。这个模型也阐述了收益-风险平衡如何在不同时间点用不同数据集而随时间变化。总之,高级统计分析的组合和实用的简单的 MCDA 模型可以用于现实中的决策,并支持透明、一致和综合的收益-风险评估。

其他 MCDA 模型的案例包括所谓的 BRAM(收益-风险模型),用图表形式展现了有益于集中讨论的收益和风险框架的内容主旨(Felli 等,2009)。Tervonen 等使用他汀类药品作为例子,为处理使用 MCDA 关键方法学的挑战提出了建议(Tervonen 等,2005)。为如何明确决策问题,如何选择一系列互相不重合的准则(研究终点),如何合成和总结可用的数据(使用网络 Meta 分析),如何将通过证据合成得到的相对量度转化成可以在准则间对比的绝对标度,如何定义合适的标度范围,如何阐明偏好信息,以及如何将不确定性整合入随机多准则可接受性分析(SMAA)中提供了指导。

疫苗是决策分析模型可以发挥作用的另一个重要领域,在这个领域内需要证明在健康的疫苗接种者人群中,可以达到无可置疑的正向的收益-风险特性。Phillips 等人在 2009 年 6 月 H1N1 流感病毒达到大流行状态后的很短时间内,开发了一个决策树模型,用来评价是应该基于有限的数据马上批准疫苗还是应该等待更多可用数据(Phillips 等,2013)。Marcelon 等人开发了一个 MCDA 模型来量化用于男性的四价人乳头瘤病毒疫苗(包括用于预防肛门癌)的收益-风险平衡(Marcelon 等,2016)。模型具体包括了一个综合的价值树和效果表,以及摆幅置权和敏感性分析。主要的挑战在于对反映疫苗特性的相关准则的价值树达成共识,包括:间接效果、将当前副作用与远期收益进行比较、在可比较的维度上提取效果估值、为某些结果识别正确的比较对象。结论是 MCDA 可以用于透明地评价收益-风险平衡。对模型的进一步开发的建议包括:对疫苗价值树的某些方面进行标准化(例如,间接效果)、将估计的不确定性整合到模型中,以及开发从其他利益相关者(如疫苗接种者)处获得权重的方法。

7.4 理解基于 MCDA 的收益-风险模型的事项

关于 MCDA 用于收益-风险评估比较重要的关注点是处理不确定因素。有三种明显不同但与不确定性因素相关联的证据(IOM,2014)。第一个因素是临床不确定性,这是指临床研究结果不是必然能推广到目标治疗的患者人群,例如,因为临床研究中严格的纳入或排除准则,另一个临床不确定性的原因是患者治疗数量的限制和临床研究持续时间的限制。第二个不确定因素是方法学的不确定性，这是指临床研究的设计（例如，随机方法）和执行（例如，患者失访的数量）。第三个因素是数据的不确定性。在一个传统的 MCDA 模型中，替代方法的评分是基于某些点根据不同收益和风险准则进行估算的，而在试验性研究或观察性研究的准则测量中，固有的样本差异相关的不确定性可以通过敏感性分析检测（临床不确定性和方法学的不确定性也可以），但也有其局限性。为了克服这些局限性，Tervonen 等人开发了 SMAA 并将其应用到两种二代抗抑郁药中（Tervonen 等，2011）。SMAA 并不是使用确定值，其模型中准则的值为具有联合密度函数的随机变量。第 5 章为 MCDA 描述了更多不确定性方面的细节。

另一项巨大的挑战是在收益-风险评估中捕获的数据的复杂性和多样性，尤其是在审批后的情况下。一项收益-风险分析常常涉及多种来源组合数据，包括随机临床研究和观察性研究，有不同的设计、持续时间、对照和终点。在这种情况下，复杂的是从多维度特征，包括发生率、严重程度和可逆性等方面，定量风险都远远低于定量效果（Quartey 和 Wang，2011）。然而，伴随数据合成的挑战并不局限于 MCDA，也可以适用到收益-风险分析所有的方法中。

另一个争论是在收益-风险评估中应该使用谁的偏好（分数和权重），应该用哪种方法获得这些偏好。EMA 的收益-风险方法学项目使用摆幅置权方法从机构员工处引出偏好（EMA，2011）。最近的 FDA 指南将重点放在阐述定量收益-风险评估中的患者偏好，并明确了一系列可以使用的方法，包括分散的选择实验，最好-最差量表，层级分析流程，以及 SMAA（FDA，2015），也提到了目前还缺乏最合适的方法以及在怎样情况下是最合适的指南。最近的国际药物经济学和结果研究协会的指南讨论了不同的权重确定方法及其相关的优点（Marsh 等，2016），尽管我们预计在不久的将来，围绕该主题会有更多工作要做，但是关于该主题进一步的细节在第 4 章相应部分已有阐述。一项特殊的研究兴趣在于，研究为收益-风险分析获得患者偏好的方法，这也是第五次呼吁创新药物革新的第 1 个主题。（http://www.imi.europa.eu/content/stage‐1‐6）。这将涉及学术、行业和监管者在未来 5 年内测试多种方法的集合。

7.5 结论：基于 MCDA 的收益-风险模型的地位

MCDA 有支持评估药物和器械收益-风险平衡的潜力。尤其在欧洲，使用部分 MCDA 模型已经成为决策递交中的标准操作。在这种模型中，收益和风险准则被明确并安排入价值树等,但价值并没有被定量,因此,就无法计算收益-风险分数。这样的模型不需要花费很多努力,也可能对简单的收益-风险决策是足够的(Philips 等,2011)。结果表明,EMA 现在以效果表的形式使用部分 MCDA 模型。

在一些情况下,使用分数和权重来完成完整的 MCDA 也是有价值的。EMA 的结论是,一个完整的 MCDA 模型对困难的或有争论的案例非常有用。当收益-风险平衡微不足道,且这种平衡可以因取得效果的临床相关性原因或本身很多的冲突属性而遭到破坏,就会产生困难或争议(EMA,工作包 4 报告)。FDA 最近也在促进更好应用完整的 MCDA,鼓励收集患者偏好数据以实施器械的定量收益-风险分析(FDA,2015)。

由于每个收益-风险评估的特点根据被评估的疗法的治疗类别和药物类别而不同,理想情况下,应该针对每种治疗/药物类别单独开发一个 MCDA 模型。正在进行的工作是进一步指导哪种 MCDA 方法最适合进行收益-风险评估,处理一些突出问题,例如如何更好地衡量收益和风险方面的绩效,使用哪种衡量权重的方法,以及如何最好地处理不确定性。

当决定了 MCDA 方法,就如同使用任何方法,要在其精确水平和所需付出的努力间取得平衡。总体来说,如 MCDA 等价值分析方法提供了高质量的决策,但其代价是付出了更大的努力。如果这些方法没有被很好地执行,这些方法也有降低决策流程透明度的风险(Russo 和 Schoemaker,2002)。后者在注册决策时是很重要的,因此,应该确保任何 MCDA 模型都是一种工具,而不能代替决策。此外,政策决策者需要完善他们的决定并且确保从 MCDA 模型中得出的结论以关键利益相关者理解的语言来阐明。

参考文献

Bass R (1987) Risk-benefit decisions in product license applications. In: Walker SR, Asscher AW (eds) Medicines and risk/benefit decisions. MTP Press Limited, Lancaster, pp 127–134

Belton V, Stewart TJ (2002) Multiple criteria decision analysis: an integrated approach. Kluwer Academic Publishers, Boston

CIOMS Working Group IV (1998) Benefit-risk balance for marketed drugs: evaluating safety signals. CIOMS, Geneva

Coplan PM, Noel RA, Levitan BS, Ferguson J, Mussen F (2011) Development of a framework for enhancing the transparency, reproducibility and communication of the benefit-risk balance of medicines. Clin Pharmacol Therapeutics 89:312–315

Eichler HG, Bloechl-Daum B, Brasseur D, Breckenridge A, Leufkens H, Raine J, Salmonson T, Schneider CK, Rasi G (2013) The risks of risk aversion in drug regulation. Nat Rev Drug Discov 12:907–916

European Medicines Agency (2007) Report of the CHMP working group on benefit-risk assessment models and methods http://www.ema.europa.eu/docs/en_GB/document_library/Regulatory_and_procedural_guideline/2010/01/WC500069668.pdf

European Medicines Agency (2010) Benefit-risk methodology project – work package 2 report: applicability of current tools and processes for regulatory benefit-risk assessment http://www.ema.europa.eu/docs/en_GB/document_library/Report/2010/10/WC500097750.pdf

European Medicines Agency (2011) Benefit-risk assessment methodology project. Work package 3. Field tests. http://www.ema.europa.eu/docs/en_GB/document_library/Report/2011/09/WC500112088.pdf

European Medicines Agency (2012) Benefit-risk assessment methodology project. Work package 4. Benefit risk tools and processes. http://www.ema.europa.eu/docs/en_GB/document_library/Report/2012/03/WC500123819.pdf

Food and Drug Administration (2013). Structured approach to benefit-risk assessment in drug regulatory decision-making – draft PDUFA V implementation plan. http://www.fda.gov/downloads/ForIndustry/UserFees/PrescriptionDrugUserFee/UCM329758.pdf

Food and Drug Administration (2015) Patient preference information – submission, review in PMAs, HDE applications, and De Novo requests, and inclusion in device labeling. http://www.fda.gov/downloads/medicaldevices/deviceregulationandguidance/guidancedocuments/ucm446680.pdf

Felli JC, Noel RA, Cavazzoni PA (2009) A multiattribute model for evaluating the benefit-risk profiles of treatment alternatives. Med Decis Making 29:104

Goetghebeur MM, Wagner M, Nikodem M, Zyla A, Micaleff A, Amzal B (2016) Pragmatic multicriteria decision analysis (MCDA) combined with advanced pharmacoepidemiology for benefit-risk assessments of medicines adapted to the real-life constraints of regulators: development and case study. Ther Innov Regul Sci. 50:620-631

Ho MP, Gonzalez JM, Lerner HP, Neuland CY, Whang JM, McMurry-Heath M, Hauber AM, Irony T (2015) Incorporating patient-preference evidence into regulatory decision making. Surg Endosc 29:2984–2993

Hughes D et al (2013) IMI-PROTECT Benefit-Risk Group. Recommendations for the methodology and visualisation techniques to be used in the assessment of benefit and risk of medicines. http://www.imi-protect.eu/documents/HughesetalRecommendationsforthemethodologyandvisualisationtechniquestobeusedintheassessmento.pdf

International Council for Harmonisation (2016). Revision of M4E guideline on enhancing the format and structure of benefit-risk information in ICH – Efficacy M4E(R2)http://www.ich.org/fileadmin/Public_Web_Site/ICH_Products/CTD/M4E_R2_Efficacy/M4E_R2__Step_4.pdf

Institute of Medicine (2014) Characterizing and communicating uncertainty in the assessment of benefits and risks of pharmaceutical products: workshop summary http://nationalacademies.org/hmd/reports/2014/characterizing-and-communicating-uncertainty-in-the-assessment-of-benefits-and-risks-of-pharmaceutical-products.aspx

Marcelon L, Verstraeten T, Dominiak-Felden G, Simondon F (2016) Quantitative benefit-risk assessment by MCDA of the quadrivalent HPV vaccine for preventing anal cancer in males. Expert Rev Vaccines 15:139–148 http://www.ich.org/fileadmin/Public_Web_Site/ICH_Products/CTD/M4E_R2_Efficacy/M4E_R2__Step_4.pdf

Marsh K, IJzerman M, Thokala P, Baltussen R, Boysen M, Kaló Z, Lönngren T, Mussen F, Peacock S, Watkins J, Devlin N (2016) Multiple criteria decision analysis for health care decision making—emerging good practices: report 2 of the ISPOR MCDA Emerging Good Practices Task Force. Value Health 19:125–137

Mt-Isa S et al (2014) Review of methodologies for benefit and risk assessment of medication. http://www.imi-protect.eu/documents/ShahruletalReviewofmethodologiesforbenefit

andriskassessmentofmedicationMay2013.pdf

Mussen F, Salek S, Walker S (2007) A quantitative approach to benefit-risk assessment of medicines – part 1: the development of a new model using multi-criteria decision analysis. Pharmacoepidemiol Drug Saf 16:S2–S16

Mussen F, Salek S, Walker S (2002) What is the best model for assessing the benefit/risk ratio of my product? In: VandenBurg M, Salek S, Wight LJ (eds) Dilemmas and solutions in global drug development: your questions answered. PJB Publications Ltd, London, pp IIC3 1–IIC3 15

Phillips LD, Fasolo B, Zafiropoulos N, Beyer A (2011) Is quantitative benefit-risk modeling of drugs desirable or possible? Drug Discov Today Technol 8:e3–e10

Phillips LD, Fasolo B, Zafiropoulous N et al (2013) Modelling the risk-benefit impact of H1N1 influenza vaccines. Eur J Public Health 23:674–678

Quartey G, Wang J (2011) Statistical aspects in comparative benefit-risk assessment: challenges and opportunities for pharmaceutical statisticians. Pharm Stat 11:82–85

Sarac SB, Rasmussen CH, Rasmussen MA, Hallgreen CE, Søeborg T, Colding-Jørgensen M, Christensen PK, Thirstrup S, Mosekilde E (2012) A comprehensive approach to benefit-risk assessment in drug development. Basic Clin Pharmacol Toxicol 111:65–72

Russo JE, Schoemaker PH (2002) Winning decisions – getting it right the first time. In: A currency book, 1st edn. Doubleday, New York

Tervonen T, van Valkenhoef G, Buskens E, Hillege HL, Postmus D (2011) A stochastic multi-criteria model for evidence-based decision making in drug benefit-risk analysis. Stat Med 30:1419–1428

Tervonen T, Naci H, van Valkenhoef G et al (2015) Applying multiple criteria decision analysis to comparative benefit-risk assessment: choosing among statins in primary prevention. Med Decis Making 35:859–871

第 8 章
推动 MCDA 和 HTA 融入报销决策

Hector Castro，Michele Tringali，Irina Cleemput，Stephan Devriese，Olivia Leoni，
Emanuele Lettieri

摘要

简介：着眼于确定优先重点和进行资源配置的国家和地区层面的卫生技术评估（health technology assessment，HTA）机构已经逐渐兴起。医疗卫生决策是从证据产生到深思熟虑和沟通交流以做出决定的连续性过程，HTA 仅是该过程的一个部分。HTA 通过评估现有证据，告知决策者如何最有效地使用现有的资源。报销决策不仅需要技术评估，还涵盖对现有证据的评价，同时考虑到社会价值和伦理考量。即便是在正式开展 HTA 的国家，资源配置决策的透明化程度也各不相同，体现了政府和其他利益相关方的利益冲突。

概述：尽管多篇文献通过数据收集分析了 HTA 的作用，但对决策者如何利用和重视这些证据以及如何以明确的方式融入更多的准则知之甚少。多准则决策分析（MCDA）已逐渐兴起，成为支持医疗卫生决策的工具。MCDA 通过将复杂问题分解为多个组成部分，运用

H. Castro (✉)
Instituto de Evaluación Tecnológica en Salud (IETS)，Bogotá，Colombia
T. H Chan Harvard School of Public Health，Boston，MA，USA
e-mail：hcastro@hsph. harvard. edu；dochecj@hotmail. com

M. Tringali • O. Leoni
Direzione Generale Salute Regione Lombardia，Milan，Italy
e-mail：michele_tringali@regione. lombardia. it；Olivia_Leoni@regione. lombardia. it

I. Cleemput • S. Devriese
Belgian Health Care Knowledge Centre，Brussels，Belgium
e-mail：Irina. Cleemput@kce. fgov. be；Stephan. Devriese@kce. fgov. be

E. Lettieri
Department of Management，Economics and Industrial Engineering at Politecnico，
Milan，Italy
e-mail：emanuele. lettieri@polimi. it

定性和定量的方法来衡量各组成部分并将其进行整合从而帮助决策。

目的：本章的目的是通过介绍哥伦比亚、意大利伦巴第地区和比利时一些成熟的评估机构开展的案例研究，展示使用 MCDA 进行资源配置决策的潜力和挑战。

结论：进一步研究探讨如何整合 MCDA 与 HTA，尤其是关于方法学、连续性和 MCDA 结果可复制性的研究，以更好地支持医保决策，这对所有国家而言都是很有价值的。

8.1　简介

卫生技术评估（HTA）旨在审查卫生技术应用产生的结果，目的是更好地为决策者提供信息。HTA 虽然存在争议，但已成为关注度很高的话题。HTA 倡导者认为，它提高了资源配置的效率，而批评者认为 HTA 仅仅是限制新的昂贵技术应用的手段（O'Donnell 等，2009）。

在过去的几十年中，许多国家成立了 HTA 机构，以更好地帮助制定医疗政策和开展临床实践。HTA 机构已经在以税收为基础的社会健康保险体系中获得了发展空间。事实上，多数高收入国家（high-income countries，HIC）通过某种形式的 HTA 过程来促进其卫生系统的决策和优先级设定（Bulfone 等，2009；Castro，2011）。最近，发展中国家也开始建立了 HTA 机构（Castro，2012）。

HTA 虽然很重要，但只是决策过程的一部分（Cleemput 等，2012）。除了科学证据之外，决策也需要借助于价值判断（Eddy，1990；Tunis，2007；Cleemput 等，2011）。HTA 报告和成本-效果分析的结果都不应该被盲目地用于决策。

尽管多项研究和多篇文献探讨了 HTA 在数据收集过程中的作用（Heyse 等，2001；Briggs，2001；Briggs 等，2002；Hoch 等，2002），但决策者如何使用这些数据以及怎样以明确的方式纳入其他准则仍存在挑战。Drummond 和 Sorenson（2009）等作者建议证据产生和决策过程的"分离"，因为文献中发表的许多 HTA 和经济学评价都不是在特定的决策情境下开展的。

即使在正式开展 HTA 活动的国家以及多数中低收入国家（low- and middle-income countries，LMIC），许多资源配置的决策并不透明，并且体现了政府、资助方和其他利益相关方的利益冲突（Glassman 等，2012）。通常情况下，决策并不具有连续性和结构性。诸如预算影响、公平性和疾病严重程度等重要准则并未被用于决策。即便决策者考虑了上述准则，也往往并不清楚它们在最终的决定中到底发挥了何种作用（Baltussen 和 Niessen，2006）。

这也是长时间等候、低质量和不公平的潜在原因(Glassman 等,2012)。

　　MCDA 逐渐兴起并成为支持医疗卫生决策的工具(Miot 等,2012),其应用的范围已经超越了证据生成/收集阶段。MCDA 方法旨在帮助人们在面对多维度的复杂决策问题时做出"更好"的选择。"MCDA 尤其适用于将'硬数据'与主观偏好相结合或者需要多个决策者进行权衡的情景"(Dolan,2010)。理论上,MCDA 允许以公开和透明的方式对可以衡量的和基于价值的要素进行结构化和客观的考量(Baltussen 和 Niessen,2006;Dolan,2010),因此被认为是在发展中国家确定合理优先重点的重要步骤(Baltussen 等,2007;Miot,2012)。

　　本章的目的是通过介绍哥伦比亚、意大利伦巴第地区和比利时等成熟机构开展的案例研究,展示使用 MCDA 进行资源配置决策的潜力和挑战。

8.2　案例研究

8.2.1　哥伦比亚试用 MCDA

　　2012 年 12 月,哥伦比亚的医保决策机构——卫生监管委员会(Regulatory Commission for Health,CRES)撤销,其原因是缺乏"合法性"。卫生和社会保障部(Ministry of Health and Social Protection,MoHSP)重新获得了报销决策权。决策机构的不稳定性为测试 MCDA 方法创造了契机。

　　"证据与价值对决策的影响"(EVIDEM)的 MCDA 框架由 Goetghebeur 等学者(2008)开发,是 CRES 解散之前在哥伦比亚使用的一种方法,旨在以更加系统化的方法确定优先重点。EVIDEM 是一个开源的通用框架,从两个角度帮助判断干预措施的价值,即评价者(决策者)关于每个准则的重要性评定(权重)以及结合预选的决策准则对干预措施的评价(分数),上述两方面体现了评价者的价值观。

　　EVIDEM 包括在决策中被认为具有重要性的核心量化准则和情境化的定性准则,该方法已经被多个国家测试和使用(Guindo 等,2012;Goetghebeur 等,2010,2012;Tony 等,2011;Miot 等,2012)。框架还包括针对每个决策准则收集、分析、综合和报告证据的详细方案(通过标准化的 HTA 报告)。评价结果可以被转化为全面的 MCDA 估计值,用于对医疗卫生的干预措施进行排序和相互比较。

8.2.1.1　方法

　　哥伦比亚采取的方法类似于之前在其他国家将 EVIDEM 用于报销决策的方法,例如 Miot 等人(2012)在南非开展的研究,Tony 等人(2011)在加拿大开展的研究(见图 8.1)。

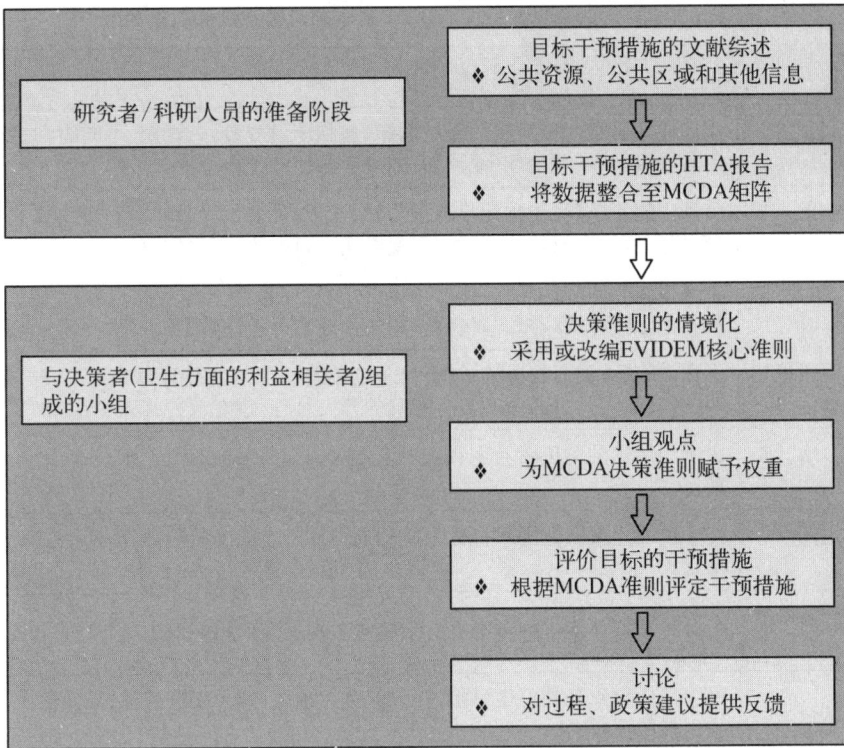

图 8.1　尝试运用 EVIDEM 开展工作的方案(来源：改编自 Goetghebeur 等,2012)

在准备阶段,调查人员对目标干预措施进行文献检索并撰写 HTA 报告,然后由决策者召开小组会议将准则情境化,从委员会的角度(对准则赋予权重)评价各项干预措施(对准则进行分析和评分),并且讨论评价的过程和评价的结果。

选择准则和分配权重

2012 年 10 月,CRES 主导了一个独立的行动方案,旨在通过三个研讨会邀请 11 位对当地的卫生系统颇有经验的资深决策者(学者、研究人员和公务员)遴选决策准则。我们要求与会者找出未被 EVIDEM 框架涵盖的与哥伦比亚资源配置相关的其他情境化准则。在两个名义小组会议的三轮投票之后,产生了包含 15 个准则的最终清单,其中 13 个准则来自 EVIDEM 核心模型,另外还有两个附加的情境化准则(见表 8.1)。

在专家组一致达成了最终的准则并对其进行了界定之后,我们就要求参与者在不考虑任何医疗干预措施的情境下对每项准则赋予权重。CRES 邀请多方参与该过程,组织全国各地的利益相关者(学者、患者协会、公民委员会和医学界的代表)召开会议,并让他们为准则分配权重。合计 201 位公民为这 15 项准则赋予权重(CRES,2012)。

表 8.1　修订后的哥伦比亚 EVIDEM 版本的最终准则和权重列表

准　　则	定　　义	权重（%）
疾病严重程度	用病死率、致残率、对生活质量的影响、临床过程（即急性期、不同的临床阶段）反映干预治疗（或预防）的患者的疾病严重程度。	9.30
受疾病影响的人群范围	受到疾病影响（受干预治疗或预防）的人数；可表示为每年新发病例数（年发病率）和/或在某一时间点受影响人口的比例（患病率）。	8.90
功效/有效性的改善	干预措施改善临床症状、体征、病程以及除了改善目标症状以外产生的其他预期作用（益处），包括可用的功效和有效性数据。	8.70
当前适用于哥伦比亚的临床指南	干预措施（或类似的备选措施）与目前专家对于目标健康状况管理实践的共识相符；指南中通常有明确的开发过程，旨在改善临床实践。	7.70
卫生服务类型（临床获益）	由干预产生的对患者自身的临床获益（例如缓解症状、延长寿命、治愈）。	7.30
对卫生计划的预算影响	将干预纳入报销范围对目标卫生计划预算产生的净影响（排除其他支出）。	6.90
改善安全性和耐受性	干预较其他备选措施减少有害结果或不利健康结局的能力。	6.60
公共卫生获益	由干预而导致公共卫生风险的降低（例如预防、减少疾病传播、降低危险因素的流行）。	6.50
改善患者报告的结果	干预改变患者报告结果的能力（例如生活质量、改善对患者感知的便捷性）。	6.30
现有干预措施的局限性	备选措施在预防、治愈或改善目标疾病方面的不足，还包括在安全性、患者报告的结果和便捷性方面的劣势。	6.20
关注弱势群体（与决策情境相关）	干预对哥伦比亚法律确定的弱势群体（例如流离失所者、老年人、残疾人、北美土著居民、精神病患者等）产生的有益影响。	5.70
干预的成本-效果	干预相对于备选措施的增量成本-效益比。效益可以表示为避免的事件数、获得的生命年、获得的质量调整生命年、额外的无痛日等。	5.50
证据的完整性和一致性	相关证据的报告完整性（即满足研究报告标准）并与其引证的信息一致。	5.10
证据的相关性和有效性	干预的证据与决策群体相关性（根据人群类型、疾病阶段、对照和结果等方面），以及依据科学标准和结论（研究结果的一致性）分析的有效性，这包括不确定性。	5.00
注意医疗/卫生的不同需求（与决策情境相关）	干预使具有不同卫生需求的人群（例如罕见病、姑息治疗、终末期等）获益的能力。	4.30

为选定的技术收集证据

研究人员在试点时选择了四项技术：重症甲型血友病（severe haemophilia A，SHA）的初级预防技术（primary prophylaxis，PP）、预防腹泻的锌补充、作用于绝经后妇女雌激素受体阳性的转移性乳腺癌的阿那曲唑一线治疗,以及用于急性冠状动脉综合征(acute coronary syndrome,ACS)而无 ST 段抬高的中度至高度心血管风险患者的替卡格雷＋乙酰水杨酸(acetylsalicylic acid,ASA)。技术选择是基于便利性的原则,纳入的技术均有当地已经正式发表的 HTA 概要。此外,除重症甲型血友病的初级预防技术外,所有三种非血友病相关的技术被认为具有潜在的成本效果。在运行试点项目时,没有做出是否纳入公共资金报销范围的决定。

Perry 等学者在 2012 年制作的临床实践指南(关于阿那曲唑)以及 Florez 和 Senior 等学者在 2013 年制作的临床实践指南(关于锌)被用来制作 HTA 报告。就初级预防的技术而言,HTA 报告基于最近发表的一篇成本-效用分析(cost-utility analysis,CUA)和文献综述(Castro 等,2013)。改编的 EVIDEM MCDA 矩阵被用于在西班牙整合四种技术的 HTA 信息。所有报告都借鉴 CRES 在 2012 年制定的准则和权重来整合相关信息。

干预措施的评估和讨论

因为 CRES 在评估本项目提及的干预措施的价值之前已经解散,所以 2013 年 8 月组织了一个新的焦点小组模拟报销决策委员会评估四项干预措施的价值。焦点小组旨在模拟资源配置的决策委员会,委员会成员来自 12 家组织机构(例如政府、保险公司、服务提供者、患者团体、学者、医疗卫生专业人士、拥护者和非专业人员)。项目同时选取了资深政策制定者和"高层人士",以确保合法性和试点取得的结果被付诸实践("接受")。

由于哥伦比亚传统的资源配置决策是以集中化形式进行,所有符合条件的参与者都位于波哥大,因此在卫生技术评估研究所(IETS)举行的 2 小时焦点组会议期间,通过一系列开放式问题探讨使用 HTA 和 EVIDEM 来帮助资源配置决策的可行性和实用性。所有参与者都知情并同意,个人的发言被录音和转录,并且公开声明潜在的利益冲突。

项目组为了评估医疗卫生干预措施,向与会者提供了 MCDA 证据矩阵,基于证据矩阵形成了 HTA 摘要,与会者根据四分的基数标度(0~3)为各项干预措施的每个准则进行评分,其中 3 分为最高分,表示完全符合某项准则;0 分为最低分(EVIDEM v2.0)。通过线性模型整合每项干预措施的归一化权重和评分来计算 MCDA 的估计值。评分为 1 的干预措施最具价值,是理想情况下的最佳选择,0 分则代表最不具价值。小组成员对各项干预措施评分的平均结果在会议结束时被提交给各位与会者,之后就此展开讨论。

为了促成讨论,向与会者提出了一个假设情景,其中只有那些得分最高的两种技术才能被医疗系统报销覆盖。项目组向与会者提出诸如"是否有足够的信息来支持哥伦比亚的资源配置决策"以及"在将来实施时需要对现有的过程采用方法进行哪些改变或改进"

等问题,目的是让与会者投入到讨论当中,征集他们的观点和了解其预期。

焦点组讨论的结果被录音、逐字转录并上传至 ATLAS-ti7 以协助内容分析。项目组为了解释而不是简单地描述新数据,并未事先进行假设。诸如信息量、方法学问题、方法学比较、信息的有效性、将 HTA 纳入决策以及每项干预措施的特定价值等标签被预先归入相应的类别,用于实现本章的目标。

8.2.1.2　结果

七人应邀参加,与会者代表哥伦比亚卫生系统内的广泛利益相关方,包括卫生和社会保障部(MoHSP)成员、学者、保险公司、患者、专业协会及社会非专业人士。所有与会者都至少具有研究生学历且有一技之长。虽然项目组正式邀请了医院代表和民众倡导者的代表,但是没有人参会。与会者在运用 MCDA 证据矩阵对四种目标技术进行评分时,每位参与者对每种医疗卫生技术进行评估平均需要花费 11.15 分钟(7～18 分钟)。

MCDA 的价值估计值计算结果表明,锌排在首位(0.904),其次是阿那曲唑(0.822),然后是重症甲型血友病的初级预防技术(0.794)和替格瑞洛(0.708)(见表 8.2)。与会者对干预措施的感知价值有不同的认识——锌(0.782～0.986)、阿那曲唑(0.698～0.934)、初级预防技术(0.595～0.977)、替格瑞洛(0.449～0.945),这反映了不同与会者看待问题的角度和对证据含义的不同解释。

表 8.2　基于 EVIDEM 准则的干预措施价值比较

准　则	权重	每项技术的准则化 MCDA 分数			
		锌	阿那曲唑	初级预防技术 FVIII	替格瑞洛
疾病严重程度	9.3	0.093	0.080	0.093	0.075
受疾病影响的人群范围	8.9	0.089	0.076	0.076	0.085
功效/有效性的改善	8.7	0.083	0.079	0.083	0.070
当前适用于哥伦比亚的临床指南	7.7	0.062	0.066	0.022	0.066
卫生服务类型(临床获益)	7.3	0.059	0.063	0.059	0.063
对健康计划的预算影响	6.9	0.066	0.046	0.049	0.049
改善安全性和耐受性	6.6	0.063	0.066	0.063	0.028
公共卫生益处	6.5	0.065	0.046	0.040	0.053
改善患者报告的结果	6.3	0.063	0.036	0.051	0.024
现有干预措施的局限性	6.2	0.038	0.053	0.059	0.038
关注弱势群体(与决策情境相关)	5.7	0.057	0.041	0.057	0.030

续　表

准　则	权重	每项技术的准则化 MCDA 分数			
		锌	阿那曲唑	初级预防技术 FVIII	替格瑞洛
干预的成本效果	5.5	0.047	0.050	0.031	0.042
证据的完整性和一致性	5.1	0.039	0.036	0.032	0.027
证据的相关性和有效性	5.0	0.040	0.045	0.045	0.033
注意对健康/卫生服务的不同需求	4.3	0.039	0.039	0.033	0.025
每项技术的 MCDA 价值	100	0.904	0.822	0.794	0.708

为了回答 EVIDEM 可否用于在哥伦比亚解决资源配置的问题,与会者发现,EVIDEM 是将 HTA 用于决策过程的一种方法,也是确定不同医疗卫生干预措施优先级以实现资源优化配置的手段。最终的共识是,对于哥伦比亚而言,混合方法较为理想,该方法包括基于 MCDA 证据矩阵的技术评估,这需要开展财务方面的分析并且运用详细的预算影响分析来探讨干预措施的机会成本。

与会者还发现了 EVIDEM 摘要中信息量不一定充足的问题。对某些特定准则进行解释和价值评估的难度高于其他准则。在独立评估每项准则时会产生一些疑问。另外,还存在重复计算信息的风险(多个准则涉及相同的证据),然而还没有在持续整合 HTA 证据时避免重复的方法。

该试点项目的局限性还体现在原始版本的 EVIDEM 工具(矩阵和准则)的语言差异上。原始版本为英文,然而向与会者提供的是未经验证的西班牙语版本。另一方面的问题是 2012 年 CRES 使用的权重引出方法明显偏离了 EVIDEM 最初使用的 1 至 5 分量表,这会对最终结果产生影响。

由于哥伦比亚建立 HTA 机制的时间不到 3 年,所以参与者对 HTA 的方法学仍有顾虑,例如用于建模的数据的有效性、在开展 CUA 时使用 QALY 或仅依据 ICER 为决策提供信息,以及如何将 HTA 的结果用于决策。然而,本次试点是该国首次将 HTA 和 MCDA 相结合用于明确地确定优先级的尝试。

8.2.2　意大利伦巴第地区的机构 HTA／MCDA 方法

伦巴第地区是意大利北部的一个地区,有 980 万居民,医疗卫生系统拥有 14.5 万名工作人员、220 家医院和 2 700 家药房,年度卫生预算为 170 亿欧元。2008 年,伦巴第医疗卫生局(Lombardy Healthcare Directorate,LHCD)为一个 HTA 项目制定了相关政策,该项目旨在通过推动更加有效和基于循证的医疗资源配置以及可持续性的技术传播来实现医疗卫生益处的最大化。因此，HTA 项目遵循责任性、以健康结果为导向、决策的透明和可持续性原则。

国家卫生服务体系(National Health Service,NHS)将健康的价值定义为预期健康结果，并据此考虑报销某项卫生技术而非其他竞争性替代技术。医疗卫生局开始实施该项目并且成立了两家代表委员会(一家用于确定新兴技术的优先重点，另一家用于评估技术传播的适宜性)，另外还有一项管理利益冲突的政策以及一个作为支撑的网络平台，通过该平台收集来自医院、公司和专家的捐助。该项目主要用于明确评估任务及优先级，而技术评估工作仅限于将第三方的 HTA 报告在 MCDA 证据矩阵中进行情境化分析。

8.2.2.1　开发和实施基于 MCDA 的评估过程其历史视角和缘由

伦巴第政府从欧洲 HTA 网络(EUnetHTA)和 EVIDEM 协作网开发的方法当中意识到了推进 HTA 项目面临的机遇。EUnetHTA 致力于促进知识共享、有效地利用资源，并在欧洲推行良好的 HTA 实践。它发布了核心模型、指南和其他资源以简化评估实践。EVIDEM 协作网开发了务实的决策框架和工具，以帮助弥合 MCDA 和 HTA，让评估的实践更加明晰。

之后，LHCD 开发了一个信息框架，其中包含 EVIDEM 的系列准则和 EUnetHTA 核心模型(1.0 版本)的修订版，目的是建立一个完整的、一致的和可操作的 HTA - MCDA 应用程序，为评估活动提供结构化的评估报告。将 EVIDEM 的系列准则修订后置于 EUnetHTA 框架的顶端(结构域)和中端(主题)。EUnetHTA 的知识体结构保持不变，但伦巴第版本中将"健康问题的相关性"和"技术解决方案的相关性"合并为"技术相关性"，同时还将"有效性"分为"功效"和"效果"，这样确保了遵守先前的伦巴第规范，该规范始于核心模型 1.0 发布前的两年。

伦巴第 HTA - MCDA 的应用知识体已成为优先级确定和评估过程的网络工具，适用于定量和定性分析阶段。这有助于明确评估过程并更好地将结果呈递给医院。它已通过内部测试，并从 2012 年起应用于多数 HTA 项目(Migliore 等,2014;Tringali 等,2014)。

8.2.2.2　评估过程

评估过程始于医院、生产厂商、独立的临床专家及其他机构(例如区域自身或意大利医疗卫生研究和质量局)的材料提交环节。上述框架为专业委员会成员所用，成员的选择依据是专业知识和既得利益的声明。该框架让参与者更好地了解 HTA 报告，并且提供了帮助参与者进行判断的工具。伦巴第卫生服务体系委员会关于报销的潜在决策可以被拒绝、有待进一步评估或直接通过。委员会的决定通常被转化为正式行为。

评估的步骤如下，有关人员向委员会成员提交结构化的计划书，然后由地方或当地医院在内部或由第三方来制作 HTA 报告。对于每次的评估工作，委员会的每位成员都需要使用在线表格评价 8 个总体的"结构域"(对于新兴技术)或 15 个更加具体的"准则"(对于已处于传播阶段的技术通常可以获得更多信息)的相对重要性。

加权法始终是直接的和固定的评级量表。对于新兴技术,每位委员会成员对个人认为最重要的结构域赋 8 分,对最不重要的结构域赋 1 分,然后将权重分配给其他结构域,以确保不同结构域之间的区分度,避免对各结构域的重要性感知评分相同。之后,将各结构域的总评分相加并除以参与者的人数,即得到该结构域的权重。当初亦考虑过使用加权计算的替代方法,例如不同层级的点分配或结构域/准则之间的成对比较,但是由于委员会对于 MCDA 方法学方面的专业知识仍处于早期阶段,所以上述方法暂时未被使用,简单的 8 分权重引出方法取得了令人满意的表面效度(关于加权方法的更多细节请参见第 4 章)。

上述过程被委员会成员用于对 15 个量化准则的分析。通过在线和召开会议讨论权重,每个成员可以修改他/她赋予的权重。在得到批准后,计算各项准则的最终权重,并允许成员访问可用的完整文档。

每个成员使用在线表格,结合可用的备选技术,分别对待评估的技术在每个结构域/准则的表现进行评分,预定义的评分系统从 0 分到 4 分,其中 0 分代表相关信息缺失,1 分代表价值相对较低,2 分代表价值相似,3 分或 4 分代表相对较高(略高或高)的价值。成员必须对每项评分递交评论意见。最初的模型并没有考虑分数的不确定性,而是有待委员会进行讨论,但是计划探讨每个赋予的分值的不确定性程度,并将不确定性分为三级。

个人的评分和评论形成了评估草案,包括两个部分的内容:

(1) NHS 的优先级(或适宜性)指数。线性加法模型用于分析各结构域/准则的价值贡献(标准化权重×分值),并且用 0 到 1 的分值指数代表技术的综合价值,其含义如下所示:

• 当估计的平均值在 0 和 1 之间时,技术的综合价值是 0 至 0.25,其含义是,在该情况下无法以稳健的方式评估技术。

• 当估计的平均值在 1 和 2 之间时,技术的综合价值是 0.25 至 0.50,表示技术的价值小于或等于替代技术。

• 当估计的平均值在 2 至 4 之间时,技术的综合价值是 0.50 至 1,表示技术的价值优于替代技术。

(2) 为每个结构域/准则撰写定性分析的评价。收集的评论由两位评议人员进行分类,以协商的方式解决观点分歧,并在描述性报告中进行分析,其中更频繁出现和更强有力的论点会被提议作为决策的可能依据。

NHS 的优先性/适宜性指标以及分类的评估草案被用于讨论并接受修订,以验证评分与评论之间的一致性,消除歧义并确定进一步开展评估工作的领域。修订后的指数和动机被予以批示并移交主管部门,供政策制定者参考。

对于一些被评估的技术,由两个或三个独立的小组用盲法进行重复分析,以保证测量指标的可重复性。由于可重复性向来很高,因此没有必要修改最终的决定。研究还分析了委员会成员权重表达方面的个体内部差异和个体间差异,结果表明参与者之间高度一致(尚未发表)。这种内部分析正在被独立的学术团体所重复和扩展应用。这一分析结果有助于在不久的将来革新区域性的 HTA 政策。

8.2.2.3　伦巴第的 MCDA 产出

从 2012 年开始,伦巴第优先考虑了一些诊断学和干预技术,也通过上述 MCDA 方法推荐或拒绝使用某些技术。图 8.2 描述了 2012—2014 年伦巴第优先报销的医疗卫生技术清单(更多信息见 http://vts-hta.asl.pavia.it)。

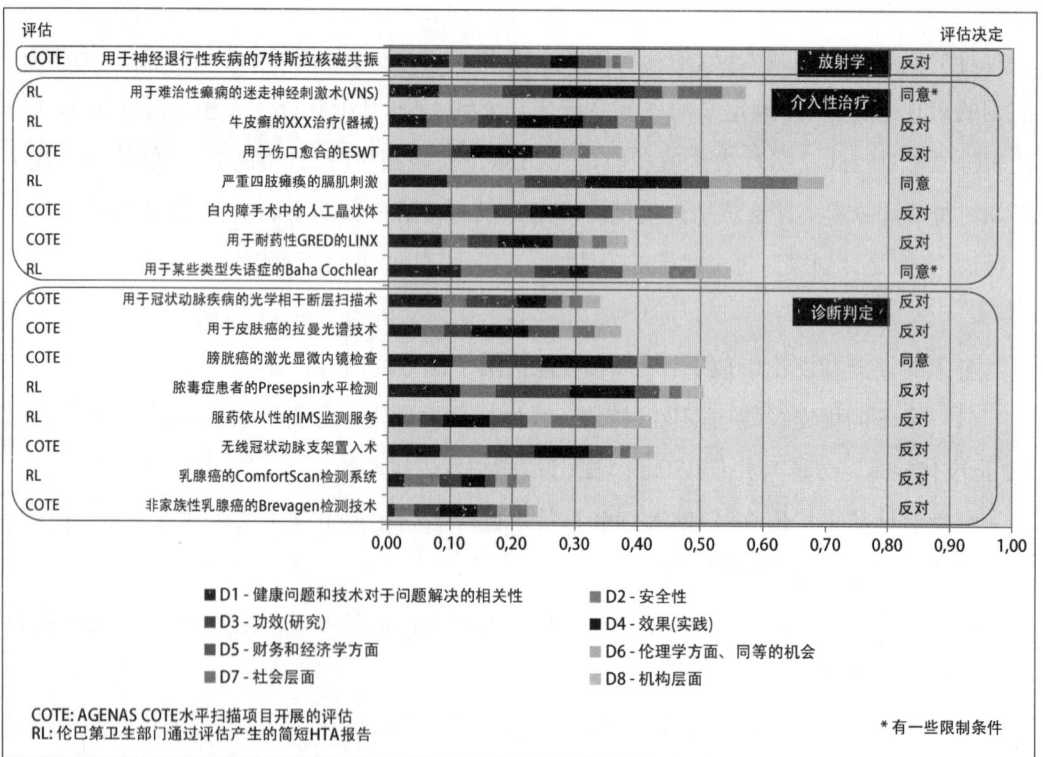

图 8.2　伦巴第医疗卫生干预措施的价值

多数提议的技术已被拒绝,但是伴随正向的评估结果而来的是推荐报销,有时是在报销时限制技术的适用条件,例如仅适用于特定的机构、限定患者的选择程序和与有条件报销相关的临时定价(通过登记的患者核实是否达到预期结果)。

请注意,激光内窥镜和"Presepsin"标志物的优先性指数相似,但是区域管理局根据委员会成员的整体评论发布了不同的决定。"XXX"表示暂缓拒绝医疗器械报销的行政上诉决定。

图 8.3 是用于主动脉瓣狭窄手术的经血管主动脉瓣植入术(TAVI)最终评估文件的图解。

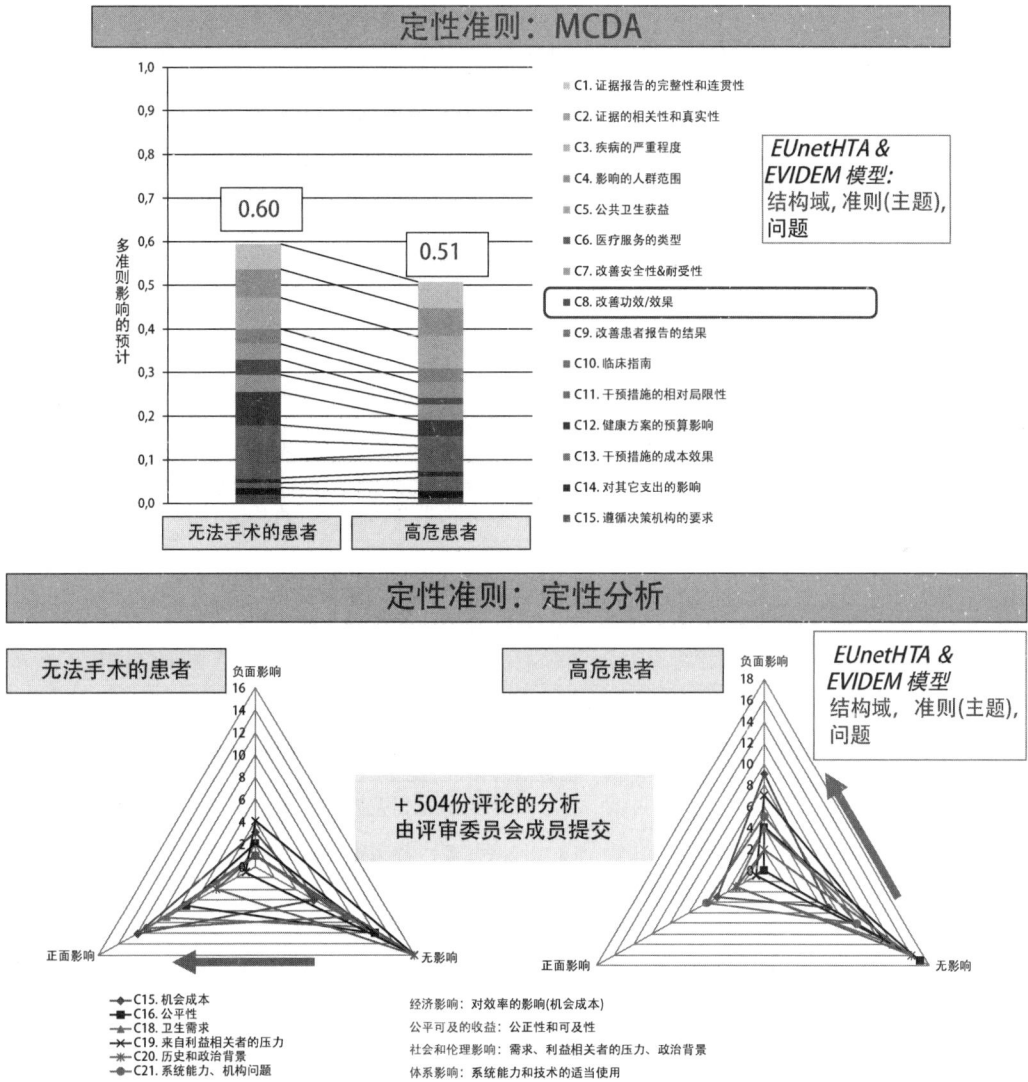

图 8.3　TAVI 评估过程的摘录

首先,委员会成员(N = 21)使用 MCDA 的 15 个量化准则评估并计算适宜手术和不能手术的患者进行 TAVI 手术的适宜性指数。同一批成员结合 6 个定性准则对技术进行评价,其分析结果可以是负面作用、无影响或有正向作用,这有助于形成关于 TAVI 的最终推荐意见。在此情况下的工作包括审查每一个评估案例、修订授权各中心使用的准则、团队评估技术的缺点和患者的并发症、与筹资过程相关的临床病理登记和有条件的偿还——前提是 2 年内没有产生正向结果(该项政策法案于 2013 年发布)。

8.2.2.4 伦巴第的最新进展和在意大利的未来发展

2015 年,伦巴第 HTA - MCDA 的应用实体得到了修订,以纳入 EUnetHTA 核心模型 3.0 版(截至 2015 年 9 月的草案版本)的内容以及对 EVIDEM 框架 3.0 版进行的大部分更改。之后产生的更新的结构域和在用准则如表 8.3 所示。

表 8.3 结构域和准则列表

定量的结构域(D)和准则(C)	D1 - 健康问题的相关性	C01 - 疾病及其严重程度的描述 C02 - 技术作用的人口数量
	D2 - 技术与问题解决的相关性	C03 - 预防的益处类型 C04 - 治疗的益处类型 C05 - 证据质量
	D3 - 安全性	C06 - 改善安全性和耐受性
	D4 - 有效性	C07 - 改善功效和有效性 C08 - 改善患者报告的结果或患者感知的健康状况 C09 - 干预措施的相对局限性(未满足的需求) C10 - 临床指南和监管状态的共识
	D5 - 财务和经济方面	C11 - 健康方案的预算影响(干预成本) C12 - 对其他医疗成本的影响 C13 - 对非医疗成本的影响 C14 - 干预措施的成本效果、机会成本和可负担性
定性的结构域(D)和准则(C)	D6 - 伦理学方面、机会均等	C15 - 人群的优先级和可及性(公平性)
	D7 - 机构方面	C16 - 系统和提供者的能力以及对干预措施的合理使用
	D8 - 社会方面	C17 - 来自利益相关方的压力和阻碍
	D9 - 法律方面	C18 - 法律要求和遵循 NHS 的使命

目前,伦巴第地区的开拓性工作在意大利其他地区及国家层面进行了探索。最近,在一项关于医疗器械优先重点的国家法律条文中增加了 MCDA 的运用,强调了该方法对于支持 HTA、决策以及与利益相关者沟通产生的实际价值。

8.2.3 开发用于比利时报销决策的 MCDA 方法

比利时卫生部长根据国家健康与失能保险研究所(National Institute for health and Disability Insurance,INAMI/RIZIV)的建议进行医疗保险的报销决策。本项案例研究仅关注药物的报销决策。

比利时的药物报销程序在 2001 年发生了显著变化,成立了药物报销委员会(Drug Reimbursement Committee,DRC),目的是评估制药公司的报销请求并向卫生部长提出建议。

DRC 由比利时医疗卫生部门的不同类型的利益相关者组成,包括来自学术、医疗、药剂和疾病基金(投票成员)的代表以及各部委、制药业和 INAMI/RIZIV(咨询成员)的代表。投票工作是在咨询委员在场的情况下通过举手表决来完成的。个人代表不需要为他们的投票辩护。

法律规定了评估过程中需要考虑的准则,包括附加的治疗价值、药物价格和报销依据、临床有效性以及药物对于治疗和社会需要的作用、预算影响和成本-效果。药物的治疗价值评估准则也由法律规定,包括疗效、安全性、有效性、适用性和舒适性。如果药物在给定的治疗方案中能够对病死率、致残率和/或生活质量产生影响,则认可其具有附加的治疗价值。准则中没有明确的层级结构。

8.2.3.1　透明度

与 DRC 成立之前相比,2001 年实行的变革后的药物报销程序显著提升了目标准则的透明度和利用度(Cleemput 和 Van Wilder,2009)。但是,透明度的问题依然存在。评价阶段是一个深思熟虑的过程,需要使用正式和非正式的准则。此外,评估阶段和评价阶段的区别并不总是清晰。

主要的评估报告和部长决定发布在 INAMI/RIZIV 的网站上,但并非一直清楚哪些因素最终导致了建议/决定,因为主要的讨论要点和论点并没有被报道。

8.2.3.2　比利时的 MCDA 框架

2010 年,比利时一家独立的公共资助政策研究机构——比利时医疗保健知识中心(Belgian Healthcare Knowledge Centre,KCE)研究了如何改进药物报销体系合理性的问责制(le Polain 等,2010)。首先,建议对评估和评价过程进行更严格的区分。评估意味着收集有关待评估技术的证据。评价指价值判断,与每个评估要素的相对重要性有关。这些价值判断应该在民主的制度下理想地反映社会价值和偏好。其次,KCE 还提出了一个可能的 MCDA 框架,目的是使卫生技术评估过程更加透明(见表 8.4)。该框架旨在支持针对不同适应症的新干预技术的决策。

该框架由五个问题组成,对应于五个过渡性的决定。每个问题都需要根据明确的决策准则来回答。决策准则必须满足两个条件:① 具有相关性;② 公众依据准则的相对重要性赋予其权重。分离出决策过程的中间问题有助于人们进行选择,因为同时考虑少许准则相对于较多的准则而言更符合认知过程(Ryan 等,2001)。

表 8.4　医疗报销评价过程中的关键问题和可能的相关准则（MCDA 框架）

决　策	问　题	可能的准则
1. 治疗和社会需求	该产品是否针对治疗和/或社会需求	治疗需求：可用或不可用的有效备选治疗措施；疾病的严重程度；目前治疗措施的不便利性
		社会需求：高/低患病率；与疾病有关的公共支出
2. 准备用公共资源支付治疗措施	我们从社会原则出发，是否准备将公共资源用于能够改善症状的治疗措施？	自身的责任；生活方式相关的状况
3. 准备用公共资源支付正在考虑的干预措施	从社会角度考虑，我们是否准备用公共资源支付这种特定的干预措施，因为通常情况下我们准备为治疗这种症状的干预措施付费	与备选治疗措施相比，其治疗的安全性和功效、增加的治疗价值、对健康收益的影响
4. 准备支付更多	从社会角度考虑，我们准备用公共资源支付这种特定的治疗措施，我们是否准备为该种治疗措施而不是最好的备选方案支付而多	增加的治疗价值；可能节省其他医疗部门的支出；证据的质量和不确定性；患者成本分担的可接受性；疾病的罕见性
5. 支付意愿（定价和报销的基础）	我们愿意为这种特定的治疗措施支付多少公共资源	增加的治疗价值；预算影响/支付能力；成本-效果比；医疗、治疗和社会需求；证据的质量和不确定性；成本分摊的限制

这些问题是分层级来构建的，其假设是，只有当人们对更好的干预有需要时，某项新技术才能得以报销，该技术还应具有足够的附加价值。然而，仅仅有一种被感知的需要是不够的。即使有需要，新技术仍然需要在其他重要的准则上具有更好的表现。需要越多，该技术越好，这意味着用公共资源支付的新技术应具备更高的倾向性（这对患者而言很重要）。

比利时的方法展现了 MCDA 框架在每个过渡性决策中的应用。与文献中描述的例子相比，比利时 MCDA 框架规定准则的权重应来自公众，因为医疗保险报销决策的合法性假设考虑了社会偏好。由于公众对报销准则的偏好不明，因此 KCE 在 2014 年进行了大量的人口学调查以得出准则的权重。本篇报告的其余部分将讨论此项调查的方法和结果以及将其结果应用于 MCDA 的情况。

8.2.3.3　获取公众对医疗保险报销准则的偏好

从全国的居民登记中随机抽取 2 万人，按年龄和性别进行分层。人们被邀请填写网络调查问卷或纸质版问卷。

调查包括九个离散选择问题、一个道德推理练习和一些人口统计问题。离散选择的问题分为三个区组：

（1）用于评估治疗需要的准则，其相对重要性的离散选择问题是人们在已有备选治疗技术的情况下对于更好技术的需要，这取决于现有技术对生活质量的作用、疾病而非技术对预期寿命的影响以及现有技术的不便利性。

（2）用于评估社会需要的准则，其相对重要性的离散选择问题体现在疾病的患病率和每位患有该疾病的患者的公共支出。

（3）用于评估新技术相对于最佳的可替代技术的附加值的准则，其相对重要性的离散选择问题体现在新技术对此前提及的各项准则的影响。

每个区组中应用的准则都是通过文献综述和专家研讨会确定的。考虑到开发通用 MCDA 的目的，该准则需要与所有的健康状况相关，即并非疾病特异性准则。这样界定的准则才能适用于各种类型技术的比较，并且有助于形成最佳的资源配置。表 8.5 列出了每个区组应用的准则。

表 8.5　调查过程中使用的准则

治疗的需要	新治疗措施的额外价值
患者接受现有治疗措施后的生活质量 ● 8/10 ● 5/10 ● 2/10	对生活质量的影响 ● 改善患者的生活质量 ● 不改变患者的生活质量 ● 降低患者的生活质量
患者接受现有治疗措施后的期望寿命 ● 不会死于疾病 ● 较未患病者早死亡 5 年 ● 几乎随时会因疾病死亡，即便是接受现阶段的治疗	对患病率的影响 ● 治愈更少的患者 ● 治愈的患者例数相当 ● 治愈更多的患者
现有治疗措施带来的不适感 ● 现有治疗措施带来较多的不适感 ● 现有治疗措施带来少量的不适感	对治疗措施不适感的影响 ● 减轻患者对治疗措施的不适感 ● 给患者带来相同程度的不适感 ● 增加患者对治疗措施的不适感
社会的需要	对每位患者疾病相关公共卫生支出的影响 ● 减少每位患者疾病的相关公共卫生支出 ● 并不改变每位患者疾病的相关公共卫生支出 ● 增加每位患者疾病的相关公共卫生支出
患病率 ● 罕见：比利时的患病人数不足 2 000 ● 并不高发：比利时的患病人数 2 000～10 000 ● 较高发：比利时的患病人数 10 000～100 000 ● 极其高发：比利时的患病人数多于 100 000	
每位患者的社会成本 ● 每位患者较少的公共支出 ● 每位患者较多的公共支出	对期望寿命的影响 ● 并不改变患者的期望寿命 ● 增加患者的期望寿命

本项研究对 4 288 名(20 000 位目标人群受邀请的比例是 21.4%,受邀请人群的应答率是 89.2%)年龄在 20 到 89 岁之间的公众参与者的回复进行了分析。用多项 Logistic 回归分析数据,并获得与水平无关但具有准则特异性的权重,选用模型的对数似然函数之差进行分析。

在不同的区组内,受访者被要求在两个不同的患者小组(根据治疗需要划分区组)、两种不同类型的疾病(根据社会需要划分区组)或针对同一疾病的两种不同干预技术(根据附加值划分区组)之间进行选择。合计 24 个不同版本的问卷,不同的情景供选择,其中 3 个选择集是关于治疗需要,1 个是社会需要,4 个是附加价值,可以在选定的区组内获得各项准则的权重。

(1) 多因素 Logit 回归的估计值:在文献中也称之为每个区组的条件 Logit 模型。

(2) 对于每个区组,用对数似然函数计算相对偏好的权重:

● 计算模型的对数似然函数。

● 去除一项准则之后,计算对基于感兴趣准则的模型的对数似然函数(精简的模型)。

● 测试精简模型统计学的似然比检验结果是否与完整模型相符。如果结果拒绝相符的假设,则考虑移除的某项属性的相对重要性指数不为零。

● 计算完整模型和每个精简模型之间的对数似然函数差值,以测量属性的相对重要性,并转换成特定的比值。

这会产生三套权重,每个区组一套。比利时运用的模型没有将这些区组整合在一起。包括治疗需要和社会需要在内的"全面需要"评估仍然存在问题。如果某种疾病在这两种需要中得分都很高,那么它的得分会高于只有单一需要的疾病。然而,这个模型并没有尝试对社会需要(社会视角)与治疗需要(个人视角)进行权衡。

8.2.3.4　比利时的报销准则权重

治疗需要

表 8.6 列出了治疗需要结构域的准则权重。在当前的治疗模式下,公众对生活质量的重视程度最高。在目前的治疗中,对于具有良好生活质量、不会因所患的疾病而死亡且不会因为现有的治疗感到不适的人群而言,治疗需要被认为最不重要。

社会需要

在评估社会需要时,人们更重视疾病对公共支出的影响(0.65)而不是疾病的患病率(0.35)。他们认为,最有可能对社会造成重大损失的疾病具有最高的社会需要。

表 8.6　治疗需要结构域的准则权重

准　则	权　重
期望寿命	0.14(3)
生活质量	0.43(1)
不适感	0.43(1)

附加价值

在评估新技术的附加价值时,公民对技术的生活质量影响给予了最重的权重,其次是对疾病流行率和预期寿命的影响。

总体结果如果与负面结果(较高的支出、较高的治疗不适感、较少的患者治愈)的价值降低相关,其感知程度高于正向的价值获得(较低的支出、较低的治疗不适感、较多的患者治愈)。例如,增加公共支出的附加值的负面结果(−0.43)的感知程度高于公共支出减少的正向结果(+0.23)。表 8.7 列出了用于明确新技术附加价值准则的权重。

表 8.7　衡量新治疗措施附加价值的准则权重

准　则	权　重
改善生活质量	0.37(1)
改变患病率	0.36(2)
改变期望寿命	0.14(3)
对公共支出的影响	0.07(4)
对治疗措施不适感的影响	0.06(5)

将 MCDA 用于决策

所描述的框架并未在实践中得以应用,但是它将在 2016 年之后用于报销的早期临时决策。

每次请求报销新技术时,都可以应用 MCDA。这包括:① 根据所选准则对疾病和治疗技术评分;② 对分数进行加权;③ 对加权分数求和。评分反映了基于准则的疾病或治疗的临床意义,而在决策中重要或无关紧要的临床意义则体现在权重中。MCDA 有如下应用:

- 第 1 步:考虑新技术所针对的疾病以及目前的治疗现状。

委员会成员考虑新技术所针对的病情,并且根据与治疗需要和社会需要相关的准则进行评分。

对于评分,委员会成员应该有一份评估报告,描述关于每个准则的现有科学证据并发现证据与实践的差距。如在证据不足或不确定的情况下,成员可以咨询外部专家。

- 第 2 步:考虑新技术的附加价值。

委员会成员根据待报销的新技术的附加价值准则为该技术评分。分数应该基于最佳的科学证据。

- 第 3 步:对治疗需要、社会需要和附加价值进行评分加权。

根据调查结果,根据公共偏好的权重计算加权评分。这一步是通过将分数乘以权重来完成的。对于每个结构域,将其特异性准则的加权分数进行求和。

上述步骤产生了三个分数:一个代表治疗需要,一个代表社会需要,另一个体现新技术的附加价值。更高的分数代表了更高优先级的治疗需要、社会需要或治疗附加价值,这取决于所考虑的结构域。通过重复 MCDA 进行不同的决策,最终将获得疾病和治疗的优先级排序。

- 第 4 步:审议治疗需要、社会需要和附加价值的得分。

三项总的加权分值有助于委员会考虑技术在图中所处的象限(见图 8.4)。一项技术的需求和附加价值越高,被报销的可能性越大。是否报销仍然是支付意愿方面的问题,决策者需要对此进行判断。这一过程仍在审议中。然而,需要就支付意愿进行商议的技术数量在减少(对于 Y 轴左侧的技术,除非在评估过程中遗漏了 MCDA 中的某些准则,否则不需要进一步讨论)。

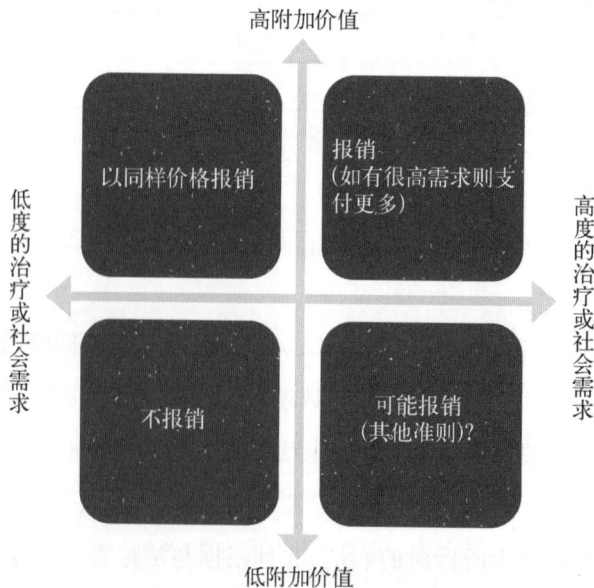

图 8.4　准备(更多)支付新的干预措施

MCDA 中可能没有包含对决策重要的某项准则。审议工作应包括讨论是否有其他虽重要但尚未被纳入 MCDA 的准则,这些准则的纳入会在需求或附加值方面改变技术的优先等级。例如,政策制定者会希望优先考虑预防性而不是治愈性技术。如果是这样,预防性技术的优先级排名可能会上升。额外的重要准则应该被明确,委员会需要解释这些额外的准则如何改变疾病或治疗的排序。

与其他许多 MCDA 方法不同,比利时的方法并未将对更好治疗的需求以及新技术附加价值的评估整合在单一的加权评分中。虽然这会被认为是研究的局限性,但也可以被视作优点。对需求和附加价值的评估持有截然不同的观点:前一个观点包含疾病相关的准则,而后者则是与技术相关的准则。对于这些多样化且互相之间有违背的准则会很难衡量。

8.3　讨论

本章的要点与 Tanios 等人(2013)关于决策者用系列相关准则帮助决策的需求相符,并且与 Guindo 等人(2012)关于在公平配置资源和优化决策时规范化和可行性准则所发挥的重要性相一致。文献表明,全球范围内出现了特定国家的 HTA 组织机构和优先重点的确定流程。这体现了诸如透明度和稳健性原则、采用成本和效益整合分析方法、明确表述不确定性以及利益相关者积极参与的重要性(Drummond 等,2008;Chalkidou 等,2009;Pinchon-Riviere 等,2010)。然而,从评估证据到达成最终的报销决定,关于什么才能被认为是"良好实践"的信息仍然缺乏。

三个案例研究均试图满足 MCDA 的方法学要求:① 完整性(明确了体现待评估技术价值的所有准则);② 非冗余性(不允许重复);③ 相互独立性(赋予某项准则的分值与其他准则的得分无关);④ 可操作性(明确定义准则,评估数据可以独立使用,并且评分量表的方向性被普遍理解)。然而,运用有效且明确的流程以确保相关要素的透明度和一致性同时满足 MCDA 的方法学要求非常具有挑战性,因此局限性难以避免。

文献中报道的在报告 HTA 时运用 MCDA 遇到的方法学挑战与案例研究中提及的信息一致。例如,案例研究中均未提及如何处理 MCDA 估计的不确定性,或许在向决策者提交分析结果时,需要在不久的将来采用更复杂的统计学方法来处理上述问题。在将MCDA 用于报销决策时,如何评估机会成本仍然面临挑战,例如是否应该将成本-效益作为单独的准则与经验估计的 ICER 进行对比? 还是应该从相关准则中删除以避免重复计算? 在此情况下,将来必然会再进行一些方法方面的取舍。有关 MCDA 的方法学挑战更全面的讨论请参见第 14 章。

　　研究还表明,在运用 MCDA 进行干预性技术的交叉比较时,可能无法生成满足所有决策者需要的 HTA 通用性 MCDA 框架,因为委员会成员会偏好于某组能够公平比较相似技术的准则。在回顾 EVIDEM 准则的具体案例时,有些人会认为它不符合诸如避免重复或保持独立等核心原则,而另一些人可能认为这一框架很重要,因为它明确说明了与决策有关的内容并能够促成讨论。所有这些方法学方面的问题都应该被人们深刻认识,以便将 MCDA 稳固地用于报销决策和未来的研究议程。除了局限性之外,三个案例研究都试图确保在开展可靠的 HTA 之后进行透明和系统的决策。

　　也有一些经验教训,例如哥伦比亚和伦巴第的项目,有必要在试点前向委员会成员提供更多的说明,需要一些时间来实施以便让决策者对之熟悉,这与 Goetghebeur 等人(2012)报道的结果类似。提供完整的信息以及具有同质性和一致性的报告可以减少决策者的不确定性,并提高委员会对技术的观点的一致性。最终达成的共识是,用详尽的预算影响分析(BIA)完成的 MCDA 证据矩阵的混合方法将是哥伦比亚的理想选择,这符合 EVIDEM 协作网对 MCDA 框架可操作性方面的建议(www. evidem. org/docs/2015/EVIDEM‐v3‐0‐Decision-criteria-conceptual-background-definitions-and-instructions-June‐2015b. pdf)。

　　伦巴第政府借鉴 EUnetHTA 和 EVIDEM 协作网开发的方法来强化 HTA 项目,意味着无须"炒冷饭"。伦巴第还利用网络工具进行定量和定性分析,这意味着有可能扩大审议范围,增加在同一地区乃至国内的受众,而不会在短期显著增加成本。应该承诺增加资源、修订操作程序并且加强 HTA 和其他管理项目之间的联系(例如修订护理途径、开展风险评估),以推进即将在本辖区实施的 HTA 政策法案。

　　就比利时而言,主要是透明度和决策合法性的目标引发了 MCDA 方面的工作。只有通过使用和考虑有关准则及其权重,决策过程才能更加合理。无论是对于个体患者还是对整个社会,关于预算的决定应该与人们对重要性的认识相符。比利时的做法对于价值观明确的决策而言是深思熟虑的,应该基于准则开展更加一致和透明的评估。因此,比利时的进程不能仅停留在当下,计算的分值应该与评议的过程相辅相成,以囊括其他需要考虑的事项。如何处理缺失或低质量的证据,以及何时需要对尚未获得上市许可的产品提前进行暂时的报销决策,这是一个值得普遍考虑的问题。

　　各国的背景各不相同,例如,哥伦比亚刚刚开启了 HTA,在决策过程的评估阶段,仍然需要提高 MCDA 的使用率。因此,本章中介绍的试点工作是上述方面的最初尝试。另一方面,比利时十多年前就在决策中纳入了强有力的证据评估,但是最近,KCE 的工作为人们描绘了一个更加明确和合法的过程。本项案例研究中提及的框架尚未正式应用,但预计将于 2016 年实施。虽然很有意义，但只是一项正在进展的工作。

就伦巴第而言，它已经存在了三年多，代表了 MCDA 在更系统和更高级阶段的使用。本章介绍的伦巴第地区的开拓性工作目前正在国家层面进行审议，其应用范围超出了药物和操作程序。值得注意的是，每个案例研究在尝试整合 MCDA 和 HTA 进行报销决策时采用的方法不同，因此它们之间的公平比较变得复杂。在不久的将来开展方法学的比较研究有助于明确最为合适的方法。

8.4　结论

所有卫生系统都面临着如何管理有限资源以解决无限的服务需求的问题。因此希望本章的内容对公共卫生和政策领域产生作用，因为在许多国家，不明确的重点确定过程、信息不足、缺乏 HTA 政策、实施障碍、政治议程方面的问题和资源缺乏依然常见（Youngkong 等，2009）。

从这些案例研究和人们对 MCDA 日益增长的兴趣看来，上述框架使得以公开和透明的方式对可测量和以价值为基础的因素进行结构化的客观分析成为可能。根据 Miot 等人在 2012 年开展的研究，需要以系统和透明的方法确定优先重点，然后作出合理的并且让利益相关方接受的决策。然而，在决策过程中如何明确决策准则，如何将此过程透明化并向公众公开，具有挑战性，但是这为决策提供了社会背景，并且对于在全球资源有限的背景下获得民主制度的继续支持至关重要。

案例研究的最终结果可能适用于哥伦比亚、伦巴第和比利时之外的政策背景。MCDA 可以增加透明度，并且有助于明确地进行价值判断，这提高了决策的合法性并且保证了结果的一致性。进一步探讨如何整合 MCDA 和 HTA 以支持更加明智的报销决策，特别是 MCDA 的方法学、结果的一致性和可复制性将对各国都有价值。尽管如此，值得注意的是，委员会的稳定性和人员组成决定了价值取向和所做的决定，决策的背景和相关的竞争性技术也会对此产生影响。

参考文献

Baltussen R, Niessen L (2006) Priority-setting of health interventions: the need for multi criteria decision analysis. Cost Eff Resour Alloc 4:14

Baltussen R, Ten Asbroek AH, Koolman X, Shrestha N, Bhattarai P, Niessen LW (2007) Priority-setting using multiple criteria: should a lung health programme be implemented in Nepal? Health Policy Plan 22:178–185

Briggs AH (2001) Handling uncertainty in economic evaluation and handling results. In: Drummond MF, McGuire A (eds) Economic evaluation in healthcare, merging theory with practice. Oxford University Press, Oxford, pp 162–180

Briggs AH, Goeree R, Blackhouse G, O'Brien BJ (2002) Probabilistic analysis of cot- effectiveness models; choosing between treatment strategies for gastroesophageal reflux disease. Med Decis Making 22:290–308

Bulfone L, Younie S, Carter R (2009) Health technology assessment: reflections from the antipodes. Value Health 12(Suppl 2):1–5

Castro HE (2011) Health technology assessment across borders and the role of NICE and NICE international on spreading the message on evidence based health policies. Organisational Policy Analysis Report (DrPH), London School of Hygiene & Tropical Medicine

Castro HE (2012) Agencias de Evaluación de Tecnologías Sanitarias: ¿Moda o Necesidad. Revista Via SALUD- Centro de Gestión Hospitalaria 16(1):12–17

Castro HE, Briceño MF, Casas C, Rueda JD (2013) The history and evolution of the clinical effectiveness of haemophilia type A treatment: a systematic review. Indian J Hematol Blood Transfus. Viewed May 8 2013, http://link.springer.com/article/10.1007%2Fs12288-012-0209-0

Chalkidou K, Tunis S, Lopert R, Rochaix L, Sawicki PT, Nasser M, Xerri B (2009) Comparative effectiveness research and evidence-based health policy: experience from four countries. Milbank Q 87(2):339–367

Cleemput I, Van Wilder P (2009) History of health technology assessment in Belgium. Int J Technol Assess Health Care 25(Suppl 1):82–87

Cleemput I, Neyt M, Thiry N, De Laet C, Leys M (2011) Using threshold values for cost per quality-adjusted life-year gained in healthcare decisions. Int J Technol Assess Health Care 27(1):71–76

Cleemput I, Franken M, Koopmanschap M, le Polain P (2012) European drug reimbursement systems' legitimacy: five-country comparison and policy tool. Int J Technol Assess Health Care 28(4):358–366

Dolan JG (2010) Multi-Criteria clinical decision support. A primer on the use of multiple criteria decision-making methods to promote evidence-based, patient-centered healthcare. Patient 3:229–248

Drummond MF, Sorenson C (2009) Nasty or nice? A perspective on the use of health technology assessment in the United Kingdom. Value Health 12(Suppl 2):S8–S13

Drummond MF, Schwartz JS, Jonsson B, Luce BR, Neumann PJ, Uwe Siebert U, Sullivan SD (2008) Key principles for the improved conduct of health technology assessments for resource-allocation decisions. Int J Technol Assess Health Care 24:244–258

Eddy D (1990) Clinical Decision-making: from theory to practice. Anatomy of a decision. JAMA 263:441–443

Florez ID, Lugo LH, Tamayo ME, Contreras JO, Sierra JM, Acosta JL, Lalinde MI, Granados CM, Lozano JM, Mejía AE, Atehortúa SC, Mejía ME, Ramírez CM, Quintero A- CINETS, Ministerio de Salud y Potección Social, Colciencias (2013) Guía de Práctica Clínica para la prevención, diagnóstico y tratamiento de la enfermedad diarreica aguda en niños menores de 5 años, Colombia. Viewed 16 Feb 2014. http://www.iets.org.co/reportes-iets/Documentacin%20Reportes/Gu%C3%ADa.Completa.EDA.2013.pdf

Glassman A, Chalkidou K, Giedion U, Teerawattananon Y, Tunis S, Bump J, Pichon- Riviere A

(2012) Priority-setting institutions in health- recommendations from a Center from Global Development Working Group. Global Health 7(1):13–34

Goetghebeur M, Wagner M, Khoury H, Levitt R, Erickson L, Rindress D (2008) Evidence and value impact on decision-making- the EVIDEM framework and potential applications. BMC Health Serv Res 8:270

Goetghebeur M, Wagner M, Khoury H, Rindress D, Gregoire JP, Deal C (2010) Combining multicriteria decision analysis, ethics and health technology assessment: applying the EVIDEM decision-making framework to growth hormone for Turner syndrome patients. Cost Eff Resour Alloc 8:4

Goetghebeur M, Wagner M, Khoury H, Levitt RJ, Erickson LJ, Rindress D (2012) Bridging health technology assessment (HTA) and efficient healthcare decision-making with multicriteria decision analysis (MCDA): Applying the EVIDEM framework to medicines appraisal. Med Decis Making 32(2):376–388

Guindo LA, Wagner M, Baltussen R, Rindress D, van Til J, Kind P, Goetghebeur M (2012) From efficacy to equity: literature review of decision criteria for resource-allocation and healthcare decision-making. Cost Eff Resour Alloc 10(1):9–21

Heyse J, Cook J, Carides G (2001) Statistical considerations in analysing healthcare resource utilisation and costs data. In: Drummond MF, McGuire A (eds) Economic evaluation in healthcare, merging theory with practice. Oxford University Press, Oxford, pp 213–235

Hoch JS, Briggs AH, William A (2002) Something old, something new, something borrowed, something BLUE: a framework for the marriage of health econometrics and cost-effectiveness analysis. Health Econ 11:415–430

Le Polain M, Franken M, Koopmanschap M, Cleemput I (2010) Drug reimbursement systems: international comparison and policy recommendations. Health Services Research (HSR). Belgian Healthcare Knowledge Centre (KCE). KCE reports 147C, Brussels

Migliore A, Tringali M, Fortino I, Cerbo M (2014) The impact of EAA activities: from assessment to decision-making in Lombardia. EuroScan Newsletter 16:7

Miot J, Wagner M, Khoury H, Rindress D, Goetghebeur MM (2012) Field testing of a multi criteria decision analysis (MCDA) framework for coverage of a screening test for cervical cancer in South Africa. Cost Eff Resour Alloc 10(2), doi:10.1186/1478-7547-10-2

National Institute for Health and Clinical Excellence (2008) Guide to the methods of technology appraisal. London

O'Donnell JC, Sissi V, Pashos CL, Miller DW, Smith MD (2009) Health technology assessment: lessons learned from around the world- an overview. Value Health 12(Suppl 2):1098–2015

Perry F, Garcia O, Diaz S, Guzman L, Ángel J, Lehmann C, Sánchez J, Poveda C, Alba M, Sierra F, Peña E, González A, Medina E, Rosas ML, Martín H, Sánchez R, Moreno M, López MC, Murillo R, Rossi F, Acosta B, Cabarcas M, Zea D, Torres L, Serrano C, Rugeles J, Moran D, Arango N, Cuello J, Mejía A, Carvajal A, Ayala LE, García D, García MP, Ortegón M, Gamboa O, Muñoz A, Lozano T, Gamboa C, León E, Gil A, Instituto Nacional de Cancerología ESE, Instituto Nacional de Cancerología, Ministerio de Salud y Potección Social, Colciencias (2012) Guía de Práctica Clínica para la detección temprana, tratamiento integral, seguimiento y rehabilitación del Cáncer de Mama, Bogotá, Viewed 24 Feb 2014. http://www.minsalud.gov.co/Documentos%20y%20Publicaciones/Gu%C3%ADa%20de20Pr%C3%A1ctica%20Cl%C3%ADnica%20%20de%20Cancer%20de%20Mama%20versi%C3%B3n%20completa.pdf

Pinchon- Riviere A, Augustovski F, Rubinstein A, Garcia Marti S, Sullivan SD, Drummond MF (2010) Health technology assessment for resource-allocation decisions: are key principles relevant for Latin America? Int J Technol Assess Health Care 26(4):421–427

Ryan M, Scott DA, Reeves C, Bate A, van Teijlingen ER, Russell EM, Napper M, Robb CM (2001)

Eliciting public preferences for healthcare: a systematic review of techniques. Health Technol Assess 5(5):1–186

CRES- Unidad Administrativa Especial- Comisión de Regulación en Salud (2012) Metodología para la determinación de los criterios y categorías para la priorización de tecnologías en salud en el proceso de actualización del POS. Documento técnico proyecto POS – UPC 2012 – 2013. subdirección técnica, Bogotá. Viewed 18 Feb 2013. http://www.cres.gov.co/Portals/0/Convocatoria%20Participaci%C3%B3n%20Ciudadana%202012.pdf

Senior JM, Lugo LH, Acosta N, Acosta JL, Díaz J, Osío O, Plata JA, Saldarriaga CI, Trespalacios EJ, Toro JM, Pastor MP, Ciapponi A, Mejía AE, Atehortúa S, Ceballos M, Mejía ME, Ramírez C, Universidad de Antioquia, Ministerio de Salud y Potección Social, Colciencias (2013) Guía de Práctica Clínica para el Síndrome coronario Agudo. Viewed 25 Feb 2014. http://scc.org.co/wp-content/uploads/2013/07/GPC-SCA-Guia-para-Usuarios-MPS-Colciencias-UdeA.pdf

Tanios N, Wagner M, Tony M, Baltussen R, van Til J, Rindress D, Kind P, Goetghebeur MM (2013) International task force on decision criteria which criteria are considered in healthcare decisions? Insights from an international survey of policy and clinical decision-makers. Int J Technol Assess Health Care 29(4):456–465

Tony M, Wagner M, Khoury H, Rindress D, Papastavros T, Oh P, Goetghebeur MM (2011) Bridging health technology assessment (HTA) with multicriteria decision analyses (MCDA): field testing of the EVIDEM framework for coverage decisions by a public payer in Canada. BMC Health Serv Res 11:329

Tringali M, Strada A, Leoni O, Fortino I (2014) La Valutazione delle Tecnologie Sanitarie – HTA in Regione Lombardia. Economia & Politica del Farmaco (9). 2014 (Italian abstract only) http://www.economiasanitaria.it/index.asp?pagina=http://www.economiasanitaria.it/EPF/EPF00.asp

Tunis SR (2007) Reflections on science, judgment, and value in evidence-based decision-making: a conversation with David Eddy. Health Aff (Millwood) 26:500–515

Youngkong S, Kapiriri L, Baltussen R (2009) Setting priorities for health interventions in developing countries: a review of empirical studies. Trop Med Int Health 14:930–939

第 9 章

将 MCDA 纳入确定优先重点的政策过程：来自中低收入国家的经验

Noor Tromp，Evelinn Mikkelsen，Roderik Viergever，Rob Baltussen

摘要

　　本章论述了 MCDA 应用于低中收入国家(LMIC)健康干预优先级设置的政策问题，包括利益相关者参与、制度化和 MCDA 对于政策制定的影响。基于文献综述，我们根据上述问题评价了 11 个案例研究。我们发现，没有提及利益相关方参与的系统方法。只有四个案例研究在制度化的背景下实施了 MCDA，三个研究评估了 MCDA 对政策制定的影响。一份详细的案例研究介绍了将 MCDA 明确纳入印度尼西亚艾滋病毒/艾滋病控制政策制定中的应用，并且概述了这种方法用于三个方面政策问题时的推动和阻碍因素。本章的最后提供了将来在政策过程中应用 MCDA 的建议。本章为哪些利益相关者参与以及为何参与提供了方法指导，给出了有关 MCDA 制度化和评估 MCDA 对政策影响的改进建议。

N. Tromp (✉)
Department for Health Evidence，Radboud University Medical Canter，
P.O. Box 9101，6500 HB Nijmegen，Netherlands

Royal Tropical Institute (KIT)，Mauritskade 63，1092 AD，Amsterdam，Netherlands
e-mail：n.tromp@kit.nl

E. Mikkelsen · R. Baltussen
Department for Health Evidence，Radboud University Medical Canter，
P.O. Box 9101，6500 HB Nijmegen，Netherlands
e-mail：Rob.Baltussen@radboudumc.nl

R.F. Viergever
Department for Health Evidence，Radboud University Medical Center，
P.O. Box 9101，6500 HB，Nijmegen，Netherlands

Research4health，Utrecht，The Netherlands
e-mail：rviergever@research4health.org

9.1 MCDA 用于支持 LMICs 的优先级设定

在西方国家,卫生干预的优先次序被认为是一项复杂的工作,但是在中低收入国家更加复杂,原因是缺乏支持决策的证据、薄弱的机构能力以及来自政策制定者和国际捐助机构的主导性意见(Kapiriri 等,2007;Glassman 等,2012;Chalkidou 等,2013;Oliver 等,2014)。在没有指引的情况下,重点确定过程往往是临时性的、基于过去经验的,并且不涉及所有的利益相关者(Baltussen 和 Niessen,2006;Kenny 和 Joffres,2008;Sabik 和 Lie,2008;Stafinski 等,2011;Vuorenkoski 等,2008;Youngkong 等,2009)。MCDA 有助于提高决策的质量(通过纳入所有相关准则并且循证),提高决策的透明度和可问责性,并且在时过境迁和针对多种技术进行决策的情形下,能够提升决策的一致性(Baltussen,2015)。MCDA 被定义为"一套帮助决策的方法和方式,决策是基于多个准则进行,这也明确了所有准则在决策中的作用及其相对重要性"(Marsh 等,2014)。

虽然中低收入国家卫生干预重点的确定实质上是被明确地纳入了决策过程,但是在方法学方面仍然欠缺。MCDA 的重点通常体现在研究开展的技术层面,例如引出权重的最佳方法或是汇总合并分值的方法学(Devlin 和 Sussex,2011)。相对而言,很少关注与政策有关的问题,例如分析过程中的利益相关者参与、MCDA 在何种程度上融入机构的政策制定过程以及它如何对政策产生影响。让所有利益相关者参与是解决冲突的价值观、促成问责制和保证决策可接受性的先决条件(Daniels,2008)。将 MCDA 纳入机构流程对于确保其结果的实践应用非常重要(Daniels,2008)。最后,衡量 MCDA 对决策的影响对于评价它是否对政策变化做出了实质性贡献至关重要(Sibbald 等,2009;Kapiriri 和 Martin,2010)。

本章内容分为三个部分。首先,根据这三个政策问题,概述了中低收入国家开展的 MCDA 案例研究。其次,介绍印度尼西亚的一项案例研究,该研究将 MCDA 用于 HIV/AIDS 防治重点的政策制定过程。此外,将讨论这种方法的阻碍和推动因素。最后,我们为未来 MCDA 的发展提出建议。

9.2 中低收入国家的 MCDA 案例研究概述

本节根据 Marsh 等的文献综述,概述了中低收入国家开展的 MCDA 案例研究,并在

Pubmed 中补充进行了文献检索。我们将首先描述这些案例研究的总体特征，然后针对上述三个政策问题对其进行评阅。

9.2.1 一般特征

表 9.1 概述了 11 篇经过同行评审的文献。10 项研究来自 Marsh 等人发表的系统评价(2014)。该篇系统评价纳入了截至 2013 年 8 月的所有研究，排除了未应用于评价卫生保健干预措施的研究，例如运用 MCDA 评估当地的卫生水平需要。本文仅纳入中低收入国家开展的相关研究，参考的中低收入国家定义来自世界银行(2015)。另外，在 PubMed 中进行了非系统性的文献检索(在 2015 年 5 月 22 日，检索词是"MCDA")，文献的纳入标准同 Marsh 等人(2014)，通过这个步骤找到了另一篇参考文献(Ghandour 等,2015)。

大多数案例研究(11 个中有 9 个)是在国家层面进行的(Ghandour 等,2015; Baltussen 等,2006，2007，Jehu-Appiah 等,2008; Diaby 和 Lachaine,2011; Miot 等, 2012; Youngkong 等,2012a，b; Holdsworth 等,2013)，还有两篇报道了在医院中的应用 (Nobre 等,1999; Erjaee 等,2012)。国家层面的研究关注 HIV/AIDS 控制(Youngkong 等,2012a)、非传染性疾病、心血管疾病(Ghandour 等,2015)、宫颈癌(Miot 等,2012)、肥胖 (Holdsworth 等,2013)和 5 种疾病的干预技术(Baltussen 等,2006，2007; Jehu-Appiah 等, 2008; Diaby 和 Lachaine,2011; Youngkong 等,2012b)。这些国家级研究中的大多数在比较了多种干预措施之后形成了相应的排序，而一项研究评估了特定的干预措施(用于宫颈癌筛查的液基细胞学检查)是否应该纳入南非的私人健康计划(Miot 等,2012)。在 11 项研究中，有两项在多个国家应用 MCDA，其中一项是在摩洛哥和突尼斯(Holdsworth 等,2013)进行，而另一项是在巴勒斯坦、叙利亚、突尼斯和土耳其(Ghandour 等,2015)进行。在 11 项研究中，三项在亚洲(泰国和尼泊尔)进行(Baltussen 等,2007; Youngkong 等,2012a，b)，六项在非洲(加纳、科特迪瓦、南非、摩洛哥和突尼斯)(Ghandour 等,2015; Baltussen 等,2006; Jehu-Appiah 等,2008; Diaby 和 Lachaine,2011; Miot 等,2012; Holdsworth 等,2013)，一项在南美洲(Nobre 等,1999)，两项在中东(Ghandour 等,2015; Erjaee 等,2012)。在医院开展的研究中，一项研究报道了伊朗幽门螺杆菌感染的儿童患者的治疗方案的选择(Erjaee 等, 2012)，另一项是关于巴西大学医院卫生技术购买的优先级设置(Nobre 等,1999)。

9.2.2 发现政策相关的问题

我们根据三个政策问题评阅了 11 项案例研究，具体结果如表 9.1 所示。基于文献综述的结果提出几点意见。

表 9.1　中低收入国家 MCDA 案例研究概况，以及与政策相关的三个问题（利益相关者参与、制度嵌入和对政策制定的影响）的研究结果

年份	作者	国家	场景（级别，医院区域）	政策问题 1：利益相关方的参与	政策问题 2：机构中是否嵌入了 MCDA?	政策问题 3：MCDA 是否对政策制定产生影响?
1999	Nobre	巴西	医院层面，医院采购的 8 种卫生技术排名	利益相关方： 医生被选为决策者，其中两人在设备采购方面有经验 MCDA 的步骤： 1. 选择干预措施：—（未报告） 2. 选择准则：医生（n = 4） 3. 确定准则的权重：医生（n = 4） 4. 方案的评分：医生（n = 4） 5. 讨论性能矩阵：—（未报告）	否。开展方法学研究以探讨模糊集成方法可否用于 MCDM	没有报道，似乎是方法学研究而非政策制定影响评价
2006	Baltussen	加纳	国家层面，32 种卫生干预措施的排名	利益相关方： 政策制定者（或以其他方式参与卫生决策的人士）是对此问题具有专业知识和经验的普通民众代表 MCDA 的步骤： 1. 选择干预措施：作者 2. 选择准则 + 相关准则：基于对与下达准则使用情况的回顾，以及与系列利益相关方（未指定）和政策制定者进行的讨论 3. 确定准则的权重：卫生政策制定者或参与健康决策的其他人（n = 30） 4. 方案的评分：作者的论文 5. 讨论性能矩阵：—（未完成）	否。如何将多准则用于优先级设置的探索性研究	否，探索性研究

续　表

年份	作者	国家	场景（级别、医院区域）	政策问题 1：利益相关方的参与	政策问题 2：机构中是否嵌入了 MCDA？	政策问题 3：MCDA 是否对政策制定产生影响？
2007	Baltussen	尼泊尔	国家层面为 34 项卫生干预措施排序，以评估肺部健康项目是否应该成为尼泊尔的优先事项	利益相关者： 政策制定者 卫生专家 参与区域卫生保健项目的其他人 MCDA 的步骤： 1. 选择干预措施：作者 2. 选择准则：决策者和参与区域卫生保健项目的其他人（n＝7） 3. 确定准则的权重：政策制定者和卫生专业人员（n＝66） 4. 方案的评分：作者 5. 讨论性能矩阵：—（未完成）	否。作者声明这是一项探索性分析，重点确定的过程并未嵌入组织环境中	否，没有与系列利益相关方针对结果进行讨论，这影响了结果与现实决策的相关性
2008	Jehu Appiah	加纳	全国 26 项卫生干预措施的排名	利益相关者： 决策者（负责加纳卫生保健项目的地区和区域主任） 参与区域卫生保健项目的其他人 MCDA 的步骤： 1. 选择干预措施：作者 2. 选择准则：决策者和参与区域卫生保健项目的其他人（n＝7） 3. 确定准则的权重：政策制定者（负责加纳健康调查的地区和区域主任）（n＝63） 4. 方案的评分：政策制定者 5. 讨论性能矩阵：政策制定者（董事）（n＝37）将干预措施的简单排序用于对 MCDA 排名的有效性检查	是。优先重点的确定过程强烈地嵌入了卫生部的机构背景中，以确保其融入第三个五年工作计划（2007—2011）	是，报道表明政策制定者已将目前的研究结果作为"第三个五年计划"发展进程的一部分。干预措施的排序以及其他准则（伦理学和预算优先项）被用于确定优先事项

续　表

年份	作者	国家	场景（级别、医院区域）	政策问题 1：利益相关方的参与	政策问题 2：机构中是否嵌入了 MCDA?	政策问题 3：MCDA 中是否对政策制定产生对政策制定产生影响?
2011	Diaby	科特迪瓦	国家将 MCDA 用于药物报销决策	利益相关者： 由三位药理学家、一位公共卫生与卫生经济学家以及两位药剂师组成的专家焦点小组（n = 6）一位主席和一位秘书（分别是为科特迪瓦卫生部工作的药剂师和医生）分别负责组织和记录焦点小组对于药物报销准则的看法 MCDA 的步骤： 1. 选择干预措施：作者和焦点小组（n = 6） 2. 选择准则：焦点小组，作者在后期略去了"社会"阶层"准则 3. 确定准则的权重：焦点小组 4. 方案的评分：作者 5. 讨论性能矩阵：一（未报告）	是。该项研究是为了改进科特迪瓦公务员和国家雇员普通共同基金的药物报销流程。然而,这是一项探索性研究,以了解MCDA 是否可用于确定优先重点。	未报道,如果 MCDA 可以用于制定药物报销目录,则它并不像是一项探索性研究
2012	Miot	南非	国家（私人健康计划）评估作为宫颈癌筛查工具的 LBC 技术	利益相关者： 卫生保健资助者（私立健康计划） 主要健康计划的临床决策政策委员会，该委员会由专家组成，包括医生（专科和全科和全科医生）、药剂师和护士 MCDA 的步骤： 1. 选择干预措施：健康计划 2. 选择准则：卫生保健的资助者 3. 确定准则的权重：临床政策和决策委员会 4. 方案的评分：临床政策和决策委员会 5. 讨论性能矩阵：委员会对决策过程和 EVIDEM 框架提供反馈	是。南非的私立医疗卫生部门在制定重要的卫生计划时,与临床政策和决策委员会进行合作	是。LBC 的 EVIDEM 过程使得健康计划考虑仅为常规巴氏涂片等值的资金。启动了与病理学实验室的谈判过程以审查诊断的价值。 LBC 的费用将降至适合进行全额资助的金额

续　表

年份	作者	国家	场景(级别、医院/区域)	政策问题1：利益相关方的参与	政策问题2：机构中是否嵌入了MCDA？	政策问题3：MCDA是否对政策制定产生影响？
2012	Youngkong	泰国	40项国家层面的HIV/AIDS干预措施	利益相关者： 政策制定者 HIV/AIDS感染者(PLWHA) 村健康志愿者(VHV) MCDA的步骤： 1. 选择干预措施：作者 2. 选择准则：政策制定者,PLWHA,VHV 3. 确定准则的权重：政策制定者,PLWHA,VHV 4. 方案的评分：作者 5. 讨论性能矩阵：政策制定者,PLWHA,VHV	否。似乎是一个关于如何将纳入过程中MCDA的探索性研究	否。似乎是一个关于如何将审议过程的探索纳入MCDA的探索性研究
2012	Youngkong	泰国	国家层面，对可能纳入2009—2010年国家保险方案的17项服务方案进行排序	利益相关者： 包括国家卫生安全办公室(NHSO)、健康干预利技术评估项目(HITAP)以及国际卫生政策项目 研究小组包括健康干预与技术评估项目以及国际卫生政策项目 咨询小组1：结合专业知识确定参与者，并且有目的地选择在泰国医疗保险体系中发挥重要作用的利益相关方 咨询小组2：政策制定者和学者 一个工作组：7个小组的代表(政策制定者、卫生专业人员、学者、患者、民间社会团体、业界和非专业人士) SCBP(NHSO福利包开发和服务提供的小组委员会)：政策制定者、卫生专业人员、民间社会团体和患者群体	是。由国家卫生安全办公室(NHSO)发起的研究，该机构管理全民保险方案	是。研究小组向SCBP递交了九项干预措施的评估结果。他们同意推荐UC方案进一步参考感采用三项干预措施，因为这些干预措施具有成本效果并且目预算影响较小。本文没有体现最终的保险报销决策

续　表

年份	作者	国家	场景（级别、医院区域）	政策问题 1：利益相关方的参与	政策问题 2：机构中是否嵌入了 MCDA？	政策问题 3：MCDA 是否对政策制定产生影响？
2012	Youngkong	泰国		MCDA 的步骤： 1. 选择干预措施：SCBP 团队批准干预措施的子集 2. 选择准则：研究小组（包括作者）和咨询小组 1 选定准则，咨询小组 2 明确准则的定义和水平 3. 确定准则的权重：咨询小组 2 4. 方案的评分：咨询小组 2 对分值的评定尺度达成共识，研究小组进行赋分 5. 讨论性能矩阵：SCBP 团队决定最终纳入福利包的干预措施 注：咨询小组 1 还决定哪些利益相关者应该参与干预措施的遴选和准则的纳入		
2012	Erjaee	伊朗	医院，螺杆菌感染患者的治疗方案	利益相关者： 患者（儿童）/父母 医生（医师） MCDA 的步骤： 1. 选择干预措施：—（未报告） 2. 选择准则：患者（孩子）/父母、医生 3. 确定准则的权重：患者和医生（未充分报道） 4. 方案的评分：患者（儿童）/父母 5. 讨论性能矩阵：最后，它对父母或者患者（儿童）开放，以便做出最佳方案选择的最终决定	否。以评估的案例研究，以包括定性和定量准则，对方案产生的影响以及患者对选择适当方案的看法	否。说明性案例。作者还声明它可以公开用于患者或者父母）对选择最佳方案的最终决策

续　表

年份	作者	国家	场景（级别、医院区域）	政策问题 1：利益相关方的参与	政策问题 2：机构中是否嵌入了 MCDA?	政策问题 3：MCDA 是否对政策制定产生对影响?
2012	Holdsworth	摩洛哥、突尼斯	国家层面，为国家的肥胖政策选择干预措施	利益相关者： 研究团队包括政府、农业食品文化、卫生专业人员、教育部门、媒体、公益性非政府组织以及多边合作伙伴的代表。摩洛哥 n=37，突尼斯 n=45 MCDA 的步骤： 1. 选择干预措施：研究团队 2. 选择准则：上述各利益相关者 3. 确定准则的权重：（未报告） 4. 方案的评分：上述各利益相关者 5. 讨论性能矩阵：（未报告）	否。并未嵌入机构，研究的目的是探索主要利益相关者的观点，并引导主导政策制定者在国家层面的决策	否。肥胖并非公共卫生优先要事项；因此，让政策确信优先采取行动来预防肥胖将是至关重要的第一步，特别是在摩洛哥
2015	Ghandour	巴勒斯坦、叙利亚、突尼斯、土耳其	国家层面，评价心血管疾病的干预措施	利益相关者： 每个国家不同的利益相关者（n=5），例如医疗保健机构的董事，医学院院长，CDC 主任，学者，研究实验室的负责人 MCDA 的步骤： 1. 选择干预措施：每个国家有 5 名利益相关者，共 32 个干预措施，研究人员根据背景分析的结果为每个国家列出 10～20 个干预措施 2. 选择准则：（如果这些人与五名利益相关者相同，则不予报告）根据世界卫生组织的框架来提供信息。作者排除了疾病负担和成本效果准则，因为相关数据难以获取而且利益相关者对这些概念并不熟悉 3. 确定准则的权重：作者（相等的权重） 4. 评分选项：五个利益相关者 5. 讨论性能矩阵：（报告说这很重要，没有提及已经完成）	否。论文讨论了运用简单的 MCDA 方法相关键决策者、利益相关者进行排序的过程和可行性 所有这些都是 MedCHAMPS 项目的一部分，旨在为最有可能有效减轻这些国家心血管疾病和糖尿病负担的政策提出建议	否。可能不是，因为它是在四个国家开展的研究项目

关于利益相关者的参与,表 9.1 说明,没有系统化的方法让利益相关者参与其中,因为这在不同的研究和 MCDA 的不同步骤中存在差异。各项研究纳入的利益相关者类型各异。一方面,在一些研究中,利益相关者只有医生,例如一家医院为了购买新技术(Nobre 等,1999)而应用 MCDA。另一个例子是泰国为医疗保障卫生包遴选干预措施,在 MCDA 的各步骤中纳入多种类型的利益相关者并组成了不同的咨询小组(Youngkong等,2012b)。大多数研究纳入了政策制定者(Baltussen 等,2006,2007;Jehu-Appiah 等,2008;Youngkong 等,2012a,b;Holdsworth 等,2013),南非开展的一项研究也包括了资助者,该项研究是关于在私人健康计划中纳入宫颈癌筛查的液基细胞检查技术(Miot 等,2012)。随着时间的推移,我们看到了一种趋势,即推动利益相关者的多学科合作。2006年加纳发表的研究,只有决策者参与其中(Baltussen 等,2006),但 2011 年发表的研究中,有来自卫生专业人员、社会公民、工业和非专业人士的各方代表参与(Ghandour 等,2015;Diaby 和 Lachaine,2011;Miot 等,2012;Youngkong 等,2012a,b;Holdsworth 等,2013)。

在许多研究中,作者也参与到 MCDA 的各个环节(Ghandour 等,2015;Baltussen等,2006,2007;Jehu-Appiah 等,2008;Diaby 和 Lachaine,2011;Youngkong 等,2012b)。往往找不到特定利益相关者参与其中的确切理由,不过也有一些研究表明,这是基于他们之前参与了干预措施的评估过程(Baltussen 等,2006,2007;Jehu-Appiah 等,2008),鉴于他们所擅长的专业领域(例如艾滋病毒/艾滋病控制)(Youngkong 等,2012a)、医院设备购置方面的专长(Nobre 等,1999),或者在政策制定时成为公众代表(Baltussen 等,2006)。不同研究的利益相关者参与方式也有所不同。在某些情况下,由作者评估干预措施的绩效/表现(Youngkong 等,2012a,b),而在另一些研究中,这些任务是由专业人士(Youngkong 等,2012b)、政策制定者(Jehu-Appiah 等,2008)或更广泛的利益相关者群体(Ghandour 等,2015;Miot 等,2012;Holdsworth 等,2013)而非作者来完成。在一些研究中,MCDA 的多个环节都需要多方利益相关者小组和专家小组的参与(Diaby 和 Lachaine,2011;Miot 等,2012;Youngkong 等,2012b;Holdsworth 等,2013)。例如,在南非,私人医疗保险计划启用了"临床政策和决策委员会",由医生(专科和全科医生)、药剂师和护士等专家团队组成(Miot 等,2012)。咨询委员会负责明确准则的权重,并为评估的技术打分,并就决策过程提出反馈意见。泰国医疗保障服务包的案例研究中,多个利益相关方与项目团队、研究团队、两个咨询小组和工作组一起参与到MCDA 的各个环节中(Youngkong 等,2012b)。

我们将 MCDA 的应用制度化,并将它融入机构的真实决策中。表 9.1 表明,11 个案例研究中有 4 项研究(Jehu-Appiah 等,2008；Diaby 和 Lachaine,2011；Miot 等,2012；
Youngkong 等,2012b)在机构中应用了 MCDA。加纳的研究被卫生部用于制定第三个五
年(2007—2011)工作计划(Baltussen 等,2007)。其他三项研究则用于医疗保险和报销决
策(Diaby 和 Lachaine,2011；Miot 等,2012；Youngkong 等,2012b)。Diaby 等人的研究
探讨了如何在科特迪瓦将 MCDA 用于公务员和国家雇员互惠基金的药品报销(Diaby 和
Lachaine,2011)。泰国医疗卫生服务包的案例研究由国家卫生安全办公室发起,该办公
室管理全民保险计划(Youngkong 等,2012b)。南非为一项重大的私人健康计划开展了
研究,在研究过程中与临床政策和决策委员进行密切合作(Miot 等,2012)。这四项研究
在政策制定中的嵌入程度有所不同。对于泰国的医疗卫生服务包项目而言,国家卫生安
全办公室启动了这项研究,因为他们在管理全民医疗卫生服务包的过程中需要得到支持
(Youngkong 等,2012b)。在加纳,MCDA 研究与五年工作计划的制定紧密结合(Jehu-
Appiah 等,2008)。科特迪瓦(Diaby 和 Lachaine,2011)和南非(Miot 等,2012)的案例研
究中,其嵌入程度较低,因为研究旨在向各机构提供信息,而并非用于机构内部正在进行
的决策过程。

　　其他七项研究报告要么是探索性研究,以分析多项准则可否被用于健康干预措施的
优选(Baltussen 等,2006，2007),要么只作为研究项目而并非用于机构的决策(Ghandour
等,2015；Holdsworth 等,2013),抑或探讨 MCDA 的方法学(Youngkong 等,2012a；
Nobre 等,1999；Erjaee 等,2012)。

　　关于第三个政策问题即 MCDA 对政策的影响,表 9.1 显示,在 11 项研究中,三项报
告称 MCDA 有助于决策(Jehu-Appiah 等,2008；Miot 等,2012；Youngkong 等,2012b)。
就加纳而言,有报道证据表明决策者将研究结果用于制定第三个五年计划(Jehu-Appiah
等,2008)。这同样见于干预措施的排序,即根据多个决策准则(例如伦理和预算问题)来
确定优选技术。在南非,"证据与价值对决策的影响"(EVIDEM)进行了现场测试,以便
通过私人健康计划为宫颈癌筛查的 LBC 检测提供资助。研究的结果致使健康计划考虑
为 LBC 检测提供的资金达到常规巴氏涂片检测的资助额度(Miot 等,2012)。与病理学
实验室的谈判用于审查诊断技术的收费标准。LBC 的费用降至了适合全额资助的程度。
在泰国,研究团队向国家卫生安全办公室的医疗卫生包和服务提供发展委员会(National
Health Security Office subcommittee for development of benefit package and service
delivery,SCBP)提交了九项干预措施的评估结果(Youngkong 等,2012b)。SCBP 同意推
荐三项干预措施并考虑在全民医保的下一步计划中采用。

　　三项研究(Ghandour 等,2015；Diaby 和 Lachaine,2011；Nobre 等,1999)并未报告

研究结果对政策制定的影响。然而，鉴于研究项目的方法学，它们不太可能影响政策。其他五项研究由于是探索性的和方法学的 MCDA 研究（Baltussen 等，2006，2007；Youngkong 等，2012a；Holdsworth 等，2013；Erjaee 等，2012），因此对决策没有影响。其中一位见证者认为，MCDA 在肥胖中的应用并非摩洛哥政府的优先考虑事项，并且该问题应该在用 MCDA 明确优先重点之前得以解决。

评估 MCDA 的应用有助于判断其对政策制定决策的影响。然而，大多数案例研究并没有严格执行这个过程，作者经常根据自己的观点得出结论，即 MCDA 提高了决策的透明度和一致性。只有 Miot 等人（2012）在南非进行了一项临床和决策委员会的调查，以评估 EVIDEM 框架的有用性。委员会成员赞成 EVIDEM 的使用流程，并对其使用持积极态度。此外，研究发现，MCDA 可以提高对干预措施的了解、证据质量评价的可获得性、对决策关键要素的考虑、决策的透明度以及利益相关者对决策的理解程度。

总之，我们发现没有系统化的方法将利益相关者纳入 MCDA，并非所有的案例研究都在一家机构开展，多数研究没有评价其对政策制定的影响。我们在案例研究中分析了 MCDA 每个步骤采用的方法与三个政策问题的结果之间的相互作用。在概述案例研究的基础上，我们无法确定有统一的模式，例如用于准则加权和机构嵌入的方法（政策问题 2）。

9.3　MCDA 在决策过程中的应用：印尼的艾滋病省级战略规划

本节报道了在明确的决策背景下运用 MCDA 开展的案例研究，即印度尼西亚西爪哇省对 HIV/AIDS 控制的战略规划过程。在此描述其实施步骤、结果以及实施的阻碍和推动因素。

此处运用的 MCDA 方法由五个步骤组成，这些步骤如图 9.1 所示。该方法将重点放在决策过程方面，因为它整合了合理性框架的问责原则（accountability for reasonableness framework，A4R）（Baltussen 等，2013）。A4R 框架已在多个西方国家和中低收入国家中得到应用，用于指导重点确定过程（Zulu 等，2014；Byskov 等，2014a），并被视作将伦理学纳入优先级设定的高度相关框架。A4R 框架概述了优先重点公平确定流程的四个条件：相关性、透明度、申诉和执行（Daniels，2008）。这包括利益相关方的参与以及优先重点的界定依据（相关性）、过程的透明度保障和优先重点的设置原因（透明度）、利益相关方对决策进行申诉的能力（诉求）以及将前三个事项纳入机构的制度化文件，以确保这些可以被执行（实施）。

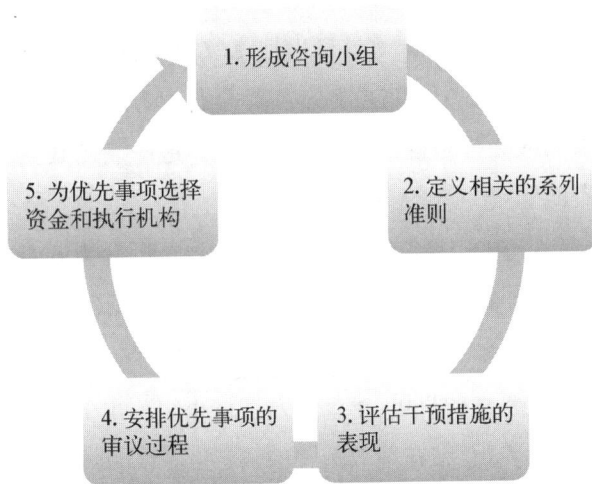

图 9.1　运用综合性 MCDA – A4R 方法确定卫生干预优先级的五个步骤：
基于 Baltussen 等的研究（Baltussen 等，2013）

9.3.1　在印度尼西亚控制 HIV/AIDS 的战略规划过程中实施 MCDA

印度尼西亚是亚洲 HIV/AIDS 蔓延速度最快的国家之一，2013 年，该国 HIV/AIDS 感染者达到 61 万人（AIDSdatahub，2014）。2012 年，印度尼西亚国家艾滋病委员会（Indonesian National AIDS Commission，2009，2012）花费 6 900 万美元，而估计的费用达到 1.52 亿美元，因此该国控制 HIV/AIDS 面临着 8 300 万美元的资金缺口。

在印度尼西亚，西爪哇（4 600 万居民）是 HIV 患病率最高的省份之一，2013 年估计有 59 000 名 HIV 感染者（West Java AIDS Commission，2013）。该病集中于高危人群，注射吸毒者的 HIV 患病率约为 23.2%，女性性工作者为 6.3%，男男性接触者为 8.4%（根据 2013 年印度尼西亚综合调查）。西爪哇省 AIDS 委员会负责协调 HIV/AIDS 活动，并且多部门联合行动。其成员包括来自不同政府部门（例如健康、教育、旅游和宗教事务）的代表、社区组织和医疗卫生机构。研究人员根据利益相关者的定性访谈，对 2008 年西爪哇的前战略规划过程（制定 2009—2013 年计划）进行了评估（Tromp 等，2014b）。这个过程似乎并不系统，也不透明。由于申诉的权利受限，所以，利益相关者没有系统化地参与，也没有明确用于优选干预措施的准则，干预措施的数据使用情况也存在局限性。这导致产生了一份战略文件却列有多种干预措施。

我们在此描述 MCDA 在政策制定过程中的应用和效果评价,政策制定的目的是帮助印度尼西亚西爪哇省的 5 年(2014—2018)HIV/AIDS 战略计划遴选干预措施。此份战略计划是该国资金拨付的决定性文件。根据这一计划,参与 HIV/AIDS 防控的不同政府部门需要遴选至关重要的干预措施,通过提出地方政府预算提案或寻求私人或国际捐赠来获取资金。西爪哇省 HIV/AIDS 防控的经费总预算很少[2010 年约为 170 万美元(NASA,2009—2010)],战略计划旨在增加预算金额。这一点尤其重要,因为国际社会对 HIV/AIDS 防控的资助呈减少趋势。

一个项目团队(n＝6)于 2013 年协作实施 MCDA,该团队由西爪哇 AIDS 委员会、万隆 Padjadjaran 大学和荷兰 Radboud 大学医学中心组成。MCDA 的应用包括五个步骤(Baltussen 等,2013)。组建多个利益相关方的磋商小组(第 1 步),明确优先重点的遴选准则以及体现准则相对重要性的权重(第 2 步),咨询小组列出 HIV/AIDS 干预措施的清单并收集数据来评估其属性(总结在绩效矩阵中,概述所有干预措施在各准则的分值)(第 3 步),咨询小组就绩效矩阵进行审议以达成关于干预措施排序的共识(第 4 步),以及具有优先级的干预措施的实施和机构资助(第 5 步)。

在第 1 步中,项目组进行了利益相关者分析,以确定哪些利益相关者与西爪哇的 HIV/AIDS 防控具有相关性。在利益相关者分析的基础上,成立了一个咨询小组(n＝23),有来自卫生办公室、劳工办公室、教育办公室和计划生育协调机构的政府工作人员(n＝6),还有计划生育协调机构、社区的计划生育工作人员、HIV 感染者和高危人群(n＝4)、西爪哇 AIDS 委员会的项目管理者(n＝7)以及在 Padjadjaran 大学从事 HIV/AIDS 工作且具有经济学和流行病学背景的研究人员(n＝6)。

在第 2 步中,咨询小组讨论了战略计划中重点干预措施的确定准则。讨论的内容来自当地的调查结果,是关于优先级确定准则的重要性(Tromp 等,2014a)、WHO SUFA 指南(World Health Organization,2012)以及用于制定国家和西爪哇战略计划的确切准则(West Java AIDS Commission,2009;Indonesian National AIDS Commission,2009)。每个咨询小组成员都收到一份文件,写下他们心目中的五项准则。项目组收集结果并通过咨询小组提交全体会议。最后,咨询小组在讨论后同意选择以下四项确定重点的准则:"对流行病的影响""降低污名""成本效果"和"全民覆盖"。咨询小组成员在 0 到 100 分的范围内赋予准则权重,对流行病影响的平均权重是 34 分,降低污名为 25 分,成本效果是 18 分,全民覆盖是 23 分。

在第 3 步中,由 70 个利益相关者组成的团队为战略计划提出了 50 项系列干预措施(包括新的想法)。这些利益相关者没有参与准则的权重确定过程。项目团队的研究人员根据各项准则为干预措施的属性进行评分，其中高分为 2 分，1 分是中等、0 分则代表不佳。评分是基于文献研究、西爪哇的亚洲流行病模型预测值和专家意见。项目组为了明示咨询小组，运用星形评价系统表示证据的质量。专家针对干预措施提出的新观点被认为是最低质量（一颗星），现有干预措施的专家意见为中等质量（两颗星），亚洲流行病学模型预测和科学文献的数据为高质量（三颗星）。通过权重的求和乘以每个准则的分数来计算干预措施的总体分值。结果在绩效矩阵中呈现，该矩阵根据总分对干预措施进行排序。绩效矩阵提示，HIV 检测和治疗的成套项目的得分最高，因此成为西爪哇省最具吸引力的干预措施，其次是学校教育、信息传播与教育、网站和社交媒体干预以及公众的 AIDS 项目。减轻注射吸毒的危害和缓和干预的分值最低，因此最不具吸引力，这两种干预措施至少在优先级确定的四项准则中表现不佳。

　　第 4 步即在审议过程中，由咨询小组对绩效矩阵进行分析。首先，组织了一次互动会议，利益相关方分别就海报上介绍的每项干预的表现进行评分。分数只发生了少许变动，这并不影响干预措施的整体排名。其次，咨询小组评论说，由于伦理学方面的考量，在西爪哇省，如不提供缓和性的干预措施（减轻 HIV/AIDS 感染者的经济和心理负担的举措）则不可取，因此建议将绩效矩阵分成三类：预防、治疗和缓解。这一战略计划包含三个独立的绩效矩阵。咨询小组决定，针对预防和缓解类的干预措施，应该将排名前五的技术列为优先重点。治疗类的技术只包括两项干预措施（抗逆转录病毒治疗和机会性感染治疗），咨询小组同意实施这两项措施。

　　在第 5 步中，讨论了优先干预措施的实施情况，并对战略规划过程中 MCDA 的使用情况进行了评估。为了实施，咨询委员会列出了哪些利益相关方应该资助和实施优先级的干预措施。西爪哇省（2014—2018）控制 HIV/AIDS 的 5 年战略文件中纳入了确定优先重点的步骤和结果，并在 2014 年初得到了省长的批示。

　　在评价环节，一位独立的研究人员对咨询小组成员（n = 21）进行了深入访谈。结果表明，成员对这个过程总体持积极态度。所有人都表示，他们从这一过程中获取了经验，尤其是确定优先重点的新方法，多数人都对社区机构的参与方式感到满意。他们还表示，新方法提高了决策质量，特别是在决策中使用了准则和证据。此外，他们认为新方法增加了决策过程的透明度，减少了腐败的风险。然而，他们对产生的影响持怀疑态度，因为与此同时，HIV/AIDS 的控制资金得以增加。提及的改进方面是需要缩短会议召开的时间，以及加强对 HIV/AIDS 流行、HIV/AIDS 干预措施、MCDA 和 A4R 原则方面的教育。尽管项目组在讨论中发现了与会者的主导性地位，但受访者表示，他们完全有能力在此过程中发表意见。

总之,表9.2总结了与本章三个政策问题相关的案例研究。咨询小组系统地参与了MCDA的所有环节。在政策制定的背景下,MCDA的应用被制度化:它被纳入西爪哇AIDS委员会的战略发展议程。关于影响方面,西爪哇省在5年HIV/AIDS控制的战略计划中发布了HIV/AIDS政策决定,该项战略计划是基于MCDA进行申请的。由于HIV/AIDS干预措施的间接供资系统和资金配备的时间延迟,因此,是否对该决定的资助和执行产生影响尚不确定,目前尚未开展有关研究。

表9.2 在印度尼西亚控制HIV/AIDS战略规划政策背景下应用MCDA的案例研究

政策问题1:利益相关方的参与	政策问题2:机构中是否嵌入了MCDA?	政策问题3:MCDA是否对政策制定产生影响?
利益相关者: 咨询小组(n=23),包括来自卫生办公室、劳工办公室、教育办公室和计划生育协调机构(n=6)的政府工作人员;社区计划生育和代表PLWHA的工作人员以及社区高风险人群(n=4),来自西爪哇AIDS委员会的项目经理(n=7)以及在Padjadjaran大学从事HIV/AIDS工作且具有经济学和流行病学背景的研究人员(n=6) MCDA的步骤: 1. 选择干预措施:大量的利益相关者(n=70)(由咨询小组确定)。作者还增加了现有的干预措施,这些干预措施是由国际HIV/AIDS组织提出的(例如不同的ART政策方案) 2. 选择准则:咨询小组 3. 准则权重:咨询小组 4. 确定准则的权重:作者(基于文献综述、数学建模和本地专家意见),然后由协商小组批准 5. 讨论性能矩阵:咨询小组	是。在西爪哇省AIDS委员会组织的HIV/AIDS五年防控战略规划过程	是。MCDA确定了5年战略规划。该规划的撰写已纳入MCDA步骤。但是,由于这只是一份指导性文件,并且由于HIV/AIDS控制的间接资助系统,不确定它是否决定了HIV/AIDS的资源配置以及干预措施的最终实施

9.3.2 在政策制定的背景下应用MCDA的阻力和助力

专栏9.1结合三个政策问题报告了在印度尼西亚应用MCDA的阻力和助力。利益相关者平等参与面临的显著障碍是,在宪法小组讨论某些利益相关者时占主导地位,而助力者则是艾滋病委员会的多部门设计和熟悉多个利益相关方的会议。这种方法制度化过程中遇到的问题是西爪哇AIDS委员会工作人员对MCDA原则的接受度和理解力。然而,AIDS委员会与希望实施MCDA的当地大学之间的合作则是该方法制度化的推动因素。关于第三个政策问题,将战略发展计划写入MCDA方法有助于将研究结果转化为战略文件。HIV/AIDS防控的多个利益相关方之间间接和分散的筹资体系阻碍了MCDA对资金配置的作用。

专栏 9.1：实施 MCDA 以支持 HIV/AIDS 战略计划中的干预措施遴选以及本章节中提及的与政策问题相关的阻力和助力

政　策　问　题	助　　　　　力
利益相关者的参与	省级 AIDS 委员会熟悉多方利益相关者的参与过程
	当地大学研究人员（协调 MCDA 的实施）与咨询小组内部的利益相关者（例如风险团体的非政府组织代表）之间的现有合作
	咨询小组可以包括具有 HIV/AIDS、流行病学和卫生经济学专业知识的当地研究人员
嵌入机构内部	省级 AIDS 委员会（"该机构"）在 MCDA 实施方面的强势领导
	当地大学研究人员（协调 MCDA 的实施）与省 AIDS 委员会之间现有的合作
对政策制定的影响	政策草案的写作属于 MCDA 的最后一步
	负责为各个政府机构分配资金的省级规划委员会参与 MCDA 的第五步（见图 9.1），政府部门决定由谁提出让规划委员会为优先考虑的 HIV/AIDS 干预措施提供资金
其他	无

政　策　问　题	阻　　　　　力
利益相关者的参与	在磋商小组内部讨论中占主导地位的利益相关者
	咨询小组并未纳入某些相关的利益相关者
	国际捐助者的参与具有挑战性，因为他们对西爪哇省设计和资助干预措施的决策是从外国政府层面考量的（例如 AusAID 资助项目）
	对于咨询小组成员和领导研究团队讨论的协调人来说，审议过程中对伦理学问题的确认和解释具有难度
	在咨询小组中，大多数利益相关方对善治原则、重点确定、成本效果和 HIV/AIDS 控制的理解能力有限
	咨询小组会议中的低出席率和利益相关者被替换
机构内部	省政府在艾滋病防治工作中的作用不明确。有些人说省政府应该为地区提供技术援助；另一些人则表示应该提供跨区域实施计划的总体愿景。因此，其作用难以界定
	实施 MCDA 机构的正确设置 机构的战略规划协调员对 MCDA 原则的理解力有限
对政策制定的影响	印度尼西亚没有指定用于 HIV/AIDS 防控活动的预算。该战略文件为省级政府机构通过地方规划委员会提出省级政府的资助申请发挥指导作用。因此不确定优先的干预措施是否能够获得资助
	印度尼西亚的各级政府机构、私营部门（private sector，CSR）和国际捐助者（例如全球基金）的预算也是分散的

续　表

政　策　问　题	阻　　　　　力
对政策制定的影响	性能矩阵中优先考虑的干预措施是否具有地区相关性,这一点值得商榷。因为当地情况不尽相同,利益相关者可能认为其他准则更加重要
其他	关于干预措施表现的数据有限,特别是利益相关者提出的新技术
	数学模型无法评估所有的干预措施,改进后的版本未能及时地用于制定出最终战略

其他学者在实施设置优先级的改进方法时也报道了类似的结果(Youngkong 等,2012b；Zulu 等,2014；Hipgrave 等,2014；Maluka,2011；Byskov 等,2014b)。关于利益相关方的参与,协调这一进程的人员的不连贯性和未被察觉到的权力被视作阻碍因素。据报道,利益相关方之间的信任是利益相关方平等参与的重要推动力。对于制度化来说,领导力和文化开放被视作关键的促成因素。

在特定情景下实施 MCDA 之前,应该确定可能的阻力和助力。应该有明确的举措来解决上述问题。

9.4　未来应用 MCDA 的建议

9.4.1　关于利益相关者的纳入范围及纳入原因的方法学指南

我们先要意识到需要改进让利益相关者参与 MCDA 的方法学指南。例如,哪些利益相关者应该参与 MCDA 的哪个阶段,如何吸纳公众的观点,如何引导伦理价值观,如何在讨论中解决主导权的问题,以及如何汇总利益相关者的不同偏好。目前,已经有解决上述问题的多种方法。提名小组技术可以在讨论中解决主导权的问题,交互性评价可以引发伦理学的思考(Mitchell 等,1997)。在本节中,我们围绕哪些利益相关者应该参与其中及为什么应该参与提出深层次的方法学建议。

我们提出了利益相关者参与其中的原因。第一,利益相关者可能因自身权威性而参加优先重点技术的确定过程。这些利益相关者可以是资深政治家、学者和政策制定者。第二,纳入利益相关者可以确保优先重点确定过程的公平性(Daniels,2008)。根据 A4R 框架,重点确定的过程应该透明,而且利益相关者都应该有对决策结果进行申诉的机会。

第三,纳入利益相关者有助于全面了解用于优先重点确定的各项干预措施,从而提高结果的可接受性。广泛的利益相关者的参与将改进决策的包容性。例如,我们在印度尼西亚的案例中发现,研究人员在国际层面针对扩大抗逆转录病毒治疗规模的争论作出贡献,而民众群体则提出了具体情况下关于干预措施的建议。在考虑广泛的利益相关者群体的意见时,决策的可接受性也会随之增加。第四,纳入某些类型的利益相关者可以提高优先事项实施的可能性。例如,资助方和政策制定者对资助和干预措施的实施发挥决定性作用,因此他们的参与会提升实施优先事项的可能性。参与其中的媒体能够告知公民优先事项制定的过程和结果,这会让机构对优先事项的执行更加负责。第五,可以纳入利益相关者以提高共识并且提升对优先事项看法的一致性。例如,纳入国际捐助者以使他们的计划与当地利益相关者的偏好保持一致,这符合"巴黎宣言",即捐助者应该将其做出的努力与各国的发展需要结合起来。政策制定者、研究者以及在优先重点领域工作的人员之间的观点也可以一致。这样,来自相关领域的科学知识和经验可以为政策制定提供信息。

利益相关者分析有助于确定哪些类型的利益相关者具有相关性(Dionne 等,2015)。应该为实施 MCDA 的协调人员留出空间,以决定在特定的情况下哪些利益相关者最具相关性。我们区分在优先级设置过程中的可以纳入的各类利益相关者,并且据此提出了四个不同的坐标轴(见表9.3)。第一个轴是利益相关者所属的部门或学科:患者、社会公众、社会公民、资助者、私营部门、保险公司或媒体。第二个轴由专业领域的专家组成。利益相关者因其个人专长可以被纳入多个卫生领域、不同的干预技术、卫生系统或与卫生相关的领域(例如社会学或人类学)。第三个轴体现个人专长的特殊性或广度。在优先级设置的某些环节纳入了对特定领域的专业知识了解较少的技术专家(例如在确定干预技术时);而在其他步骤中,那些对该领域具有"通盘视野"的人会更加合适(例如,在一组准则中比较各种干预选项)。后者往往身处高层职位,例如大学的院长、机构的负责人和高层决策者。第四个轴表示参与者的人口学特征,例如参与者的性别或所处的地域。一些利益相关者可以是特定地域的专家,例如地方、国家或区域层面。

表 9.3 可参与优先级设置过程的利益相关者类型概述

轴	描 述
1. 行业/学科	潜在的角色/利益相关者/参与者 (a) 患者 (b) 公众 (c) 政策制定者 (d) 研究人员

轴	描　述
1. 行业/学科	(e) 实践者,包含各种学科例如: （ⅰ）心理学家 （ⅱ）医生 （ⅲ）护士 （ⅳ）社会工作者 （ⅴ）药理学家 （ⅵ）农村卫生工作者 （ⅶ）医院管理者 (f) 民间团体 (g) 私营部门 (h) 资助者 (i) 保险公司 (j) 媒体
2. 专业领域	在各个领域具有专业知识的行为体：疾病领域（例如艾滋病、癌症、孕产妇保健）,卫生系统和与卫生相关的领域（例如社会学和人类学）
3. 专业知识的特殊性或广泛性	详尽完备的专业知识：具有广泛"直升机观点"的专家和技术专家
4. 人口学专业知识	地域专业知识：参与者具备本地/全国/区域/全球专业知识,代表的性别平衡

9.4.2　MCDA 的制度化包括了 HTA 研究的能力建设

为了进一步提高 MCDA 对政策制定的影响,我们也建议将其应用制度化和正式化。我们将制度化定义为将 MCDA 应用于机构内部的真实世界决策过程。印度尼西亚的案例研究满足这一定义,因为西爪哇省的 AIDS 委员会在其 HIV/AIDS 防控的战略规划过程中实施了 MCDA。因此,MCDA 应用的结果直接决定了战略计划中干预措施的优先顺序。A4R 框架的执行也解决了制度化问题,该框架概述了良好决策过程的条件(此处指的是 MCDA 原则),并指出这些条件应该正式化。这样做不仅可以在政策制定的过程中履行 MCDA 的原则,而且可以将 MCDA 的成果应用于真实世界的政策制定。

MCDA 可以在卫生系统的不同节点被制度化,例如将 MCDA 用于国家级 HTA 研究机构决策新药报销过程(Miot 等,2012; Dionne 等,2015)或在地方决策,如印度尼西亚西爪哇省 AIDS 委员会的战略规划过程。MCDA 也可以在医院层面实施,用于新技术实施的决策过程或医患选择治疗方案的决策过程。不同层面的制度化取决于卫生系统的组织架构。一个国家可能有特定的研究机构针对特定的疾病制定政策,例如 HIV/AIDS〔(Jehu-Appiah 等,2008),见本章〕、肥胖(Holdsworth 等,2013)或心血管病控制的机构(Ghandour 等,2015)。此类决策过程有时仅限于政策发展阶段,并不总是与干预措施的资金配置直接相关。本章的印度尼西亚案例研究说明了这一点，其中 HIV/AIDS 防控的资金分散在政府机构、私营部门（企业社会责任预算）及国际捐助方。

与此相关，我们从印度尼西亚的案例研究中了解到，这些机构或协调 MCDA 实施的机构必须具备卫生技术评估（HTA）的能力。需要知道如何明确和选择组成咨询小组的利益相关者、如何运用准则进行优先级设置、如何为不同的干预措施收集和严格评价证据以及如何促进协商讨论，一个关键的考虑因素是根据 MCDA 用于特定文化背景选择合适的方法。虽然在某些情况下，投票是达成共识的一种选择，但在某些地区，这不太合适（Tromp 等，2014a）。此外，对优先级设置的情景分析是有帮助的，我们建议将此作为MCDA/A4R 整合方法的初始和附加步骤。

多个中低收入国家已经在不同程度上建立了 HTA 机构（Baltussen，2015）。Hernandez-Villafuerte 等开展的研究（Hernandez-Villafuerte，2015）运用一套定性和定量指标调查了 17 个中低收入国家优先重点设置的准备情况。尽管成熟程度不一，但一些国家已经明确建立了统一的 HTA 机构，而其他一些国家的 HTA 机构则呈现非结构化或非正式性。考虑到优先重点确定过程中需要应用多个决策准则，且有多个利益相关方参与，这些 HTA 机构对 MCDA 原则的应用程度尚不清楚。建议在 HTA 机构内部实施MCDA，但一些中低收入国家在确定优先事项时依然见不到 HTA 的身影。

9.4.3　评估 MCDA 方法产生的影响

在本章中，我们观察到，在中低收入国家，大多数 MCDA 研究对政策决定没有影响，因此与此相关的多数研究并未评估 MCDA 的影响。这似乎也适用于高收入国家。Marsh 等人的综述只检索到高收入国家为评估 MCDA 方法影响而开展的两项研究（Marsh 等，2014）。因此，我们呼吁就如何做到这一点进行更多的影响评估和指导。文献中发布了两个框架，为如何评估优先级的设置方法提供指导。Sibbald 的框架对系列过程指标和结果指标进行了划分（例如利益相关者对过程"决策质量"和"对资源分配的影响"的满意度），并在高收入地区进行了验证（Sibbald 等，2009）。Kapiriri 的框架专门为中低收入国家开发并且更加全面（Kapiriri 和 Martin，2010）。该框架包含更宽泛的结果指标（包括短期和长期结果），并提出了优先级确定方面的可操作性指标（Kapiriri 和 Martin，2010）。但是，它尚未在实地场景中进行。A4R 框架也经常用于评估优先级的设置过程，可在确定 MCDA 成功应用的指标方面不太明确（Tromp 等，2014b；Maluka 等，2010）。此外，理解成功应用 MCDA 的阻力和助力也很重要。由 Pouwels 和 Tilly 发表的关于现实评估框架的应用对解决上述问题很有用（Pawson 和 Tilly，2007）。该框架评估了

MCDA 在卫生重点确定过程中的应用背景、作用机制和实施效果的影响因素。

9.5 结论

我们回顾了在中低收入国家应用 MCDA 的 11 项案例研究,特别关注与政策相关的三个问题。结果表明,没有让利益相关者参与 MCDA 的系统化方法,MCDA 的大部分应用并未实现制度化,并且对政策制定的影响有限或未知。

为了进一步改进 MCDA 在中低收入国家的应用,我们建议就如何让利益相关方参与 MCDA 制定方法学指南。此外,MCDA 的应用应该制度化,中低收入国家需要加强 HTA 的研究能力。最后,MCDA 的案例研究当中应该包括 MCDA 对政策制定的影响评估。这些方面将进一步促进 MCDA 研究的成功开展,并且让人们意识到它会对卫生政策制定产生实质性的影响。

参考文献

AIDSdatahub (2014) Indonesia country profile

Baltussen (2015) Question is not whether but how to use MCDA: value & outcomes spotlight, Jan/Feb 2015

Baltussen R, Niessen L (2006) Priority setting of health interventions: the need for multi-criteria decision analysis. Cost Eff Resource Allocat 4:14

Baltussen R, Stolk E, Chisholm D, Aikins M (2006) Towards a multi-criteria approach for priority setting: an application to Ghana. Health Econ 15:689–696

Baltussen R, ten Asbroek AHA, Koolman X, Shrestha N, Bhattarai P et al (2007) Priority setting using multiple criteria: should a lung health programme be implemented in Nepal? Health Policy Plan 22:178–185

Baltussen R, Mikkelsen E, Tromp N, Hurtig A, Byskov J et al (2013) Balancing efficiency, equity and feasibility of HIV treatment in South Africa -- development of programmatic guidance. Cost Eff Resource Allocat 11:26

Byskov J, Marchal B, Maluka S, Zulu JM, Bukachi SA et al (2014) The accountability for reasonableness approach to guide priority setting in health systems within limited resources--findings from action research at district level in Kenya, Tanzania, and Zambia. Health Res Policy Syst/BioMed Central 12:49

Chalkidou K, Marten R, Cutler D, Culyer T, Smith R et al (2013) Health technology assessment in universal health coverage. Lancet 382:e48–e49

Daniels N (2008) Just health: meeting health needs fairly. Cambridge University Press, Cambridge

Devlin N, Sussex J (2011) Incorporating multiple criteria in HTA: methods and processes. Office of Health Economics, London

Diaby V, Lachaine J (2011) An application of a proposed framework for formulary listing in low-income countries: the case of Côte d'Ivoire. Appl Health Econ Health Policy 9:389–402

Dionne F, Mitton C, Dempster B, Lynd LD (2015) Developing a multi-criteria approach for drug reimbursement decision making: an initial step forward. J Popul Ther Clin Pharmacol 22:e68–e77

England R (2006) Coordinating HIV control efforts: what to do with the national AIDS commissions. Lancet 367:1786–1789

Erjaee A, Bagherpour B, Razeghi S, Dehghani SM, Imanieh IHM (2012) A multi-criteria decision making model for treatment of helicobacter pylori infection in children. HK J Paediatr (new series) 17:237–242

Ghandour R, Shoaibi A, Khatib R, Abu Rmeileh N, Unal B et al (2015) Priority setting for the prevention and control of cardiovascular diseases: multi-criteria decision analysis in four eastern Mediterranean countries. Int J Public Health 60(Suppl 1):S73–S81

Glassman A, Chalkidou K, Giedion U, Teerawattananon Y, Tunis S et al (2012) Priority-setting institutions in health. Global Heart 7:13–34

Guba EG, Lincoln YS. Fourth generation evaluation. Beverly Hills 1989

Hernandez-Villafuerte K (2015) International decision support initiative: mapping of priority setting in health for 17 low and middle countries acorss Asia, Latin America and Africa. Office of Health Economics

Hipgrave DB, Alderman KB, Anderson I, Soto EJ (2014) Health sector priority setting at meso-level in lower and middle income countries: lessons learned, available options and suggested steps. Soc Sci Med 102:190–200

Holdsworth M, El Ati J, Bour A, Kameli Y, Derouiche A et al (2013) Developing national obesity policy in middle-income countries: a case study from North Africa. Health Policy Plan 28:858–870

Indonesian integrated biological and behavior survey (2013) Ministry of Health. Jakarta

Indonesian National AIDS Commission (2009) Strategy of the national action plan for HIV/AIDS 2010–2014. Jakarta

Indonesian National AIDS Commission (2012) UNGASS. Republic of Indonesia Country report on the follow up to the 35 Declaration of Commitment on HIV/AIDS. Reporting Period 2010–2011. Jakarta

Jehu-Appiah C, Baltussen R, Acquah C, Aikins M, d'Almeida SA et al (2008) Balancing equity and efficiency in health priorities in Ghana: the use of multicriteria decision analysis. Value Health 11:1081–1087

Kapiriri L, Martin DK (2010) Successful priority setting in low and middle income countries: a framework for evaluation. Health Care Analysis 18:129–147

Kapiriri L, Norheim OF, Martin DK (2007) Priority setting at the micro-, meso- and macro-levels in Canada, Norway and Uganda. Health Policy 82:78–94

Kenny N, Joffres C (2008) An ethical analysis of international health priority-setting. Health Care Anal 16:145–160

Maluka SO (2011) Strengthening fairness, transparency and accountability in health care priority setting at district level in Tanzania. Glob Health Action 2011:4

Maluka S, Kamuzora P, San Sebastiǎn M, Byskov J, Olsen ØE et al (2010) Decentralized health care priority-setting in Tanzania: evaluating against the accountability for reasonableness framework. Soc Sci Med 71:751–759

Marsh K, Lanitis T, Neasham D, Orfanos P, Caro J (2014) Assessing the value of healthcare interventions using multi-criteria decision analysis: a review of the literature. PharmacoEconomics 32:345–365

Miot J, Wagner M, Khoury H, Rindress D, Goetghebeur MM (2012) Field testing of a multicriteria decision analysis (MCDA) framework for coverage of a screening test for cervical cancer in South Africa. Cost Eff Resource Allocat 10:2

Mitchell R, Agle B, Wood D (1997) Toward a theory of stakeholder identification and salience: defining the principle of who and what really counts. Acad Manag Rev 22(4):853–888

Mitton C, Donaldson C (2004) Health care priority setting: principles, practice and challenges. Cost Eff Resour Allocat 2:3

Nobre FF, Trotta LT, Gomes LF (1999) Multi-criteria decision making--an approach to setting priorities in health care. Stat Med 18:3345–3354

Oliver K, Innvar S, Lorenc T, Woodman J, Thomas J (2014) A systematic review of barriers to and facilitators of the use of evidence by policymakers. BMC Health Serv Res 14:2

Pawson R, Tilly N (2007) Realist evaluation. Sage Publications, Thousand Oaks

Sabik LM, Lie RK (2008) Priority setting in health care: lessons from the experiences of eight countries. Int J Equity Health 7:4

Sibbald SL, Singer PA, Upshur R, Martin DK (2009) Priority setting: what constitutes success? A conceptual framework for successful priority setting. BMC Health Serv Res 9:43

Stafinski T, Menon D, Philippon DJ, McCabe C (2011) Health technology funding decision-making processes around the world: the same, yet different. PharmacoEconomics 29:475–495

Tromp N, Prawiranegara R, Siregar A, Sunjaya D, Baltussen R (2014) Priority setting in HIV/AIDS control in Indonesia: the importance of multiple criteria perceived by multiple stakeholders. (submitted)

Tromp N, Prawiranegara R, Riparev Subhan H, Siregar A, Sunjaya D et al (2014b) Priority setting in HIV control in West Java Indonesia: an evaluation based on the accountability for reasonableness framework. Health Policy Plan 30:345–355

Tromp N, Prawiranegara R, Siregar A, Sunjaya D, Baltussen R. (2015) The importance of multiple criteria for priority setting of HIV/AIDS interventions. Int J Technol Assess Health Care 31:390–398

Vuorenkoski L, Toiviainen H, Hemminki E (2008) Decision-making in priority setting for medicines--a review of empirical studies. Health Policy 86:1–9

West Java AIDS Commission (2009) Strategy for HIV and AIDS program in West Java Province, Bandung, 2009–2013

West Java AIDS Commission (2013) West Java Asian epidemic model estimations. Bandung

World Health Organization (2012) WHO consultation on the strategic use of antiretrovirals (SUFA). 2nd expert panel towards programmatic guidance. Geneva

Worldbank list of countries (2015) http://data.worldbank.org/about/country-and-lending-groups

Youngkong S, Kapiriri L, Baltussen R (2009) Setting priorities for health interventions in developing countries: a review of empirical studies. Tropical Med Int Health 14:930–939

Youngkong S, Teerawattananon Y, Tantivess S, Baltussen R (2012a) Multi-criteria decision analysis for setting priorities on HIV/AIDS interventions in Thailand. Health Res Policy Syst/BioMed Central 10:6

Youngkong S, Baltussen R, Tantivess S, Mohara A, Teerawattananon Y (2012b) Multicriteria decision analysis for including health interventions in the universal health coverage benefit package in Thailand. Value Health 15:961–970

Zulu JM, Michelo C, Msoni C, Hurtig A-K, Byskov J et al (2014) Increased fairness in priority setting processes within the health sector: the case of Kapiri-Mposhi District, Zambia. BMC Health Serv Res 14:75

第 10 章
MCDA 用于地区的资源配置：英国的实践

Brian Reddy，Praveen Thokala，Alejandra Duenas

摘要

　　介绍：地方一级的资源配置涉及对投资方面的艰难抉择，尤其是在经济紧缩时期关于撤资的决策。这些复杂的决策受到地方、政治和背景因素的影响。MCDA 的使用可以支持当地决策者在明确考虑优先级的基础上合理配置资源。

　　概述：本章概述了用于地方当局卫生重点决策的相关方法。这些方法通常是在独立于 MCDA 的医疗卫生领域开发的，但有许多相似之处。基于 MCDA 技术的优先级设定方法包括备选方案评估、普茨茅斯记分卡、优先级矩阵、项目预算和边际分析（programme budgeting and marginal analysis，PBMA）、社会技术资源配置（sociotechnical allocation of resources，Star）和离散选择实验（discrete choice experiments，DCE）。虽然这些应用程序都基于 MCDA，但其科学严谨性、稳健度、时间以及所需的其他资源具有很大差异。

　　案例研究：案例研究描述了 MCDA 方法，该方法用于南约克郡四个地方政府的区域性戒烟干预措施的优先级确定。

　　讨论：有许多 MCDA 方法可用于当地的资源配置，既有快速方法又有简便方法（例如直接方法），这些方法可以在几周内完成，还有基于主观看法的更复杂的方法，例如基于

B. Reddy（✉）
School of Medicine，Trinity College Dublin，Dublin，Ireland
e-mail：reddybr@tcd.ie

National Centre for Pharmacoeconomics，Dublin，Ireland

P. Thokala
University of Sheffield，Sheffield，UK
e-mail：p.thokala@sheffield.ac.uk

A. Duenas
IÉSEG School of Management（LEM-CNRS），Paris，France

DCE 和强有力证据(系统评价、大众数据的建模和调查)的 HELP 工具,但实施时间明显延长。当地决策者需要根据资源/时间限制、科学有效性和重要性以及决策问题的更广泛背景来选择合适的方法。

10.1　引言

地方一级的资源配置涉及对投资方面的艰难抉择,尤其是在经济紧缩时期关于撤资的决策。在英国,地方当局在部署公共卫生预算方面留有余地,尽管某些活动(例如实施国家卫生检查计划和提供性健康服务)具有强制性。他们全面负责提升卫生干预措施对人群的影响,同时在其活动范围内解决整个卫生领域的不公平性问题。地方一级优先领域的确定受到国家指导方针和地方政策以及情景化因素的影响,包括利益相关者和公众对确定和商议优先事项的参与度。但是,没有正式的公共卫生投资优先级设定或干预措施的排序方法。地方当局在实践中根据各自的情况和偏好采取不同的优先级确定方法。

本章概述了与地方当局制定卫生领域优先事项相关的决策方法。10.2 节描述了基于多准则决策分析(multiple criteria decision analysis,MCDA)的优先级确定方法,包括备选方案评估、项目预算和边际分析(programme budgeting and marginal analysis,PBMA)、社会技术资源配置(sociotechnical allocation of resources,Star)和其他 MCDA方法例如离散选择实验(discrete choice experiments,DCE)。MCDA 技术是"根据往往相互冲突的准则评估每项备选方案,并将其组合成一个评估总体"的决策理论的延伸(Keeney 和 Raiffa,1993)。10.3 节讨论了不同的权重确定技术和收集备选方案数据的多种方法。10.4 节描述了一项运用 MCDA 方法开展的案例研究,该方法用于南约克郡四个初级卫生保健机构(primary care trusts,PCT)关于戒烟干预技术的优先次序确定过程。案例研究强调,MCDA 的应用在科学严谨性、稳健性、时间和所需的其他资源方面会有很大差异。最后一节呈现结论,并且指出地方决策者需要根据决策所需的资源/时间限制、问题的科学有效性和重要性以及更广泛的决策背景来选择适当的方法。

10.2　MCDA 用于地方一级优先领域设定的概述

本节概述了用于支持地方当局卫生领域优先重点制定的方法。运用 MCDA 的优先重点确定方法包括备选方案评估、Star、PBMA 和其他运用 DCE 的技术。

10.2.1　备选方案的评估、普茨茅斯记分卡和其他优先级确定的矩阵来指导审议过程

备选方案评估被政府广泛使用，用于比较不同投资方案的成本和收益。它关注技术实现既定目标的价值，其过程包括明确目标、审查方案，权衡这些方案的成本、效益、风险和不确定性（HM Treasury，2003；Government，2011）。因此，它鼓励运用系统化的方法评价预期方式的效果，通过探讨特定方案的相对成本和收益，并根据同一套评估准则与其他备选方案进行比较来实现。

上述方法已被用于：

• 评价并分析 Ashton、Leigh 和 Wigan 地区心理健康服务的管理、组织和提供，包括当局在该地区开展的相关工作（Ashton，Leigh 和 Wigan 地区初级卫生保健机构，2005）。

• 支持阿伯丁市重新设计复杂的儿童卫生服务，包括阿伯丁市议会提供的服务（Aberdeen City，2010）。

• 评估苏格兰冠心病监测备选系统的成本和效益（Perry 等，2000）。

根据特定的决策情景制定的优先化矩阵由各项准则和加权评分系统组成，通常由初级卫生保健机构（PCT）开发和自行使用，主要是为了明确新技术的优先级。这些方法的优点是不需要复杂的量化分析，并且已经开发了修订的版本，可以为英格兰地区的临床和非临床干预措施决策提供信息（Robinson 等，2011；Robinson，2011）。有人认为（Robinson 等，2009）这些方法易于理解，准则可以在调适后用于优先级设定。还有人认为，该工具可以成为将不同利益相关方群体融入优先重点确定过程的媒介（Robinson 等，2009），以促进审议工作和利益相关者的进一步参与。"普茨茅斯记分卡"是包含更多正式性能矩阵的相关方法。在该方法中，根据选定的准则对每个选项进行评分，并且计算和讨论总分。如表 10.1 所示，每个准则都有一个最高分，每个分类中都有评分阈值。允许决策者（或其他利益相关者）运用他们的主观判断来分配这些分值，这与其他性能矩阵采用的方法有所区别，并且使得它成为一种"快速和随性"的方法，足以适用于许多情况。它通常需要计算每项干预措施的单一指标评分，然后对干预措施进行相应的排名（Williams 等，2011；Austin 等，2007）。干预措施按顺序排序（优先评分最高的干预措施优先）。通常情况下，记分卡旨在通过收集临床和成本效果、获益的患者数量、投资方案的临床参与以及干预措施不予资助的风险等信息来评估投资要求（Williams 等，2011）。

表 10.1　普茨茅斯记分卡

因　素	非常低	中等-级别	非常高	分数	总分
受益幅度（健康获益）	低于 3 分	20 分	40 分		40
	健康或预期寿命的有限改善	健康或预期寿命的中度改善	健康或预期寿命的大幅改善		
解决健康公平性问题	低于 3 分	20 分	40 分		40
	未解决健康公平性问题	部分解决健康公平性问题	完全解决健康公平性问题		
临床有效性的证据强度	低于 3 分	20 分	40 分		40
	有限的或无证据（病例系列、实验）	中等强度证据（队列研究）	高强度证据（Meta 分析、RCT）		
成本效果	低于 3 分	20 分	40 分		40
	＞ 20 000 英 镑/QALY	10～20 000 英 镑/QALY	＜ 10 000 英 镑/QALY		
国家和地方的优先领域	低于 3 分	20 分	40 分		40
	不是	两个目标，CSP/JSNA 认为有需要	必须执行，为 CSP/JSNA 所必须		
将从中受益的人数（而不是干预的人数）	低于 3 分	20 分	40 分		40
	10	1 000	10 000		
可负担性	低于 3 分	10 分	20 分		20
	＞100 000 英镑	＜50 000 英镑	为 PCT 节约成本		
方案的最终得分				（上述分值之和）	260

根据 Austin 等（2007）。

10.2.2　社会技术资源配置(Star)

　　这种方法包括优先级确定的务实性方法，通过决策会议，将货币价值（value for money，VFM）分析和利益相关者的广泛参与有机结合。该方法最初通过与怀特岛（见专栏 10.1）和谢菲尔德初级卫生保健机构（Airoldi 等，2011，2014）开展的工作来开发，后来与卫生基金会合作，发展为社会技术资源配置（Star）工具包（Airoldi 等，2014；Airoldi，2013；Health Foundation，2012）。这项技术使用 MCDA 方法来促进地方政府推导出适当的“有效边界”来测量成本和效益（无论他们如何定义），并给出了可用的总预算。该方法用于决策会议的场景，为此，一位公正的协调者与利益相关方轮流开展工作，形成一个明确的模型以帮助参与者更清楚地思考相关问题（Phillips 和 Banae Costa，2007）。

专栏 10.1：Star 在行动

Airoldi 等人（2011）描述了项目组与怀特岛初级卫生保健机构在 2008 年合作开展的一项研究。

研究过程包括：① 制定会议时间表；② 设计一个吸引主要利益相关者参与的社会过程；根据 CEA 原则开发技术过程以制定关键的优先事项清单；③ 利用现有的人口统计和流行病学资料指导信息利用；④ 促进与利益相关者的会面；⑤ 结果分析；⑥ 编制最终报告并列出主要的结论和建议。

一份样表中总结了改善生活质量和减少岛上健康不平等举措的 21 项提议，该样表列出了干预措施、预期成本的评估、预计的受益人数、明确了平均受益包括对健康公平性的影响，并且列出了健康益处（Airoldi 等，2011）。

上述信息被用来生成一份优先级清单，根据干预措施的货币价值对其进行排序，排名类似于成本/QALY 积分表的成本效果排名。

决策会议召开之后起草了一份报告，该报告用于反映初级卫生保健机构对于 100 万英镑额外资源的优先资助次序。报告影响了初级卫生保健机构对操作方案批示的决策，以资助最具价值的干预措施。

在利益相关方研讨会中使用了基于 Excel 的工具，并使用 VFM 三角和效率边界等视觉辅助工具来呈现结果。社会技术方法的一个关键点是利益相关者"拥有"问题和潜在解决方案，而不是"由外部机构强加给他们"（Williams 等，2011）。

10.2.3　项目预算和边际分析（PBMA）

项目预算和边际分析（PBMA）是一个结构化的审议过程，涉及多个利益相关方，他们提出投资和撤资建议。估算干预措施的增量成本和效益（项目预算，PB）以及比较投资和撤资的边际收益（边际分析，MA），以尽可能地发挥影响并降低成本（Donaldson 和 Mitton，2009）。项目预算使委员能够评估不同实践情况下的所有支出数据，并就不同的支出模式进行讨论。边际分析利用经济学概念例如机会成本，探索特定项目领域各种活动的成本和效益。利益相关者通常在多个场合会面，并在对话和折中的基础上就最终的投资/撤资决定达成一致。表 10.2 列出了项目预算和边际分析（PBMA）的步骤。

项目预算和边际分析（PBMA）主要关注边际成本和效益的评估，重点是分析资源增加时得到什么、在资源减少时损失什么（Williams 等，2011；Donaldson 等，2010）。

项目预算和边际分析(PBMA)通过采用"更灵活、更便捷、更适合当地情况"的技术来帮助优先级的确定,用于解决应用经济学评价时遇到的问题(Robinson 等,2011)。项目预算和边际分析(PBMA)已成为一种实用的方法,将边际分析和机会成本的经济学原理用于当地的资源配置决策。它可以缓和与当地优先级设定有关的紧张局势,提升凝聚力并促进利益相关者参与决策过程(Bohmer 等,2001;Ruta 等,2005)。

10.2.4　使用离散选择实验(DCE)的 MCDA

表 10.2　PBMA 用于优先级设定的步骤(Peacock 等,2009)

1. 明确优先级设定的目的和范围	确定 PBMA 是否将用于审查给定项目内部(微观/项目的研究设计)或项目之间(宏观/项目的研究设计间)产生的服务变化
2. 编制"项目预算"	需要确定和量化项目所需的资源及其成本,结合活动信息成为项目预算
3. 形成"边际分析"顾问小组	成立由 8～30 位主要利益相关者(管理人员、医生、护士、财务人员、消费者和社区代表等)组成的小组,旨在为优先级设定过程提出建议。边际分析要最大限度地扩大现有项目预算的总影响
4. 确定与当地相关的决策准则	参照国家、地区和地方目标以及卫生系统和社区的具体目标,从咨询小组的专业知识中获得(例如最大限度地增加福利、改善可及性和公平性、减少等候时间等)
5. 根据以下方面明确方案:(a) 服务的增长;(b) 从运营效率的增加中释放的资源;(c) 从缩减或停止某些服务中释放的资源	项目预算连同关于决策目标、服务收益的证据以及当地卫生需求的变化和政策导向方面的信息都用于突现投资和撤资的备选方案
6. 评价投资和撤资	根据成本和效益进行评价并为以下方面提出推荐意见:(a) 用新资源来资助发展的领域;(b) 将资源从 5(b)和 5(c)转移至 5(a)
7. 验证结果并重新分配资源	重新审查和确认上述过程中使用的证据和进行的判断,并根据成本效率比值和其他决策准则重新分配资源

离散选择实验(DCE)可以用于 MCDA 过程的权重确定阶段。它们是用于研究患者和其他利益相关者偏好的叙述性偏好法(Bridges,2003)。DCE 的参与者提供了系列场景,每个场景都包含两个选项,参与者根据多个准则对技术进行评分并根据个人偏好进行选择。可以根据决策结果使用多项回归来推断每个准则的权重以体现其重要性。近年来,它们越来越多地应用于医疗机构(Reed Johnson 等,2013)。

2009 年,英国卫生部门委托项目开发英国卫生主导性优先权(Health England Leading Prioritisation,HELP)在线工具,以帮助明确预防性干预措施的优先级。采用 MCDA 方法比较干预措施的各种属性,例如成本效果和对健康公平性的影响。MCDA 涉及以下步骤:

（1）确定要评价的干预措施；

（2）确定评价干预措施的准则；

（3）根据准则测量干预措施；

（4）合并各准则的分值以产生每种干预措施的排序。

首先，明确待分析的干预措施清单，方法是通过审查国家卫生与临床优化研究所（NICE）的建议、举办利益相关者研讨会以确定干预措施是否与国家的优先事项相符。其次，通过回顾以往采用的优先级设定方法，举办利益相关者研讨会，进行利益相关者调查，确定评价干预措施的准则。再次，通过收集干预措施的有效性和成本效果证据，建立决策模型，结合准则，估算干预措施每个 QALY 的成本并且分析可负担性、影响范围和公平性。最后，运用 DCE 来引出决策者对不同准则的相对重要性的看法，99 名受访者共回答了 1 117 个问题。使用条件 Logit 模型进行多项回归分析，然后根据 DCE 的结果确定各种技术被资助的概率，并对 17 种干预措施进行排序。

10.2.5　南约克郡用多准则决策分析局部有效性(SYMPLE)的方法

10.4 节描述了一个案例研究，展示了四个地方政府管辖区域（自治区）为减少烟草流行采用的一系列干预措施的优先级的确定方法。选用标准的线性相加 MCDA 模型作为该决策问题的最合适方法。这是医疗卫生领域最常用的方法（Marsh 等，2014）。只有半天的时间召集专家组成员，因此需要一种简单的方法——排除其他潜在的时间密集型方法，例如成对比较技术。使用加权求和法计算每一项干预措施的总分，以此来确定干预措施的优先级。每个自治区的公共卫生部主任（Director of Public Health, DPH）做出最终决定，因此 MCDA 模型成为量化各种方法益处的工具。案例研究表明，在实践中，为当地政府建模成为难题，原因有缺乏证据、缺乏有限的资源和需要纳入多个利益相关者。

10.3　讨论

10.2 节重点介绍了几种不同的 MCDA 方法，各种方法遵循的一般原则包括确定准则、准则加权、基于准则评价备选措施，以及结合上述信息确定优先次序。然而，在实践中，不同方法的复杂程度各异，针对给定问题的方法学选择部分取决于时间、数据和技能。如 10.2 节所述，方法学从简单的记分卡到基于计算机的建模。不同的准则加权技术可以

成为 MCDA 方法学的一部分,这包括:

(1) 直接评定。根据给定范围的数字(例如 0~10)给准则分配权重。这易于使用。然而,有些批评者认为利益相关者在使用这种方法时不会考虑所有的信息。

(2) 摆幅赋权。这种方法通过分析备选方案在每个准则的最佳和最差表现之间的差别来确定最重要的准则。通常,即便先验模式下的关键准则,如果在每个备选方案中都存在类似的水平,该准则亦不会重要,反之亦然。这种方法相对而言更加直接,并且明确考虑了不同准则的尺度(被广泛认为是"金标准"方法)。

(3) 配对比较分析。这在项目内部或项目间建立选项。它可以用于选项排序,利益相关者可以在配对比较的选项之间进行选择:选项按"最常选"到"最不常选"的次序排序。这对非专业人士来说较为简单,但会产生偏好的不一致性,需要的时间取决于准则的数量,有时需很长时间来完成。

(4) 联合分析和离散选择实验(discrete choice experiments, DCE)。这些是基于调查的方法来让利益相关者进行权衡,以此了解其意愿。如上所述,HELP 工具使用离散选择实验(DCE)来确定各个项目的优先级。它被用来给五个准则(成本效果、适合接受干预措施的人口比、人群的获益、可负担性和确定性)赋予权重并获取联合分值,以产生每个干预措施的排序。这种方法可以用于整理大量的独立观点,但不一定便于小组形式的审议或达成共识。

优先级设定需要考虑的另一个方面是证据的可用性。如图 10.1 所示,有多种收集每个准则的干预措施证据的方法,例如证据综合或获取专家意见。这些方法包括:

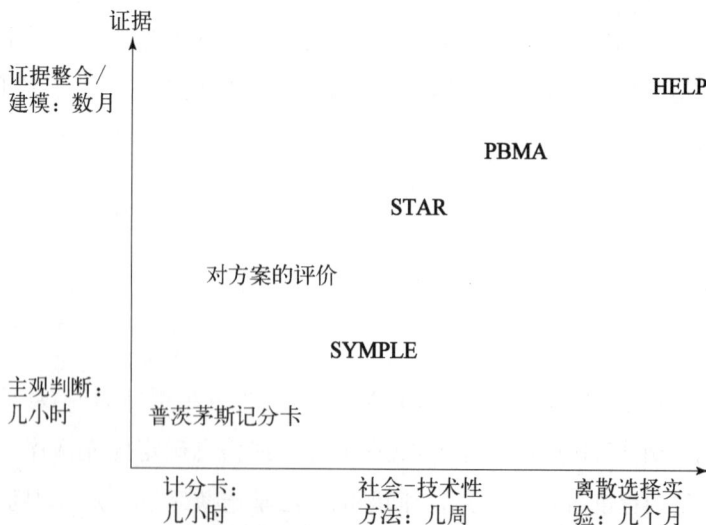

图 10.1 MCDA 方法的范围:证据需求和所需的资源/时间

（1）证据综合。例如建立经济模型和进行数据分析。这种方法明确而透明，可以揭示准则之间违反直觉的关系，但需要时间、资源，有时无法由内部提供专业技能。

（2）内部数据收集。例如当前的支出模式。无论何时可用，这些信息都应该是利益相关者可以获得、值得信赖和易于理解的。但是，机构中可能没有足够的信息来说明针对准则选项的执行情况。

（3）已发表的证据包括文献综述。这可以被快速使用，然而文献中关于准则体现各备选方案的信息有时并不充分。

（4）主观判断例如专家意见。这在证据不足的公共卫生决策环境中很有用，但是对于主观意见而非客观信息的指责依然存在。

其他因素也会影响方法的选用。MCDA 方法具有不同的优缺点，取决于谁将会参与决策过程。离散选择实验（DCE）有利于大量人员相互独立地参与，并在此基础上得出普适性的结论。另一方面，Star 使用决策会议方法，只需少数决策者参与其中，可以将参与者的观点汇聚至某一个问答。根据所使用的方法，备选方案评估和 PBMA 倾向于遵循类似德尔菲式的技术来引出观点并达成最终决定。Baltussen 等人（2010）也认为 PBMA 适用于特定背景下的一小组备选方案之间的选择，但是那些为更大规模的优先级讨论提供信息的研究需要采用更加正式的 MCDA 技术——虽然他们也发现有时并不确定一项研究是否使用 PBMA 方法。但决策问题的确切性需要与合适的 MCDA 技术匹配，鉴于特定的决策情境和决策者的参与，难以得出明确的结论。

尽管前面章节中的各种方法都基于 MCDA 原则，但是它们在科学严谨性、稳健性、时间以及其他所需资源方面存在显著差异。本项研究基于资源/时间限制、科学真实性以及决策问题的重要性和广泛性进行了 MCDA 方法的选用。在为任何问题选择合适的水平时，研究人员应仔细考虑这些因素。案例研究告诉了我们为什么选择相应的技术、利益相关者在各个阶段发挥的作用，并且提供了在给定特定的决策情境下如何设计技术的实例。

10.4　案例研究：利用 MCDA 帮助地方政府的公共卫生投资

本节将通过一个案例研究来描述系列干预措施的优先级确定过程，该项研究的目的是降低南约克郡的吸烟率。我们称之为"南约克郡多准则决策分析局部有效性方法（South Yorkshire Multi-criteria Decision Analysis Prioritisation for Local Effectiveness，

SYMPLE)"。

南约克郡地区的四个区都有烟草控制委员会（Tobacco Control Commissioners，TCC）。这些技术合作中心多年来一直保持联络，希望找出一种适当的"基于知识的方法"，为将来的政策提供关于如何以合理和透明的方式降低吸烟率的信息（Reddy 等，2016）。因此，SYMPLE 方法旨在汇集多方意见，用于向各区的公共卫生部主任（Director of Public Health，DPH）提供多个政策建议。

表 10.3 结合 ISPOR 工作组新兴良好实践指南（Thokala 等，2016）列出了七个步骤。原始版本的指南使用了八个步骤，但在我们的研究中，测量和评分必须同时进行，因此将这两个步骤在表格中进行了整合。确定的先后顺序是为了让公众、专家意见和其他利益相关者的观点被纳入不同的阶段中。研究结果最终被用作确定备选方案的优先级。整个过程可以被视作确定目标和讨论问题的框架，并非一个严格的公式。

表 10.3 在烟草流行项目各阶段和环节的相关参与组对 ISPOR 工作组价值测量指南的使用

ISPOR 工作组的步骤	项目的阶段和环节	公众	利益相关者专家组	烟草控制专员	首席研究员	当地的决策者
界定决策问题	明确决策背景；确定相关利益相关方专家指导小组；明确干预措施			✓	✓	
选择和结构化准则	确定决策问题的相关准则	✓	✓	✓	✓	
明确准则的权重	"权重"反映了每个准则对决策的相对重要性	✓	✓	✓		
测量干预措施的性能并对其评分	通过收集证据或专家意见来评估干预措施在相应准则的表现		✓			
计算总分	估算每项干预措施的总体评分，可用于优先级确定	✓	✓	✓		
处理不确定性	检查结果，敏感度分析			✓	✓	
报告和检查结果	实施结果			✓		✓

10.4.1 确定决策问题

决策问题和相应的决策目标被理解和定义为任何 MCDA 的出发点。当然，这包括确定合适的利益相关者、需要考虑的备选方案和所需的产出（Thokala 等，2016）。

在本项案例研究中，为了证明优先化过程的合法性，烟草控制委员会（TCC）成立了一个专家指导小组，该小组由约 30 名来自相关背景的利益相关者组成，包括戒烟人员、助产士、当选议员、消防部门和当地商会。

本文检查并选择了 15 种干预措施，以代表广泛的潜在技术。考虑到不同层次的投资，潜在的干预措施可能是无限的，但是 MCDA 技术无法在实践中调查每一种干预措施。鉴于后续的调查结果最终仍会受到政治因素的影响，该清单需要具有广泛的代表性而非完备性。项目组通过与烟草控制委员会（TCC）进行商议，制定了满足这些要求的最终清单，并为每种干预措施准备了三到四页的商业化案例，对实践中如何实施干预措施提供概览并且用利益相关者易于理解的语言写作。

10.4.2　选择和构建准则

在明确了决策问题之后，应该有被认可的干预措施评价准则。有许多确定准则的方法，例如研讨会和焦点小组。如果使用相加模型则需要满足某些要求（Marsh 等，2016）。确定了准则之后，应该使用适当的方法来构建它们，例如价值树（Marsh 等，2016），这可以用来突显决策中固有的不确定性以及每种情形下的可能结果。

对于所有优先级设定的方法，确定用于比较干预措施的相关准则"需要考虑机构存在的根本原因及其服务的核心价值"（Dodgson 等，2009），并且可成为该过程中最为重要的部分。所有的优先级设定方法都在 10.2 节中介绍，是通过利益相关者确定准则。

对于这项案例研究，首先通过公众咨询来明确合适的准则。通过开展研讨会，让公众志愿者参与讨论系列可能的干预措施，并请他们表述更加愿意投资某种干预措施的原因。根据参与者的看法对准则进行排序。准则被递交至专家组进行评价和排名，之后进行了修改。这些步骤并不具有约束力，但是被用于随后关于运用哪些准则和权重的辩论。

最终，为了得到一套可行的准则，需要重复开展多次工作。为了获得无偏倚的结果，可能会删除或修改一些可能高度相关的准则（以避免重复计算）。这是通过与烟草控制委员会（TCC）达成共识（试图确保专家组的结果被适当地采纳）来实现的，并且确定了六个标题性准则（见表 10.4）。这些循环往复工作的第一阶段是通过信函实现的，以便形成一些在决策会议期间讨论的要点（广泛性准则）。缺乏明确的量化数据致使合适的代理变量难以确定。MCDA 模型的结果对公共卫生部主任（DPH）具有指示性而非结论性。公共卫生部主任（DPH）随后可以纳入其他方面，例如分析方案之间的协同作用和政治考虑。表 10.4 中列举的主题反而提出了可以遵循的路线图，让所有重大的相关问题在决策会议讨论时通过专家判断来得以解决，然而在真实世界中更好的做法是对主题进行清晰的界定。

表 10.4　对决策会议之前对 MCDA 过程的投入—准则及其权重

准则的定义	考　虑	权　重
它是如何满足我们优先考虑的国家指标？		50%
	减少成人吸烟	（20%）
	减少年轻人吸烟	（15%）
	减少孕妇吸烟	（15%）
这会在何种程度上改善个人的健康或生活质量？	它会改善他们的健康还是帮助他们活得更长久？是否会影响人一生中的其他方面，例如提升价值、改善环境、减少犯罪等？	15%
它会帮助减少社区之间健康或寿命方面的差异吗？	需要这种干预措施的人能得到它吗？高风险群体和社区能得到它吗？人们会使用服务或是干预措施吗？	15%
物有所值	它起作用吗？有多少人会直接或间接地受益？我们能负担得起吗？	10%
易于实施	它是否有助于并且能够增强服务/路径？我们能否拥有合适的员工、建筑物和设备等？	5%
可持续性	它具有可持续性吗？这种干预措施有没有风险？	5%

10.4.3　确定准则的权重

加权使得人们能够根据准则对干预措施的性能进行权衡，用于将单个准则的分值归为一个总的价值尺度。该方法通常通过引出利益相关者的偏好来完成，此外，由于每个准则给出的分数都具有代表值并且不相等，所以必须给出准则的权重（Dodgson 等，2009）。

有关决策问题偏好的选择具有规范性，其结果可对所用的评分方法和权重敏感。然而，目前还不清楚是否有人在优先级决策过程中不受价值观的影响，而 MCDA 技术的一个关键优势是明确了权重，允许人们对这些主观方面进行管理和分析（Belton 和 Stewart，2002）。这些分析在不明确权重的审议过程中无法实现。

表 10.4 列出了体现准则偏好的权重，运用摆幅赋权法引出准则并且综合了专家组、烟草控制委员会的看法以及对干预措施在各项准则中最佳和最差表现间差异的观点。由于预期时间的限制，每个准则的重要性是在专家组会议之前通过收集信函来确定的。利

益相关者认为,应该在初始阶段就考虑公平性,并非在成本效果分析之后才考虑。许多利益相关者倾向于对个人影响有较大的干预措施,而不是对较大群体影响较小的干预措施。另一方面,烟草控制委员会在国家优先事项的确定中更加关注流行率。经过与烟草控制委员会的一些审议,流行率被转换为摆动权重,应用于每个准则上表现最佳至最差的干预措施。

10.4.4　性能测量

例如,在形成一致同意的准则之后,可以使用性能矩阵来报告或测量每个备选方案在各项准则上的表现。无论是标准化的证据综合技术还是获取专家的意见,都有一系列的数据收集工具(Thokala 等,2016)。

由于缺乏证据,对于本项案例研究,专家意见是建立在不同干预措施表现(见 10.4.5 备选方案的评分)的基础上。这意味在实践中,评分(如下所示)和测量工作需要同时进行,因为没有开展文献检索或为每个准则指定关键指标的中间步骤。

10.4.5　备选方案的评分

在分析每个备选方案的性能后,获取利益相关者对准则的偏好,然后根据预定义的规则或函数将性能的测量结果转换成分值——用于将测量的性能转换为通用量尺或者纳入具有优先级的准则。

因此,在下一过程中,需要根据每个准则对干预措施进行评分。对于这项特定的案例研究,干预措施的数据并不充足,为了得出评分,在决策会议期间,需要寻求来自重要专家的主观意见。一位中立的协调者与利益相关方轮流地重复开展工作,以形成一个明确的模型来帮助在场者清晰地思考更为重要的问题(Phillips 和 Bana e Costa,2007)。这个过程吸纳了广泛的潜在利益相关者——与通过信函对准则赋予权重的是同一组人员。这样可以将更全面的观点融入其中,并且增加了调查结果的合法性,因为事实上所有相关方都参与了此过程。

为了保证各位参与者都有机会在每个阶段表述观点,他们最初被分成四组。参与者需要考虑如何使用从 0 到 10 的分数基于准则给干预措施评分。0 分表示干预措施对该准则的影响程度最小,10 分则表示最大程度的影响。每次对四批干预措施进行展示和讨论,以确保获得每项干预措施在各准则的总体共识性评分。由于时间压力,在当天结束时形成了两个大组,同时为最终选定的干预措施评分。

10.4.6 计算总分

在运用普茨茅斯方法计算总分时使用了 VFM 分析；Star 亦使用相同的分析方法，但是需要通过决策会议与广泛的利益相关者接触；项目预算和边际分析（PBMA）在审议过程中评估可能的结果与其机会成本；HELP 使用离散选择实验（DCE）来计算价值。

本项案例研究使用了一个加法模型，在列举的例子中运用了加权法。方法是将参与者根据准则对每项干预措施评定的分数与各准则的权重结合起来计算干预措施的总分。通过如下公式计算：

$$v_j = \sum_0^i S_{ij} \cdot w_i$$

此处

v_j 是从 MCDA 模型估算的干预措施 j 的综合价值；

S_{ij} 是干预措施 j 在准则 i 的分值；

w_i 是准则 i 的权重。

随后根据总分对干预措施进行排名，如表 10.5 所示。

表 10.5　每种反烟草干预措施在各项准则的共识分值和总分

干预措施	减少成年人吸烟	减少年轻人吸烟	减少孕妇吸烟	这会在何种程度上改善个人的健康或生活质量？	它会帮助减少社区之间的健康差异吗？	物有所值	易于实施	可持续性	总分
权重	20	15	15	15	15	10	5	5	100
强制性	7	8	7	7	6	7	8	8	**71**
产科 SSS	3	5	8	8	7	9	9	9	**66**
交流和市场营销	8	6	7	5	5	8	7	4	**64**
短期干预的培训	7	5	5	5	7	7	4	7	**59.5**
影响行为改变的社会规范	6	8	5	6	6	5	4	5	**59**
青年人教育计划	5	6	4	7	6	5	5	6	**55**
R&M SSS	5	4	4	6	6	6	8	8	**54**
长期 SSS	5	3	3	7	6	6	8	7	**53**
父母 SSS	4	6	6	6	4	5	5	6	**51.5**

续　表

干预措施	减少成年人吸烟	减少年轻人吸烟	减少孕妇吸烟	这会在何种程度上改善个人的健康或生活质量？	它会帮助减少社区之间的健康差异吗？	物有所值	易于实施	可持续性	总分
BME SSS—高 VFM	4	3	2	4	6	**8**	6	5	**44**
无烟区—仅开放性空间	3	4	4	3	3	7	**7**	7	**41**
BME SSS—低 VFM	3	4	4	3	3	**3**	7	7	**37**
无烟区—私人空间	3	4	4	3	3	3	**2**	7	**34.5**
精神卫生 SSS—高 VFM	2	2	2	5	4	**6**	5	5	**34.5**
术前 SSS	2	1	1	7	3	8	4	5	**34.5**
精神卫生 SSS—低 VFM	2	1	1	7	3	**2**	4	5	**28.5**
医院 SSS	3	1	1	5	3	5	2	4	**29**
学校戒烟试验（ASSIST）项目的复制	2	4	1	2	2	2	1	1	**20.5**

10.4.7　处理不确定性

不确定性会对评估产生重大影响，影响证据的设计和性质，影响对决策结果的稳健性评价。MCDA 的不确定性尚未得到广泛的探讨。在 MCDA 中，选用的准则、基于准则的干预措施性能和利益相关者的观点都存在不确定性。概率敏感度分析技术可用于解决参数的不确定性，而情景分析可用于解决结构的不确定性。

必须指出，MCDA 只能被视为决策支持工具，因此从中无法得出正确的答案。随后，需要开展敏感度分析以探讨研究结果的稳健性，需要考虑每个准则的权重分数的波动。这就需要调查每项准则的权重必须改变多少，才能逆转干预措施的最终排序。上述方法在这里很难实现，因为本例运用了 8 个准则来分析 15 个备选方案。但是，所需改变的幅度意味着结果的稳定性。敏感度分析发现，具有相同分值的干预措施表现较差，不太可能获得资助。此外，表现特别突出（可能获得资助）的干预措施在整个分析过程中依然有良好表现。最小的变化也会改变干预措施的排序，例如关于成人患病率降低的权重——如果该值从 20% 降至 18.75%，产科 SSS 就会得到最高的总分。但是鉴于这是表现最好的两种干预措施，所以它们很可能会获得资助。

研究结果表明,MCDA技术通常具有稳健性(Von Winterfeldt 和 Edwards,1986),因为当归因分数发生变化时对总体的影响甚微,但在存在混淆或分歧风险的情况下,该环节变得至关重要。

10.4.8　报告和检查结果

MCDA 的结果可以用表格或图形的形式展示。综合的价值评分可以帮助人们按照重要性为备选方案排序,或者对每个备选方案给出一个价值测量。认识到 MCDA 是一种工具,它能够帮助决策者做出令人满意的决定而不是明确的或决定性的决定,使决策者能够在不同情景下探寻系列结果,这一点很重要。

10.4.9　反思

SYMPLE 方法使用基于价值判断的主观评分和加权准则,因此它无法提供客观且"正确的"结果排序。尽管如此,研究结果仍然能够揭示将来有哪些干预措施可能被认为是有用的(或相反的),并且发现在权重改变时结论具有稳健性。该方法通过开放的审议过程聚焦专家和利益相关者,对干预措施进行排序并明确所提出的任何假设。

最终的投资决策具有政治背景——这一点要切记——而且这些发现最终似乎是提供了适当的杠杆,使得决策者比在任何情况下更能够做出彻底和相关的改变,并且能够明确地重新协商供应商需要提供的服务。

证据和政策之间存在着公认的紧张局势(Dowie,1996),地方政府层面的情况也可能如此。但是,如前所述,这种担忧可能反映了真实的价值判断,并且实际上对此类情况有用。研究结果旨在为决策者指出正确的方向,可以调整结果以解决模型假设中的缺陷并进行最终决定,同时确保做出的决定与常理和公众偏好相符。

所采取的步骤与问题的性质和现实问题的限制因素直接匹配,例如需要吸纳大量的利益相关者,但是在几天内无法让大家都聚在一起。这种背景依赖性使得人们很难知晓如果使用了不同的 MCDA 方法,它会有多大的成功。然而,该项目在如下方面是成功的,即能够确定 MCDA 框架是否适用于在特定情景下的优先级确定。这并不是说本文运用的方法适用于地方政府在缺乏明确证据情况下进行的各类决策。几乎在所有环节都需要进行折中以吸纳尽可能多的利益相关者观点;公众和烟草控制委员会的参与确保优先级的确定过程朝着出发点的方向推进。本章强调的一个关键问题是,在真实世界中,这种折中往往是必要的,研究类似问题的研究人员在将来必须根据自己的判断来将这些问题与当地的决策情境相匹配(Craig 等,2008)。结果表明,因为现在鼓励增加地方的自由裁量权，今后的决策过程可能会面临更多挑战。鉴于公共卫生不再是 NHS 的职责范围，目前还不清楚公共卫生指南是否像以前那么重要。例如，当地的决策者（以及此前公众研讨会的参与者）并不认为 ASSIST 适合南约克郡的情况，因为人们认为它会导致欺凌问题。尽管事实上 NICE 认为 ASSIST 具有成本效果。公共卫生干预措施可以具有很高的成本效果（Owen 等，2012），但只有存在测量其有效性的方法时才能得以证实。本研究中其他干预措施多数缺乏明确的证据，因此不能以同样的方式推荐。

　　根据一些地方性的因素，例如人口统计学、提供方、执行方式等，在全国范围内可能存在干预措施有效性方面的差异，这些问题在公共卫生决策中会更加突显。该项目是由违反直觉的认知行为所驱动的，在公共卫生领域应用以证据为主导的方法导致了南约克郡吸烟率的有悖常理和不满意的结果。鉴于地方当局在公共卫生预算方面的权力增加，未来需要考虑如何在全国范围内采取最好的方法来管理这种差异。一种可能的途径是与地方政府开展正式合作，例如本文中概述的方法，目的是帮助决策并提高理事会决策之间的相似性。本文中概述的方法具有增加透明度和与利益相关者进行有意义交流的优势。

　　与烟草控制委员会直接合作的机会增加了实施的可能性并提出了进一步的观点（Innvær 等，2002；Lavis 等，2003）。烟草控制委员会了解先前决策制度的实情，并能确保技术问题得到妥善处理，制度因素也是如此（Williams 和 Bryan，2007）。这些体制和结构因素在地方层面尤为突出（Duthie 等，1999）。地方政府还必须对自己的选民负责（比 NICE 等更专业的组织更直接），这会进一步限制他们可能采取的行动。政策制定的实践并不一定完全取决于证据（Lindblom，1959）。所以知道如何解决这些问题至关重要。

　　例如，最近对卫生决策中经济学证据运用情况的系统评价发现，使用情况是"少而不规则"（Niessen 等，2012）。如前述，在公共卫生领域接受经济观点的速度缓慢，部分是受到公共卫生问题的复杂性和多因素性的影响，以及国家和地方层面的一系列政治和环境因素的影响。为了支持 MCDA 工具在公共卫生干预措施优先级设定中的使用和开发，NICE 开展的研究（Morgan 等，2011）表明，委员们认为开发透明和易于掌握的方法很有效。然而多数工具都可以让利益相关方和公众参与准则的选择和评价。合作伙伴关系和良好的利益相关者关系是成功使用优先级确定技术的关键。

10.5　本项研究的局限性

　　本章不尝试采用系统化的方法来确定地方政府使用 MCDA 方法的决策领域清单。

相反,本章只是为了展示曾经使用 MCDA 的领域,并通过案例研究来强调为确保模型(甚至并不完美)与目的相符而需要使用的方法(以及折中)。然而,由于该方法并不系统,在结果报告时会出现一些因疏忽造成的偏倚。

案例研究描述了在英格兰开展的一个具体项目。案例研究在错综复杂情况下解决广泛而复杂的问题很有价值(Keen 和 Packwood,1995)。通过融入决策的背景,突出了实际问题(Eckstein,2000)并且提供丰富的背景信息(Flyvbjerg,2006)。这些背景因素可能导致难以得出明确的、普适性的结论。然而,许多经验教训可能都适用于上述任何政策决策环境,折中是无法避免的(Lomas 等,2005)。

案例研究本身的流程包括许多阶段,每个阶段都有助于向决策者提供信息。但这种方法并非没有局限性,单独使用 MCDA 各阶段的研究结果而不进行进一步的思考是不恰当的。在补充环节审查结果能够更好地告知决策者在现实世界中的决策结果,还有助于减少偏倚风险,增加政策结果的成功机会。政治背景和监管可能有助于确保结果与感知的"常理"保持一致。

决策会议上可用的时间长短是个问题,最明显的事实是最终干预的分数由两个平行的小组决定,而不是由所有参与者同时决定。但值得强调的是,这只是整个项目中一个阶段的一部分。在会议上形成的分数并不指向拼图游戏中的最后一块,而是走向决策阶梯的下一步。它们为决策者提供了潜在的新途径,但排名并不代表最终的决定,因为模型必定会具有局限性而且随后的决策不能在政治真空中进行。

模型中也没有考虑诸如干预措施之间的协同作用以及如何管理以前使用的干预措施的撤资时机等问题。该方法的目的是提供一种工具,用于审查和理解干预措施的理想排名而不是最终排名。这最终需要公共卫生部主任进行判断,特别是在更加公开的新政治环境下。本项研究中概述的方法只能为决策提供信息,所使用的准则并不一定详尽。

10.6 结论

MCDA 技术以正式的方式整合数据并且开展定性和定量判断,这意味着它们非常适合支持公共卫生决策。在进行公共卫生决策时往往只有部分可用的证据而且许多政策受到价值观的驱动。许多 MCDA 方法适用于当地的资源配置,从快速和简单的方法(例如普茨茅斯记分卡)到更加复杂的方法(例如 PBMA/ DCE)。地方决策者需要考虑到资源/时间限制、科学有效性、决策问题的重要性以及更为广泛的背景来选择合适的方法。

参考文献

Aberdeen City CHP (2010) Final option appraisal for health service redesign for children with complex needs

Airoldi M (2013) Disinvestments in practice: overcoming resistance to change through a sociotechnical approach with local stakeholders. J Health Polit Policy Law 38(6):1149–1171

Airoldi M et al (2011) Healthcare prioritisation at the local level: a socio-technical approach. Priority-setting for Population Health Working Paper Series, Working Paper (7)

Airoldi M et al (2014) STAR—people-powered prioritization a 21st-century solution to allocation headaches. Med Decis Making 34(8):965–975

Ashton, Leigh and Wigan PCT (2005) Options appraisal for the management, organisation and delivery of mental health services

Austin D, Edmundson-Jones P, Sidhu K (2007) Priority setting and the Portsmouth scorecard: prioritising public health services: threats and opportunities. 7/10/09. Available from: http://www.publichealthconferences.org.uk/health_services_2007/presentations.php

Baltussen R et al (2010) Multi-criteria decision analysis to prioritize health interventions: capital-izing on first experiences. Health Policy 96(3):262–264

Belton V, Stewart T (2002) Multiple criteria decision analysis: an integrated approach. Kluwer, Boston

Bohmer P et al (2001) Maximising health gain within available resources in the New Zealand public health system. Health Policy 55(1):37–50

Bridges J (2003) Stated preference methods in health care evaluation: an emerging methodological paradigm in health economics. Appl Health Econ Health Policy 2(4):213–224

Craig P et al (2008) Developing and evaluating complex interventions: the new Medical Research Council guidance. BMJ 337:a1655

Dodgson J et al (2009) Multi-criteria analysis: a manual. Department for Communities and Local Government, London

Donaldson C, Mitton C (2009) Priority setting toolkit: guide to the use of economics in healthcare decision making. John Wiley & Sons, New York

Donaldson C et al (2010) Rational disinvestment. QJM 103(10):801–807

Dowie J (1996) 'Evidence-based', 'cost-Effective' and 'preference-Driven' Medicine: decision analysis based medical decision making is the pre-requisite. J Health Serv Res 1(2):104–113

Duthie T et al (1999) Research into the use of health economics in decision making in the United Kingdom—Phase II: Is health economics 'for good or evil'? Health Policy 46(2):143–157

Eckstein H (2000) Case study and theory in political science. London. Case study method, Sage Publications:119–164

Flyvbjerg B (2006) Five misunderstandings about case-study research. Qual Inq 12(2):219–245

Health England (2009) Matrix Insight, Prioritising investments in preventative health

Health Foundation (2012) Looking for value in hard times. Health Foundation, London

HM Treasury (2003) The green book: appraisal and evaluation in central government: treasury guidance. Stationery Office, London

Innvær S et al (2002) Health policy-makers' perceptions of their use of evidence: a systematic review. J Health Serv Res Policy 7(4):239–244

Keen J, Packwood T (1995) Case study evaluation. BMJ Br Med J 311(7002):444

Keeney RL, Raiffa H (1993) Decisions with multiple objectives: preferences and value trade-offs.

New York: Wiley, 1976

Lavis JN et al (2003) How can research organizations more effectively transfer research knowledge to decision makers? Milbank Q 81(2):221–248

Lindblom CE (1959) The science of "muddling through". Public administration review. 19(2): 79–88. DOI 10.2307/973677

Lomas J et al (2005) Final report-conceptualizing and combining evidence for health system guidance. Canadian Health Services Research Foundation, Ottawa

Marsh K et al (2014) Assessing the value of healthcare interventions using multi-criteria decision analysis: a review of the literature. Pharmacoeconomics 32(4):345–365

Marsh K, IJzerman M, Thokala P, Baltussen R, Boysen M, Kalo Z, Lönngren T, Mussen F, Peacock S, Watkins J, Devlin N (2016) MCDA for Health Care Decisions – Emerging Good Practices: Report 2 of the ISPOR MCDA Task Force. Value Health 19:125–137

Morgan A, Ellis S, Field J, Owen L, Jones D, Minchin M, McArthur C, Doohan E, Hodgson G, Pickard L (2011) NICE* Supporting investment in public health: review of methods for assessing cost effectiveness, cost impact and return on investment. NICE, London

Niessen LW et al (2012) Assessing the impact of economic evidence on policymakers in health care—a systematic review

Owen L et al (2012) The cost-effectiveness of public health interventions. J Public Health 34(1):37–45

Peacock S et al (2009) Overcoming barriers to priority setting using interdisciplinary methods. Health Policy 92(2):124–132

Perry A et al (2000) Measuring the costs and benefits of heart disease monitoring. Heart 83(6):651–656

Phillips LD, Bana e Costa CA (2007) Transparent prioritisation, budgeting and resource allocation with multi-criteria decision analysis and decision conferencing. Ann Oper Res 154(1):51–68

Reddy B et al (2016) Using MCDA to generate and interpret evidence to inform local government investment in public health. EURO Journal on Decision Processes. 27:1–21

Reed Johnson F et al (2013) Constructing experimental designs for discrete-choice experiments: report of the ISPOR conjoint analysis experimental design good research practices task force. Value Health 16(1):3–13

Robinson S (2011) Setting priorities in health: a study of English primary care trusts. Nuffield Trust, London, Lulu.com

Robinson S, Dickinson H, Williams I (2009) Evaluation of the prioritisation process at South Staffordshire PCT. Health Services Management Centre, Birmingham

Robinson S et al (2011) Disinvestment in health—the challenges facing general practitioner (GP) commissioners. Public Money Manag 31(2):145–148

Ruta D et al (2005) Programme budgeting and marginal analysis: bridging the divide between doctors and managers. BMJ Br Med J 330(7506):1501

Thokala P et al (2016) Multiple criteria decision analysis for health care decision making—an introduction: report 1 of the ISPOR MCDA Emerging Good Practices Task Force. Value Health 19(1):1–13

UK Government (2011) Option appraisal: making informed decisions in government. National Audit Office, Editor

Von Winterfeldt D, Edwards W (1986) Decision analysis and behavioral research, vol 604. Cambridge University Press, Cambridge

Williams I, Bryan S (2007) Understanding the limited impact of economic evaluation in health care resource allocation: a conceptual framework. Health Policy 80(1):135–143

Williams I, Robinson S, Dickinson H (2011) Rationing in health care: the theory and practice of priority setting. Bristol: Policy Press

第 11 章
共同决策

James G. Dolan，Liana Fraenkel

摘要

    共同决策是一个协作过程。在这个过程中，患者及卫生服务提供者在综合考虑可获得的最佳科学证据、患者价值及偏好后共同做出医疗决策。因此，有效实施共同决策需要能够随时获得与不同决策的预期结果比较的最新证据，与决策相关的价值与偏好的评估，以及以上所有信息的整合，从而制定出最合适的运行方案。多准则决策分析（MCDA）旨在帮助人们在面临涉及竞争目标之间的权衡的复杂决策时做出更好的选择。多准则决策分析（MCDA）满足共同决策的所有要求。这种相似性表明，实践中可有效利用多准则决策分析（MCDA）方法支持共同决策。

    现有证据支持上述这一假设。本章将用两种 MCDA 方法——联合分析和层次分析（AHP）来说明如何用多准则决策分析（MCDA）方法促进临床环境中的共同决策。

    联合分析是指通过检验人们如何做出一系列假设性决策（这些假设性决策实现决策目标的程度不同），从而推导出与个人偏好相关的决策方法。我们将通过讨论真实案例来说明联合分析的运用是如何促进共同决策的：通过联合分析法改进骨关节炎（osteoarthritis）的治疗方法，帮助医生更好地理解狼疮性肾炎（lupus nephritis）患者的治疗偏好。

    层次分析（AHP）是一个基于价值的多准则方法实例。基于价值的方法为构建决策

J. G. Dolan，MD（✉）
Department of Public Health Sciences，University of Rochester，
Rochester，NY，USA
e-mail：james_dolan@urmc.rochester.edu

L. Fraenkel，MD，MPH（✉）
Department of Medicine，Yale School of Medicine，New Haven，CT，USA
e-mail：Liana.Fraenkel@yale.edu

提供了一个框架,评估的备选方案,基于决策目标确定评估准则的相对优先级,以及整合以上信息后创建评分标准,以此总结备选方案能实现决策目标的程度。层次分析(AHP)还可以实现敏感性分析,使用户能够探索不同评估角度和判断时评估备选方案的影响。我们将阐述如何用层次分析法来促进结肠直肠癌筛查的决策,以期说明层次分析(AHP)在实践中促进共同决策的应用。

我们总结出一系列关于后续研究的建议,并强调在日常实践环境中有效实施这些方法所需的研究,以期继续深入这项研究。

11.1 引言

11.1.1 医疗决策往往十分复杂,且通常需要权衡不同的备选方案

治疗方法和诊断方式愈加多种多样,也得出了更多解决卫生问题的方法。在许多情况下,没有哪个选项明显优于其他选项。在此情况下,管理决策取决于对替代方案优缺点的偏好的权衡。越来越多的基于偏好的卫生决策要以患者为中心,这种卫生服务将在临床决策中充分考虑患者的偏好和观点。这种方法基于一个原则,即医疗决策应该反映患者个人的喜好和价值观,这是因为患者才是承担决策结果的人(Wennberg 等,2002;Veroff 等,2013;O'Connor 等,2007;Brownlee 等,2011)。

11.1.2 如何定义合理医疗决策?

本文提出合理医疗决策应基于当前临床证据并考虑患者的价值观和偏好,应该是患者满意且医患均可接受的决策(Politi 和 Street,2011)。制定符合这些准则的高质量临床决策需要共同决策,可以将其定义为:"当医疗卫生提供者和患者共同做出有关患者医疗卫生的决策时,医疗卫生提供者和患者紧密相连,互相影响。"(Légaré,2013)。

在实践中促进共同决策的最常见方法是通过患者决策辅助系统,告知其所面临的决策并帮助评估其治疗目标及偏好。现已证实,与常规卫生服务相比,通过患者决策辅助系统可以明确患者的价值观,降低决策冲突,改善医患沟通,增强患者的知识、风险认知以及共同制定决策的参与度(Stacey 等,2014)。然而,在实践环境中实施共同决策很困难,且很多证据表明,许多临床决策应该通过共同决策框架来制定,但事实上并没有(Joseph-Williams 等,2014;Mulley 等,2012)。因此,我们需要探索和实施在临床上可行的、有效的、常规的方法,以患者为中心进行共同决策,以提供高质量的卫生服务。

11.1.3 共同决策与多准则决策分析(MCDA)之间的关系

共同决策颇具挑战性。需要对决策有明确的定义,对可用选项的描述,对相关临床证据的简要总结,对决策者偏好和优先事项的评估,并且需要对这些信息进行整合,以确定合理的选择。

此类情况并不只出现在医疗卫生领域中,在其他领域也频繁发生。多准则决策分析(MCDA)技术的开发旨在帮助人们在面对这些复杂决策时做出明智的选择。多准则决策分析(MCDA)与共同决策所需要素之间的相似性表明,在实践中可以用它作为实施共同决策新方法的基础。本章旨在说明两种类型的多准则决策分析是如何促进实践中的共同决策的,并为未来的研究领域提出建议。

本章内容如下。首先,回顾使用联合分析法来研究狼疮肾炎、骨关节炎的患者优先级,以此说明多准则决策分析(MCDA)是如何通过列举能够整合成各种决策方法的信息来支持以患者为中心的决策制定过程的。其次,回顾使用层次分析法(AHP)研究结肠直肠癌筛查中的患者决策,来说明如何用多准则决策分析(MCDA)直接支持共享临床决策。最后,讨论目前使用这些方法和其他多准则决策分析(MCDA)法最先进的研究,来支持临床决策,并描述未来研究的方向。

11.2 联合分析

长期以来,联合分析都被当成量化分析多种选择偏好的严谨方法(Bridges,2003;Fraenkel 等,2001;Ryan 和 Farrar,2000)。在本节中,我们将通过对实例的描述来说明如何使用这种方法来引导和解释患者偏好,并将其作为支持共同决策的工具。

当面对复杂的决策时,消费者通常会评估许多属性,然后在其中进行权衡并做出最终选择。联合分析对权衡方式进行评估,以确定哪些属性组合最受消费者青睐。联合分析研究的数据也可用于衡量受访者对某些产品特征给予了多少的关注。该功能可用来观察治疗方案的特征对患者治疗方案选择的影响。

联合分析法量化数值基于三个主要假设。

第一个假设是每个产品都是不同属性的组合,并且每个属性都有特定的级别。例如,在替代药物之间进行选择时,属性指的是具体的药物特征,如给药途径、获益的概率和程度以及毒性风险。这里的级别是指每个属性的估计范围。

第二个假设是受访者对于每个属性级别都有特定的值或效用。在本文中,效用是一个数值,代表受访者对某一特性的评定。效用数值的提高代表对该特性评定的上升。每个属性的最低偏好水平是将其效用指定为零,因为联合分析测量效用采用区间尺度。各个属性的不同级别之间的效用差异表明,患者对具体治疗特征变化赋予不同程度的权重。比如,在表 11.1 中,我们根据有限的样本对可能出现的属性进行描述,受访者患上抑郁症风险的值从 40% 下降到 10%(60 个效用单位),成功治愈率从 50% 上升到 80%(40 个效用单位),前者高于后者。

表 11.1 属性、级别与效用的描述

属 性	级 别	效 用
成功治愈率	40%	0
	50%	50
	80%	90
治疗时间	12 个月	0
	6 个月	30
患抑郁症的风险	40%	0
	25%	40
	10%	60

第三个假设是效用可以跨属性进行组合。也就是说,如果药物 A 的属性的效用总和大于药物 B 的属性的效用总和,则患者更倾向于选择药物 A。例如,使用上述的效用值,如果研究人员将药物 A 定义为服用期为 12 个月的药物,成功概率为 80%,导致抑郁症的风险为 25%(总效用 = 130),定义药物 B 的服用期为 6 个月以上,成功概率为 40%,导致抑郁症风险为 10%(总效用 = 90),患者应选择药物 A 而非药物 B。

在联合分析中,选择模拟用于将原始效用转换为由研究人员定义的特定选项偏好。有几种模式可供选择。最常用的模式是随机化的第一选择模型,其中在各个级别对应的水平上的效用加总求和,然后进行指数化和重新调整,以使它们的总和为 100。

这个模型基于这样的假设,即实验对象更倾向于效用最高的选项。随机化的第一选择模型解释了效用点估计的误差以及每个受访者对于各项总效用的变化。经证实,与其他模型相比,这种模型具有更好的预测能力(Huber 等,2007)。模拟实验还可以让研究人员检验改变特定的药物特征(如降低共付额或改变给药途径)是如何影响患者偏好的。

有几种方法可以为联合分析收集数据。自适应联合分析(ACA)[Sawtooth

Software,Inc.,Orem,UT(Huber 等,2007)]使用交互式计算机程序收集并分析偏好数据。这种方法的独特之处在于它使用受访者个人的回答,通过一系列分级配对比较来更新和完善问卷,每位受访者回答一组定制问题。自适应联合分析(ACA)通过检查各级可以组合的所有可能方式来构造成对,然后选择具有类似效用的选项组(基于先前的回答,可认为类似)。如果根据自适应联合分析(ACA)对效用的初步估计,一个选项明显优于另一个,则不需额外信息。因为是交互式的,所以自适应联合分析(ACA)比其他技术更有效,并且可以评估大量的属性,且可避免评估过程中出现信息过量或受访者疲劳的问题。这是一个重要的优势,因为复杂的治疗决策通常需要在竞争风险和获益之间进行多次权衡。

11.2.1　狼疮性肾炎

狼疮性肾炎是系统性红斑狼疮的严重并发症,自身免疫性紊乱影响多个关节和内脏器官,可能会发展成终末期肾病,需要透析或器官移植治疗。狼疮性肾炎的治疗包括大剂量皮质类固醇及一种免疫抑制剂,而不同的免疫抑制剂的毒性特征不同。我们使用自适应联合分析(ACA)来评估患者对狼疮性肾炎的治疗偏好:① 患者对特定免疫抑制药物特征的相对偏好;② 对于给定的肾脏存活率和不良反应风险,倾向使用环磷酰胺而不使用硫唑嘌呤(两种免疫抑制药物)的妇女的比例;③ 肾存活或主要毒性风险的变化如何影响偏好(Fraenkel 等,2001)。环磷酰胺和硫唑嘌呤在总体生存率方面效率相同。环磷酰胺在预防终末期肾病方面比硫唑嘌呤更有效,但其风险更高(包括感染风险和不孕不育的独特风险以及卵巢早衰的风险)。我们假设育龄女性希望有更多的孩子,那么她们可能拒绝环磷酰胺。

自适应联合分析(ACA)调查包含九个属性:疗效(预防透析)、感染、癌症、脱发、带状疱疹、恶心和呕吐、膀胱出血、口腔溃疡、卵巢早衰和不孕不育的风险。受访者首先评估各个特征中最佳和最差估计之间的差异并进行分级,从不重要到极其重要,分四个级别。其次,为了提取受访者的效用,受访者评估了一系列配对比较,这些配对比较包含两个属性之间的权衡(见图 11.1)。

除了卵巢早衰的风险之外,研究属性的相对重要性在两组妇女中相似(见表 11.2)。治疗效果和感染风险的变化对选择影响最大,各占总相对重要性的约 20%。值得注意的是,可逆性脱发风险增加 50% 对患者的偏好与癌症具有相似的影响,因为癌症的风险与其相比较为罕见。

第一组问题的示例

如果两种药物在其他方面都是可以接受的,那么这种差异到底有多重要?

没有额外的脱发风险与有 50%的脱发风险

1. 根本不重要
2. 有点重要
3. 非常重要
4. 极其重要

第二组问题的示例

你更偏好哪一个?

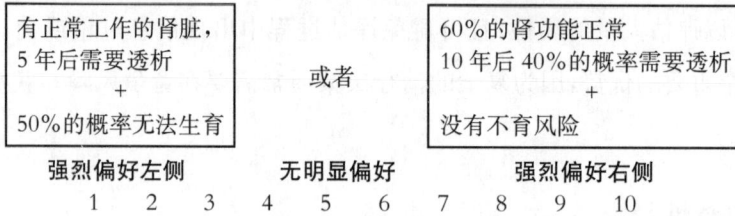

有正常工作的肾脏, 5 年后需要透析 + 50%的概率无法生育	或者	60%的肾功能正常 10 年后 40%的概率需要透析 + 没有不育风险

强烈偏好左侧　　　　**无明显偏好**　　　　　**强烈偏好右侧**
1　　2　　3　　4　　5　　6　　7　　8　　9　　10

图 11.1　联合分析问题的示例图

表 11.2　基于自适应对照分析的狼疮性肾炎治疗属性的重要性

属　　　性	想继续生育的绝经前妇女($N=25$)	不想继续生育的绝经前妇女($N=40$)
功效	19±4	22±5
感染	19±4	18±5
癌症	12±5	12±5
脱发	11±4	11±5
卵巢早衰	14±7	9±5
带状疱疹	9±3	9±4
恶心	8±4	9±4
膀胱炎	5±3	6+4
口腔溃疡	4±2	4±3

　　我们进行了与决策分析模型采用的敏感性分析类似的模拟实验来检查不同假设下的偏好。在基本情景下,模拟了文献记载中环磷酰胺的最大肾存活效果以及最低的不良反应下的患者偏好。其中,希望有更多孩子的绝经前女性(56%)倾向于选择环磷酰胺,而不是硫唑嘌呤。而大多数不希望继续生育的绝经前女性(80%)更倾向于选择环磷酰胺。卵巢早衰失败的风险降至 12.5%(与短期治疗相关的风险)只能使选择环磷酰胺的受访者比例增加 8%。只有在环磷酰胺不会增加不孕风险的假设情况下,希望生育与不希望生育的妇女选择这个药物的可能性大致相当(88%与 90%)。

　　这项研究表明,绝大多数在绝经前希望孕育更多子女的妇女不愿意承担环磷酰胺导致的不孕不育风险,即使是最小的风险,哪怕环磷酰胺在预防肾衰竭方面比硫唑嘌呤效果更显著。虽然现在有更新的治疗方案可用于狼疮性肾炎,但环磷酰胺仍然是患者有严重炎症时的选择。这项研究的结果突出了患者的价值在权衡困难决策时所发挥的重要作用。

11.2.2　膝关节骨关节炎

膝骨关节炎(OA)也称退行性关节炎,与软骨的退化和骨刺形成有关,是最常见的炎症,会导致疼痛和膝骨僵硬(Osteoarthritis,2015)。膝骨关节炎是目前导致下肢残疾的最常见的原因。由于可选取的药物功效相对温和,且不同药物在药物毒性和成本风险方面存在显著差异,正确识别患者偏好对于确定膝骨关节炎的治疗方案具有重要影响。鉴于现有的数据记录了老年人相对风险规避的情况,我们假设目前大多数对象接受非选择性非甾体类消炎药(NSAID)的临床现状与患者偏好不一致。

我们组织了一次自适应联合分析(ACA)调查来量化患者对可用治疗方案的偏好。自适应联合分析的任务是确定患者对五种选择的偏好:非选择性非甾体抗炎药(NSAID),环氧合酶抑制剂(COX-2抑制剂),阿片类药物,葡糖胺和硫酸软骨素以及辣椒素。我们测量了七种药物特征的患者效用,包括适应症、给药途径、起效时间、应答率、常见不良反应、溃疡风险和每月共付费。获益和危害的级别取自已发表的研究(Fraenkel等,2004)。

如表11.3所示,我们发现外用辣椒素(最安全但有效性最差的药物)是最优选择。相反,非甾体类抗炎药(NSAID)作为关节炎患者使用最广泛的药物,当患者承担全部药物费用时,是最差的治疗选择。减少与非甾体类抗炎药(NSAID)相关的溃疡风险或提升它们的疗效并没有改变优先级别的排序。但是,若假定一位有保险的患者每月需在环氧合酶抑制剂(COX-2抑制剂)上花费10美元时,环氧合酶抑制剂成为最佳选择。

表 11.3　骨关节炎治疗的偏好(假设患者支付其药物的全部费用)

选　　项	患者更偏好的治疗方案		
	基本情况	基本情况的改变	
		溃疡风险下降[a]	消炎药物疗效增加[b]
	百分比 ± SD		
非选择性非甾体抗炎药	2.0±1.4	9.0±2.9	5±2.2
环氧合酶抑制剂	7.0±2.6	7.0±2.6	17±3.8
阿片类药物	23.0±4.2	20.0±4.0	18±3.8
葡糖胺和(或)硫酸软骨素	24.0 ± 4.3	21.0±4.1	19±3.9
辣椒素	44.0 ±5.0	43.0±4.9	41±4.9

　　a. 溃疡风险:非甾体类抗炎药(NSAID)1%,环氧合酶抑制剂(COX-2)0.5%
　　b. 疗效:NSAID 或 COX-2 有 75%患者获益;阿片类或葡糖胺和(或)硫酸软骨素,5%;辣椒素,25%。

在此项研究中（如表 11.4 所示），不良反应风险对患者决策影响最大，这就解释了为什么膝骨关节炎患者更愿意选择辣椒素并拒绝非甾体类抗炎药（NSAID）。对辣椒素的偏好并不是由于患者不喜欢服药造成的，而是因为给药途径是影响力最小的药物特征之一。尽管在关节炎患者中广泛使用辅助疗法，但与其他药物特征相比，"天然补品"的适应症对治疗偏好的影响不大。此项研究中患者偏好与非选择性非甾体抗炎药的广泛使用之间存在巨大差异，这引发了临床实践中的重要问题，即如何识别患者偏好以及在临床实践中如何制定膝骨关节炎的治疗决策。

表 11.4　从联合分析得出的骨关节炎治疗药物特征的效用

药物特征	相对重要性 平均值＋标准偏差
适应症	9.7 ±4,9
给药途径	11.9±4.6
起效时间	13.6±4.7
药物起效的概率	15.1±4.6
常见不良反应	18.5＋3.3
消化道溃疡	19.2±3.4
每月患者自己支付的费用	12.2±4.5

鉴于这些发现，我们试图确定，在临床治疗膝骨关节炎时，是否可以使用联合分析来作为决策支持工具。因此我们进行了一项实验，门诊预约时，研究者随机将膝骨关节炎患者分为应用联合决策支持工具组或对照组。

研究员为对照组的实验对象分发关于膝骨关节炎的小册子，实验对象可以在问诊之前阅读。

干预组的实验对象在看到医生之前，需要在研究员的帮助下用电脑完成一份自适应联合分析（ACA）的任务。自适应联合分析调查与前述研究相似，包括以下治疗特征：给药途径（口服药，乳膏，注射，运动），预期疗效（疼痛减轻以及力量和耐力的改善）以及可能的不良反应（消化不良和溃疡）。在回答自适应联合分析（ACA）的问题后，该工具实时计算特定患者给予某种治疗特征的相对重要性，并估计患者的治疗偏好，这样我们就能向患者提供一份材料，用来说明每种特征对其治疗偏好的相对影响。还能给患者提供一个图表，显示了各个选项的相对排名分数，从 0（最差选择）到 100（最佳选择）（见图 11.2 和图 11.3）。

我们发现，被随机分配到应用 ACA 决策支持工具组的实验对象更有信心参与共同决策的制定，对参与决策制定准备更完善。干预组的实验对象报告说，与看过小册子的对

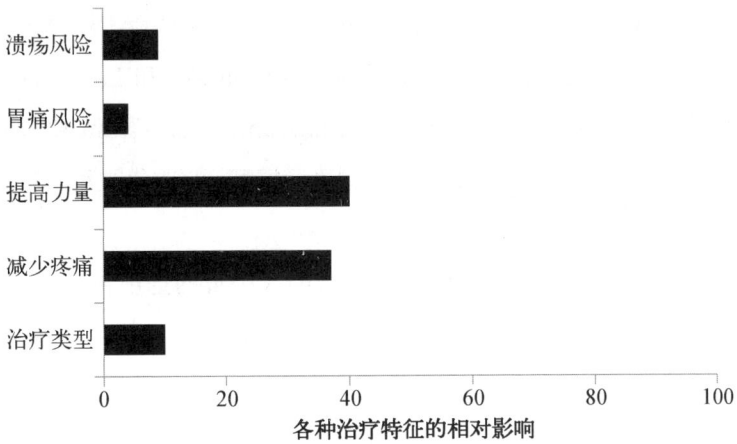

图 11.2 执行联合分析后为患者提供的骨关节炎治疗优先级示例

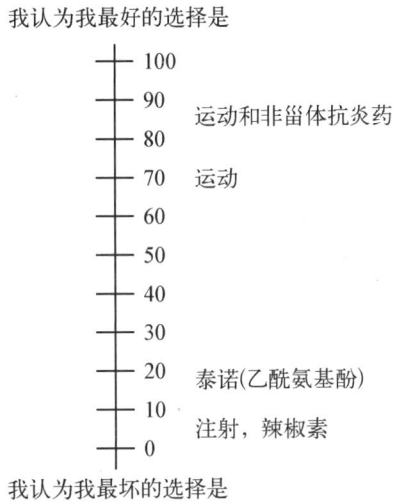

图 11.3 向患者提供的基于进行联合分析的治疗偏好的示例

照组实验对象相比,他们的关节炎自我效能感更强。大多数(74%)的参与者认为自适应联合分析(ACA)任务"非常容易",86%的人会把这种方法推荐给其他膝关节疼痛患者。这些研究结果支持使用联合分析这一潜在方法来识别临床实践中患者的偏好。

11.3 层次分析过程

层次分析法(The Analytic Hierarchy Process,AHP)是 Thomas Saaty 于 20 世纪 80 年代建立的一种多准则决策分析理论,后来被广泛使用。层次分析法(AHP)既广泛适用于决策问题,又足够简单,可供广大决策者随时使用。因此,层次分析法(AHP)是世界上使用最广泛的多准则方法之一,并已成功应用于各种决策问题(Ishizaka 和 Labib, 2011；Ho, 2008；Liberatore 和 Nydick, 2008；Subramanian 和 Ramanathan, 2012；Vaidya 和 Kumar, 2006)。

层次分析法(AHP)包括四个步骤:① 创建决策模型;② 收集被纳入决策的选项的相关信息;③ 执行分析;④ 探索结果。

决策模型按照层次排序,决策目标在顶部,被纳入决策的选项在底部,决策准则在中部,用来测量这些选项可以在多大程度上达到目标。层次分析法具有足够的灵活性,以适应决策准则,反映基于客观数据和主观考量因素之间的差异。所有的决策准则都应该是相互独立的,以确保能无偏移地考虑所有重要的决策因素。如有必要,可以将其划分为一个或多个子准则,以便更精确地比较各个选项。

信息收集包括两方面:一方面是各个选项满足决策准则的程度,另一方面是创建客观准则的数据摘要及主观准则的描述。

分析阶段使用决策模型提供的架构,将决策细分为一系列比较集合,这些比较集合由不同元素(准则或选项)组成,这些元素在同一级别上,与下一个较高层级中的一个元素具有相关性。根据实际情况,比较每一对要素的重要性、可能性、偏好,并设定九级标准。当成对比较这些组合后,它们被整合,并推导出从 0 到 1 的比例尺。我们通常需要计算和测量这些比较的一致性,得到一致性比率。一组完全一致的组合,它们的一致性比率为 0。层次分析法并不需要完美的一致性,但一致性比率通常要高于某个门槛:技术分析为 0.1,应用分析为 0.15~0.20。如果有必要的话,应对门槛值进行审查和改进。当我们完成所有比较集合的分析后,将它们整合,并得到一个总体分数,然后根据从 0 到 1 的比例尺,来推断这些选项可以在多大程度上满足决策目标。

层次分析法(AHP)的探索阶段包括改变初始分析中对结果有影响的相对偏好和优先级,如果有必要进行下一步分析,那么可以通过添加或删除准则、选项及信息来调整初始模型,并重新分析,直到决策者对分析满意并能作出决定为止。值得注意的是,层次分析法(AHP)并不是一成不变的,它应是一种工具,帮助决策者深入了解其面临的问题,了解不同选项的差异,以及在目标面前的决策偏好。

对 AHP 更完整的描述超出了本章的范围,请参阅相关文献(Dolan 等, 1989；Dolan, 2010；Saaty, 2008；Saaty, 1994)。

11.3.1　结直肠癌

结肠癌和直肠癌统称为结直肠癌(CRC)。这是一种很普遍的疾病,在全世界范围内,它分别是女性和男性中的第二和第三大癌症,2012 年,全球约有 700 000 人死于结直肠癌(英国 CR,2014)。大肠内壁上无症状的非癌性蘑菇状瘤被称为腺瘤性息肉,它有很长的生长期,大多数结直肠癌是从腺瘤性息肉发展而来的。经过证实,去除这些息肉可预防癌症(Winawer 等,1993)。由于腺瘤性息肉的生长期很长,且已经证实可以在早期对其进行干预治疗,肠癌成为理想的筛查项目。结直肠癌的筛查目的在于,在早期无症状阶段发现疾病,以防止疾病继续恶化。由于肠癌在没有家族病史或接受有可能导致其恶化的医疗行为的人群中高发,因此许多国家建议对平均风险之上的人群进行全民筛查。

虽然人们广泛推荐这种癌症筛查,但是没有适合全民的结直肠癌筛查方法。现有的筛查测试在很多方面表现不一,包括准确性、复杂性、有效性、副作用和成本。在一些国家中,例如澳大利亚和加拿大,已经选择并实施了一种筛查方案(澳大利亚结直肠癌筛查指南;加拿大结直肠癌筛查指南),其他国家(如美国)则支持多种筛查方案,并依靠临床医生和患者来选择最合适的方案。

无论采取哪种方法,结直肠癌筛查策略的选择都需要在筛查方案的优缺点之间进行取舍。换句话说,这是一个多准则决策。1996 年,美国初步筛查指南首次发布,提出基于层次分析法(AHP)的多准则决策分析(MCDA)是一种用于临床问题分析的便捷工具。患者和临床医师只需接受很简单的训练,就可以提供多准则决策分析所需的信息。根据这项前期工作,我们进行了一系列研究,以探索层次分析法(AHP)是否可应用于临床,以帮助医生和患者根据指南建议一起作出结直肠癌筛查决策。

11.3.2　结直肠癌研究

第一项研究是一项小型试验,旨在比较基于层次分析法(AHP)的决策支持与标准的患者信息手册。第二项研究是大型调查,旨在评估患者在选择结直肠癌筛查项目时优先考虑的事项,探究患者在面对具有挑战性的层次分析面前,其完成程度如何。第二项研究还会记录他们对整个流程的印象,包括获得的信息的有用性,以及患者是否愿意在将来使用类似的流程。这两项研究都是在结直肠癌筛查指南认可下进行的,5 种筛查策略如表 11.5 所示。

表 11.5　层次分析法中纳入的结直肠癌筛查策略

筛　查　策　略	说　　　　明
每年一次粪便检测	检查大便是否有异常出血迹象
每 5 年进行一次可屈光导纤维结肠镜检查	可屈光导纤维检查结肠下部 60 厘米

筛 查 策 略	说 明
大便测试和可屈光导纤维结肠镜检查	每年进行一次大便检测和每 5 年一次可屈光导纤维结肠镜检查
每 5 年进行一次钡剂灌肠造影检查	结肠 X 光检查
每 10 年进行一次结肠镜检查	使用可屈光导纤维对整个结肠进行检查

11.3.3 第一项结直肠癌研究

第一项研究是一项随机对照试验,将基于层次分析法的决策辅助与教学材料描述的五种推荐筛查策略相比较。图 11.4 显示了使用的决策模型。目标是在顶端:选择结直肠癌筛查的最佳方法。五个推荐的筛选程序在底部,并且有一个无筛查"保持观察"选项。中间是我们所使用的决策准则,它们基于指南和教学材料中不同的推荐筛查方案之间的差异来制定。三个其他考量因素——筛查频率、筛选测试所需的准备工作以及筛查过程的性质被结合起来,因为决策层级的任何级别的准则都需要使用 1～9 级标准进行比较。在这种情况下,我们判定这些评估准则本身就与其他主要准则具有不同的重要程度,但将它们一起考虑时,它们就具有同等重要性(见表 11.5)。

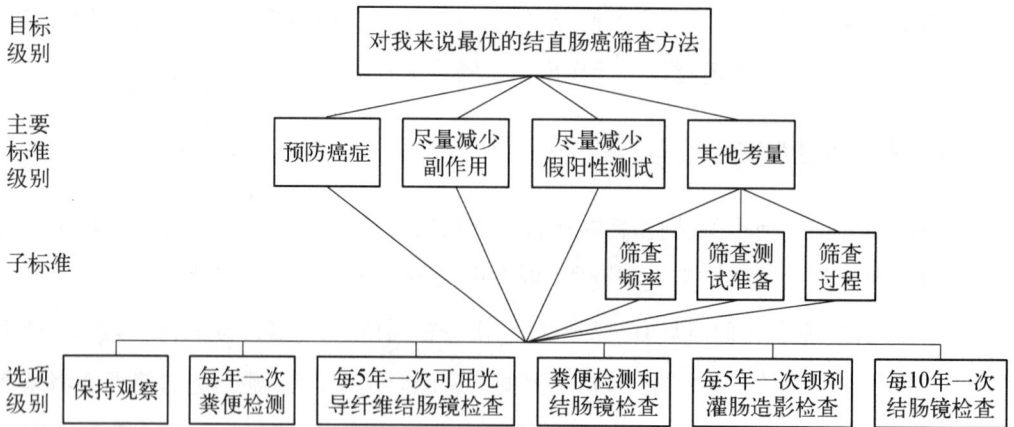

图 11.4 结直肠癌筛查模型

研究对象由纽约州罗彻斯特两个内科医疗实践中心招募的有结直肠癌风险的患者组成,他们将根据指南建议进行筛查。符合条件的患者被随机分配到对照组或干预组,并安排家庭医师进行定期随访。研究人员要求对照组的患者阅读一份简短的书面材料,这份材料描述了结直肠癌及其筛查知识和推荐的筛查方法。分配在干预小组的患者在研究员的协助下,使用笔记本电脑上的层次分析(AHP)软件,完成一份如上所述的完整的筛查决策层次分析。鼓励两组实验对象积极与医生讨论关于结直肠癌筛查的相关事项。

主要的研究结果是患者报告的决策冲突和所执行的筛查计划的数量。决策冲突是指一个人在行动过程中的不确定性。使用决策冲突指数衡量总体决策冲突以及五个决定因素。五个因素分别是：不确定性,不知情的感觉,决策相关价值的清晰度,被他人支持的感受,对于决策的有效性的自我评估(O'Connor,1995)。假设干预组患者的决策冲突较低,则更有可能完成筛查计划。

95 名患者完成了实验,其中 46 名(48%)在对照组,49 名(52%)在实验组。实验组除了 2 名患者外,都能够在 1 小时内完成。实验组患者的决策冲突指数更低(效果更好),并且他们感觉更有知情权,价值更清晰,更有可能认为他们做出了有效决策。患者还为决策准则提供了更宽的优先级,平均范围为 46 分(在 100 分优先级积分体系中),并且根据聚类分析确定了四种主要决策准则的六种不同优先级组合(Dolan,2005)。最常用的选择是结合大便隐血试验和结直肠镜检查,58% 的患者更倾向于这种方法。干预组患者倾向于不选择无筛查"保护观察"选项。患者对这两种干预措施进行了高度评价,并支持其在日常临床实践中的使用(Dolan 和 Frisina,2002)。

11.3.4　第二项结直肠癌研究

第二项研究旨在通过调查患者对结直肠筛查项目的偏好来扩展先前研究的结果,并确定是否可以通过对更大、更具代表性的样本进行最少的培训,使患者能够完成复杂的临床层次分析。我们调查了纽约州罗切斯特,亚拉巴马州伯明翰和印第安纳州印第安纳波利斯内科医疗中心的 484 名患者,他们都有患上肠癌的风险。我们要求所有患者完成结直肠癌筛查决策的层次分析(AHP)。我们使用与第一次研究相同的决策模型,不同之处在于我们扩展了选项的范围,以涵盖研究期间当前指南所支持的全部计划,共有十个选项。患者在研究员的帮助下使用专门为本研究设计的 AHP 软件程序,在笔记本电脑上完成操作。

78% 的研究对象能够完整使用 AHP 分析,我们将其定义为小于或等于 0.15 的总体一致性比率。能否胜任这项技术的主要影响因素是研究地点(完整分析的比率从印第安纳波利斯的 32% 到伯明翰的 99% 不等)。而患者特征(包括年龄、种族、性别、识字率、算术能力和家庭收入)对这个比率的影响很小,甚至可以忽略。

关于决策准则的患者偏好又是不尽相同的。聚类分析显示,主要准则有 6 种不同的偏好组合,而子准则有 4 种不同的偏好组合。每个主决策准则和每个子准则至少被一个群组视为最重要的。群组与患者特征和研究地点并不相关,但是,家庭月平均收入低于

35 000 美元的患者所在的群组，并不把预防癌症当作最重要的考虑因素。

患者对使用层次分析（AHP）的经历评分很高：92%表示理解决策准则，91%认为不难理解配对比较过程，85%认为不难进行比较，88%愿意在做出医疗卫生方面的重要决策时使用类似的程序。

11.4　结论

合理临床决策的特点是能够将临床证据与决策利益相关者的偏好及优先级有机整合。循证决策的重要性得到了广泛认可，并且越来越受到重视。对临床证据日益重视的结果之一是认识到在当代医疗实践中做出的许多决策是基于偏好驱动下，在多种选择方案之间做出的一种权衡。在上述的研究中，患者的偏好不尽相同，这清楚地表明，在做出偏好敏感的临床决策时，识别个体患者的偏好有多么重要。这个认识敦促我们结合患者偏好，并通过共同决策这一协作过程让患者参与制定他们的医疗决策。

临床决策制定的这两个关键方面很难在临床实践中完成。基于证据的决策制定主要集中在对可用数据的总结，即通过严谨的系统文献综述，以及创建反映现有证据优缺点的临床指南。为增加患者参与程度所作的努力促使患者加强了交流，帮助患者更多地参与到卫生服务和决策制定中来，从而帮助他们理解决策、评估其偏好和优先级。尽管在这两方面都取得了很大进展，但我们仍需做大量的工作，制定有效的方法来整合这两项任务。

多准则决策分析（MCDA）工具非常适合帮助临床决策者将临床证据与患者偏好结合起来。综合来看，对这些研究的回顾为我们提供了证据：患者在受过简单培训之后能够使用强大的多准则决策分析（MCDA）工具，并且 MCDA 工具的使用能够改进决策的过程。这些结果说明了从多准则角度处理临床决策的重要性和有效性，需要对基于多准则决策分析（MCDA）方法进行更多的开发和测试，以期支持以患者为中心的高质量临床决策制定。

虽然多准则决策分析（MCDA）目前前景尚佳，但在实践中使用它开展临床决策仍面临一些重要的问题。最重要的问题恐怕是需要证明这些工具为患者和卫生服务提供者带来了实实在在的益处。相关问题包括创建适用于临床的工具和开发有效方法来确保其中包含的医疗证据的准确性。

这些担忧并非空穴来风，多准则决策分析（MCDA）工具的功能应密切结合临床决策者的需求,患者可以通过简单培训来使用这些工具,并且随着计算机和通信技术的快速发展,这些问题可以逐步克服。相信在未来几年,多准则决策分析(MCDA)工具将在促进高质量、基于证据的临床决策中发挥重大作用。

参考文献

Australian CRC Screening Guidelines [Internet]. [cited 4–30/15]. Available from: http://www.cancerscreening.gov.au/internet/screening/publishing.nsf/Content/bowel-screening-1

Bridges JFP (2003) Stated preference methods in health care evaluation: an emerging methodological paradigm in health economics. Appl Health Econ Health Policy 2(4):213–224

Brownlee S, Wennberg JE, Barry M, Fisher ES, Goodman DC, Byrum JPW. Improving patient decision-making in health care: a 2011 Dartmouth Atlas report highlighting Minnesota

Canadian CRC Screening Guidelines [Internet]. [cited 4–20/15]. Available from: http://www.cancer.ca/en/prevention-and-screening/early-detection-and-screening/screening/screening-for-colorectal-cancer/?region=bc

Dolan JG (2005) Patient priorities in colorectal cancer screening decisions. Health Expect 8(4):334–344

Dolan JG (2010) Multi-criteria clinical decision support. Patient: Patient-Centered Outcom Res Springer, 3(4):229–248

Dolan JG, Frisina S (2002) Randomized controlled trial of a patient decision aid for colorectal cancer screening. Med Decis Making 22(2):125–139

Dolan JG, Isselhardt BJ, Cappuccio JD (1989) The analytic hierarchy process in medical decision making a tutorial. Med Decis Making 9(1):40–50

Fraenkel L, Bodardus S, Wittink DR (2001) Understanding patient preferences for the treatment of lupus nephritis with adaptive conjoint analysis. Med Care 39(11):1203–1216

Fraenkel L, Bogardus ST, Concato J, Wittink DR (2004) Treatment options in knee osteoarthritis: the patient's perspective. Arch Intern Med 164(12):1299–1304

Fraenkel L, Rabidou N, Wittink D, Fried T (2007) Improving informed decision-making for patients with knee pain. J Rheumatol 34(9):1894–1898

Ho W (2008) Integrated analytic hierarchy process and its applications-A literature review. Eur J Oper Res 186(1):211–228

Huber J, Orme B, Miller R (2007) The value of choice simulators. In: Gustafsson A, Herrman AF (eds) Conjoint measurement. Springer, New York, pp 347–362

Ishizaka A, Labib A (2011) Review of the main developments in the analytic hierarchy process. Exp Syst Applic 38(11):14336–14345

Joseph-Williams N, Elwyn G, Edwards A (2014) Knowledge is not power for patients: a systematic review and thematic synthesis of patient-reported barriers and facilitators to shared decision making. Patient Educ Couns 94(3):291–309

Légaré F (2013) Shared decision making: moving from theorization to applied research and hopefully to clinical practice. Patient Educ Couns 91(2):129

Liberatore MJ, Nydick RL (2008) The analytic hierarchy process in medical and health care decision making: a literature review. Eur J Operat Res 189(1):194–207

Mulley AG, Trimble C, Elwyn G (2012) Stop the silent misdiagnosis: patients' preferences matter. BMJ 345:e6572

O'Connor AM (1995) Validation of a decisional conflict scale. Med Decis Making 15(1):25–30

O'Connor AM, Wennberg JE, Legare F, Llewellyn-Thomas HA, Moulton BW, Sepucha KR et al (2007) Toward the "tipping point": decision aids and informed patient choice. Health Aff 26(3):716–725

Osteoarthritis [Internet]. [cited 2015]. Available from: http://www.cdc.gov/arthritis/basics/osteoarthritis.htm

Politi MC, Street RL (2011) The importance of communication in collaborative decision making: facilitating shared mind and the management of uncertainty. J Eval Clin Pract 17(4):579–584

Ryan M, Farrar S (2000) Using conjoint analysis to elicit preferences for health care. BMJ 320:1530–1533

Saaty TL (1994) How to make a decision: the analytic hierarchy process. Interfaces 48(24):19–43

Saaty TL (2008) Decision making with the analytic hierarchy process. Int J Serv Sci 1(1):83–98

Stacey D et al (2014) Decision aids for people facing health treatment or screening decisions. Cochrane Database Syst Rev (1):CD001431

Subramanian N, Ramanathan R (2012) A review of applications of analytic hierarchy process in operations management. Int J Produc Econ 138(2):215–241

UK CR. Worldwide cancer mortality statistics [Internet]. 2014 [cited 23 Apr 2015]. Available from: http://www.cancerresearchuk.org/cancer-info/cancerstats/world/mortality/

USPSTF crc screening guidelines 2008 [Internet]. [cited 4–30/15]. Available from: https://www.uspreventiveservicestaskforce.org/Page/Document/UpdateSummaryFinal/colorectal-cancer-screening2

Vaidya OS, Kumar S (2006) Analytic hierarchy process: an overview of applications. Eur J Operat Res 169(1):1–29

Veroff D, Marr A, Wennberg DE (2013) Enhanced support for shared decision making reduced costs of care for patients with preference-sensitive conditions. Health Aff 32(2):285–293

Wennberg JE, Fisher ES, Skinner JS et al (2002) Geography and the debate over Medicare reform. Health Aff 21(2):10

Winawer SJ, Zauber AG, Ho MN, O'Brien MJ, Gottlieb LS, Sternberg SS et al (1993) Prevention of colorectal cancer by colonoscopic polypectomy. N Engl J Med 329(27):1977–1981

第 12 章
MCDA 在卫生研究优先领域设定中的作用

Roderik F. Viergever，Dimitrios Gouglas，Noor Tromp

摘要

  卫生研究优先领域设定工作旨在最大限度地扩大投资对卫生研究领域的影响。在过去的二十年中,卫生研究优先级设置的工作实践日益增多。卫生研究的多个领域也开展了此类工作,而且这些工作涉及各个层级(全球、区域、国家、地方和机构)。本章讨论了卫生研究优先领域设定与卫生干预优先领域设定之间的异同,并描述了当前卫生研究优先领域设定采用的方法,探讨了多准则决策分析方法(MCDA)在其中的作用。本章还为今后卫生研究优先领域设定方法的发展提供了三项具体建议:① 认识到卫生研究优先领域设定工作采取的许多方法都运用了 MCDA;② 利用既定的方法或最佳做法进行卫生研究的优先领域设定;③ 更详细地研究卫生干预和卫生研究优先领域设定间的差异。

R. F. Viergever (⌧)
Department for Health Evidence，Radboud University Medical Center，
P. O. Box 9101，6500 HB，Nijmegen，Netherlands

Research4health，Utrecht，The Netherlands
e-mail：rviergever@research4health.org

D. Gouglas
CEPI — Coalition for Epidemic Preparedness Innovations，Norwegian Institute of Public Health，Oslo，Norway

N. Tromp
Department for Health Evidence，Radboud University Medical Center，
P. O. Box 9101，6500 HB，Nijmegen，Netherlands

Royal Tropical Institute (KIT)，Mauritskade 63，1092 AD，Amsterdam，Netherlands

12.1 简介

卫生研究①有助于我们更好地应对卫生问题。卫生研究的类型多种多样,每种类型都为我们促进我们应对医疗卫生问题提供了机会。卫生研究可能涉及以下方面:衡量卫生问题的重要程度和分布情况;帮助人们理解产生该问题的原因;精心设计解决方案;帮助将解决方案或证据转化为政策、实践和产品;或评估解决方案的影响力(世界卫生大会文件 A63/22:《WHO 在卫生研究中的作用和责任:WHO 卫生研究战略 2010 年草案》)。一些研究基于个体层面(例如生物医学研究或临床研究);另一些研究在人群层面进行(例如流行病学研究或卫生系统研究)(Frenk,1993)。专注于开发产品的研究旨在开发各种不同的产品,如设备、药品、疫苗、程序或系统(卫生技术:秘书处报告。世界卫生组织执行局文件 EB 121/11,2007)。每年,全球范围内有大约 2 400 亿美元用于卫生研究(Rottingen 等,2013)。以最佳方式分配这些资金所带来的挑战促进了卫生研究优先领域的设定。

研究人员和政策制定者开展卫生研究的优先领域设定来帮助他们选择开展哪项卫生研究或对哪项卫生研究进行投资。这些工作各有不同,体现在不同的覆盖地域(全球、地区、国家、地方和机构)(Viergever 等,2010a;McGregor 等,2014)、不同的开展程度(广义或狭义)(Baltussen 等,2010)以及不同的目标(例如,为卫生研究需求制定"路线图",为卫生研究的资助者优先选择最佳投资方案)(McGregor 等,2014)。近年来,全球范围内开展了大量卫生研究优先领域设定工作。2006 年至 2008 年的两项评述分别确定了 344份和 258 份卫生研究优先级报告[Oliver 和 Gray 2(K)6;Stewart 和 Oliver,2008];从2009 年起,对以 WHO 为基础的卫生研究优先领域设置的审查发现,过去 5 年间,有 230份有关卫生研究优先领域设置的报告由 WHO 总部组织或协调(Viergever 等,2010a),McGregor 议员于 2014 年发布的评述发现中低收入国家有 91 项卫生研究优先领域设定工作(McGregor 等,2014)。

本章回顾了为指导这一优先领域设定而制定的方法,特别注重多准则决策分析

---

① 此处的研究是根据经济合作与发展组织(OECD)的《弗拉斯卡蒂手册》来定义的:"在系统基础上进行的创造性工作,以增加知识量为目的,包括关于人、文化和社会的知识,以及利用该知识来设计新的应用。"(《弗拉斯卡蒂手册:拟定的用于研究和实验开发的调查标准》,2002)卫生研究在《弗拉斯卡蒂手册》中被列入科学和技术(FOS)分类中的修订领域,其中包括基础医学、临床医学、卫生科学、医学生物技术和其他医学领域(科学和技术指标国家专家工作组,2007)。

(MCDA)在这些方法中的作用。本章共三节。首先是本章简介,介绍了卫生研究优先领域设定与卫生干预优先领域设定的异同。其次,描述了用于设置卫生研究优先领域的方法学类型,以及在何种程度上运用了 MCDA。最后一节讨论未来卫生研究优先领域设定的方法学发展的若干建议。

12.2　卫生研究优先领域设定和卫生干预优先领域设定之间的相似性与差异

12.2.1　相似性

卫生研究优先领域设定和卫生干预优先领域设定在许多方面类似。在这两个领域中,优先领域设定的方法学和范围具有多样性,例如,从协商式到定量方法(IJzerman 等,2014)以及从广义到狭义(Baltussen 等,2010)。两个领域的工作都考虑到了优先领域设定过程中的许多方面,例如支持优先领域设定方法的理论(即多属性效用理论),利益相关者映射和选择,准则的确定和选择,为各准则分配权重,评分选项,聚合分数,就最后的优先次序达成一致(例如:决策共识法或多数规则方法),提出优先级并执行优先级(IJzerman 等,2014;Viergever 等,2010b;Okello 和 Chongtrakul,2000)。

12.2.2　差异

然而,这两个优先领域设定也存在很多差异。两者的主要概念差异是需要解决的问题不同:优先级研究与优先级干预不一样。考虑到许多研究选项的价值与一套标准不符,对于这些价值的不确定性高于对卫生干预优先领域设定的不确定性,这是因为作出确定哪项研究会有回报的决策需要极富远见。正如 Callahan 所指出的,"尽管卫生优先领域的设定工作只考虑满足目前的需要,但研究既考虑当前又着眼于未来的需要"(Callahan,1999)。

这种概念上的差异会产生以下几个实际后果。

首先,用于评估各种选项的准则会不同。两个领域使用的准则肯定存在重叠:两者都可能考虑到卫生研究或干预措施(预期)的卫生影响以及成本或公平性。不同之处是:发展卫生技术的可行性预期不适用于干预措施,这是因为干预措施已经被发展。卫生干预(Tromp 和 Baltussen,2012)和卫生研究(McGregor 等,2014;Noorani 等,2007)优先领域设定工作的综述文件中总结了两个领域中使用的准则。

其次,由于卫生研究优先领域设定相关的不确定性,在卫生研究优先领域设定中,根据准则对选项进行评分的方式往往更为主观,例如不直接基于数据而更多地依赖利益相关者的观点。虽然主观性在某种程度上是两种设置都固有的(例如在赋权重带来的偏好性诱导中),但是许多使用MCDA来建立干预优先级的工作都利用客观数据来填充性能矩阵[①]。例如,卫生干预的效果和成本基于客观数据(Baltussen等,2006,2007)。这些数据通常来源于文献,可用于数学建模。当这些数据不可用时,例如,数据缺乏和/或难以呈现(例如公开性),对干预的评分将依据共同准则做主观评价/判断。相反,在卫生研究优先领域设定中,用于性能矩阵的客观数据经常不可用,在此情况下,通常会在优先领域设定工作前为利益相关者提供收集到的证据,但研究选项的主要评分方法是根据利益相关者的意见进行评分(Viergever等,2010b)。

在卫生研究优先领域设定工作中使用利益相关者的意见而非客观数据的观点有如下几个理由。首先,在卫生干预优先领域设定工作中,具有优先性的干预选择的数量[例如防治艾滋病毒/艾滋病的干预措施(Youngkong等,2012)]经常是有限的;然而在卫生研究中,可以确定并优先考虑的选项的数量是无限的。即使卫生研究优先领域设定工作仅限于一个卫生领域(例如艾滋病毒),甚至仅限于一个研究领域[如生物医学研究、临床研究、流行病学研究或卫生系统研究(Frenk,1993)],其选项也有无数个。其次,定义的研究选项的跨度在每个工作中都有很大差异,其范围可以从精确的研究问题到广泛的研究领域(McGregor等,2014)。在前文提及的McGregor对中低收入国家卫生研究优先领域设定工作的综述中,35%为领域研究,42%为主题研究,23%是特定问题研究(McGregor等,2014)。最后,在卫生研究优先领域设定中,研究选项几乎总是由利益相关者确定的,而在干预优先领域设定中,是对已有的选项做事先评估[我们回顾了由McGregor编制的优先领域设定研究(McGregor等,2014)并且发现只有一项研究使用了预定的研究选项]。大量的可能研究选项以及它们的跨度往往在优先领域设定前还没有确定,而且这些选项大多是由利益相关者在优先领域设定工作期间确定的,这导致难以提前收集各项研究选项的客观数据来填充性能矩阵。

值得注意的是,尽管这些都是许多卫生研究优先领域设定工作的共同点,但是仍有一些卫生研究优先领域设定工作有所不同,它们的选项数量更加有限[例如(非常)早期卫生技术评估(HTA)可用于帮助优先确定研究选项,通常这类选项的数量是有限的(早期卫生技术评估中的亮点,2011)]。对于这些优先领域设定工作而言,客观数据的使用可能更

---

① 该性能矩阵描述了基于每个准则的选项的性能(Baltussen和Niessen,2006)。

为可行。

　　为深入了解卫生研究优先领域设定工作的运作情况,本章描述了巴布亚新几内亚的国家卫生研究议程制定的一项案例研究(见专栏 12.1)。

专栏 12.1:巴布亚新几内亚卫生研究优先领域设定案例研究

　　为了举例说明在卫生研究优先领域设定工作中使用的方法,我们在这里提供了一个案例研究。该案例是近期为巴布亚新几内亚制定的 2013—2018 年国家卫生研究议程(Viergever 等,2014)。该议程的目的是确定已计划的国家卫生研究补助金计划的优先事项,该计划由巴布亚新几内亚政府和发展伙伴提供资金。该议程的制定是由国家卫生部召集的一个指导委员会领导。从方法论看,优先领域设定工作的进行主要基于“卫生研究优先级清单”和国家基本卫生研究(ENHR)战略。这项工作涉及两个阶段。在第一个阶段,举办了四个专题研讨会,分别侧重于不同的研究领域:生殖和妇幼保健研究、传染病研究、健康生活方式研究和卫生系统研究。对于每个领域,包括决策者、从业人员和研究人员在内的技术专家讨论了这项工作的价值,决定了应在优先领域设定工作中使用的准则,在每个研究领域下更是决定了具体的研究范围,并且为每个研究领域确定了 10～15 个研究主题。到了第二个阶段,高级决策者、从业人员和研究人员在研讨会上进一步细化了这些主题。在第一个阶段,他们对小组决定的三个准则进行了评分,总分为 100 分,以此反映它们的相对重要性,然后根据这些准则对研究选项评分。此外,还要求他们对每个研究选项的总体重要性进行评分。基于准则给出的分数结合总分形成了研究主题的最终排名。各利益相关方在会议上对这一最终排名进行讨论并修改,直至就研究主题达成共识。此后,与会者讨论了下一步的工作,其中包括执行议程和修订计划。

12.3　卫生研究优先领域设定与 MCDA

　　因此,卫生研究优先领域设定在许多方面与卫生干预优先领域设定相似,但也存在差异。在本节中,我们将审查用于设置卫生研究优先级的各种方法。为了评估 MCDA 在卫生研究优先领域设定中的应用程度,将对这些方法与 MCDA 进行比较。在这之后,还将分析卫生研究优先领域设定工作案例中具体运用 MCDA 的程度,并在本节的最后一部分总结了所得到的启示。

12.3.1　卫生研究优先领域设定的方法(以及与 MCDA 的联系)

12.3.1.1　三种方法

表 12.1 概述了过去用于确定卫生研究优先级的三种方法。

表 12.1 中的第一组方法包括在决策过程中使用了多准则的方法,但未明确归类为 MCDA。这些都是专门为卫生研究优先领域设定而制定的方法。第一组包括绝大部分[①]的卫生研究优先领域设定的主要方法:国家基本卫生研究(ENHR)战略、儿童健康和营养研究(CHNRI)和组合方法矩阵(CAM)(Okello 和 Chongtrakul,2000;Rudan 等,2006;3D 组合方法矩阵:一种改进的用于设定卫生研究优先领域的工具,2009)。这些办法都是"全面的",因为它们能为卫生研究优先领域设定工作从规划到执行的全过程提供循序渐进的指导,例如活动筹备阶段(为利益相关方提供指导)和确定了优先领域之后开展的各项活动(为已确定的优先领域的报告工作提供指导)(表 12.1 中有对这三种方法更详细的说明)(Viergever 等,2010b)。

表 12.1　三种用于确定卫生研究优先级的方法

方　　法	应用优先领域设定方法的环境	具体方法的举例
1. 使用多准则的方法(未明确归类为 MCDA)	国家和全球卫生研究政策	**国家基本卫生研究(ENHR)战略**:ENHR 方法为国家级的卫生研究优先领域设定提供了一种方法,重点关注环境的特殊性。它具有灵活性,在优先领域设定过程的各个步骤中,例如对准则的选择和加权,提供选项,而不是说明性指导。ENHR 战略通常用于制定国家卫生研究议程(Okello 和 Chongtrakul,2000) **儿童卫生和营养研究项目(CHNRI)**:CHNRI 提供了一种进行配对比较和消除由直接比较控制的选项的方法,其次是评分和加权法,根据五个预定准则对各个选项进行估值和排序:解决问题的能力、有效性、产能、公平性和对疾病负担的影响。该方法通常用于设定国家层面和全球范围特定卫生领域的优先事项(Rudan 等,2006) **组合方法矩阵(CAM)/CAM3D**:组合方法矩阵(CAM)主要提供一个结构化框架来收集信息,它根据几个预选准则,包括疾病负担、目前的知识水平、成本效益和当前资源流动。该方法通常用于在国家和全球范围内确定特定卫生领域的优先事项(3D 组合方法矩阵:一种改进后的工具,用于确定卫生研究优先级,2009;Ghaffar,2009) "卫生研究优先设置清单"对上述方法进行了综述(Viergever 等,2010b)

[①] 另一种方法是优先领域设定伙伴关系法,该方法在第三组方法中提及,因为它不使用多种准则。

方　法	应用优先领域 设定方法的环境	具体方法的举例
2. 使用多准则的方法（归类为 MCDA）	国家和全球卫生研究政策、药物研发项目组合管理、卫生保健组织特定优先领域设定、早期 HTA	**定性的 MCDA 方法**，如清单/核对清单法和小组决策/专家团队选择法： 审议过程使用多种准则，在存在较少离散选项的情况下作出决策，而且往往是在没有明确定义的环境或没有足够的数据的情况下进行。这些方法已应用于中低收入国家、卫生保健组织和新产品开发的卫生研究优先领域设定中（Owlia 等，2011；Smith 等，2009；Hummel 等，2000） **价值测量方法**，如 **评分，加权和线性加法模型**：各种简单的附加模型将基于多种准则的选项值组合成聚合值，将每个准则的价值分数乘以该准则的权重，然后将所有分数加权。该模式已应用于贫困地区的新品开发、卫生组织环境和传染病研究的优先领域设定工作中（Phelps 等，2014；Doble 等，2013；贫困地区的环境、农业和传染病研究优先级：2013 年关于贫困地区环境、农业和传染病的 TDR 专题小组技术报告；Bahadori 等，2011） **层次分析法（AHP）、网络分析法（ANP）和模糊 AHP 法**：AHP 结构选项通过对利益相关方的优先选项和一致性检查进行配对比较，进入一个具有多个准则的总体目标层次。ANP 是 AHP 的高级版本，它使用网络结构对选项进行估值和排序。当数据不完整时，模糊集理论可以与 AHP 结合，进行优先级排序。AHP、ANP 和模糊 AHP 已应用于药物研发项目组合管理、卫生研究投资、卫生组织环境和早期卫生技术评估的优先领域设定（Velmurugan 和 Selvamuthukumar，2012；Kahraman 等，2014；Husereau 等，2010；Ijzerman 和 Steuten，2011，2014） **多属性效用方法**：由于不确定性，多属性效用理论（MAUT）、多属性价值理论（MAVT）或多准则组合分析（MCPA）模型旨在通过使用选项的价值函数对选项进行排序，而不是采用一组多种准则。MAUT 已被应用于制药部门的预算规划和资源分配（Phillips 和 Bana e Costa，2007） **高级别方法**：直接比较模型和交叉检查选项的性能，其次是消除超过一组多种准则的超优选项。高级别方法已应用于制药行业，用以研究组织的优先领域设定（Varlan 和 Le Paillier，1999） **目标、意愿或参照水平方法**：多种数学模型，根据一组多目标或限制条件（准则）推导选项的最大/最小值。这些模型的例子包括整数、多目标编程、多目标优化和检索法。他们在卫生研究优先领域设定的应用主要关注药物研发项目组合管理（Hassanzadeh 等，2014；Patel 等，2013；Subramanian 等，2000；Sonntag 和 Grossman，1999；Grossman，1975）

方　法	应用优先领域设定方法的环境	具体方法的举例
3. 不使用多准则的方法	国家和全球卫生研究政策、药物研发项目组合管理、卫生组织的具体优先领域设定、早期卫生技术评估（HTA）、健康服务和健康结果研究优先领域设定、国家卫生研究政策	**患者优先领域设定伙伴关系**：合作方法，让患者、护理人员和临床医生一起为卫生研究设置优先级，特别卫生服务和卫生结果研究的优先领域设定（Cowan 和 Oliver，2013）。在英国，经常使用该方法为具体的卫生领域确立国家研究优先级。 **回报分析**：投资方式的回报，通常用于确定作为早期 HTA 和药物研发项目组合管理一部分的优先级（Chilcott 等，2003；Fleurence，2007） **信息价值**：用于信息指导决策的自选方法，通常用于确定药物研发项目组合管理、卫生服务和卫生结果研究的优先级（Claxton 和 Sculpher，2006；Myers 等，2011，2012；Eckermann 等，2010；Meltzer 等，2011；Hassan 等，2009；Schmidt，2010） **实物期权**：不确定性下资本预算决策的期权估值方法，通常用于确定药物研发项目组合管理的优先级（Lo Nigro 等，2014；Zapata 和 Reklaitis，2010；Johal 等，2008；Hartmann 和 Hassan，2006；Kolisch 等，2005；Jacob 和 Kwak，2003；Rogers 等，2002；Rosati，2002） **各种临床试验模拟、投资评估和阈值分析**：范围广泛，从试验设计优化技术到趋势和意想不到的问题的前景扫描和卫生经济模型法，通常用于确定作为早期 HTA 和卫生服务及卫生结果研究一部分的优先级（Miller，2005）

　　表 12.1 中的第二组方法由若干 MCDA 方法组成，这些方法用于确定卫生研究优先级。根据 Belton 和 Stewart（2002）对 MCDA 方法的分类，在卫生研究优先领域设定工作中应用的 MCDA 方法是：

　　（1）定性的 MCDA 方法（Owlia 等，2011；史密斯等，2009；Hummel 等，2000）。

　　（2）价值测量方法，可以进一步分为：

　　● 评分、加权和线性加法模型（Phelps 等，2014；Doble 等，2013；贫困地区的环境、农业和传染病研究优先级：2013 年关于贫困地区环境、农业和传染病的 TDR 专题小组技术报告；Bahadori 等，2011）；

　　● 层次分析法（AHP）、网络分析法（ANP）和模糊 AHP 法（Velmurugan 和 Selvamuthukumar，2012；Kahraman 等，2014；Husereau 等，2010；Ijzerman 和 Steuten，2011）；

　　● 多属性效用法（Phillips 和 Bana e Costa，2007）。

　　（3）高等方法（Varlan 和 Le Paillier，1999）。

　　（4）目标、意愿或参照水平方法（Hassanzadch 等，2014；Patel 等，2013；Subramanian 等，2000；Sonntag 和 Grossman，1999；Grossman，1975）。

与第一组方法相比,第二组方法没有一种是针对卫生研究优先领域设定的,它们都是用于设置卫生研究优先领域的通用的 MCDA 方法。此外,这些方法不是"全面的"优先领域设定办法,它们往往只是为决策过程本身提供指导,而全面的优先领域设定方法则为优先领域设定全过程的每一步提供更广泛的指导(Viergever 等,2010b)。

最后,表 12.1 中的第三组方法包括不使用多准则的方法。例如,在英国的卫生研究优先领域设定工作中经常使用的一种方法是优先领域设定伙伴关系法,该方法只使用一个预设准则(总体重要性)来评价研究选项(Cowan 和 Oliver,2013)。该组包括仅用于卫生研究优先领域设定(优先领域设定伙伴关系法)的方法,以及为各种选项划分优先级的通用方法(大多数其他方法)。

12.3.1.2　卫生研究优先领域设定与 MCDA 之间的隐性联系

如上所述,第一组方法——包括许多主要的卫生研究优先领域设定方法——使用多准则,但这些方法与 MCDA 之间的明确联系极少,没有一个提到 MCDA。为了考虑这些方法是否应用 MCDA(只是没有明确提及),我们采取了国际药物经济学与结果研究协会(ISPOR)MCDA 工作组最近提出的 MCDA 主要原则(IJzerman 等,2014),并与这三种方法的特点进行比较(Okello 和 Chongtrakul,2000;Rudan 等,2006;3D 组合方法矩阵:一种改进后的工具,用于确定卫生研究优先级,2009),还采用了"卫生研究优先领域设定清单"(见专栏 12.2),这是一份核对清单,根据卫生研究优先领域设定主要方法的审查结果制定,并描述了在进行卫生研究优先领域设定时需要思考的九件事情(该清单也没有明确提到 MCDA)(Viergever 等,2010b)。这一比较的结果在表 12.2 中作出说明,其中明确指出卫生研究优先领域设定清单中描述为重要的"需要考虑的事项"是为了促进准则的使用以及结构化、明确性和透明度,这也是 MCDA 的关键原则(Viergever 等,2010b)。许多具体的、全面的卫生研究优先领域设定办法(ENHR、CHRNI、CAM)也注意到需要提高系统性、明确性和透明度(Okello 和 Chongtrakul,2000;Rudan 等,2006;3D 组合方法矩阵:一种改进后的工具,用于确定卫生研究优先领域,2009)。此外,这些方法采用的共同步骤类似于 MCDA 中采取的步骤。在卫生研究优先领域设定中,通常采用循序渐进的方法,包括:① 确定卫生研究选项;② 规范评价研究选项的准则及其相对权重;③ 根据准则对选项进行评估、比较和确定优先领域(Viergever 等,2010b;Okello 和 Chongtrakul,2000;Rudan 等,2006;3D 组合方法矩阵:一种改进的用于设定卫生研究优先领域的工具,2009)。MCDA 方法一般也遵循一系列步骤:① 确定要评估的选项;② 详述评估选项时采用的准则及其相对权重;③ 根据执行情况对选项进行评估、比较,并确定优先级(Devlin 和 Sussex,2011)。

表 12.2　根据多准则决策分析(MCDA)的关键原则,评估设置卫生研究优先级的
"综合"方法的特点和"卫生研究优先领域设定清单"

根据 ISPOR MCDA 工作组(IJzerman 等,2014),MCDA,一般理解为……	在卫生研究优先领域设定中……
……包括从运筹学中得出的一套广泛的方法论方法	……使用了一套广泛的方法,"卫生研究优先领域设定清单"明确建议使用"全面"方法,这是为整个优先领域设定过程提供分步指导的方法。这些方法包括:国家基本卫生研究(ENHR)战略[Okello 和 Chongtrakul 2(k)0]、儿童健康和营养研究(CHNRI)(Rudan 等,2006)、组合方法矩阵(CAM)(3D 组合方法矩阵:一种改进后的工具,用于确定卫生研究优先级)(Petit-Zeman 等,2010)
……分解复杂的决策问题,其中,当使用一套相关准则时,需要考虑许多因素("多准则")	……在许多方法中都提及了准则,也包括卫生研究优先领域设定清单(例外情况是优先领域设定伙伴关系,它没有提及使用多准则,但是它采用一种全局性的准则)。在卫生研究优先领域设定工作中,通常会使用 10 个更大的准则组(McGregor 等,2014)。不同的准则可用于不同类型的研究优先领域设定工作,如卫生技术评估(Noorani 等,2007)。但是,优先领域设定工作很少使用上述的综合方法——大多数情况下会制定自己的方法(Viergever 等,2010a;McGregor 等,2014)。2014 年一项中低收入国家优先领域设定工作的评述表明,67% 的优先领域设定工作使用了标准(McGregor 等,2014)。与 WHO 总部组织或协调的研究优先领域设定工作相比,这个百分比较低(10%~31%)(Viergever 等,2010a)
……提供一种将决策结构化的方法,以帮助决策者在决策中明确哪些准则是相关的,以及每个准则的相对重要性	……当使用准则时,通常将重点置于决策者的判断上,以确定工作的价值或目标,并在不同程度上确定相关准则,以明确其相对重要性,并评估每个选项对每个性能准则的贡献 结构是由最全面的卫生研究优先领域设定方法提供的,并为以下方面提供指导: ● 确定需评估的选项(或替代方案) ● 确定评估选项所依据的准则(或属性) ● 考虑不同准则之间的相对重要性 ● 根据多种准则评估选项性能 此外,如果这些方法建议一个量化的过程,而不是一个审议过程(IJzerman 等,2014),那么这些方法还为以下方面提供指导: ● 显示权重,其反映了基于某种偏好评估或模型不同准则之间的相对重要性 ● 使用某种估值指标来评估价值,该价值反映了基于多准则的选项性能 ● 根据性能矩阵中所有相关准则计算选项的总值(权重调整后的或未修改的),由某种权衡分析支持,以便对各种选项进行列举、排序、选择或分类
……通常需要清楚阐述准则和权重	……明确性是卫生研究优先领域设定的一个关键因素。这包括所使用的准则和权重的明确性,以及有环境的明确性(因为它确定了优先领域设定过程的各个方面);使用哪一种方法(以及为什么);哪些利益相关者作为决策者(以及为什么);需要收集哪些信息;优先级将如何实施;如何就优先级达成最终协议,如通过协商一致、汇集排名或两者兼而有之(以及为什么);以及何时优先级将被评估和重新审视(Viergever 等,2010b)
……促使达成透明且一致的决定	……两种方法(见上文"明确性"项下的分值)及卫生研究优先领域设定工作结果的透明报告在大多数卫生研究优先领域设定的方法中都极具重要性。例如,卫生研究优先领域设定清单认为,除此之外,透明度允许在评估时对优先级进行一致修订(Viergever 等,2010b)

因此,虽然卫生研究优先领域设定的主要方法没有提到使用 MCDA,但它们遵守了 MCDA 的原则,并且通常遵循类似于 MCDA 的步骤。

专栏 12.2：卫生研究优先领域设定清单

卫生研究优先领域设定清单(Viergever 等,2010b)为规划和组织卫生研究优先领域设定工作提供了指导,并建议在设置卫生研究优先级时至少要考虑到九件事情:

(1) 环境:定义开展优先领域设定工作的基础环境因素。

(2) 使用全面的方法:确定"全面的"优先领域设定方法是否合适。

(3) 包容性:决定应让哪些利益相关者需参与其中以及为什么。

(4) 信息收集:考虑在筹备优先级工作中应收集哪些信息。

(5) 计划实施:尽快制定计划,将优先级转化为实际研究(通过资金和政策)。

(6) 准则:选择优先领域设定的正确准则。

(7) 确定优先级的方法:决定使用哪些方法来确定研究选项和从研究选项列表中得出优先次序。

(8) 评估:规划如何以及何时重新评估既定的优先级。

(9) 透明度:确保透明地报告优先级和优先领域设定进程。

12.3.2　卫生研究优先领域设定工作与 MCDA

上一节介绍了用于确定卫生研究优先级的方法类型。本节将对卫生研究优先领域设定工作的样本进行分析。具体地说,我们评估了 MCDA 方法在这些工作中的应用情况。为此,我们评估了 118 项研究中所采用的方法,其中涉及的 91 项卫生研究优先级工作收录在 McGregor 等人(2014)编撰的关于中低收入国家卫生研究优先领域设定综述中(McGregor 等,2014)。大部分工作都没有明确提到使用了 MCDA 方法,只有一项提及使用了 MCDA。少数研究使用了一个具体全面的卫生研究优先领域设定方法(24 项使用 CHNRI,7 项使用 ENHR,3 项使用 CAM)。正如我们在上一节中所建立的那样,这些方法没有明确提到 MCDA,而是遵循 MCDA 的原则以及与 MCDA 相同的步骤。因此,在分析优先领域设定工作时,我们仅考虑那些明确运用 MCDA 方法的工作(除了 2 例使用 ENHR 方法但没有阐明对准则的应用)。

我们对 McGregor 等人汇编的 118 项研究的分析显示:

(1) 虽然 118 项研究中只有一项明确提到使用了 MCDA,但其中有 60% 以上的研究应用了 MCDA 方法的某种定性(23%)或定量(39%)形式：

- 在应用定性 MCDA 的 27 项研究中，15 项研究应用了某种列举/分级模型，5 项研究应用 ENHR(使用明确准则)，4 项研究应用了基于协商一致的方法，3 项研究应用了 CAM 来确定研究选项。所有研究都将优先选项列为最终输出，而不为列出的选项生成任何值或分数。

- 在应用定量 MCDA 的 46 项研究中，31 项研究采用了评分、加权求和的线性相加模型[其中 7 项研究使用了自己的评分、加权求和的线性相加模型，24 项使用了特定模型(CHNRI)]。此外，14 研究使用了评分模型，但没有加权。最后，一项研究使用了名义组技术(不加权)，使用了定义明确的多准则。几乎所有的研究都将优先选项排序作为最终结果，使用李克特和/或视觉模拟量表来衡量各选项的性能。只有一项研究只提供了评分却没有对选项排序(Lawn 等，2007)，而另一项研究将优先选项整理在列表中但没有对其进一步排序(Chapman 等，2014)。

- 余下的 45 项研究(不采用 MCDA 方法)采用了广泛的正式或非正式的方法，包括协商小组进程(12%)；优先级列举/分级方法(8%)；非正式协商一致法(7%)；没有使用明确准则的 ENHR 法(2%)；逐步法，例如结合文献综述、主要线人采访和协商小组进程(4%)；基于形式化协商一致法(不使用明确准则的名义组技术)(3%)；基于调查的方法(2%)；概念映射方法(1%)。

(2) 从上一点可以清楚地看出，在这一分析中，我们没有将确定准则的权重作为 MCDA 的一项条件。虽然在所有应用定量 MCDA 的研究中，可能通过一个简单加权的方法分配准则来反映他们的相对重要性，但其中 31 项研究将权重作为准则，15 项则没有。我们更详细地分析了 7 项非 CHNRI 研究，这些研究将权重作为准则，其中的 5 项研究分配了相等权重，2 项研究分配了不等权重。

(3) 在确定选项方面，只有一项研究使用了预先确定的研究选项清单(在危机环境中为生殖健康设置研究优先级的技术研讨会：议程摘要，2011)。所有其他研究都通过类似的技术构建了这些选项，包括 Delphi/Hanlon 法、协商小组进程法、调查或结合文献总数、重要人物访谈和小组讨论法。采用 CHNRI 法的研究使用了直接配对比较和消除选项的高级别方法。

(4) 相比之下，大多数研究则采用预先定义的准则，使用以前建立的框架(Viergever 等，2010 b；Rudan 等，2006；Varkevisser 等，2003)或不进一步指定。少数研究将准则作为优先领域设定的一部分，采用了混合的咨询小组流程。

(5) 只有一项研究包括某种形式的确定性灵敏度分析，以解决优先级设定过程中的不确定性(Madi 等，2007)。此外，一些研究计算了已排序选项的平均分和标准差。

12.3.3　影响：卫生研究优先领域设定与 MCDA

通过上文两个部分所评估的 MCDA 在卫生研究优先领域设定中的方法和在实践中所发挥的作用，我们认为可以得出三个结论：

(1) 许多卫生研究优先领域设定方法和工作遵循 MCDA 的原则，并具有与 MCDA 相同的步骤。

(2) 但是，许多方法和实践并没有明确参考 MCDA。特别是 ENHR、CHNRI 和 CAM 等卫生研究优先领域设定采用的主要方法都没有提到 MCDA，但是它们都遵循 MCDA 的原则，并提议创建卫生研究优先领域的多准则决策模型，该模型强调结构化、明确性和透明度。此外，在 McGregor 的评述中，只有一项中低收入国家卫生研究的优先领域设定工作提及应用了 MCDA，然而根据我们对所用方法的分析和解释可知，事实上有60%以上的优先领域设定工作应用了某种定性或定量形式的 MCDA。

(3) 卫生研究优先领域设定工作的质量问题。卫生研究优先领域设定工作的几项综述表明，在使用多准则的实践中，明确性、系统性和透明度的程度差异很大，从零到高度明确、高度系统化、高度透明化，且低水平到高水平的范围和梯度非常模糊(McGregor 等，2014；Viergever 等，2010b；Reveiz 等，2013)。在我们对 McGregor 编写的 118 份中低收入国家卫生研究优先领域设定研究的综述中，我们发现，研究选项并非总是独立的，选项的优先级排序所依据的准则并不总是非偏好相关的或互斥的，基于李克特量表和/或视觉模拟尺度的选项评分掩盖了经常缺乏客观数据的情况和某些准则缺乏校验过的测量工具的情况，优先领域设定结果一般不确定，但采用的计分模型几乎不能处理该不确定性。下一节将为如何改进这些工作的质量提供建议。

12.4　卫生研究优先领域设定的方法论发展：前进的道路

本章表明，我们有丰富的卫生研究优先领域设定的方法和途径，这些方法和途径为设定卫生研究优先领域提供了不同的视角。由于卫生研究优先领域设定的背景不同(在覆盖面、范围和目标方面)，不可能存在一种最佳的卫生研究优先领域设定方法或金标准(Viergever 等，2010b)。然而，人们一致认为卫生研究优先领域设定工作可以从流程指南中受益，而且任何卫生研究优先领域设定过程中至少有九个方面需要得到指导(见专栏

12.2）（Viergever 等，2010b）。本章就制定卫生研究优先领域设定指导性方法的下一步工作提出若干建议。

首先，虽然 MCDA 已成为公认的卫生干预优先领域设定方法（IJzerman 等，2014），但正如上文所述，关于卫生研究优先领域设定的方法论文献几乎完全没有提到 MCDA。近年来开展的绝大多数卫生研究优先领域设定工作以及卫生研究优先领域设定的主要方法（Viergever 等，2010b；Okello 和 Chongtrakul，2000；Rudan 等，2006；3D 组合方法矩阵：一种改进的用于设定卫生研究优先领域的工具，2009；Cowan 和 Oliver，2013）都不涉及 MCDA。正如我们在本章中所显示的，虽然并非所有的设置卫生研究优先级的方法都可以归类为 MCDA，但大多数都遵循 MCDA 的原则和与 MCDA 相同的步骤，即使他们没有明确提到 MCDA。在过去两年中，卫生研究优先领域设定方法的发展与卫生干预优先领域设定的 MCDA 的发展是分开的。在卫生研究优先领域设定工作中缺乏明确使用 MCDA 的情况可能反映出卫生研究优先领域设定专家缺乏对 MCDA 的认识。我们认为，把这两种主体的（卫生研究和卫生干预）文献结合起来是有利的。通过认识到卫生研究优先领域设定的主流方法采用 MCDA，卫生研究优先领域设定可以在卫生和其他领域应用 MCDA 中获益。

例如，这可以增加可供卫生研究决策者选择的方法和途径，从而确定卫生研究的优先事项。此外，在卫生研究优先领域设定中更明确地使用 MCDA 将使决策者受益于在 MCDA 领域中发展起来的 MCDA 优先级设定流程中的具体指导，例如关于基础 MCDA 的理论（例如多属性效用理论）、绘制利益相关者分析图和选择利益相关者、准则的识别和选择、获得权重以确定准则的相对重要性、选择最合适的技术来评分选项、汇集这些分数、就优先领域的最终列表达成一致意见［例如协商一致方法或多数规则方法，以及提出和执行优先事项（IJzerman 等，2014）］。

其次，为了使卫生研究优先领域设定工作能够从此方法发展中受益，这些工作应该运用标准方法来设置优先领域，这一点是十分重要的。然而，一些综述以及我们在本章的分析表明，卫生研究优先领域设定工作中很少使用标准方法来确定优先级（Viergever 等，2010a；McGregor 等，2014）。采用最佳方法，例如卫生研究优先领域设定清单（Viergever 等，2010b）或一种具体且全面的设定卫生研究优先领域的方法（ENHR，CHNRI，CAM）（Okello 和 Chongtrakul，2000；Rudan 等，2006；3D 组合方法矩阵：一种改进的用于卫生研究优先领域设定的工具，2009），能够帮助卫生研究优先领域设定工作遵循 MCDA 的结构化、明确性和透明度原则。McGregor 在中低收入国家卫生研究优先领域设定工作评述中指出，"哪怕未能持续使用，既定方法的应用也为卫生研究优先领域设定提供了一种可重复且透明的方式"（McGregor 等，2014）。

最后，可以从卫生干预优先领域设定与卫生研究优先领域设定的比较中吸取经验教训，例如，在筹备活动方面的比较，在所应用的方法上的比较，以及在如何实施和报告优先级方面的比较。更深入地研究这些领域中的差异，并进一步明确两个领域可以相互借鉴的内容可能有助于这两个领域方法论上的发展。特别是，卫生研究优先领域设定或许能够借鉴卫生干预优先领域设定方面的经验，使用客观数据填充性能矩阵。尽管正如我们在上文中所讨论的那样，卫生研究优先领域设定的概念属性的差异，使更加主观的方法成为必须，但相比当下的情况，我们应努力探索折中方案。在许多卫生研究优先领域设定工作中，利益相关者根据准则对研究选项进行评分，然而对于某些准则而言，例如一种特定卫生问题的负担，进行更客观的判断或许是可行的。反之，卫生研究优先领域设定领域已经从以下方面取得了广泛经验：优先领域设定过程的利益相关方，包括患者、服务提供者、研究人员、决策者和其他人员，以及对基于准则的研究选项价值的主观判断（Viergever 等，2010b）。在卫生干预优先领域设定中，当客观数据不可用且优先领域设定更加依据利益相关者的意见时，这一经验可能会有所帮助。

参考文献

Bahadori M, Teimourzadeh E, Farzaneh A, Nejati M (2011) Prioritizing research needs: insights from a healthcare organization in Iran. Arch Pharm Pract 2(3):135–140

Baltussen R, Niessen L (2006) Priority setting of health interventions: the need for multi-criteria decision analysis. Cost Eff Resour Alloc 4(1):14. doi:10.1186/1478-7547-4-14

Baltussen R, Stolk E, Chisholm D, Aikins M (2006) Towards a multi-criteria approach for priority setting: an application to Ghana. Health Econ 15(7):689–696. doi:10.1002/hec.1092

Baltussen R, ten Asbroek AHA, Koolman X, Shrestha N, Bhattarai P, Niessen LW (2007) Priority setting using multiple criteria: should a lung health programme be implemented in Nepal? Health Policy Plan 22(3):178–185. doi:10.1093/heapol/czm010

Baltussen R, Youngkong S, Paolucci F, Niessen L (2010) Multi-criteria decision analysis to prioritize health interventions: capitalizing on first experiences. Health Policy 96(3):262–264. doi:10.1016/j.healthpol.2010.01.009

Belton V, Stewart T (2002) Multiple criteria decision analysis: an integrated approach. Springer, Boston

Callahan D (1999) Shaping biomedical research priorities: the case of the National Institutes of Health. Health Care Anal 7(2):115–129. doi:10.1023/A:1009401507982

Chapman E, Reveiz L, Sangalang S et al (2014) A survey study identified global research priorities for decreasing maternal mortality. J Clin Epidemiol 67(3):314–324. doi:10.1016/j.jclinepi.2013.10.007

Chilcott J, Brennan A, Booth A, Karnon J, Tappenden P (2003) The role of modelling in prioritising and planning clinical trials. Health Technol Assess 7(23):iii, 1–125. Available at: http://www.ncbi.nlm.nih.gov/pubmed/14499052. Accessed 21 Jan 2015

Claxton KP, Sculpher MJ (2006) Using value of information analysis to prioritise health research: some lessons from recent UK experience. Pharmacoeconomics 24(11):1055–1068. Available at: http://www.ncbi.nlm.nih.gov/pubmed/17067191. Accessed 21 Jan 2015

Cowan K, Oliver S (2013) The James lind alliance guidebook: Version 5. James Lind Alliance, London. Available at: http://www.lindalliance.org/pdfs/JLA_Oliver and Gray report 07_01_20. pdf

Devlin N, Sussex J (2011) Incorporating multiple criteria in HTA: methods and processes. Office of Health Economics, London. Available at: https://www.ohe.org/publications/ incorporating-multiple-criteria-hta-methods-and-processes

Doble B, Harris A, Thomas DM, Fox S, Lorgelly P (2013) Multiomics medicine in oncology: assessing effectiveness, cost-effectiveness and future research priorities for the molecularly unique individual. Pharmacogenomics 14(12):1405–1417. doi:10.2217/pgs.13.142

Eckermann S, Karnon J, Willan AR (2010) The value of value of information: best informing research design and prioritization using current methods. Pharmacoeconomics 28(9):699–709. doi:10.2165/11537370-000000000-00000

Fleurence RL (2007) Setting priorities for research: a practical application of "payback" and expected value of information. Health Econ 16(12):1345–1357. doi:10.1002/hec.1225

Frascati manual: proposed standard practice for surveys on research and experimental development, 6th edn. Organisation for Economic Co-operation and Development (OECD), paris (2002)

Frenk J (1993) The new public health. Annu Rev Public Health 14:469–490. doi:10.1146/annurev. pu.14.050193.002345

Ghaffar A (2009) Setting research priorities by applying the combined approach matrix. Indian J Med Res 129(4):368–375. Available at: http://www.ncbi.nlm.nih.gov/pubmed/19535830. Accessed 20 Mar 2015

Grossman D (1975) Dynamic time-staged model for R&D portfolio planning—a real world case. R D Manag 5(S1):81–87. doi:10.1111/j.1467-9310.1975.tb01358.x

Hartmann M, Hassan A (2006) Application of real options analysis for pharmaceutical R&D project valuation—Empirical results from a survey. Res Policy 35(3):343–354. doi:10.1016/j. respol.2005.12.005

Hassan C, Hunink MGM, Laghi A et al (2009) Value-of-information analysis to guide future research in colorectal cancer screening. Radiology 253(3):745–752. doi:10.1148/radiol.2533090234

Hassanzadeh F, Modarres M, Nemati HR, Amoako-Gyampah K (2014) A robust R&D project portfolio optimization model for pharmaceutical contract research organizations. Int J Prod Econ 158:18–27. doi:10.1016/j.ijpe.2014.07.001

Health technologies: report by the secretariat. World Health Organization Executive Board document EB 121/11. (2007). Available at: http://apps.who.int/iris/bitstream/10665/22966/1/ B121_11-en.pdf

Highlights in early health technology assessment (2011) Department Health Technology & Services Research MIRA institute for Biomedical Technology & Technical Medicine, Enschede

Hummel JM, Rossum W van, Verkerke GJ, Rakhorst G (2000) The effects of team expert choice on group decision-making in collaborative new product development: a pilot study. J Multi-Criteria Decis Anal 9(1–3):90–98. Available at: http://doc.utwente.nl/71575/1/ Hummel00effects.pdf. Accessed 13 Feb 2015

Husereau D, Boucher M, Noorani H (2010) Priority setting for health technology assessment at CADTH. Int J Technol Assess Health Care 26(3):341–347. doi:10.1017/S0266462310000383

Ijzerman MJ, Steuten LMG (2011) Early assessment of medical technologies to inform product development and market access. Appl Health Econ Health Policy 9(5):331–347

IJzerman M, Devlin N, Thokala P, Marsh K, on behalf of the ISPOR MCDA Task Force (2014)

"Multi-criteria decision analysis for healthcare decision making", presented at the ISPOR 17th Annual European Congress Amsterdam, The Netherlands 8–12 November 2014. Available at: http://www.slideshare.net/OHENews/mcda-devlin-nov14

Jacob WF, Kwak YH (2003) In search of innovative techniques to evaluate pharmaceutical R&D projects. Technovation 23(4):291–296. doi:10.1016/S0166-4972(01)00116-X

Johal SS, Oliver P, Williams HC (2008) Better decision making for evaluating new medical device projects: a real options approach. J Med Mark 8(2):101–112. Available at: http://www.rti.org/publications/abstract.cfm?pubid=17672

Kahraman C, Süder A, Kaya İ (2014) Fuzzy multicriteria evaluation of health research investments. Technol Econ Dev Econ 20(2):210–226. doi:10.3846/20294913.2013.876560

Kolisch R, Meyer K, Mohr R (2005) Maximizing R&D Portfolio Value. Res Manag 48(3):33–39. Available at: http://www.ingentaconnect.com/content/iri/rtm/2005/00000048/00000003/art00006?crawler=true. Accessed 13 Feb 2015

Lawn JE, Manandhar A, Haws RA, Darmstadt GL (2007) Reducing one million child deaths from birth asphyxia–a survey of health systems gaps and priorities. Health Res Policy Syst 5:4. doi:10.1186/1478-4505-5-4

Lo Nigro G, Morreale A, Enea G (2014) Open innovation: a real option to restore value to the biopharmaceutical R&D. Int J Prod Econ 149:183–193. doi:10.1016/j.ijpe.2013.02.004

Madi BC, Hussein J, Hounton S, D'Ambruoso L, Achadi E, Arhinful DK (2007) Setting priorities for safe motherhood programme evaluation: a participatory process in three developing countries. Health Policy 83(1):94–104. doi:10.1016/j.healthpol.2007.01.006

McGregor S, Henderson KJ, Kaldor JM (2014) How are health research priorities set in low and middle income countries? A systematic review of published reports. Molyneux S (ed). PLoS One 9(9):e108787. doi:10.1371/journal.pone.0108787

Meltzer DO, Hoomans T, Chung JW, Basu A (2011) Minimal modeling approaches to value of information analysis for health research. Med Decis Making 31(6):E1–E22. doi:10.1177/0272989X11412975

Miller P (2005) Role of pharmacoeconomic analysis in R&D decision making: when, where, how? Pharmacoeconomics 23(1):1–12. Available at: http://www.ncbi.nlm.nih.gov/pubmed/15693724. Accessed 13 Feb 2015

Myers E, Sanders GD, Ravi D et al (2011) Evaluating the potential use of modeling and value-of-information analysis for future research prioritization within the evidence-based practice center program. Agency for Healthcare Research and Quality (US), Rockville. Available at: http://www.ncbi.nlm.nih.gov/books/NBK62134/

Myers E, McBroom AJ, Shen L, Posey RE, Gray R, Sanders GD (2012) Value-of-information analysis for patient-centered outcomes research prioritization. Duke Evidence-based Practice Center, Durham

Noorani HZ, Husereau DR, Boudreau R, Skidmore B (2007) Priority setting for health technology assessments: a systematic review of current practical approaches. Int J Technol Assess Health Care 23(3):310–315. doi:10.1017/S026646230707050X

Okello D, Chongtrakul P; The COHRED Working Group on Priority Setting (2000) A manual for research priority setting using the ENHR strategy. The Council on Health Research for Development (COHRED), Lausanne

Oliver S, Gray J (2006) A bibliography of research reports about patients', clinicians' and researchers' priorities for new research. James Lind Alliance, London

Owlia P, Eftekhari MB, Forouzan AS, Bahreini F, Farahani M, Ghanei M (2011) Health research priority setting in Iran: introduction to a bottom up approach. J Res Med Sci 16(5):691–698. Available at: http://www.pubmedcentral.nih.gov/articlerender.fcgi?artid=3214383&tool=pmcentrez&rendertype=abstract. Accessed 13 Feb 2015

Patel NR, Ankolekar S, Antonijevic Z, Rajicic N (2013) A mathematical model for maximizing the value of phase 3 drug development portfolios incorporating budget constraints and risk. Stat Med 32(10):1763–1777. doi:10.1002/sim.5731

Petit-Zeman S, Firkins L, Scadding JW (2010) The James Lind Alliance: tackling research mismatches. Lancet 376(9742):667–669. doi:10.1016/S0140-6736(10)60712-X

Phelps C, Madhavan G, Sangha K et al (2014) A priority-setting aid for new vaccine candidates. Proc Natl Acad Sci U S A 111(9):3199–3200. doi:10.1073/pnas.1400945111

Phillips LD, Bana e Costa CA (2007) Transparent prioritisation, budgeting and resource allocation with multi-criteria decision analysis and decision conferencing. Ann Oper Res 154:51–68

Research priorities for the environment, agriculture and infectious diseases of poverty: technical report of the TDR thematic reference group on environment, agriculture and infectious diseases of poverty (2013) World Health Organization, Geneva

Reveiz L, Elias V, Terry RF, Alger J, Becerra-Posada F (2013) Comparison of national health research priority-setting methods and characteristics in Latin America and the Caribbean, 2002–2012. Rev Panam Salud Publica 34(1):1–13. Available at: http://www.ncbi.nlm.nih.gov/pubmed/24006014. Accessed 20 Nov 2013

Rogers MJ, Gupta A, Maranas CD (2002) Real options based analysis of optimal pharmaceutical research and development portfolios. Ind Eng Chem Res 41(25):6607–6620

Rosati N (2002) Decision analysis and drug development portfolio management: uncovering the real options value of your projects. Expert Rev Pharmacoecon Outcomes Res 2(2):179–187. doi:10.1586/14737167.2.2.179

Røttingen J-A, Regmi S, Eide M et al (2013) Mapping available health R&D data: what's there, what's missing and what role for a Global Observatory. Lancet 382(9900):1286–1307

Rudan I, El Arifeen S, Black RE (2006) A new approach for systematic priority setting in child health research investment. Published by Child Health and Nutrition Research Initiative (CHNRI), Dhaka

Schmidt C (2010) Researchers consider value-of-information theory for selecting trials. J Natl Cancer Inst 102(3):144–146. doi:10.1093/jnci/djq015

Smith N, Mitton C, Peacock S, Cornelissen E, MacLeod S (2009) Identifying research priorities for health care priority setting: a collaborative effort between managers and researchers. BMC Health Serv Res 9:165. doi:10.1186/1472-6963-9-165

Sonntag C, Grossman TA (1999) End-user modeling improves R&D management at AgrEvo Canada, Inc. Interfaces (Providence) 29(5):132–142. Available at: http://pubsonline.informs.org/doi/abs/10.1287/inte.29.5.132?journalCode=inte. Accessed 13 Feb 2015

Stewart R, Oliver S (2008) A systematic map of studies of patients' and clinicians' research priorities. James Lind Alliance, London. Available at: http://www.lindalliance.org/pdfs/JLA Internal Reports/090712_JLAreport_RS_map_studies_PPI & Clinicians_research priorities_with appendices.pdf

Subramanian D, Pekny JF, Reklaitis GV (2000) A simulation—optimization framework for addressing combinatorial and stochastic aspects of an R&D pipeline management problem. Comput Chem Eng 24(2–7):1005–1011. doi:10.1016/S0098-1354(00)00535-4

Technical workshop on setting research priorities for reproductive health in crisis settings: Summary of Proceedings (2011) Centers for Disease Control and Prevention International Emergency & Refugee Health Branch, Atlanta

The 3D combined approach matrix: an improved tool for setting priorities in research for health (2009) Global Forum for Health Research, Geneva

Tromp N, Baltussen R (2012) Mapping of multiple criteria for priority setting of health interventions: an aid for decision makers. BMC Health Serv Res 12:454. doi:10.1186/1472-6963-12-454

Varkevisser CM, Pathmanathan I, Brownlee A (2003). Module 3: identifying and prioritising problems for research. In: Designing and conducting health systems research projects: volume I: Proposal development and fieldwork. KIT publishers and the International Development Research Centre (IDRC), Amsterdam. Available at: http://www.idrc.ca/EN/Resources/Publications/openebooks/069-1/index.html#page_27

Varlan E, Le Paillier R (1999) Multicriteria decision making for contract research organisation choice in the pharmaceutical industry. J Oper Res Soc 50(9):943–948

Velmurugan R, Selvamuthukumar S (2012) The analytic network process for the pharmaceutical sector: multi criteria decision making to select the suitable method for the preparation of nanoparticles. Daru 20(1):59. doi:10.1186/2008-2231-20-59

Viergever RF, Terry R, Matsoso MP (2010) Health research prioritization at WHO: an overview of methodology and high level analysis of WHO led health research priority setting exercises. Geneva. Available at: http://www.who.int/rpc/publications/Health_research_prioritization_at_WHO.pdf

Viergever RF, Olifson S, Ghaffar A, Terry RF (2010b) A checklist for health research priority setting: nine common themes of good practice. Health Res Policy Syst 8(1):36. doi:10.1186/1478-4505-8-36

Viergever RF, Kitur IU, Chan G et al (2014) The Papua New Guinea national health and HIV research agenda. Lancet Glob Health 2(2):e74–e75. doi:10.1016/S2214-109X(13)70165-7

WHA document A63/22: WHO's role and responsibilities in health research: draft WHO strategy on research for health (2010)

Working Party of National Experts on Science and Technology Indicators (2007) Revised field of science and technology (FOS) classification in the Frascati manual (DSTI/EAS/STP/NESTI(2006)19/FINAL). Organisation for Economic Co-operation and Development (OECD), Paris

Youngkong S, Teerawattananon Y, Tantivess S, Baltussen R (2012) Multi-criteria decision analysis for setting priorities on HIV/AIDS interventions in Thailand. Health Res Policy Syst 10:6. doi:10.1186/1478-4505-10-6

Zapata JC, Reklaitis GV (2010) Valuation of project portfolios: an endogenously discounted method. Eur J Oper Res 206(3):653–666. doi:10.1016/j.ejor.2010.03.015

第 13 章

MCDA 在制订"临床实践指南"和设定临床研究问题优先领域中的作用

Cheri Deal，Michele Tony，Hanane Khoury，Gihad Nesrallah，Ahmed A. Al-Jaishi，
Mireille Goetghebeur

摘要

目前临床医生面临的挑战之一是如何将可得证据运用于患者的临床治疗与护理，并应用于待研究领域的优先级排序。多准则决策分析（MCDA）是一种决策解析方法，这种方法可以梳理现有证据、设定研究问题的优先领域，并为最重要的研究需要提供决策支持等。在本章中，两个案例研究说明使用 MCDA 能支持临床研究的决策制定。

第一个案例研究阐明了 MCDA 的框架结构，以及该结构如何针对普瑞德-威利综合征（Prader-Willi syndrome，PWS）这种罕见的遗传情况，收集和"临床实践指南"（CPG）有关的数据和问题，该框架可与"指南研究与评价"（AGREE）协作，为"临床实践指南"（CPG）提供意见。

C. Deal，MD，PhD（⊠）
Endocrinology and Diabetes Service，CHU Sainte-Justine and Faculty of Medicine，
University of Montreal，Montreal，QC，Canada
e-mail：cheri.l.deal@umontreal.ca

M. Tony，MSc，PhD Cand
School of Public health，University of Montreal，Montreal，QC，Canada

H. Khoury，PhD
LASER Analytica，Montreal，QC，Canada

G. Nesrallah，MD，MSc
Li Ka Shing Knowledge Institute，St. Michael's Hospital，Toronto，ON，Canada

A.A. Al-Jaishi，MSc，PhD Cand
London Health Sciences Centre，London，ON，Canada

M. Goetghebeur，PhD，MEng
School of Public Health，University of Montreal
and LASER Analytica，Montréal，Québec，Canada
e-mail：mm.goetghebeur@umontreal.ca

　　第二项案例研究中的两个例子阐明了如何应用 MCDA 确定肾衰竭临床研究问题的优先领域。第一个案例详细阐述了对研究假说进行有效排序的方法,进而可能会产生最有用的数据,以此推动临床实践的改进。第二个案例显示应用该方法确定优先领域,从而执行基于注册表的试验。

　　这些案例研究表明,MCDA 提供了一种构建临床实践指南、优先考虑临床研究问题、支持从整体角度识别最关键需求的方法,从而促进患者治疗与护理的发展。MCDA 案例研究的参与者报告说,MCDA 提供了一个有效、透明且务实的方法,通过设定临床研究优先领域并得出最佳做法,从而在缺乏研究和医疗保健资源的情况下改善患者管理情况。而且还需要进行深入研究,这是为了发展和整合 MCDA 在临床研究和实践中的应用,从而促进健康和可持续医疗保健的发展。

13.1　简介

　　药剂师、用户和医疗保健服务的支付者认为制定"临床实践指南"(Clinical practice guideline,CPG)是值得的;他们的主要目标是提高治疗与护理的质量(Cecamore 等,2011)。然而,CPG 的范例有一个主要缺点,就是目前仍然只有有限的卫生服务提供者使用 CPG。这种缄默是基于无数的评论,例如"基于证据的医疗保健中隐含的过度理性主义模式"(Gabbay 和 Le,2004),对知识合成过程中遇到的方法学困难的关注、适用性、医生和患者的易用性、固有的利益冲突,以及知识层面已发现或尚未明确的差距,会使我们怀疑是否错过了一个更大的问题(Doherty,2005)。影响指南发展的因素,如涉及的利益相关者(患者、医生、专职医疗保健人员、医药行业、政府)及指南应用的文化、社会和政治背景,可能会使看似在科学性和统计学层面稳定的文件失效(Woolf 等,1999)。

　　循证医学(Evidence-based medicine,EBM)是 CPG 的基石,正如 Saarni 和 Gylling (2004)在他们深思熟虑的文章中所说的那样,EBM 指南对医学职业精神的某些关键方面具有根本性的影响。而这种职业精神每天都会遭受质疑。例如,当临床医生在其诊疗室中面对患有罕见疾病的患者时,依据这份指南,她需要为昂贵的医疗干预计划付出一定代价,而(不完美的)医学文献和她的临床经验证明这种干预计划是有用的。

　　在一个更哲学的层面上,在面对不同的患者时,其中一位接受她的干预计划,而在候诊室的另五位患者所患的疾病更为常见,他们仅需要短期、便宜、有良好疗效的解决方案,那么此时她能否或者是否应该对其对不同患者的决策的影响力进行"排序"? 或者,对于可能受益也可能不会受益于延长寿命或改善生活质量的药物的一个严重患病儿童家庭而言,临床医生是否应该试图向这个家庭解释"需治人数(NNT)"的概念? 鉴于医生和家人都可以接受副作用的说明,且这类药物已经起作用了,那么 NNT 与医患间的互动有关联吗? 随着医疗诊断和干预成本的增加,这些问题和其他伦理挑战变得越来越普遍。许多临床医生认为 CPG 并不总是能解决这些问题。即使随着循证医学的发展,人们在进行该实践时,有希望克服所面临的专业和伦理挑战,但至少正如一篇关于这一主题的社论所说的那样,"做好循证医学也是很难的——哪怕是付出最大的努力"(Smith,2004)。

在过去的 12 年中,在循证医学运动的推动下,社会科学已经开始研究临床医生获得知识和发展临床医学方法的方式。术语 mindline 是指"内化和集体强化的默契原则",而在日常实践中,临床医生(和患者)则更多地使用该指导原则而非 CPG。考虑到一些慢性病患者的常见情况,当遵循 CPG 针对每种情况给出三条或三条以上的建议后,患者会变得不耐烦,而且可能导致患者对治疗方法的依从性大大降低(Buffel du Vaure 等,2016)。面对这种情况,临床医生该如何利用他们的经验和知识储备,提出一种务实的方法来治疗这些情况复杂的患者? 对循证医学界来说,mindlines 似乎类似于异端,但它们在概念背后的哲学和理论框架中却得到了更好的解释。然而,对临床医生而言,这个概念清楚地支持"需要更全面地考量如何进行最佳实践的需求"(Wieringa 和 Greenhalgh,2015)这一观点。

CPG 实施过程的最后阶段是在常规临床实践中传播与实施该指南。人们已经总结了许多限制 CPG 使用的原因,其中包括(但不限于)繁琐的使用流程、过于简单化眼前的临床问题、在诉讼中的潜在用途以及无法根据指南调和患者偏好(Cabana 等,1999)。因此,人们提出了改进指南使用的方法,例如如何从可用数据中获取指南所需的数据,以及如何将消息打包并提交给预期用户(Kastner 等,2015)。确定指南执行方面的障碍是一份有效的 CPG 的关键要素之一,在拟议的框架内讨论这个要素,从而对 CPG 的制定进行评估和改进,如"指南研究与评价"(AGREE)协作(http://www.agrcctrust.org/)。这通常包括对未解答的研究问题进行透明地识别和排序,实际上这些问题可能会妨碍对某一临床指南更广泛的接受度。人们普遍认为最初的研究假说的质量和重要性也是良好临床研究的必要条件,所以它也是良好临床实践指南的必要条件。

由于这些以循证医学驱动的 CPG 存在的缺点,多准则决策分析(MCDA)为临床医生提供了许多帮助,包括一种方法。这种方法具有以下作用:① 能反映他们的干预和认识论基础;② 考虑到决策过程的所有方面,这些方面在衡量证据和无证据(即缺乏证据)时至关重要;③ 构建开发指南的方法;④ 使 CPG 尽可能透明,这也是最重要的。MCDA 将复杂的决策问题构成一套准则(见第 4 章)。给每项决策准则分配权重——此步骤使决策制定者能够阐明其观点和价值,并对每个准则的干预表现进行评分,从而客观地确定其优缺点。虽然有人认为 MCDA 不直观,并可能会占据决策权,但如果将其简单化,MCDA 将有助于终端用户(患者和临床医生)、临床调查员、研究员和支付者之间的重要对话。MCDA 还可以促使决策者认真思考他们的价值观、看重它的原因以及在什么情况下看重它。

在本章中,通过 2 个案例研究说明应用全面的 MCDA 方法是如何支持指导指南开发以及临床研究优先领域的设定。为了说明 MCDA 在 CPG 制定中的应用,我们选择 EVIDEM (Evidence and Values:Impact on Decision Making,证据与价值对决策的影响)这一全面且适合的框架,该框架用开源代码合作开发,引发用户对决策的所有方面和现有证据的思考。EVIDEM (https://www.evidem.org/)是一种创新的、多用途的和务实的工具,它允许根据卫生技术评估(HTA)原则综合证据(见第 8 章),并能够阐明决策者的不同观点。EVIDEM 包括一套综合的决策准则(见表 13.1)和一个循序渐进的过程,来综合和确认每个准则的证据。框架准则是根据对世界各地的文献和决策过程的广泛分析以及与大量医疗卫生的利益相关者讨论而确定的。它们的设计目的是满足 MCDA 的方法论要求,并植根于医疗卫生的伦理基础(关爱患者、为人们提供最佳服务、可持续性)。开源 EVIDEM 工具由 EVIDEM 协作开发。来自 40 个国家的成员非营利性地协作开发该工具,并将其翻译成 11 种不同的语言,由国际董事会对其进行管理。这些通用工具旨在适应应用程序的环境,并用于支持世界各个地区的政策和临床决策,包括世界卫生组织(WHO)的政策制定和决策。

表 13.1　普瑞德-威利综合征(Prader-Willi syndrome,PWS)生长激素(Growth Hormone,GH)治疗临床实践指南准备过程中使用的 EVIDEM 框架、定义和方法的准则清单(生长激素研究协会成人缺乏生长激素研讨会,1998:Atkins 等,2005;Busse 等,2002;循证医学中心,2010;Daniels,1999,2001;Evers 等,2005;Gerkens 等,2008;Goetghebeur 等,2008,2010;Gruskin 和 Daniels,2008;Ho,2007;Jadacl 等,1996;Jehu-Appiah 等,2008;Persad 等,2009;STROBE 小组,2007;世界卫生组织,2004)

准　则		定　义	使用综合证据的方法
疾病影响	D1——疾病严重性	接受建议的干预措施治疗的患者的健康状况的严重性(预防的健康状况其严重程度);考虑死亡率、残疾、对生活质量的影响以及临床病程(即急性、临床分期)	将提供了解目标健康状况及其后果所需的基本信息,包括健康状况描述(如定义、症状、病因、并发症和相关风险)及其进展;健康状况对死亡率、发病率和生活质量的影响;以及区分干预和目标人群的健康状况的阶段或亚型。关于疾病机制、病程和预后的医学文献重点关注高质量的评价
	D2——人口规模	在指定的时间内,特定人口中受健康状况(通过建议的干预治疗或预防)影响的人数可表示为年度的新病例数量(年发病率)和/或在某个时点受影响的人口比例(患病率)	受健康状况影响的人口数量,通过年度新病例数量(年发病率)和/或受影响人口的比例(患病率)确认。从公布的相关流行病学研究、最近的审查或国家统计资料获得的以及公布在证据表中的数据,从而进行数据对比(Busse 等,2002)

准 则		定 义	使用综合证据的方法
干预的治疗环境	C1——临床指南	建议的干预措施(或类似的备选措施)与专家组目前的共识一致,即在管理目标健康状况方面,哪些是最先进的做法;指南通常是通过明确的过程制定,目的是改善临床实践	在专家协商一致的可用的指南中了解针对目标健康状况管理的干预措施状况。关于治疗过程中实施干预的地点以及建议等级的信息通过表格汇总并展现
	C2——干预比较的限制因素(未满足需要)	比较干预措施在预防、治疗或改善目标方面的缺陷;还包括安全、患者报告结果和便捷性方面的缺陷	比较干预措施对疗效、安全性和患者报告结果的限制因素,以及从著名期刊近期发表的评论中检索到的符合这些干预措施的人群
干预结果	I1——效果/有效性的提高	建议的干预措施的作用,该干预措施能对上述目标状况的表现、症状或在病程中产生预期的(有益的)变化,并超越其他干预措施产生的有益变化。包括有效性和有效性数据(如可用)	准则可划分为亚准则,允许对 PWS 患者进行单独报告和评估六项生长激素治疗的结果(即生长、机体组分、代谢影响、运动耐受性、运动发展状况、骨质成分)。优先考虑经同行审查的比较性研究(随机对照试验和观察性研究)以及 Meta 分析(如 Cochrane 评价);如果缺乏特定目标结果的证据则还需要纳入其他类型的研究。按研究来报告数据(而非根据发表的信息来报告)可以避免报告重复发表文献(Busse 等,2002)。第一步,将随机对照试验和比较的观察性研究证据整合成综合证据表,其中包括试验描述(例如,研究类型、设置、干预措施、结果测量、治疗时间、患者人数、患者年龄、患者纳入/排除、分析类型、处理方案)和适用于每一个结果的数据,从而符合 HTA 的最佳做法(Busse 等,2002)。这些综合证据表将作为基础,用于综合 EVIDEM 矩阵格式中每个结果的最关键数据,即在易于阅读的简明表格中提供足够的信息,使广泛的医疗保健利益相关者能够达成一致意见。标准格式包括研究信息(作者、年份、设计、证据等级、患者人数和年龄、治疗方法以及时间)和数据(干预措施和对照的结果、差别以及统计意义)。用半定量工具分析和报告研究的限制(如选择性偏倚、失访率)(见表 13.3,准则 Q2)
	I2——提高安全性和耐受性	减少与替代措施相比有害或未预期的干预相关的健康影响	与干预措施使用及其对照有关的可能危害,以最翔实的方式进行调查和呈现。从登记资料、临床研究(随机对照试验和观察性研究)以在证据表中合成的产品信息,获取干预和关键对照的全因以及治疗相关的不良事件,以便在各种证据来源之间进行比较。收集和报告关于严重不良事件和死亡事件、不良事件导致的治疗中断以及警告的数据

续　表

	准　则	定　义	使用综合证据的方法
干预结果	I3——改进患者报告的结果	建议的干预措施的作用对患者报告结果（patient-reported outcomes，PRO）（如生活质量）的益处，该变化优于备选措施产生的有益变化；还包括患者便捷性的提升以及对治疗方案的依从性	研究（来自随机对照试验和观察性研究）报告了有关干预措施和对照的患者报告结果（如生命质量）的变化，包括人群、治疗时间、使用的 PRO 测量工具以及工具是否经过验证，报告的 PRO 结果等。当患者偏好和便捷性的数据可用时，也需报告
成效类型	T1——公共卫生的益处（例如，预防、风险降低）	在人群层面建议的干预措施对降低风险的作用（例如预防、减少疾病传播、减少危险因素的传播）	获取建议的干预措施在人群水平益处（例如预防、降低风险、降低危险因素流行率）的数据，这些数据基于临床和来自 PRO，经过整合并且在 MCDA 矩阵中呈现
成效类型	T2——医疗服务类型（如治疗、缓解症状）	临床益处的性质，由建议的干预措施在患者层面提供（例如症状缓解、延长生命、治愈）	获取建议的干预措施在患者个体水平益处（例如治愈、延长生命、症状缓解）的数据，该数据基于临床和 PRO，经过整合并且在 MCDA 矩阵中呈现
经济学	EI——健康计划的预算影响（干预的成本）	保险支付干预措施对目标健康计划预算的净效应（不包括其他支出；见 E3）。这代表了对建议的干预措施的预期支出和可能因替代目前健康计划覆盖的其他干预措施而节省的潜在费用之间的差额。仅限于干预成本（如购置成本、实施成本）。包括对负担能力的考虑	从公共来源收集的使用干预所消耗的资源（包括干预的价格、频率/治疗时间、每位患者预计的年度花费、管理成本）的资料（若可用）。对健康计划描述的建议干预措施的预算影响研究，包括选用的模型类型（例如基于索赔的、流行病学的）、所含费用（例如配药费、加成、管理成本）和主要假设。预计的预算影响包括接受治疗的患者人数、健康计划干预的潜在成本，以及如果替换现有干预措施而产生的增量预算。如有必要，将开发简单模型来计算每 100 万人的预算影响，以及预算占样本国内生产总值（GDP）的百分比（Jehu-Appiah 等，2008）
经济学	E2——干预的成本效益	与替代方案相比，建议的干预措施的增量成本与其增量效益的比值。效益可以表示为避免的事件数量、获得的生命年、获得的质量调整的生命年、额外的无痛苦天数，等等	充分的资料，以便了解发表的经济学评价及其设计和结果（包括人群、干预、对照、分析视角、模型类型和时间范围、功效/效果数据的使用、患者报告结果的数据使用、包含的成本、关键的模型特征、增量成本效果比和敏感性分析）
经济学	E3——对其他支出的影响（如住院、伤残）	报销建议的干预措施，对其他支出产生的影响（不包括干预的费用；见 EI），如住院、专科会诊、不良事件、长期护理、伤残、生产力丧失、看护时间、设备维护等	建议的干预措施及其对照对其他支出的影响，如住院、专科会诊、不良事件、长期护理、伤残、生产力丧失、看护时间及设备维护等，从现有的经济学研究中提取信息。计算和报告的干预及其对照之间的绝对成本差异

准　则		定　义	使用综合证据的方法
质量／证据的不确定性	Q1——符合决策群体的要求	干预措施与医疗卫生系统的任务／范围相符。医疗卫生的目标是维持正常运转。医疗卫生计划／系统的任务和使命源于这一原则	不适用于国际实践指南
	Q2——证据报告的完整性和一致性	关于提议的干预措施的证据报告的完整程度（即达到报告的科学标准）以及与引用的来源一致	对于五种证据（临床、患者报告结果、流行病学、经济和预算影响），与国际和加拿大最相关的研究对证据的水平和质量进行了严格评价。使用循证医学中心分类（七级）确定的证据水平（循证医学中心，2010）。根据已发表的临床评价工具开发证据质量的评价工具用以评价临床［例如，GRADE（Atkins 等，2005），Jadad 等，(1996)］、经济学研究［例如，CHEC（Evers 等，2005)］和流行病学研究［例如，STROBE，(2007)］。这些工具对研究的关键方面提出问题［包括目标人群、干预和对照、结果测量指标、研究设计、不良事件（临床数据）、时间范围、统计分析和结果］，以促进系统化和批判性的分析及透明报告（Goetghebeur 等，2008，2010）
	Q3——证据的相关性与有效性	关于建议的干预措施的证据在何种程度上与决策机构有关（在人群、病程、对照、结果等方面），以及在科学标准（如研究设计等）和结论（与研究结果一致）方面的有效性。这包括对不确定性的考虑（例如跨研究的结果冲突、有限的研究数量和患者样本量）	由于质量评价的主观性（Gerkens 等，2008），分析过程分三步。一位训练有素的调查员评价这项研究，提供工作所涵盖的各个维度所有问题的答案，并编写一份总结性的评价分析（针对每项研究或一组研究，例如所有临床试验）。所有的评价完成后由第二位训练有素的临床调查员进行审查，并由专家在面对面的研讨会上进行现场验证

决策环境的准则——定性工具

六项针对 PWS 的生长激素的伦理和环境决策准则的概念和信息，由定性工具分类合成在两个群中。研究并合成口头的和科学的证据，以支持研讨会参与者就特定的伦理和系统问题进行反思和讨论，并确保考虑到决策的所有方面

伦理准则			
伦理准则* ：虽然伦理原则隐含在 MCDA 矩阵的某些准则中，但关于伦理考虑如何影响决策的明确讨论至关重要，并得到综合信息的支撑，该信息涵盖了世界卫生组织概述的三条经常性冲突的标准伦理原则：效用、效率和公平（世界卫生组织，2004）			
	Et1——效用：医疗保健的目标	医疗卫生的目标是维持身体的正常运转。这种考虑与效用原则一致，它认为医疗卫生的这种行为是为了产生最多的益处或"最多人的最大利益"。	人们普遍认为，医疗卫生的目标是保持身体的正常运作（Daniels，2001）。这种考虑与效用原则一致，认为这一行为是为了创造最大好处或"最多人的最大利益"（世界卫生组织，2004）。为了促进人们思考干预措施是否实际产生有益于健康的好处，以及干预措施是否符合卫生计划／医疗卫生系统的任务和范围，人们整合了支持该问题讨论的有关信息。从同行评审和灰色文献中获得的关于建议的（或相关）干预措施的信息，以及从规则、法律和条例中公开界定有关健康计划／医疗卫生系统的任务和范围的资料（若可用）。

续　表

	准　则	定　义	使用综合证据的方法
伦理准则	Et2——效率：机会成本	机会成本包括如果使用/放弃建议的干预措施时，可能放弃的资源或干预措施。这种考虑与效率原则一致，它考虑在某一水平的资源中最大限度地改善健康状况（在患者和社会层面可考虑效率问题）	为了促进与会者思考如果使用/放弃建议的干预措施，可能放弃的情况是什么，以及使用干预措施是否能最大限度地利用现有资源（在患者和社会/机构层面）等问题，关于管理/治疗相同健康状况的其他干预类型，将整合讨论此干预措施作用和成本的可用文献。由于有限预算设置（撤资）而可能无法接触免费资源的干预措施的数据也将被发掘
	Et3——公平性：人口优先和可及性	特定患者群体的优先领域由社会/决策者确定，并反映其道德价值。这种考虑与公平原则一致，它认为相似案例一视同仁，不同案例区别对待，并且经常优先处理那些最坏的情况（正义理论）	这一准则的目标是促进对优先领域的思考，以及建议的干预是否针对属于优先人群的患者群体。特定患者群体的优先领域由社会/决策者确定，并反映其道德价值。这种考虑与公平原则一致，它对相似案例一视同仁，不同案例区别对待，并且经常优先处理那些最坏的情况（正义理论）（世界卫生组织，2004）。文献讨论相关环境中的优先事项以及法律和法规概述的卫生计划/卫生保健系统的优先事项。讨论建议的干预措施是否针对优先群体。根据正义理论，考虑患者有 PWS 是否被认为是最坏的情形。探讨的其他方面，涉及干预措施是否与治理与护理的可及性有关，以及干预措施是否会引发与"治疗就像对待相似病例"观念相关的问题（世界卫生组织，2004）
总体环境	O1——系统能力和适当使用干预措施	医疗卫生系统实施干预和确保其适当使用的能力取决于其基础设施、组织、技能、立法、障碍以及不适当使用的风险等因素。这些考量包括描绘现行制度以及估计在审查过程中实施干预措施是否需要额外的力量（注：如果可行，经济分析将被列入 MCDA 价值矩阵的经济准则 E3）	这项准则的目标是确保考虑到医疗卫生系统实施干预的能力以及确保其适当使用；这取决于基础设施、组织、技能、立法、障碍以及不适当使用的风险等因素。这些考量包括描绘现行制度以及估计在审查过程中实施干预是否需要额外的力量。整合了关于不适当使用干预措施的风险及其后果以及除经济方面以外的实施问题的现有文献
	O2——利益相关者的压力	利益相关者群体的压力往往是医疗卫生干预措施环境因素的组成部分。这些考虑因素包括意识到压力和利害关系，以及它们如何影响决策者的价值	这一准则的目标是确保考虑到利益相关者群体的压力，这往往是医疗卫生干预决策环境因素的组成部分。这些考虑因素包括意识到压力和利害关系，以及它们如何影响决策。总结有关社会压力和来自利益相关者中的特定群体（临床医生、患者、工业界等）的压力的现有信息

	准　则	定　义	使用综合证据的方法
总体环境	O3——政治/历史背景	政治/历史背景可能影响干预措施在考虑特定的政治形势和优先领域(例如,创新的优先次序)以及习惯、传统和优先顺序过程中的价值	数据在特定的政治/历史背景下合成,背景可能会影响对干预、科学文献、疾病协会网站和大众媒体的评价;而数据阐明了这种政治/历史背景或优先权,以及与干预或相关干预有关的惯例。如可用,关于政府优先领域的明确数据(例如医疗卫生创新、经济衰退情况下的预算限制)超出了报告的医疗卫生优先领域(涵盖在Et3)以及有关司法管辖区内关于对建议的干预措施的资助决策

　　* 伦理准则基于三项原则;由于这些原则往往是相互冲突的,因此,通过接触广泛的利益相关者和解释决策来明确权衡取舍并将决策合法化(Gruskin 和 Daniels,2008;Persad 等,2009);合法化决策是实现合理性问责制的关键(Daniels,1999,2001)。

　　为了开展案例研究,我们特意选择了一个最困难的临床问题:在普瑞德-威利综合征(PWS)中生长激素(growth hormone,GH)的使用情况。我们使用的"临床实践指南"(CPG)案例验证了一种昂贵的治疗方法及其潜在的严重副作用。考虑到每天接受注射的儿童,这个"临床实践指南"(CPG)案例涉及一种罕见的遗传条件,而这一条件限制了临床试验的样本量。人们必须承认临床医生和家庭之间存在治疗目标的差异,合适且稳定的临床试验设计过程中面临的难题会影响证据水平。造成以上差异和证据等级受阻的原因是存在强有力的混杂因素,而且这个案例必须面对许多伦理问题,例如治疗认知障碍患者。

　　对于 MCDA 的第二次应用,我们再次使用 EVIDEM 决策准则来调查研究项目的鉴别和优先领域、探索研究设计、促进知识转移。该应用使用的临床背景是血液透析。这是另一种昂贵的但可以挽救生命的治疗方式,它可以救治大量且越来越多的位于肾衰竭末期的患者;但它也伴随着严重的发病率和极高的死亡风险。最近,CPG 鼓励使用强化血液透析,包括家庭强化血液透析,因为这种方法既能节省成本,又能改善患者的生活质量。然而,为了鼓励并促进强化血液透析的使用而向临床医生和医疗专业人员传授相应知识的做法遭到限制,部分原因是缺少支持此方法的证据。因此,调整了 EVIDEM MCDA 决策准则以适应优先考虑与强化血液透析有关的研究问题的目的,而且临床和方法学专家小组根据 EVIDEM MCDA 决策准则优先研究、完善及改进了强化血液透析的研究工作。

13.2　案例研究 1:MCDA 构建证据并确定最重要的结果

　　开发临床决策循证方法的目的是改善医疗实践和卫生服务的质量。然而,尽管医学文献数量不断增加,此类证据不断完善,但科学证据的缺乏和不确定因素的存在仍然阻碍了临床决策(Alper 等,2004；Ely 等,2002)。临床医生面临的主要困难之一是很难获得支持患者治疗与护理所需的结构化综合信息(Ely 等,2002)。CPG 旨在"协助医生和患者针对特定的临床情况确定适当的医疗卫生方案"(委员会向公共卫生服务部门提供医学和医药学临床实践指南协会咨询)。为了更加连贯和更有效率,这些方法的制定过程需要在评估证据和提出各种疑问及建议时系统地进行。提出指导临床实践的建议还需要考虑各方面的因素,以确保提供最佳的护理并承担社会责任(Brouwers 等,2010；Dhalla 和 Laupacis,2008)。潜在的知识产权冲突或经济利益冲突损害了 CPG 的可信度和可用性(Sitges-Serra,2014)。AGREE 协作提供了一个工具来解决实践指南质量的可变性问题。该评价工具最初于 2003 年制定(AGREE Collaboration,2003),2009 年进行了修订,即 AGREE II,同时还发布了培训工具和一个网络平台,以便证据评价人员更好地开展工作(Makarski 和 Brouwers,2014)。这个工具包括 23 个项目,分为六个质量维度(范围和宗旨、利益相关者方的参与、开发的严谨性、表述的清晰度、适用性和编辑独立性)。它评价了指南在发展过程中的方法严谨性和透明度；AGREE 工具在国际上通用(www. agreetrust. org)。

临床研究人员和决策者使用 MCDA 来支持审议,并同时考虑与研究和决策相关的许多方面(科学、经济、伦理)(Baltussen 和 Niessen,2006)。EVIDEM 是一个以 MCDA 为基础的框架,旨在整合决策者在权衡患者健康、人群健康和医疗卫生系统健康方面面临的伦理困境,使之成为综合的决策准则(Goetghebeur 等,2008,2010)。在这项案例研究中,它作为一个整体结构,为框架内的每一个准则整合证据,从而促进对为治疗普瑞德-威利综合征患者而制定的 CPG 指南的反思和审议,而 AGREE 协作组随后也提出了相关建议(见表 13.2)。EVIDEM 还被用以定量地探讨临床结果的相对重要性,此类临床结果可以通过治疗这一类患者群体获得。

表 13.2　EVIDEM 和 AGREE 工具对发展循证临床实践指南的要求的一致性: 生长激素治疗普瑞德-威利综合征(PWS)的指南实例(Research Trust, 2016)

AGREE 工具对范围和目的的要求	使用 EVIDIM 的指南共识方法
项目 1: 具体描述指南的总体目标	总体目的: 评价生长激素治疗方法对患有 PWS 的儿童和成人的影响,并为其应用提供指导 目标: 降低受 PWS 影响的患者的发病率,重点关注已知的受 GH 影响的特定终点指标,包括生长、人体成分、体力活动、新陈代谢状况、心血管健康、骨骼健康,以及神经和动作发展

AGREE 工具对范围和目的的要求	使用 EVIDIM 的指南共识方法
项目 2：具体描述该指南所涵盖的临床问题	在内容验证时相关专家基于获取的证据发现临床问题 临床问题/讨论要点将在演示和分阶段会议上激发与会者的讨论
项目 3：具体说明指南适用的患者	根据目标人群收集的可用证据，分为两个亚类： ● PWS 儿童患者 ● PWS 成人患者
AGREE 工具对利益相关者参与的要求	**使用 EVIDIM 的指南共识方法**
项目 4：指南制定小组包括来自所有相关专业团体的人员	参与指南制定的利益相关者包括： ● PWS 方面的专家（临床遗传学家、成人和儿童内分泌学家、营养师） ● 流行病学家 ● 健康经济学家 ● HTA 专家 ● 伦理学家
项目 5：已探寻患者本人的观点和偏好	加拿大 PWS 协会（成员包括 PWS 患者的父母）的执行委员应邀参加研讨会
项目 6：明确定义指南的目标用户	治疗 PWS 患者的医生（儿科医生、内科医生、内分泌科医生、神经科医生、整形外科医生、肺科医生、精神科医生）营养学家、基因顾问、理疗师、职业治疗师、心理学家
项目 7：该指南已在目标用户中试行	将指南送至主要专业协会，以获得意见；可在线访问所有已验证的 EVIDEM HTA 报告（开源）
AGREE 工具对制定指南的严谨性要求	**使用 EVIDIM 的指南共识方法**
项目 8：用于系统化的方法检索证据	该方法包括以下运算规则： ● 要检索的数据库和资源（Medline、Cochrane、HTA 机构等） ● 识别每个决策准则证据的关键词
AGREE 工具对范围和目的的要求	**使用 EVIDIM 的指南共识方法**
项目 9：清晰地描述选择证据的准则	该方法包括选择证据的准则（例如，用于临床数据、优先考虑随机对照试验和比较性的观察研究） 该方法包括选定研究的质量评价工具
项目 10：清楚地描述为提出建议所采用的方法	对 GH 和 PWS 现有的科学证据进行系统化分析，将结果以在线 HTA 的方式对提供给 PWS、流行病学、卫生经济学、HTA 和伦理学等领域的国际专家并进行验证由邀请的专家在研讨会上介绍组织者事先确定的关键问题，然后讨论关键问题并提出建议涉及研讨会所有与会者的共识性讨论，将用于起草最后的建议（共识形成） 根据 EVIDEM 方案，使用 MCDA 进行一致性（一致性测量）的程度评估（Goetghebeur 等，2008）

续　表

AGREE 工具对范围和目的的要求	使用 EVIDIM 的指南共识方法
项目 11：在形成建议时考虑到的健康益处、副作用和风险。	根据 EVIDEM HTA 报告和专家讨论的结果，该方法包括系统地审议 21 项决策准则（见表 13.1），其中包括临床准则，如益处类型、功效/效果、安全性和患者报告结果

AGREE 工具对开发的严谨性的要求	使用 EVIDIM 的指南共识方法
项目 12：建议与佐证证据之间的确切联系	框架将可用的证据与反思和讨论结合起来，以达成建议
项目 13：该指南已在其出版前由专家进行外部审查	在发表接受之前，该指南提交给了要求外部同行评审的期刊
项目 14：提供了指南的更新程序	用于治疗缺乏生长激素的成人（未受 PWS 影响）的指南计划在 5～10 年内更新（关于成人生长激素缺乏的生长激素研究协会研讨会，1998；Ho，2007）

AGREE 工具对清晰度和表达的要求	使用 EVIDIM 的指南共识方法
项目 15：这些建议是具体且明确的	结构化的 HTA 报告准许确定关于治疗 PWS 的 GH 方法的明确的和模糊的风险/好处，这有助于制定建议明确不确定性的范围
项目 16：明确提出不同的健康状况管理意见	HTA 报告包括替代疗法（例如，营养物、药物、行为、运动、食欲抑制物）
项目 17：关键建议易于识别	在表格和要点中整合的最终达成共识的指南突出重点建议
项目 18：使用工具支持该指南的应用	该指南可通过互联网查看，并通过专业协会的介绍予以宣传

AGREE 工具对适用性的要求	使用 EVIDIM 的指南共识方法
项目 19：讨论了应用这些建议的潜在组织障碍	研讨会的介绍包括对 PWS 患者的医疗机构探讨
项目 20：考虑了应用这些建议涉及的潜在成本问题	经济学分析是 EVIDEM HTA 报告的一个组成部分，由一名卫生经济学家负责
项目 21：该指南为监测和/或审计目的提供了关键的审查准则	明确界定治疗方法以及监测所确立的治疗方法的关键准则

AGREE 工具对编辑独立性的要求	使用 EVIDIM 的指南共识方法
项目 22：该指南的编写工作独立于资助机构	私营行业的支持者没有参与编写指南
项目 23：已记录指南制定成员的利益冲突	所有指南制定参与者，包括 HTA 开发人员以及在线出版物可使用的利益冲突声明

13.2.1　构建证据与临床实践问题的 MCDA

确定针对罕见疾病患者的干预措施特别困难,部分原因是在有限群体中进行适当规模的临床试验存在的固有困难,其他困惑是:用于体现最佳功效的结果、对确定安全性所需的较长时间,以及倾向于对治疗常见病给予较高评价以使最大数量的个体受益。

普瑞德-威利综合征(PWS)是一种罕见的(2 万至 2.5 万名新生儿中才出现一例)异质性遗传疾病:特征是张力减退(肌肉张力和质量下降)、婴儿期喂养不足、饮食过度伴随逐步肥胖、性腺功能衰退(缺乏性荷尔蒙)、成人身高下降以及认知行为障碍。这些严重且长期的健康问题部分是由于下丘脑失调,可能还包括生长激素缺乏。根据对生长和机体组分的有益影响的短期数据,通过了重组生长激素(GH)治疗方法。然而,针对 PWS 的生长激素疗法要面对独特的治疗挑战,其中包括治疗具有认知障碍的患者、不同的治疗目标(不仅仅是增加身高这一项)以及对威胁生命的潜在不良事件的关注(Burman 等,2001)。在这个案例研究中,MCDA 首次应用于促进循证 CPG 指南的系统制定,而该指南为使用生长激素方法治疗 PWS 患者提供指导(Deal 等,2013)。

开展了广泛的文献综述,以确定框架内每个准则下支持 PWS 的生长激素疗法的最相关可用证据,内容涵盖疾病影响、治疗环境、治疗结果(功效/有效性、安全和患者报告结果)、效果类型、经济影响以及伦理和环境因素。数据整合在证据表中;对证据等级和强度分别采用循证医学中心(CEBM)的证据等级(循证医学中心,2010)和 EVIDEM 数据质量工具进行评估。由此制定的框架被改编成 CPG 的一个模块,其中临床方面是重点,并用于引出 CPG 制定的相关问题。建立了一个交互式的网络信息系统以促进 CPG 的制定。

在分析文献并结合专家反馈的基础上,利用 EVIDEM 框架,解决并整合了反映当前 PWS 患者管理方面的 CPG 问题(见表 13.3)。该框架用于整合研讨会方案,并向 CPG 工作组提出问题。举行了一场面对面的共识研讨会,会议期间,43 名国际专家和利益相关者(临床医生、患者代表、伦理学家、方法学家和研究人员)遵循了临床实践指南发展建议,该建议通过 AGREE 协作组起草,制定了针对 PWS 的生长激素治疗方法的共识性指南(Deal 等,2013),使用 MCDA 网端接口以方便讨论。该网站通过以下方法协助 CPG 从筹备到实施的整个过程:

(1) 无缝获取高度综合的证据、针对框架内每个准则的详细证据表和实际出版物/报告,以及对证据的质量评价。

(2) 获取针对每个准则的 CPG 问题。

表 13.3　根据 EVIDEM 框架准则整合 CPG 问题

临床方面	干预概述 指示：1. PWS 患者是否需要 GH 测试：婴儿期？孩童时期？成年期？ 　　　　2. 在 GH 治疗之前需要进行哪些基线评估？ 干预持续时间：3. 生长激素治疗需要多长时间？ 　　　　4. 治疗的持续时间是否应取决于对疗效的反应？ 　　　　5. 治疗的持续时间是否应取决于结果的优先级？ 管理/说明：6. 需要做什么临床实验室测试或影像学研究来监测治疗？ 　　　　7. 婴儿、儿童和青少年、成人的生长激素治疗分别需要多少剂量？ 　　　　8. GH 治疗过程中，IGF-Ⅰ 的循环是否存在最优水平？ 　　　　9. IGF-Ⅰ 中是否应滴定入生长激素剂量？如果是，那么频率是多少？ 　　　　10. 对生长激素治疗进行充分监测所需的后续随访频率是多少？ 对比项：11. 在 PWS 中还尝试了哪些其他疗法/干预措施？

	决策准则	建议的问题
疾病影响	D1：疾病严重性	12. 各种亚型基因在不同人群中的出现频率是多少？ 13. 基因检测方法的改进是如何改变亚型的遗传频率？ 14. 所有 PWS 患者都缺乏生长激素吗？ 15. 是否有与 GH 治疗靶向的临床结局有关的基因型表型相关性？其他相关性？ 16. 在考虑 GH 治疗时需要考虑的重要并发症是什么？ 17. PWS 患者的预期寿命是多长？ 18. PWS 患者的主要死因是什么？
	D2：人口规模	19. PWS 的出生率/患病率是多少？
干预的治疗环境	C1：临床指南	20. 为什么医生们对生长激素疗法的益处有分歧？ 21. 患者认知障碍在医生对待治疗态度上发挥什么作用？
	C2：干预比较限制（未满足的需求）	22. 对于在治疗 PWS 中尝试的其他治疗/干预措施，具体的结果、每项结果的疗效以及治疗/干预的安全性/耐受性是什么？ 23. 在采用生长激素治疗的同时，尝试过什么具体的治疗/干预措施？ 24. 对患有 PWS 的婴儿、儿童、青少年和成年人的营养建议是什么？
干预结果	I1：提高功效/效果	25. 当采用 GH 疗法治疗 PWS 患者时，最重要的临床结果优先领域是什么？婴儿期？孩童时期？在青春期？成年期？ 26. 什么是衡量 GH 有效性的最佳方法：(a) 生长；(b) 机体组分；(c) 动作发展（婴儿和儿童）；(d) 神经状态；(e) 身体活动；(f) 肌肉力量(g) 新陈代谢的作用；(h) 静息能量代谢；(i) 心血管状况；(j) 骨骼健康；(k) 生活质量（特别是智障人士） 27. 其他激素缺乏对 GH 治疗的影响是什么？ 28. GH 剂量效应是否因以下因素而不同：(a) 开始治疗的年龄；(b) 剂量；(c) 开始治疗时的机体组分；(d) 饮食控制的程度；(e) 身体活动等级

干预结果	I2：提高安全性和耐受性	29. GH 治疗 PWS 患者时产生的主要严重不良事件是什么？ 30. 有什么证据表明对 PWS 患者进行 GH 治疗会增加风险：(a) 睡眠呼吸暂停；(b) 突然死亡；(c) 脊柱侧凸；(d) 糖尿病；(e) 颅内高血压；(f) 癫痫病；(g) 大股骨骺滑动；(h) 水肿；(i) 乳房压痛/扩大；(j) 感染风险；(k) 关节疼痛；(l) 肿瘤；(m) 动脉高血压；(n) 中风/颅内出血 31. GH 的耐受性有多高：在发表的临床试验中（失访率）？在患者报告的数据中？在 4 期试验中？在更小样本量的观察研究中？ 32. 在 PWS 的生长激素治疗临床试验中，患者退出的主要原因是什么？ 33. 什么证据表明 PWS 患者的不良事件与继发于颅咽管瘤和/或其治疗方法的下丘脑肥胖症患者的不良事件不同？
	I3：改进患者报告的结果	34. 在接受 GH 治疗后，患者和/或父母报告的最重要的效果是什么？
益处类型	T1：公共卫生益处（例如，预防、降低风险）	35. PWS 患者接受生长激素治疗是否降低了风险？
	T2：卫生服务类型（如治愈、缓解症状）	36. 对 GH 疗法来说，最不重要但显著的临床结果是什么？ 37. 哪些已知的 GH 疗法效果在 PWS 研究中没有得到充分研究？
证据的质量/不确定性	Q2：报告证据的完整性和一致性	38. 在 PWS 的 GH 临床试验中难以控制的混杂变量是什么？ 39. 根据当前的建议，报告功效数据的最佳方法是什么及其原因？ 40. 是否有一个地方可以开展 GH 的治疗试验，若有，则多久才能评估 GH 疗法的有效性？ 41. 当考虑潜在的研究偏倚来源时（对患者和卫生专业人员进行充分的随机化和盲法、充分说明退出和失访、进行意向治疗分析），具有高度偏倚风险的临床试验所占比例是多少（即未满足一个或多个先前界定的准则）？
	Q3：证据的相关性与有效性	42. 哪些关于治疗 PWS 的 GH 使用问题需要进一步研究？ 43. 关于 PWS 并且需要处理 GH 使用问题以外的问题的主要研究领域是什么？
资源配置和伦理方面	概述 疾病带来的经济负担：	44. 与 PWS 患者护理有关的医疗成本的主要来源是什么？ 45. 治疗病态肥胖的主要成本有哪些？ 46. 治疗糖尿病的主要成本有哪些？

	决策准则	建议的问题
干预的经济性	E1：治疗计划的预算影响（干预的成本）	47. 治疗 PWS 患者的 GH 治疗费用是多少？ 48. 国家层面的预算影响是什么？
	E2：干预的成本效果	49. PWS 患者采用 GH 疗法的成本效果如何？
	E3：对其他支出的影响（如住院、伤残）	50. PWS 患者采用 GH 疗法的经济后果（超出药物成本）是什么？

续　表

伦理准则	Et1：效用——医疗保健的目标	51. PWS 患者采用 GH 疗法是否与医疗卫生系统的任务和范围一致？
	Et2：效率-机会成本和负担能力	52. 我们如何优先考虑 PWS 患者护理的资源，以及 GH 疗法如何适应这一情况？ 53. 需要定义哪些成效来证明 GH 疗法的适应症？
	Et3：公平性——优先人群和可及性	54. 所有 PWS 患者都能获得 GH 治疗吗，如果不行，那是为什么？ 55. 在保留 GH 治疗或针对特定 PWS 患者亚群的 GH 疗法方面是否存在公平问题？
总体环境	O1：系统能力和适当使用干预措施	56. 我们如何组织 PWS 患者的综合治疗与护理，从而优化 GH 治疗，特别是减少/预防潜在副作用？ 57. 为了协调 PWS 患者的护理，需要采取哪些循证步骤？
	O2：利益相关者的压力/障碍	58. 对 PWS 患者采用 GH 疗法时，是否有压力/障碍？
	O3：政治/历史背景	59. 是否有任何特定的政治/历史背景会影响 GH 疗法对 PWS 患者的使用？

GH：生长激素，PWS：普瑞德-威利综合征，QoL：生活质量。

（3）在共识研讨会之前与 CPG 专家接触，进行交互式在线证据验证，并思考分配给工作组的问题。

（4）公开访问所有经验证的关于 PWS 的 GH 合成数据，了解在创造性共享许可下制定 CPG 使用的每个准则（http://www.evidem.org/tiki/PWGHINConsensusWorkshop）（Collaboration，2010）。

MCDA 框架促进了 CPG 指南问题的产生和整合，从而提供了一种务实的方法，以确保系统地审议各种准则和相关问题的证据。通过组织讨论和审议，以及明确揭示现有的知识储备和差距，该框架促进了循证 CPG 的制定，并确定需要继续改进的关于 PWS 患者管理的研究。

13.2.2　用来确定最重要结果的 MCDA 方法

PWS 不仅是病态肥胖最常见的遗传因素，还表现出线性生长不良、张力低下、发育标志延缓、体力活动减少以及儿童肌肉骨骼问题等特征（Butler 等，2006）。虽然生长激素经过证明可以改善小儿 PWS 患者的生长和机体组分〔澳大利亚卫生和老龄化部，2008；电子药品汇编（eMC），2011；辉瑞公司，2011〕，但是在治疗 PWS 时，它的使用和覆盖范围不同，这就表明有必要澄清生长激素的临床效果。这是 CPG 指南制定过程中最重要的方面之一，在 AGREE 工具指南项目 1 项下讨论（见表 13.2）。

因此,该框架的绩效准则扩大到包括用于 PWS 患者的生长激素疗法的具体结果指标,这些指标被转化为以下亚准则:生长、机体组分、体力活动、代谢情况和心血管状态、骨骼健康和动作发展(表 13.3 中第 22 个问题)。对于每一个亚准则而言,现有的证据是由专家们通过交互式网络系统合成并验证的,它提供了对高度综合证据、详细证据表和实际出版物/报告的无缝访问。在协商一致的研讨会上,与会者用分值分配法为每个亚准则分配权重(Dolan,2010),以此体现与会者对亚准则的相对重要性的个人观点。然后,与会者根据现有证据,采用四分制(0~3)为每个亚准则评分,以评估 GH 疗法对 PWS 患者的作用,这与每项结果都有关。用线性模型结合标化的权重和分数来评估 MCDA 价值,从而确定评估该干预措施价值最相关的绩效准则。

对研讨会结果的分析显示,最高权重分配给"机体组分"(24%)和"体力活动"(18%)这两项亚准则(见图 13.1)。而亚准则"生长"的权重只占 17%;46%的受访者分配给"生长"的权重小于等于 10%。此评分分配表明,获得最高评分的是亚准则"机体组分"和"生长"(数据未显示),这说明 GH 针对这些结果指标取得了最好的效果。获得低分的亚准则是"新陈代谢和心血管状态""骨质成分"和"动作发展",这反映了对于这些结果指标,GH 的疗效有限和/或数据有限。有趣的是,这些结果与欧洲和北美洲为 PWS 批准的生长激素的适应症不一致,在欧洲,最主要的是促进生长,其次是机体组分。

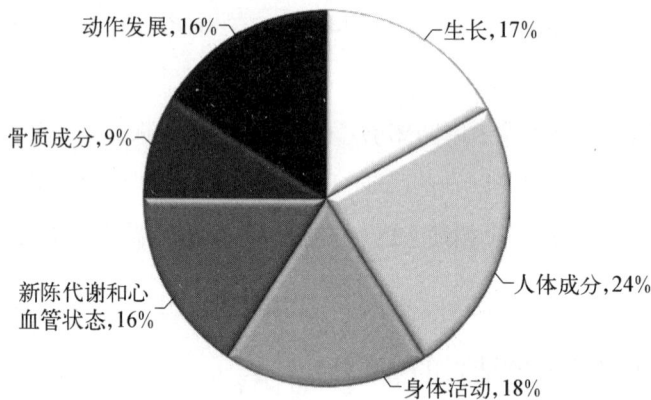

图 13.1　用于 PWS 患者的 GH 疗法取得的不同结局的相对重要性
报告了专家使用分值分配法引出的权重

总而言之,大多数参加者(70%)报告了对 MCDA 工作的兴趣,无论是为了激发反思,还是促进讨论和审议。这项案例研究表明,EVIDEM 提出的整体、实用的 MCDA 提供了一个有效的方法,用于构建和优化临床实践问题和概念,也为使用基于直接获取的临床经验、依靠直觉在给定病理的情况下明确最重要的结果提供方法。

13.3　案例研究 2：MCDA 在临床研究优先领域的应用

卫生研究优先领域设定是一个发展比较完善的研究领域,已经发表了许多框架,这些框架不仅考虑到与疾病/健康状况相关的因素(如负担、未满足的需求),还考虑到与研究有关的因素,包括可行性和影响力。虽然当中有许多应用案例使用的方法可能与 MCDA 有关,但是明确使用该方法的实际应用很少。Viergever 等人(2010)建立了一个有九个项目的健康研究优先领域设定清单。虽然他们在本质上没有提供一套明确的决策准则,但是他们确定了决策准则的选择需求是研究优先领域设定过程的一部分。

在疗效比较研究方面有一些研究优先领域的模型。疗效比较研究旨在比较替代疗法或诊断策略的优缺点,意在为个人和群体决策提供信息。因此,疗效比较研究(comparative effectiveness research,CER)问题的优先顺序需要适当考虑人口水平的影响,包括受影响的人口规模以及缓解健康或健康服务提供方面的差距的机会。此外,由于 CER 研究设计可以包括大型的临床实用性研究,所以优先领域设定工作应考虑研究规模、可行性及资源使用情况。

到目前为止,在不同的司法管辖区制定了一些 CER 优先领域设定的办法。联邦协调委员会(Federal Coordinating Council,FCC)为疗效比较研究(美国)建立了一个针对 CER 的决策框架,该框架包括大量准则(适用领域),而且这些准则仅限于在美国的联邦资助医疗卫生项目(Andrews,2013)中使用。Dubois 和 Graff(2011)制定了一个 CER 优先领域框架,其中包括 8 个步骤和 11 项准则,这 11 项准则包括分别与健康状况和研究有关的准则。虽然这是一个综合性框架,但是它没有明确地考虑生成的证据的质量(即对治疗效果信心的评估),或建议的研究结果对患者的重要性(例如患者报告结果或受目标健康状况影响的患者认为重要的结果)。Krishnan 等人(2013)与几组利益相关者确定了相应准则并对其进行排序,从而确定了慢性阻塞性肺病的疗效对比研究的优先领域。上述准则考虑了治疗结果、经济影响以及实施研究结果的适用性/可行性,但没有考虑 CER 项目的可行性或由此产生的证据的质量。

综上所述,EVIDEM 框架为考虑与医疗卫生决策相关的一系列因素提供了一个全面的、伦理的、结构化和透明的过程。此外,EVIDEM 协作组还提供了定制工具(可在 https：//www.evidem.org/evidem-framework/网站下载),可用于对使用 MCDA 与线性模型的决策准则进行权重分配和评分。因此,我们调整了 EVIDEM 准则,以优先考虑与密集的血液透析和透析相关的基于注册表的整群随机试验有关的研究问题。

13.3.1 临床研究优先领域设定中的 MCDA：血液透析案例研究

血液透析仍是治疗终末期肾病最常用的方法。在加拿大，2013 年超过 2.4 万人接受了透析治疗（加拿大健康咨询研究所，2015；Nesrallah 等，2014；加拿大肾脏基金会，2013）。这种治疗方法发病率和死亡率较高，还给患者带来极大的经济负担（Nesrallah 等，2004）。常规透析处方为每星期进行三至四次的透析治疗，每次透析持续 3.4 至 5.5 个小时（Nesrallah等，2013）。观察研究显示，进一步增加治疗时长和频率以提供"强化的"血液透析，能改善患者生存和其他临床结果，其中包括与健康相关的生活质量〔加拿大健康资讯研究所（CIHI），2015；Nesrallah 等，2004〕。由于流程方面的原因，更久、更频繁的透析更容易在患者家中实施，而且大多数接受家庭血液透析的患者都是采用某种强化的血液透析疗法（加拿大肾脏基金会，2013）。家庭疗法能节约成本，还能提供更大的灵活性且便于安排。

努力提高对家庭强化血液透析方案的吸纳率和改善方案的实践效果促成了实践指南的发展（Nesrallah 等，2013）。反之，这些研究发现，在提供家庭强化血液透析方面存在显著的知识差距，因此需要开展疗效比较研究以确定研究需求和优先领域（Nesrallah 等，2013）。一个国际工作组——国际科学委员会日常透析注册处——确定了一些研究问题，以解决家庭强化血液透析处方中的主要知识差距。考虑到工作组成员所确定的主题十分广泛，我们制定了一个透明的、结构化的方法来研究问题的优先领域。虽然 EVIDEM 框架最初是为了确定候选临床干预措施的优先领域而制定的，但是许多 EVIDEM 决策准则与研究设计有关（Goetghebeur 等，2008），而且能够被加以调整，从而让决策者确定研究项目的优先领域。

我们与一个临床学和方法专家小组一起采用了迭代协商过程来调整和完善原始的EVIDEM（Goetghebeur 等，2012）决策准则，其目的是确定与血液透析有关的研究问题的优先领域。其目标是创建一个工具，用这个工具来同时确定观察设计和实验设计的优先研究领域。由此产生的框架包括 11 项准则，从整体角度评估 CER 在改善血液透析实践方面的综合价值。这些准则涉及 CER 问题的影响力、背景及结果，CER 的研究可行性、经济性以及研究结果的实施情况。考虑到概述偏见风险的 13 项亚准则（由于研究的执行或设计方面的限制，结果系统性地偏离了真相）和精确度（通常与研究样本量是否充足有关）（Guyatt 和 Busse，2011），CER 问题产生的证据质量也被列为准则。

该工作组由 28 名研究人员组成，他们得出了 13 个 CER 候选问题，每个问题包含的信息涉及患者群体、干预、对照和结果等四个方面，通常被称为 PICO。假定一个"精心构建的"问题应该包括四个部分，这四个部分确定了患者问题或群体（P）、干预（I）、对照（C）和结果(O)。这些问题用名义小组程序(见表 13.4)进行了细化。工作组建议,考虑到当时可用的证据质量,需推荐最适合研究问题的研究设计。例如,对于已经用观察性设计充分探讨过的 CER 问题,工作组通常建议将实验设计作为下一步的工作内容;而对于大部分未探讨的调查领域,工作组通常建议将观察性设计作为第一步。对于每个 CER 问题,工作组制定了一整页的研究提案,其中包括设计考虑事项和其他信息(例如,数据的可用性、现有数据源的可靠性、现有的资金来源以及其他方面),这些内容将根据新制定的决策准则进行评价。

表 13.4　参与研究的肾病学家使用 PICO 格式生成的 CER 问题

编号	问　　题
1	**群集随机对照**:在第三、第四或第五阶段的慢性肾病患者中,与没有正式选择程序/非正式选择方法相比,正式独立的(家庭血液透析或家庭腹膜透析)透析选择过程(例如,MATCH‐D 或其他决策支持工具)会增加(密集透析事故率/效用/死亡率)吗? **次级目标**:确定 ID 使用的预测因子
2	**前瞻性队列研究**:在接受家庭血液透析的患者中,与没有再培训计划的患者相比,进行定期再培训/认证的患者会减少并发症(接触感染/技术衰竭/血管通路受阻)的发生率吗?
3	**前瞻性队列研究**:在频繁接受血液透析(五次或更多疗程/周)的患者中,血管通路类型(中心静脉导管/其他)与(死亡/技术存活率/住院)有关吗?
4	**前瞻性队列研究**:在频繁接受(每周超过四次)家庭血液透析又患有动静脉瘘的患者中,扣眼穿刺的使用与(败血症/死亡/住院/通道存活)有关吗?
5	**阶乘(2×2)随机对照试验**:在接受家庭血液透析又患有动静脉瘘并使用扣眼穿刺的患者中,局部抗菌药的预防性应用能降低(败血症/死亡/通道存活/住院的)风险吗?
6	**平行随机对照试验**:在伴有高并发症风险却未能通过常规血液透析症状好转的患者中,短时间的中心血液透析能带来更好的结果(生活质量/生存)吗?
7	**基于注册表的描述性分析**:在有更多开展强化血液透析的发达国家中,接受长时间血液透析、频繁血液透析和长期/频繁血液透析患者的发病率和患病率是多少?
8	**前瞻性队列研究**:与常规血液透析相比,更长或更频繁的血液透析能带来更好的移植效果(移植物存活/患者存活/急性排异反应)吗?
9	**多国回顾性队列研究**:在提供更长或更频繁的血液透析的国家中,如何比较患者的特征和结果?
10	**前瞻性队列研究**:在愿意并且能够接受腹膜透析或血液透析作为初始治疗方案的患者中,最初的治疗方案选择是否决定了(存活/住院/技术存活率/身体接触并发症)?
11	**前瞻性队列研究**:接受更久更频繁的血液透析的患者,他们是否伴有(冠状动脉/外周血管)钙化增加的高透析钙(>1.6 mmol/L)?次要目标:在接受更久更频繁的血液透析患者中,哪些因素有极大风险会导致冠状动脉钙化(如存在钙化、糖尿病、C-反应蛋白水平、导管使用等)?
12	**前瞻性队列研究**:在接受家庭血液透析的患者中,与常规透析的配对队列相比,其死亡原因是什么?
13	**前瞻性队列研究**:在家庭血液透析患者中,与常规透析的配对队列相比,住院的原因是什么?

RCT:随机对照试验;CKD:慢性肾病;HD:血液透析;PD:腹膜透析。

第一步,参加者要求根据 CER 问题评估中的重要性,从他们自身观点和独立于研究问题的角度出发,在表 13.5 中对每个准则进行权重分配。权重比例从 1(低)到 5(高)。如果参与者认为这个准则不需要考虑,则分配给它的权重为 0。第二步,对于每个研究问题,参与者在 MCDA 矩阵中为每个准则评分,分值从 0(最差)到 3(最好)。CER 问题的平均总估值通过线性加法模型组合权重和评分计算可得。准则的描述性统计(平均值、最小值、最大值)用于评估参与者之间的可变性。

表 13.5　修改后的 EVIDEM 决策准则定义和使用五分制得出的标化权重

群集/准则		定　义	标化权重、平均值 (最小值,最大值)
CER 问题的影响	人口规模	提议的 CER 问题影响的相对人口规模	8% (0, 13)
	疾病严重程度	CER 问题所处理的疾病严重程度或发病负担或残疾	10% (6, 13)
CER 问题的环境	未满足需要	通过系统评价、专家小组、临床实践指南、共识性声明、医疗卫生机构授权、正式的信息需求评估或其他系统化过程,CER 问题明确了在确定的优先领域中未满足的需求(重大不确定性、知识缺口)	11% (8, 16)
CER 问题的结果	对患者生存和其他主要临床结果的影响	CER 问题有可能影响患者生存和其他主要临床结果(并非患者报告的结果)	11% (9, 16)
	减少危害或提高安全性的潜力	CER 问题有可能减少危害或提高安全性	9% (4, 13)
	改善患者报告的结果	CER 问题对患者报告结果有产生潜在的影响(生活质量、功能、健康)	9% (5, 12)
CER 问题的证据质量	可能提供我们可以相信的评估	建议的研究问题允许 CER 研究设计,它有可能提供我们可以相信的评估	9% (3, 13)
CER 研究的可行性	CER 问题的可行性	CER 研究是可行的[考虑到可用的数据来源、数据质量、研究的人口规模、样本大小的要求、注册率(若适用)、调查者的兴趣;不应在本准则中考虑研究/分析的成本]	10% (3, 16)
CER 研究结果的经济意义	节约成本的潜力	CER 研究有可能节省干预成本、其他医疗费用、非医疗成本和机会成本(从卫生系统的角度考虑)	8% (5, 13)
CER 研究结果的实施	CER 研究结果实施的可行性	CER 研究结果的实施具有可行性(考虑知识传播的引导者和障碍,以及推荐的循证实践方案的实施)	8% (3, 10)
	实践中减少不合理变化的潜力	实施 CER 研究结果有可能减少实践中的不合理变化	7% (3, 13)
合　　计			100

对收集的数据的分析表明,参与者对下列准则高度重视:对患者生存和其他主要临床结果的影响(平均权重 4.7;标准化 11%);未满足的需求(平均权重 4.5;标准化 11%)以及 CER 问题的可行性(平均权重 4.3;标准化 10%)(见表 13.5)。在其余准则中,我们还能发现不同参与者的体重变化。

结合参与者分配的权重和评分,CER 问题的价值评估在 MCDA 范围中显示为 48% 至 73%(最大值)(见图 13.2)。探讨透析选择过程或血管通路/抗菌预防与死亡率/发病率之间关系的研究问题(Q1 和 Q5)获得了最高的价值评估(>70%)。探讨血液透析患者的发病率/患病率、基线特征和结果的 CER 问题(Q7 和 Q9)获得了最低的价值评估(48%)。排序对所有准则具有良好的表面效度。

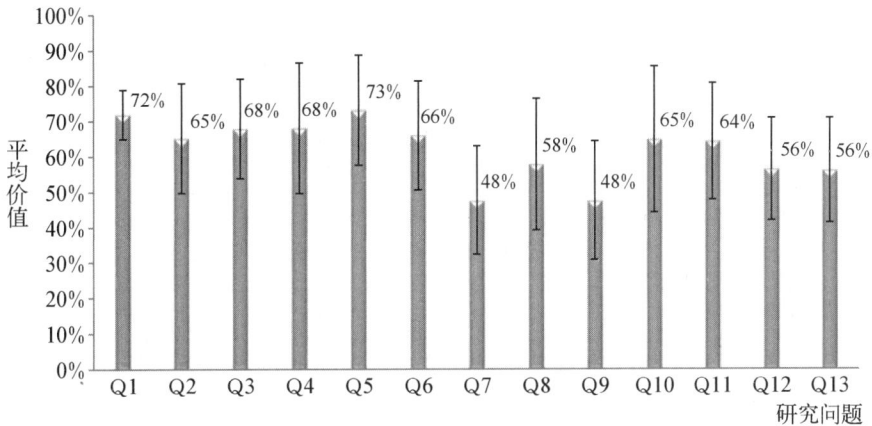

图 13.2　表 13.4 中 CER 问题排名。较高的平均值表示较高的排名(误差线表示 95% 的置信区间)

家庭强化血液透析的应用表明,全面的 MCDA 方法提供了一个有用的工具,能确保 CER 问题的优先领域设定,从而为改善临床实践提供了最大的优势。这个排序过程的结果被用来确定肾脏病学研究者国际网络的优先研究计划。

13.3.2　临床研究优先领域设定中的 MCDA:肾脏、透析和移植(KDT)项目注册试验优先顺序的案例研究

临床评价科学研究所(ICES,位于加拿大安大略省)的肾脏、透析和移植(KDT)项目由工作人员和临床医生实施,旨在改善肾脏疾病患者的健康和医疗卫生。KDT 项目对利用管理数据进行组群随机试验感兴趣。其目的是在中心血液透析干预领域开展五种组群随机对照试验,这些试验可能对降低医疗卫生系统中患者的发病率和透析患者的负担产生最高程度的影响。

KDT 项目进行的优先领域设定具有两个目标。由于这是该项目的第一个组群随机试验，小组人员希望推进最可行的、可扩展的试验。其次，研究人员希望用最务实的方法来选择这个项目，以便他们能够在未来利用所获得的经验来进行这方面的试验。

该小组使用为血液透析 CER 案例研究制定的六项准则，对五项试验进行了优先排序（见表 13.6）。"CER 问题影响"这个准则在这项案例研究中被排除，因为患者数量和疾病过程在各种研究提案中十分相似；因此，在这个准则上，患者数量和疾病过程也不会有变化。干预实施的可行性是作为一个单独增加的准则而不是将其作为可行性的亚准则，因为在规划组群随机试验时需要特别考虑这一点。

表 13.6　准则定义和权重分配

准则	描　　　述	标准化权重
满足信息需求	通过系统评价、专家小组、临床实践指南、共识性声明、医疗机构授权、正式信息需求评估或其他系统过程，注册表试验明确了在确定的优先领域中未满足的需要（重大的不确定性、知识差距）	8%
可行性	试验登记是可行的[考虑到可用的数据来源、数据质量、研究的人口规模、样本量要求、注册率（若适用）以及调查者的兴趣] 此外，请考虑伦理问题、监管程序的繁杂以及一致性（患者/群体级别/卫生部指南*）	30%
证据质量	提议的研究有潜能提供我们可以相信的评估（考虑精确度、偏倚风险和其他因素——见下表，改编自 Guyatt 等）（Guyatt 和 Busse，2011）	7%
患者影响	注册试验的干预措施有潜力改善： (a) 关于患者生存和其他主要临床结果，这些结果并不是患者报告的结果 (b) 患者安全或减少伤害 患者报告结果（生活质量、功能、健康）	27%
经济影响	试验注册有可能节省干预成本、其他医疗费用、非医疗成本和机会成本（从卫生系统的角度考虑）	4%
实施干预	在实践过程中实施干预措施是可行的，考虑到： 前期研究：(a) 设立时的成本（雇用 RC、配置设备和开展培训）；(b) 由于从干预组转向对照组，结果可能受到干扰 后期研究：(a) 知识传播的促进和阻碍因素，以及推荐的源于注册试验产生的证据应用于实践；考虑信息使用不当的风险；(b) 注册试验研究结果的实施有可能减少实践中不合理的变化	24%
总　　　和		100

* 如果卫生部计划采取利益干预，无论建议的试验是怎样的，我们可能不需要获得患者的同意。

用层次分析法（AHP）计算分配给每个准则的权重。AHP 法是为某些情况设计的，即在这个案例研究项目中，将影响决策过程的思想、感觉和情感进行量化，为优先选择替代方案提供数量表(Saaty，1982)。

　　采用 AHP 法引出权重，每个准则相对于每个其他替代准则排序，其离散范围从 1(准则 i 和 j 具有同等重要性)到 9(i 比 j 更重要)。比率 5 表明 i 比 j 更重要。这个过程建立了一个 6×6 的比对矩阵，量化了决策者对不同准则的相对重要性的判断(Saaty，1982)。

　　研究人员(n=11)被要求为每个准则分配权重。相对权重通过规范比较矩阵来计算[从 Taha 2007 中调整而来(Taha，2007)；结果见表 13.6]。最高的重要性被分配给可行性(标化 30%)、患者影响(标化 27%)和干预实施(标化 24%)。经济影响和证据质量被认为最不重要(标化的最低权重分别为 4% 和 7%)，然后计算了比较矩阵的一致性比率(Consistency vatio,CR)(CR=0.03)，它提供了决策者对配对比较的一致性程度判断。一致性比率小于 0.1 被认为是可接受的[①]。

　　在分配权重之后，临床研究人员根据先前选择的准则，在 0(最差)到 3(最佳)的范围内，对每个项目进行了评分。每项准则的分数乘以预定的权重得到加权的评分估计值。为每个替代项目计算权重分数的总和；准则描述性统计(总和、平均值、中位数)用于确定优先项目。如表 13.7 所示，这一优先领域工作允许根据其权重分数对注册的试验进行排序。

表 13.7　准则评分和试验排名

试　　验	平均权重评分	排　　名
试验 1	2.4	1
试验 2	2.2	9
试验 3	1.9	3
试验 4	1.5	5
试验 5	1.7	4

　　结果显示，试验 1、试验 2 和试验 3 具有最高优先级，被评为最可行的、最有可能提高患者疗效的项目。由于文献中几乎没有证据显示试验 4 和试验 5 的干预效果，所以研究小组认为这两个项目对患者的影响不大，因此给出了较低的评分。自从实施了这一优先领域设定工作，研究小组向利益相关者提供了前三个项目，其中一个项目还得到了资金支持从而能继续开展。总而言之，研究小组认为这个基于 MCDA 的优先领域设定过程透明

[①] CR ≥0.1 意味着有极高的不一致性，决策者可能需要重新评估相关准则的重要性。为了降低 CR 值，一些研究人员建议将准则的数量保持在 5～9 个的范围内(Saaty，1982)。这个建议是基于我们处理信息的有限性得出的。根据米勒定律，普通人工作记忆中保留的独特信息数量是 7±2(Miller，1956)。因此，如果需要超过九个准则，我们建议将它们分组，每组为五到九个准则。

有效,而且切实可行。

这些案例研究表明,MCDA可以切实用于临床研究问题的优先领域设定。它提供了一种方法,确保可以系统地考虑优先领域的方方面面,同时提升对"三重目标"可行性和潜在益处的认识。在目前资源有限和有义务为患者与人群提供服务的情况下,同时还要维持医疗卫生系统的可持续性,这种方法将以最有意义的方式推进对患者的照护。而该领域的研究和应用仍未成熟,还需要更多的研究来优化这些方法。

13.4 结论

在临床实践以及CPG的制定过程中,临床医生必须处理越来越多的证据,同时努力协调他们的责任,以帮助有需求的患者群体并维持医疗保健系统的可持续性。临床医生认为,从本质上看,MCDA不仅有助于构建CPG和CER,这是因为它运用有条理的方法来确定相关问题和阐明证据;而且,MCDA也非常令人满意,因为它为患者提供了综合疗法。对所有相关准则的考量使临床医生回想起了现代版的希波克拉底誓言,该誓言强调医生的道德义务,即为患者提供最好的治疗与护理,包括承诺既不接受治疗虚无主义也不过度治疗,要进一步分享科学知识,在患者的生存环境中对待患者,以及不畏惧承认和说明自己的无知(Sulmasy,1999)。这些工具激发的分析、思考、互动和讨论能进一步提高研究质量,这就要求不断推进卫生服务。

在临床研究中,调查人员必须同时考虑有时会相互冲突的多个准则,并做出权衡,这就需要合理安排准则,优先考虑最关键的研究问题,并允许更明智的资助决定。MCDA分析法为研究团队提供了一个考虑每个个体认为重要的价值(或准则)的机会,以及一个独特的能力,它能让研究人员在几个选项中考虑和讨论复杂的权衡问题。最后,它确保我们将患者及其家人视作决策的合作伙伴,还保证决策(即便是在患者床边做出的决策)都是基于对所有相关准则的考虑,从而更好地界定与患者有关的问题(同样参考第11章临床应用MCDA的共享决策)。

总之,MCDA案例研究的参与者指出,MCDA提供了一个有效、透明且务实的方法,来确定最佳临床实践并设定临床研究的优先领域,从而在医疗卫生资源日益稀缺的情况下改善患者的健康状况。全面的MCDA方法支持的反思过程包括个人必须做出的权衡,以解决伦理困境、利益冲突意识和迅速发展的知识中隐含的不确定性。这一过程是临床研究和实践所固有的,它首先考虑患者的需求,是临床研究和临床实践指南的最终目的

(Sitges-Serra，2014)。MCDA 还确保研究和实践决策植根于伦理和对选择的后果的深刻认识。进一步的研究总是必要的，这是为了发展和整合 MCDA 在临床研究和实践中的应用，从而促进健康和医疗卫生的可持续性。

参考文献

AGREE Collaboration (2003) Development and validation of an international appraisal instrument for assessing the quality of clinical practice guidelines: the AGREE project. Qual Saf Health Care 12(1):18–23

Alper BS, Hand JA, Elliott SG, Kinkade S, Hauan MJ, Onion DK et al (2004) How much effort is needed to keep up with the literature relevant for primary care? J Med Libr Assoc 92(4): 429–437

Andrews J (2013) Prioritization criteria methodology for future research needs proposals within the effective health care program: PiCMe-Prioritization Criteria Methods. PM:23367528

Atkins D, Briss PA, Eccles M, Flottorp S, Guyatt GH, Harbour RT et al (2005) Systems for grading the quality of evidence and the strength of recommendations II: pilot study of a new system. BMC Health Serv Res 5(1):25

Australian Government Department of Health and Ageing (2008) Public summary document for Somatropin. http://www.pbs.gov.au/info/industry/listing/elements/pbac-meetings/psd/2008-03

Baltussen R, Niessen L (2006) Priority setting of health interventions: the need for multi-criteria decision analysis. Cost Eff Resour Alloc 4:14

Brouwers MC, Kho ME, Browman GP, Burgers JS, Cluzeau F, Feder G et al (2010) AGREE II: advancing guideline development, reporting, and evaluation in health care. Prev Med 51(5): 421–424

Buffel du Vaure C, Ravaud P, Baron G, Barnes C, Gilberg S, Boutron I (2016) Potential workload in applying clinical practice guidelines for patients with chronic conditions and multimorbidity: a systematic analysis. BMJ Open 6(3):e010119

Burman P, Ritzen EM, Lindgren AC (2001) Endocrine dysfunction in Prader-Willi syndrome: a review with special reference to GH. Endocr Rev 22(6):787–799

Busse R, Orvain J, Velasco M, Perleth M, Drummond M, Gurtner F et al (2002) Best practice in undertaking and reporting health technology assessments. Working group 4 report. Int J Technol Assess Health Care 18(2):361–422

Butler MG, Lee PDK, Whitman B (2006) Management of Prader-Willi syndrome, 3rd edn. Springer Science Business Media inc., New York

Cabana MD, Rand CS, Powe NR, Wu AW, Wilson MH, Abboud PA et al (1999) Why don't physicians follow clinical practice guidelines? A framework for improvement. JAMA 282(15): 1458–1465

Canadian Institute for Health Information (CIHI) (2015) Canadian organ replacement register annual report: treatment of end-stage organ failure in Canada, 2004 to 2013. https://secure.cihi.ca/estore/productFamily.htm?locale=en&pf=PFC2864&lang=en

Cecamore C, Savino A, Salvatore R, Cafarotti A, Pelliccia P, Mohn A et al (2011) Clinical practice guidelines: what they are, why we need them and how they should be developed through rigorous evaluation. Eur J Pediatr 170(7):831–836

Centre for Evidence Based Medicine (2010) CEBM levels of evidence version #2. http://www. cebm.net/index.aspx?o=5653

Committee to Advise the Public Health Service on Clinical Practice Guidelines Institute of Medicine, Institute of Medicine; Field MJ, Lohr KN (eds) (1990) Clinical practice guidelines: directions for a new program. Washington, D.C.: National Academy Press

Consensus guidelines for the diagnosis and treatment of adults with growth hormone deficiency: summary statement of the Growth Hormone Research Society Workshop on Adult Growth Hormone Deficiency (1998) J Clin Endocrinol Metab 83(2):379–381

Daniels N (1999) Decisions about access to health care and accountability for reasonableness. J Urban Health 76(2):176–191

Daniels N (2001) Justice, health, and healthcare. Am J Bioeth 1(2):2–16

Deal CL, Tony M, Hoybye C, Allen DB, Tauber M, Christiansen JS (2013) Growth Hormone Research Society workshop summary: consensus guidelines for recombinant human growth hormone therapy in Prader-Willi Syndrome. J Clin Endocrinol Metab 98(6):E1072–E1087

Dhalla I, Laupacis A (2008) Moving from opacity to transparency in pharmaceutical policy. CMAJ 178(4):428–431

Doherty S (2005) History of evidence-based medicine. Oranges, chloride of lime and leeches: barriers to teaching old dogs new tricks. Emerg Med Australas 17(4):314–321

Dolan JG (2010) Multi-Criteria clinical decision support. A primer on the use of multiple-criteria decision-making methods to promote evidence-based, patient-centered healthcare. Patient 3(4):229–248

Dubois RW, Graff JS. Setting priorities for comparative effectiveness research: from assessing public health benefits to being open with the public. Health Aff (Millwood). 2011;30(12):2235–42.

electronic Medicines Compendium (eMC) (2011) Summary of product characteristics – Genotropin 5.3mg, 12mg. http://www.medicines.org.uk/emc/medicine/13860/SPC/Genotropin+5.3mg,+12mg/

Ely JW, Osheroff JA, Ebell MH, Chambliss ML, Vinson DC, Stevermer JJ et al (2002) Obstacles to answering doctors' questions about patient care with evidence: qualitative study. BMJ 324(7339):710

Evers S, Goossens M, de VH, van TM, Ament A (2005) Criteria list for assessment of method-ological quality of economic evaluations: consensus on health economic criteria. Int J Technol Assess Health Care 21(2):240–245

EVIDEM Collaboration (2010) Open access prototypes of the Collaborative registry. https://www. evidem.org/initiatives/collaborative-registry/

Gabbay J, le MA (2004) Evidence based guidelines or collectively constructed "mindlines?" Ethnographic study of knowledge management in primary care. BMJ 329(7473):1013

Gerkens S, Crott R, Cleemput I, Thissen JP, Closon MC, Horsmans Y et al (2008) Comparison of three instruments assessing the quality of economic evaluations: a practical exercise on economic evaluations of the surgical treatment of obesity. Int J Technol Assess Health Care 24(3):318–325

Goetghebeur MM, Wagner M, Khoury H, Levitt RJ, Erickson LJ, Rindress D (2008) Evidence and Value: Impact on DEcisionMaking – the EVIDEM framework and potential applications. BMC Health Serv Res 8(1):270

Goetghebeur MM, Wagner M, Khoury H, Rindress D, Gregoire JP, Deal C (2010) Combining multicriteria decision analysis, ethics and health technology assessment: applying the EVIDEM decisionmaking framework to growth hormone for turner syndrome patients. Cost Eff Resour Alloc 8(1):4

Goetghebeur MM, Wagner M, Khoury H, Levitt RJ, Erickson LJ, Rindress D (2012) Bridging health technology assessment (HTA) and efficient health care decision making with multicriteria decision analysis (MCDA): Applying the EVIDEM framework to medicines appraisal. Med Decis Making 32(2):376–388

Gruskin S, Daniels N (2008) Process is the point: justice and human rights: priority setting and fair deliberative process. Am J Public Health 98(9):1573–1577

Guyatt G, Busse J (2011) Tool to assess risk of bias in cohort studies. http://www.evidencepartners.com/resources/

Ho KK (2007) Consensus guidelines for the diagnosis and treatment of adults with GH deficiency II: a statement of the GH Research Society in association with the European Society for Pediatric Endocrinology, Lawson Wilkins Society, European Society of Endocrinology, Japan Endocrine Society, and Endocrine Society of Australia. Eur J Endocrinol 157(6):695–700

Jadad AR, Moore RA, Carroll D, Jenkinson C, Reynolds DJ, Gavaghan DJ et al (1996) Assessing the quality of reports of randomized clinical trials: is blinding necessary? Control Clin Trials 17(1):1–12

Jehu-Appiah C, Baltussen R, Acquah C, Aikins M, d'Almeida SA, Bosu WK et al (2008) Balancing equity and efficiency in health priorities in Ghana: the use of multicriteria decision analysis. Value Health 11(7):1081–1087

Kastner M, Bhattacharyya O, Hayden L, Makarski J, Estey E, Durocher L et al (2015) Guideline uptake is influenced by six implementability domains for creating and communicating guidelines: a realist review. J Clin Epidemiol 68(5):498–509

Krishnan JA, Lindenauer PK, Au DH, Carson SS, Lee TA, McBurnie MA et al (2013) Stakeholder priorities for comparative effectiveness research in chronic obstructive pulmonary disease: a workshop report. Am J Respir Crit Care Med 187(3):320–326

Makarski J, Brouwers MC (2014) The AGREE Enterprise: a decade of advancing clinical practice guidelines. Implement Sci 9:103

Miller GA (1956) The magical number seven, plus or minus two: some limits on our capacity for processing information. Psychol Rev 63:81–97

Nesrallah GE, Moist LM, Awaraji C, Lindsay RM (2004) An international registry to compare quotidian dialysis regimens with conventional thrice-weekly hemodialysis: why, how, and potential pitfalls. Semin Dial 17(2):131–135

Nesrallah GE, Mustafa RA, MacRae J, Pauly RP, Perkins DN, Gangji A et al (2013) Canadian Society of Nephrology guidelines for the management of patients with ESRD treated with intensive hemodialysis. Am J Kidney Dis 62(1):187–198

Persad G, Wertheimer A, Emanuel EJ (2009) Principles for allocation of scarce medical interventions. Lancet 373(9661):423–431

Pfizer inc (2011) Prescribing info: Genotropin

AGREE Research Trust (2016) Using AGREE II for practice guideline development. http://www.agreetrust.org/resource-centre/agree-ii-as-a-practice-guideline-development-framework

Saarni SI, Gylling HA (2004) Evidence based medicine guidelines: a solution to rationing or politics disguised as science? J Med Ethics 30(2):171–175

Saaty TL (1982) Decision making for leaders: the analytical hierarchy process for decisions in a complex world. California, Belmont

Sitges-Serra A (2014) Clinical guidelines at stake. J Epidemiol Community Health 68(10):906–908

Smith J (2004) Editor's Choice: from optimism to hubris. BMJ 329:0–h

Sulmasy DP (1999) What is an oath and why should a physician swear one? Theor Med Bioeth 20(4):329–346

Taha HA (2007) Operations research. An introduction, 8th edn. Pearson Education Inc, Upper Saddle River

The Kidney Foundation of Canada (2013) Facing the facts. Includes highlights from the Canadian

Organ Replacement Register. http://www.kidney.ca/document.doc?id=4083

The STROBE group (2007) The STROBE statement: checklist of items that should be included in reports of observational studies. http://www.strobe-statement.org

Viergever RF, Olifson S, Ghaffar A, Terry RF (2010) A checklist for health research priority setting: nine common themes of good practice. Health Res Policy Syst 8:36

Wieringa S, Greenhalgh T (2015) 10 years of mindlines: a systematic review and commentary. Implement Sci 10:45

Woolf SH, Grol R, Hutchinson A, Eccles M, Grimshaw J (1999) Clinical guidelines: potential benefits, limitations, and harms of clinical guidelines. BMJ 318(7182):527–530

World Health Organization (2004) Guidance on ethics and equitable access to HIV treatment and care. http://www.who.int/ethics/Guidance%20on%20Ethics%20and%20HIV.pdf

第三部分
未来的方向

第 14 章
在卫生技术评估中使用 MCDA 进行辅助报销决策：机遇、挑战和未解决的问题

Martina Garau, Nancy J. Devlin

摘要

现有的卫生技术评估(HTA)流程几乎不可避免地需要考虑多种准则,这些准则不只限于改善患者和人群的健康。MCDA 提供了一种构造决策过程的方法,并使其更加地透明和一致。它的使用是对深思熟虑的决策流程的补充和支持,而非取而代之,这也有利于提高卫生技术评估决策在利益相关者中的可信度。MCDA 有潜力应对当前卫生评估技术体系的诸多局限性。然而,它在 HTA 中的应用需要仔细考虑大量事项,包括决策准则如何挑选和权衡;应该选取谁的值;如何应对预算限制和机会成本;如何处理证据的不确定性。解决这些基本问题的方案方向取决于决策问题的种类,以及作出决策的医疗卫生系统的目标是哪种类型。

实施 MCDA 方法带来的额外组织成本和决策流程改进后带来的收益,这两者之间需要考虑得失平衡。即使 MCDA 不能得到完美应用,其部分施行(例如使用一个效能矩阵)仍然有可能改进决策流程。

14.1 引言

很多国家已经建立或正在建立集体出资的医疗卫生系统,确保医疗卫生能够惠及

M. Garau (✉) · N.J. Devlin
The Office of Health Economics, London, UK
e-mail：mgarau@ohe.org

全体人民（WHO，2010a）。政府日益面临医疗卫生开销的预算限制，因此需要就应优先考虑选择哪些卫生干预措施作出决策。这一过程，通常由第三方支付者控制，目的是在给定的预算限制下使卫生干预产生的价值最大化。根据历史经验，很多高收入国家和越来越多的中等收入国家已经建立了卫生技术评估（HTA）流程，用以确认和推荐最有价值的、应该在全国或司法管辖范围内提供的卫生技术。正如 Batista 和 Hodge（2009）提出的那样：并不存在 HTA 的最"优"模型，只有相差甚远的模型。这解释了为何在一些国家中 HTA 并不统一，在其他国家中也观察到 HTA 组织在不断地变化（Batista 和 Hodge，2009）。

　　HTA 是一个广义的概念，涵盖多种方法，已经被定义为政策分析的一个多学科交叉领域。根据国际卫生技术评估机构网络（INAHTA）的定义，HTA 研究关于卫生技术的发展、扩散和使用在医学、社会、临床和经济上的影响。

　　虽然传统的 HTA 已经被关联为对单个技术（主要是药物）的评价和估值，但也可以更广泛地指代对公共医疗卫生服务使用的任意干预手段的评价和估值。Towse 等（2011）做出如下区分：

- 在医疗卫生系统内应用的技术——药物、器具、手术或其他医学干预（微观技术）。
- 在医疗卫生服务中用于组织协调服务准入、服务提供以及提供者支付事宜的组织体系（Garrido 与 Rottingen，2010），例如临床及相关工作的组织体系（宏观技术）。
- 在（医疗保健）服务体系中联合使用多组个人健康干预技术以有效地管理患者。临床指南的重点是能够汇总关于微观技术和宏观技术的评价：汇总微观技术时根据其在临床路径依次使用的顺序，汇总宏观技术时关注组织问题（例如诊疗地点）。

　　本章的重点是 MCDA 在 HTA 过程中的应用，作为临床指南的一部分，分别对微观技术进行单独或者成组地评估。然而，这并非说 MCDA 不能应用于医疗卫生决策其他的场景。相反的，我们认为，与现有的 HTA 流程相比，MCDA 能有助于考虑更广范围的准则，包括对医疗卫生系统的考虑，这些因素在宏观技术评估中通常是分开考虑的。

14.2　在 HTA 中我们为什么需要 MCDA？

　　MCDA 有潜力突破现有 HTA 系统的诸多限制，最重要的是把健康改善之外的多种价值属性也考虑进来后，MCDA 更为清晰明确：反映社会价值；提供更系统和坚实的方法考量来自利益相关者的证据；为 HTA 决策者提供了一种方法，可以如同实际情况那样在统筹多种实际条件时做出决策。

在医疗卫生资源有限的情况下,HTA 流程通常会寻求价值最大化。然而,在各司法管辖区之间,"价值"由什么组成可能有所不同。人们普遍认为治疗引起的健康状况改善是最重要的收益,很多 HTA 系统已经引入了高度规范化的方法,来度量患者健康状况的变化,并选择有效且物有所值的干预手段。在澳大利亚,新西兰,英国,北欧国家如瑞典,还有加拿大的一些省份中建立的这些系统主要依赖质量调整生命年(QALY)来衡量生命长度和生活质量上的变化,并重点关注如何在决策过程中使其实现最大化。

然而,医疗卫生系统要面对多种目标,不仅限于人群健康的改善。例如,公平考虑,降低不同人群间健康状况分布的不平衡,也是目标之一。类似的,对危及生命的情况作出反应的必要性也值得考虑(Baltussen 和 Niessen,2006)。正如最近 WHO 推荐的,HTA 能够支撑国家实现全民健康覆盖,通过促进采用物有所值的技术,并防止采用价值较低的技术来有效分配有限的资金(WHO,2010b)。Golan 等(2011)报告了在不同国家中卫生技术优先次序的考虑准则(见表 14.1)。它们包括对临床效益、临床效果、平等性和其他社会价值等方面的考虑。作者指出,基于效率的准则对所有的卫生体系都是通用的,但在两类国家中存在较大差别:一类国家是以成本效益分析和预算约束带来的健康产出最大化的形式;另外一类国家考虑成本和预算的影响时没有直接或明确地把这两者与累积收益进行比较(Golan 等,2011)。后一类国家基于一种"两阶段方法"来做决策,该方法先评估治疗方案的"附加价值"(即新的治疗方案对现有治疗方案的相对有效程度),然后把"附加价值"纳入国家或地方层面的定价和报销决策中。

表 14.1　国际通用的区分创新卫生技术优先度的准则

公平分配原则	准　则	澳大利亚	加拿大	丹麦	芬兰	法国	以色列	新西兰	挪威	俄勒冈州	瑞典	荷兰	英国
需要	普遍性	√	√					√		√			√
	疾病严重程度			√		√	√		√		√	√	
	替代品的可获得性		√		√								
适宜性	疗效与安全						√	√				√	√
	效果			√	√				√				
临床效益	普遍性	√	√	√				√			√		
	对死亡率的影响(挽救生命)						√		√	√	√		

续 表

公平分配原则	准 则	澳大利亚	加拿大	丹麦	芬兰	法国	以色列	新西兰	挪威	俄勒冈州	瑞典	荷兰	英国
临床效益	对寿命的影响						✓			✓			
	对健康相关生命质量的影响	✓	✓				✓			✓			
经济性	成本-效果/效益	✓		✓		✓		✓	✓	✓	✓	✓	✓
	预算影响		✓		✓		✓	✓					
	成本		✓				✓						
公平性	普遍性	✓		✓				✓	✓	✓		✓	✓
	服务可及性	✓	✓	✓									
	个人支付能力						✓	✓				✓	
互助性			✓	✓			✓		✓				
其他社会和道德价值	自主权	✓		✓							✓		✓
	公共健康价值					✓							
	对后代的影响	✓											
其他考虑因素						✓							
临床和经济证据质量			✓		✓				✓				✓
未纳入分类的其他考虑因素	战略问题与以前决策、先例的一致性		✓						✓				✓

来源：Golan 等（2011）。

然而，无论 HTA 中的成本是明确的、隐含的还是忽略的（例如美国），财务因素在医疗卫生系统实施 HTA 决策时始终是不可避免的。这些可能会对总支出、资源分配及患者获得医疗卫生服务有重大影响。

一直以来，在现有 HTA 体系中开发新的方法越来越受到关注，该方法能够以更系统的方式同时考虑多个准则（卫生部，2010；Norheim 等，2014）。某种程度上，这与 HTA 机构需要对其决策负责有关，反过来促使 HTA 机构更加明确地考虑如何把互相冲突的准则纳入考虑。

某种程度上，这也关系到关于推动放弃使用基于 QALY 方法的一番政策辩论。人们越来越认识到不仅需要考虑与健康相关的结果，还要考虑健康之外的结果，并探索替代的方法来衡量"对患者重要的所有事情"（Brazier 和 Tsuchiya，2015）。英国政府提出引入基于价值的定价体系,随后将其重命名为"基于价值的评估",由于这一评估有潜力被纳入国立卫生与临床优化研究所(NICE)的流程中,因此这是一个案例,即尝试通过明确地把价值的其他因素或参数如干预措施所针对的疾病严重程度(卫生部,2010)纳入考虑,来补充和完善当前的质量调整生命年(QALY)最大化体系。

类似地,WHO 强调,中低收入国家设定医疗卫生领域优先级的现有方法没有恰当地处理好医疗卫生体系内的全范围目标。现有的方法主要是基于成本-效果分析。现在已有清晰认识公平准则并把它纳入考虑的需求(Norheim 等,2014)。

在确定优先顺序过程中使用多重准则的一个例子是:泰国 HTA 机构健康相关的评价主题是由四个利益相关者群体(医生、学者、患者和市民团体)组成的座谈小组来选择。小组每年至少筛选出 10 个话题进行评估,选取依据是包括人口规模在内的优先度准则以及如果不将干预手段纳入福利计划中时对家庭开支产生的影响。在试点使用 MCDA 流程时,(当地)创立了一个特设利益相关人小组,小组对于表 14.2 中列出的六条选择准则分别以 1 到 5 分来评价,并标出值得进一步评定的准则(Youngkong 等,2012)。与现有为利益群体特设并由其驱动的流程相比,这项研究提升了流程的公平性和透明度,具有正面意义。

HTA 政策辩论中的另外一个因素是使一系列的利益相关者能置身于决策过程中,包括可能获得医疗干预的患者。例如在孤儿药方面,人们已经认识到,直接受这些罕见又复杂的病情影响的人群的偏好对评估相关治疗非常关键。每天应对这些疾病的临床医生也能够在健康和其他方面的收益提供有价值的观点(Sussex 等,2013;Paulden 等,2015)。

把患者的观点也囊括进来(这一做法)代表了与传统 QALY 范例的另一处差别:这种做法在评估由健康相关生命质量衡量的不同健康状况时,更倾向于关注患者的偏好。对患者偏好与日俱增的关注度和传统福利经济学的思想一致,目的在于以最大化收集受干预患者的偏好(Brazier 等,2005)。

表 14.2 泰国福利计划中提议的医疗干预措施选择准则的评分示例

健康干预	选择标准					
	疾病的影响人口数	健康干预手段的有效程度	价格变动	对家庭支出的影响	公平性/道德和社会影响	总分
1. 用于严重哮喘的抗免疫球蛋白	4	3	5	5	1	18
2. 对慢性肝炎人群的治疗	5	4	2	3	3	17
3. 对酗酒的筛查、治疗和康复体系	5	5	4	1	1	16
4. 对常规全口义齿出问题的患者植入义齿	5	2	2	5	1	15

续　表

健康干预	选择标准					
	疾病的影响人口数	健康干预手段的有效程度	价格变动	对家庭支出的影响	公平性/道德和社会影响	总分
5. 对居住在工业区的人群进行白血病危险因素筛查	4	3	5	1	2	15
6. 对严重的狼疮肾炎的治疗	2	4	2	5	1	14
7. 戒烟计划	5	3	2	1	3	14
8. 对慢性丙型肝炎人群的治疗	3	5	2	3	1	14
9. 残疾人士和老龄人群中大小便失禁者使用的清洁用具	4	2	2	4	1	13
10. 不孕妇女的治疗	5	0	2	5	1	13
11. 晚期肾衰竭患者的肾脏透析	2	1	5	4	1	13
12. 肝癌的筛查和治疗	2	3	2	5	1	13
13. 健康体检服务包（根据公务员医疗福利计划）	5	0	5	1	1	12
14. 用于痔疮的方茎青紫葛	5	1	4	1	1	12
15. 用于银屑藓的生物制剂	1	1	2	5	2	11
16. 胆囊癌的筛查	2	2	2	1	3	10
17. 义眼台植入以及眼眶骨和面骨的整形外科手术	1	2	1	1	2	7

来源：Youngkong 等（2012）。

很多 HTA 体系，例如 NICE 和加拿大药物和卫生技术管理局（CADTH），确实在其决策过程中让利益相关者参与到形式明确的磋商过程和委员会议中。自从 2014 年 5 月以来，苏格兰 HTA 主体（苏格兰药物联盟，SMC）提议在评估患者临终生命状态期间使用药物或孤儿药时，成立由临床医生和患者代表组成的外部评估小组进行咨询（SMC，2015）。未来的 HTA 将帮助决策机构看到那些在目前的评估过程（以计算 QALY 的成本为主）中没有被揭示的新卫生技术的预期收益。然而，正如 Culyer（2009）所言，咨询和评议不同于参加决策。在很多 HTA 体系中，患者、临床医生和其他关键的利益相关者的观点如何影响最终决策，这一点仍然模糊不清。在将利益相关者的观点纳入考量中时，如何提高其透明度和一致性，MCDA 提供了途径。MCDA 在 HTA 中之所以有效的根本原因是对复杂信息的考量，例如决策问题，该问题意味着处理多样的彼此冲突的复杂判据，对认知水平要求很高，并且容易导致自相矛盾。决策论和心理学文献表明，在复杂和不确定的条件下,个体倾向于依赖启发式的心智加工(即跟着感觉走)。这一过程主要基于直觉和记忆片段,会导致疏漏相关信息并产生认知偏差(Gilovich 等,2002;Kahneman,2003;Hicks 和 Kluemper,2011)。在 HTA 的情景下,决策并非由个人完成,而是委员会按照一个非民主的过程做出,这相当于使复杂性更为增加(Culyer,2009)。信息如何被使用和处理以做出决策将受到一系列因素的影响,包括群体动力(群情)、潜在规则、制订决策所遵循的惯例、主持人的主持风格以及委员会出席人数。委员会成员经常要审阅和处理来自多种技术领域的大量信息,作出决断,并在委员会议讨论范围内达成快速决策。由于以上原因,Devlin 和 Sussex(2011)得出结论,被 MCDA 青睐的决策选项很可能比仅使用直觉更为出色。

MCDA 能够帮助个体在特定的决策问题上思考,使其更有条理,同时也为团体决策提供助力。它尤其能够确保决策委员会的所有成员能够发表观点,对团体讨论和制订最终决策做出有效贡献。还有一点,它能够把具有主导型人格或主持风格的成员的影响降到最低,这类成员通常能够潜在地驱使团体讨论方向和形成偏好。

总而言之,MCDA 拥有通过增加透明度和一致性来提高 HTA 决策水平的潜力。它也能够应对当前 HTA 决策过程中的一系列局限性,例如考虑多种收益的衡量方法,提高利益相关者的参与度,支持个体和团体的决策训练等。

这可能与被认可的框架有关,该框架设定了决策具备合法性所要满足的必要条件。MCDA 有助于 HTA 满足合理性问责制(A4R)框架的两个条件(Norman 和 Sabin,2008[①]),因为它提供了一个结构来发展或调整关系到利益相关方的准则(合理性条件),并能提升把纳入考虑的证据及其他因素呈现给外部观察员时的清晰程度(公共性条件)。

在本章其余部分,我们会考察把 MCDA 引入 HTA 之前所要思考的大量问题。这些已经汇总在表 14.3 中,并在下面各节中呈现。

表 14.3   在 HTA 中使用 MCDA 的重点概述

	观　　点	考　虑　事　项
准则和权重要固定吗	(1) 提前制订;在所有决策中沿袭 (2) 根据具体情况而选择,随技术或者疾病而改变	(1) 允许使用同一套度量衡来测量损失以及附加的效益,一致地考量所有准则 (2) 弹性方法。然而会阻碍对决策的可预测性以及准则的系统性考量

---

① "A4R 框架由四个条件组成:流程中决策依据必须公开(完全透明);决策的依据必须基于利益相关方能够认可的理由;决策必须能够根据新证据和论点更改;以及必须有强制力保证这些条件(公开性,相关性,可更改性)得到满足"(Norman 和 Sabin,2008)。

续　表

	观　　点	考 虑 事 项
谁的准则	(1) 当前 HTA 机构的准则 (2) 代表着医疗卫生系统的 HTA 委员会成员 (3) 公众的反馈意见	(1) 是否具有强制性 (2) 医疗卫生系统的预算持有者可以鼓励医疗卫生系统的决策者们实现目标的一致 (3) 反映纳税人/潜在的医疗卫生体系使用者的观点
按照谁的偏好来给准则划分轻重？	(1) 任何被决策者定义的利益相关者 (2) HTA 委员会的成员 (3) 公众的成员	(1) 符合 HTA 的福利主义者基础。然而疾病利益相关者之间的差异可能需要弹性的权重 (2) 实用主义的方法可以避免开展大量的基于偏好的研究 (3) 与 QALY 的生活质量评估方法一致
如何分析机会成本的要素？	(1) 为成本单独设立准则 (2) 复合测量（净）效益,用于和（净）成本相加	(1) 有和其他准则重叠的风险（例如成本和成本-效果） (2) 需要设立一条可接受的"每净增效益/点数对应成本"打分规则
如何处理不确定性？	(1) 单独为不确定性设立一条不同于其他的准则 (2) 敏感性分析技术	(1) 衡量和估值这样一条准则存在挑战性。不同的准则会与不同类型和程度的不确定性有关 (2) 确保能够考虑到关于证据的关键方面的假设敏感性。然而,它还存在一个问题,即敏感性分析结果如何影响决策

14.3　为了保持 HTA 决策一致,准则和权重需要保持不变吗?

在某些类型的医疗卫生决策中（例如欧洲药品管理局探索性地应用 MCDA 来得知使用新药带来的效益和风险；Philips 等,2011）,根据具体情况而选取不同的准则和权重这一做法是有争议的。特定类型的效益和风险在各种情况中是不同的,效益风险评估（BRA）的关键目的是平衡每一种技术的利害。与之相对比的是,有一种观点认为,在给定相同有限预算的前提下,对于所有 HTA 决策都应该沿用同一套权重。每一个 HTA 决策都有一个机会成本,衡量效益损失的尺子（metric）应该和衡量获得效益的尺子相同,这样易于权衡效益和成本。如果使用了不同的准则,或者准则相同但权重各异,就会导致评估货币价值时发生混乱。实际上,这种做法（用不同准则或不同权重做 HTA）改变了每一个决策点的最优值的定义,那么达到高效资源配置就很困难了。

MCDA 的支持者和反对者都认为这些内容应该是卫生决策者的行动指南。"如果对放弃掉的效益的其他属性缺乏合理的评估,那么决策会降低健康效益和最初促成使用 MCDA 的其他效益。因此,正确开展 MCDA 是很重要的,MCDA 也不应该被看成是成本效果分析(CEA)的简单替补选项,因为尽管应用相同的问题和方法,但是 MCDA 除了考虑健康结果外,还考虑了其他效益(Peacock 等,2009)。如果没有恰当地完成这一步骤,没有做出能更好地反映社会偏好的综合效益测量的决策,事实上可能会降低这种效益"(Claxton 等,2015;Drummond 等,2015)。

同样的论点可能并不适用于 HTA 故意忽略成本的情况。例如,在美国,HTA 的关注点是建立新医疗卫生技术的相对效果,而不是成本-效果。在这种条件下,每个决策仅在一次性的案例里生效,什么组成了相对效果以及如何测量效果会因技术种类而不同。然而,即使在这类案例中,经过这些 HTA 流程所做出的决策会无可避免地对医疗卫生的预算、资源配置和医疗卫生服务有影响。在 HTA 中忽略成本能够简化 HTA 流程,但会将风险的覆盖范围扩大到物有所值的技术上,并传递到保险人和医疗卫生服务提供者的决策效率问题上,也通过共同付费和保险公司传递到患者和公众。

14.4 谁的准则?

一种选择是使用 HTA 机构宣称的目前所使用的准则,前提是 HTA 机构拥有某种合法性。另外,当一个 HTA 体系从纯粹的协商流程转变为 MCDA 流程,因而变得对其使用的准则更加清晰明确(以便决策)后,它可能希望重新审视其准则。

准则的出处部分地关系到更重要的问题,即在决策中认为哪些人的观点和看法是相关的。例如,准则应该来自代表着国家卫生服务体系(NHS)行事的 HTA 委员会成员的专家团吗?如果医疗卫生服务的预算和机制受 HTA 决策影响,那么应该说明使用什么准则,以便 HTA 和医疗卫生体系的目标一致?让医疗卫生预算持有人参与选取 HTA 准则能够克服医疗卫生体系中不同部分的最优化之间存在的冲突。例如 Shah 等人(2012)和 Karlsberg Schaffer 等人(2015)指出,虽然 NICE 的流程假定以质量调整生命年为主要目标,但这无法同时符合卫生部门的目标和英国国家卫生服务体系(NHS)将要作出的决策。如果 HTA 机构以代理人(委托代理人)身份行事,那么对于 HTA 机构而言则存在争议,即不应该从这些机构中独立选取,(因为)他们的推荐能影响(自身的)预算。

一个进一步的备选方法是从公众(如纳税人和潜在的患者)那里寻找输入信息。例如,俄勒冈公共卫生委员会在优先顺序制定的实验建立过程中承担了公众的大量咨询工作(Kitzhaber,1993)。一个相似的流程能够使 HTA 知道选择了哪些准则,这有利于(稳固)决策的合法性。

14.5 对准则加权时应该使用谁的偏好？

有一个相关的问题，即在对准则加权时应该考虑谁的偏好。这问题也没有唯一"正确"的答案，因为答案取决于具体案例中医疗卫生系统的性质，而这性质是文化和社会政治环境的产物。如上所述，有一种观点认为，在卫生预算固定的情况下，HTA 分析应该有确定的计算准则和权重系数，由此才能实现有效的资源配置决策。当 HTA 着重于效果和效益而不是成本时，这种论点的做法就没有那么明确了。虽然作为经济学家，我们会认为当预算一定时，对资源配置有效程度和机会成本的考虑应该一直是 HTA 的基石。在MCDA 中应该使用谁的权重，HTA 的理论基础里对此论述较少。在医疗卫生领域中使用的成本-效果分析（表现为每单位质量调整生命年的成本）依赖于超福利主义的理论，而这也为通过 MCDA 扩大其他准则的正式审议提供了理论基础。总而言之，超福利主义意味着对福利主义的否定，同时也反对将成本-收益分析作为公共选择的基础，原因是这些依赖于效用（utility）。超福利主义者（也叫非福利主义者），尤其是 Sen（1977）认为，以效用作为社会决策是有根本性的缺陷的。在医疗保健领域，超福利主义者认为应该把其他因素而非效用纳入考虑（Culyer，1991）。在实际操作（而非超福利主义者的任何理论要求）中，这一做法表现为每质量调整生命年（QALY）的成本，其中，QALY 中的生命质量权重来自普通公众的成员。要重点指出的是，其他途径应该与超福利主义者的 HTA 理论基础完全吻合，如同 Morris 等（2007）所言："需要重点指出的是，超福利主义经济评估的正统手段是从实践中涌现出来的，而不是被主义本身的条条框框划出来的。"

Culyer（2012）指出，在超福利主义中，"……任何利益相关者都可能被看作不同价值观的恰当来源（Culyer，2012）。"

价值观的来源应该恰当地来自"……一个权威机构（决策者，知性女性，普罗大众，被选举的委员会，公民陪审团，或其他机构）。经济学者也许可以通过现代研究手段去分析相关人群的偏好（基于试验人群或随机样本）从而导出价值判断，但为这些人群所作的决策并不是可以简单地通过分析得到，决策最终还是要由最终决策者基于研究者的科学建议而做出"。

把超福利主义归为"决策者方法"，这也是 Alan Williams 关于医疗卫生资源配置的早期著作的一个特点。在这种实用的方法下，有可能价值度量（例如生命质量权重）来自决策者本身（即"前提价值"）（Willams，1972，引用自 Sugden，2008）。这反过来会在

HTA 决策的 MCDA 方法中,在决策者(即委员会成员,如通过决策参会,Phillips,2007)的观点和偏好时采用加权准则的过程中展示某种合法性。

相比之下,Claxgon 和 Devlin(2013)在一篇 NICE 为了回顾 2013 年度的研究方法而委托两人写的简短论文中注意到各种观点的争鸣,如关于在 HTA 中使用 MCDA 方法、评估 EQ-5D[包括健康相关生命质量(HRQoL)的多个准则]所用的方法、已经是 NICE 所用 HTA 中一部分方法的争论。在 EQ-5D 中已介绍过衡量 HRQoL 方法的广受认可和广泛传播,反映着普通公众的代表性样例的偏好,应该把这一点设为先例纳入考虑。在决策过程背后选取权重时要基于公众观点,通常状况是这些人群是纳税人和潜在的患者,在一片迷雾中衡量假想的健康价值。

这相同的基本原理也(有争议地)适用于 HTA 决策制定流程中对多条准则进行的加权。这说明在如此情况中实施 MCDA 方法来进行 HTA 会利用准则中相对权重所暗含的信息,准则来自普通大众(例如通过一个离散选择实验)。

由基本原理决定把谁的观点纳入制定 MCDA 准则的考虑范围以及权重多少不清楚时,可以指出众多利益相关者的观点(如同 A4R 框架中合理性条件的建议)。然而这带来两个问题。第一个问题和重要的利益相关人的变化有关,如患不同疾病的患者需要弹性化的权重。可以说,患者在用标度的某种效益去交换别的效益的意愿上可能有所差别,这取决于所患的疾病。例如患有罕见疾病的患者可能更看重关系到疾病性质的准则,而不关注新药有效性的准则(Sussex 等,2013a)。

另一个问题是,权重可能来自不同的立场,HTA 委员会的成员、公众、临床专家和患者等,其差异程度可能会大到能实实在在地影响 MCDA 流程制定的决策。MCDA 有利于理解使用不同的权重是否对驱动决策的综合效益有影响。当针对权重有广泛存在的分歧观点,而观点会导致不同后果时,信息要作为证据的一部分被纳入制定政策的委员会的考虑范围。这突出了 MCDA 的另外一个重要特点,即聆听和反映所有参与者的声音。

14.6　MCDA 能否囊括新技术的机会成本概念?

如前所述,卫生技术评估(HTA)主体的职权范围随管辖权而不同。根据 HTA 主体所处的卫生系统类型,HTA 要处理不同的决策问题。例如某些包含患者共同支付的医疗卫生决策的体系(如法国和意大利),首要关注的是定义偿付水平,在此种情况下,不同的 MCDA 的总效益可能与不同程度的偿付水平相关联。

在其他例子(如以色列)中,制定决策的委员会根据总的可支配预算,在每年的某个时间准时地审议一篮子的新技术。俄勒冈公共医疗委员会留意所有的疾病/疗法,根据它们的成本-效果来排序(后来仅根据效果来排序),并以此决定一个阈值,对在该值以下的疗法不予资助。

在任何资源受限的卫生系统中,都需要有物有所值的基准或决策规则以确保资源的有效分配。在预算有限的卫生系统中,HTA 流程明确地认识到成本和效益之间的取舍权衡,经常使用一个成本-效果阈值代表机会成本。值得注意的是,固定预算的概念并不总是存在,在某些例子中会遇到对增大资源的需求,例如增加卫生支出(Karlsberg Schaffer 等,2016)。

如果考量多维度的价值,那么应该用和测量这些价值相同的度量方法来测量机会成本。换句话说,有必要考量价值或 MCDA 准则的属性单位。通过这种方法,所有由于实施了新的干预而带来的损失和潜在效益可以用来比较,以作决策。

如同 Sussex 等人(2013b)的解释:"在 MCDA 中,权重系数的设置反映了对相关价值的支付意愿,但还是需要设置一个'锚'来反映机会成本,也就是说,阻碍做出这种选择的实际问题是什么。对于阈值的使用和预算的限制,还有其他要点,可能是当地管辖权下放的程度,这里的管辖权包括对医疗卫生经费、偿付决策(如西班牙和意大利)、财务制度(单一付款人的大部分征税式,或多人付款的依据保险/俾斯麦式)的管理。"

目前,可用的 MCDA 框架或软件仅能部分地处理机会成本问题。例如,EVIDEM (2015)把成本集成为清晰明确的价值参量或判断准则。然而,为了避免准则的界限混淆(例如,若框架同时包括成本和成本-效果),需要对准则给出仔细的定义,也需要给出引导来界定何为好的货币价值。

在 1000minds®(Golan 和 Hansen,2012)那样的 MCDA 框架中,增量效益被整合到一个评分标准中,反映出每条准则的重要性以及干预所取得的成果大小,与医疗卫生体系总的净成本作对比,并为基于效率边界的资源配置决策提供信息。然而在上文描述的两种方法中,有必要界定'采纳障碍'(即每增量评分的成本),用于在单一固定的预算条件下做重复决策。

目前存在着激烈的争论,大概如下:

● 成本-效果的阈值意味着什么,是已过去的一个质量调整生命年(QALY)的边际成本,还是增加的一个 QALY 的边际成本,或者是为 QALY 的损益而支付或接受的边际意愿(Mason 等,2008;Donaldson,2011;Culyer 等,2007;Karsberg Schaffer 等,2015;Appleby 等,2009)?

- 如何测量成本-效果的阈值。例如,在英国,Claxton 等人(2015)发展了一种"自上而下"的方法,寻找在 NHS 中的"每质量调整生命年的平均成本"。或者用"自下而上"的方法来关注每质量调整生命年的特定替代服务的成本(Peacock 等,2009)。

现在已经证实了很难把阈值(即每质量调整生命年的单个成本)定得准确。一方面,可以认为,扩展价值参数以用于资源配置,这一做法会使得阈值的定义愈发复杂。这很可能就是为何在多种体系中,使用"更软性的"参数或者准则是非量化的,并且通过慎重的流程融合到一起。另一方面,关于成本-效果阈值的定义和估计,还有支持选择阈值的相对较小的理论基础,都存在方法论意义上的多种问题,这意味着 MCDA 有机会更好地定义资源配置决策问题。

14.7 MCDA 方法中如何处理卫生技术评估的不确定性?

在目前的 HTA 系统中,对于期望稳健性的考虑是很重要的,即模型参量变化时,方法提供给决策者的成本和/或效果的期望值是否稳健。尤其是,对决策的正确性抱有多大的自信心,决策者对此很感兴趣。例如,最新的 NICE 方法指南陈述道:"对于模型来讲,量化关于某技术的决策不确定性(如果事先得知真实的成本-效果,那么改作其他决策的可能性)是很重要的"(NICE,2013)。

总的来说,MCDA 方法探究的是决策制定流程末段的敏感性分析,即要看看准则、分数或者权重发生变化时,是否会影响到决策的出台。文献中已经有大量的敏感性分析方法的介绍和讨论,展示了如何探究不确定性对 MCDA 流程的最终输出结果的影响程度(Thokala 和 Duenas,2012;Broekhuizen 等,2015;本书第 5 章)。然而,敏感性分析该如何为决策提供信息,仍缺乏指南或明确的陈述。这是因为不确定性的接纳程度是判断得来的,因此会随着决策场景而变化。正如其他准则一样,大多数 HTA 系统允许委员会享有充分的裁量权,来决定采用因决策而异的合适的接纳度。

现有 HTA 系统的关注点是临床效益/效果和成本,和这些系统相比,假如要包括多种效益参数,且全部参数都需要证据来做估值,那么使用 MCDA 的决策制定者面对着更大的不确定性。另外,在一个 MCDA 方法中,不同类型的不确定性(例如参数不确定性)可能需要探究准则权重和性能评分(Broekhuizen 等,2015)。

虽然在 MCDA 流程中也有基于关联性证据(表现在性能矩阵中,Thokala 等,2016)的偏好诱导分数的要素,关于性能评分的不确定性的考量更类似于某些现有的能够量化不确定性的 HTA 系统。可以通过概率敏感性分析估计一项技术有多大概率不如预期有效。这一概率可以和预定的值作比较，该值反映了决策者能够容忍多大的不确定性。另一方面，阈值分析也能反映关于干预技术的决策输出会在什么点上作出改变。

关系到准则的选取和测量、加权方法的结构不确定性是复杂的，在文献中没有被广泛讨论（Thokala 和 Duenas，2012；Broekhuizen 等，2015）。可以说，结构的不确定性在 MCDA 流程中是能够处理的，因为每一步（如加权、打分等）都有明确的讨论和对所用准则不断的校验和优化（Broekhuizen 等，2015）。VanTil 等人（2014）在 EVIDEM‐MCDA 框架中探究了这一问题，发现了如果诱导方法支持分组决策，则选何种方法不会影响权重的估计值。然而需要更多的研究来比较其他的方法及其对权重和价值的汇总测量的影响。我们特别指出，在很多 HTA 系统中，为了计算 QALY，使用了一个叫 EQ‐5D 的价值合集，但是用于发展这套合集的，关系到模型和数据的不确定性在决策中却没有纳入考虑。

更重要的是，如何把不确定性考虑进来取决于决策人对待风险的态度。原则上，进行大量决策的 HTA 主体应该是风险中性的，这是因为低估某项技术的综合价值的可能性和高估的可能性是大小相当的。如果是这种情况，决策人应该关注不确定性的期望值，只有当需要收集额外证据以减少投资的不确定性时，才需要考虑到在平均值附近的不确定性（Barnsley 等，2016）。

然而，一些 HTA 机构如德国的 IQWiG，已经表示出对输出结果尤其对临床输出结果确定性的偏好，倾向于奖励能够更多地对临床价值做出确定估计的技术，而不是那些估计较少的技术（Towse 和 Barnsley，2013）。在决策者明确地排斥风险且其最大值的不确定性较低时，具备清晰的代表不确定性的准则可能会有优势。首先，会有助于以公开透明的方式来考虑性能评分（如观测到的临床收益大小）以及证据的有力程度的折中。这种方法也能够帮助委员会成员清楚地区分证据的力度（可以用证据准则的不确定度/质量来获取该值）。有证据显示，当支撑的证据不太有力时，人们倾向于打出低分（Marsh 等，2014）。

在 MCDA 中引入一条"不确定性"准则会面临一个挑战，即原则上所有准则都需要证据，且围绕估计值附近有不同级别的不确定性。因此，每一条准则都需要一种对"不确定性"的测量方法。解决这个方法的一条途径是建立总的测量方法来反映多重准则的不确定性。EVIDEM 框架提供了在这一方向上的一种尝试，即引入证据准则的证据质量，该质量要考虑合法性、相关性、报道的完整性以及证据的种类（EVIDEM，2015）。最后，纳入一条不确定性的准则需要引出不同利益相关人的风险偏好，而这些偏好可能大相径庭。

Golan 和 Hanse（2012）建议，在提供的临床证据的质量评估情境里，不确定性应该被纳入考虑。他们提议，这可以用泡式图来表示，如图 14.1 所示，每个泡泡的大小与该项技术的证据强度成正比。研究者们强调,证据的质量不应该作为总体效益计算的一部分(以竖轴表示),因为其相对重要性(权重)有可能会随技术而异。然而,这种方法不把关系到其他非临床准则的证据质量纳入考虑,且不提供关于接纳度的指导,所以决策最终依赖于审议过程,并以此方式呈现的方案的执行情况为证据。

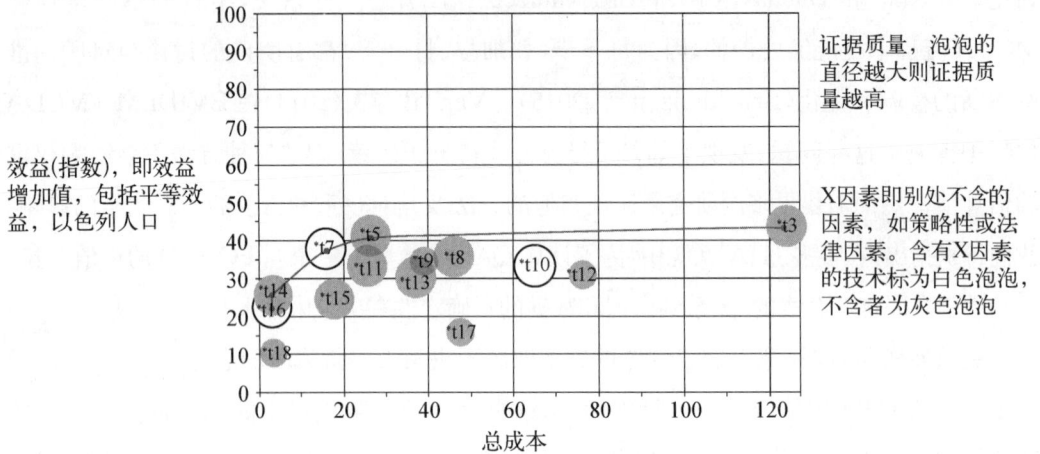

图 14.1　以色列的卫生综合委员会的 MCDA 试点。泡泡大小表示证据质量(来源: Golan 和 Hansen,2012)

14.8　最后要考虑的问题

HTA 机构可能对介绍和使用 MCDA 有许多顾虑。

第一条是 MCDA 会试图让决策制定更加模板化,在极端情况下,该商议过程会被算法替代,该算法基于数学过程(Culyer,2009),会为决策问题提供一个答案。因此决策者会担心 MCDA 会把他们陷于机械性的方法中,或者使自己的判断变得多余。然而,正如该领域多名研究者所强调的那样,MCDA 旨在帮助决策者,所用方式是使信息条理分明,以此来支持决策者协商流程(Thokala 等,2016)。进一步来讲,MCDA 并非单纯的技术流程。它的成功实施特别依赖于如何有效地设计社会程序,该程序用于开展结构化分析(Dodgson 等,2009)。

我们注意到,尽管依赖于所采用的 MCDA 方法,作出判断依然是流程重要的一部分,特别是制定了权重和准则的时候。MCDA 提供了一种结构来指导决策者的思考。鉴于有很多种 MCDA 方法(即使对于每个 MCDA 步骤),在结构和审议之间的正确平衡取决于决策问题的类型和特定的 HTA 机构情况。

决策者潜在的关注点是决策"过于清楚明白"，这一点会让他们面对来自其他团体的法律或者宪法的挑战，尤其是来自那些既得利益者。然而，透明度是"公平"流程的重要因素；而且要允许群众监督。尤其在争议性的情况中，MCDA 有助于界定分歧之处，并能够解释如何处理争端（例如，通过团队讨论达成共识或者采纳多数派的意见）。

从根本上，若要把任何新的 MCDA 方法加入到 HTA 中，其整体价值需要在实施之前测试，并清楚地证明。特别是，需要比较效益（从资源配置的角度做出更好决策，且有更好的流程，比方说提升了决策在受众中的接纳度）和它的实施成本（例如，需要更长的时间段或更好的能力/专业知识培训）。

最后，还有一些方法学问题没有通过使用 MCDA 解决，例如，如何最好地衡量某些价值准则（如疾病严重程度）的分歧以及使用附加模型时包括重叠或不独立准则的可能性。关于准则的要求，参见第二份 ISPOR 任务特别小组关于 MCDA 的报告（Marsh 等，2016）。

14.9　结论

现存的 HTA 流程几乎不可避免地需要考虑多重准则。在国际上，人们对于寻找系统地考量这些要素的方法越来越感兴趣。MCDA 提供了一种关于决策流程的结构化方法。它的使用代表了对协商流程的补充和支持手段，而不是排斥协商流程。MCDA 不会取代判断，它只是一种方法，单纯地确保决策人以一致和透明的形式来运用判断力。这也有利于 HTA 决策对利益相关人的问责。

MCDA 的使用创造了一个机会，来使人们对国家卫生服务系统目标的理解到位，即和卫生技术评估目标保持一致。MCDA 能够提供一个框架，用来发展成为当地国家卫生服务系统组织使用的优先度设置框架，从而能够告知在 HTA 中适用的准则和权重。Devlin 和 Sussex（2011）提到国家卫生服务系统预算持有人使用 MCDA 的大量例子。

然而如前所述，使用 MCDA 时要处理的问题可不简单，尤其是关系到预算限制和机会成本的纳入方式，以及处理证据不确定性的方式。在考虑准则如何选取和加权时，需要仔细考虑。

进一步来说，在实施一种 MCDA 方法带来的额外组织成本和提升决策流程的额外效益两者之间，需要考虑平衡点。即使当 MCDA 不能够按照"最优解"来实行，"次优解"也仍然可能有潜力来提升决策制定的流程。例如，与其实施完整版的 MCDA，不如只是简单地同意相关联的准则，并把每项技术的效能证据呈现为一个性能矩阵且不对准则加权，本身可能已有助于保持一致性和透明度。

致谢

作者们感谢 Adrian Towse，Grace Marsden，Hector Castro 和编辑们关于本章初稿宝贵的评论和意见。

参考文献

Appleby J, Devlin N, Parkin D, Buxton M, Chalkidou K (2009) Searching for cost-effectiveness thresholds in the NHS. Health Policy 91(Suppl 3):239–245

Baltussen R, Niessen I (2006) Priority setting of health interventions: the need for multi-criteria decision analysis. Cost Eff Resour Alloc 4:14

Batista RN, Hodge MJ (2009) The "natural history" of health technology assessment. Int J Technol Assess Health Care 25(Supplement 1):281–284

Barnsley P, Cubi-Molla P, Fischer A, and Towse A. (2016) "Uncertainty and Risk in HTA Decision Making" OHE research paper. Available at https://www.ohe.org/publications/uncertainty-and-risk-hta-decision-making

Brazier J, Tsuchiya A (2015) Improving cross-sector comparisons: going beyond the health-related QALY. Appl Health Econ Health Policy 13(6):557–565

Brazier J et al (2005) Should patients have a greater role in valuing health states? Appl Health Econ Health Policy 4(4):201–208

Broekhuizen H et al (2015) A review and classification of approaches for dealing with uncertainty in multi-criteria decision analysis for healthcare decisions. Pharmacoeconomics 33:445–455

Claxton K, Devlin N (2013) Report on structured decision making for NICE's 2013 methods review

Claxton K et al (2015) Methods for the estimation of the National Institute for Health and Care Excellence cost-effectiveness threshold. Health Technol Assess 19(14):1–503

Culyer AJ (1991) The normative economics of health care finance and provision. In: McGuire A, Fenn P, Mayhew K (eds) Providing health care: the economics of alternative systems of finance and delivery. Oxford University Press, Oxford

Culyer AJ (2009) Deliberative processes in decisions about health care technologies. OHE Seminar, London, https://www.ohe.org/publications/deliberative-processes-decisions-about-health-care-technologies#sthash.Z4P0eCXU.dpuf

Culyer AJ (2012) Chapter 2. Extra welfarism. In: Cookson R, Claxton K (eds) The humble economist. OHE, London

Culyer AJ, McCabe C, Briggs A, Claxton K, Buxton M, Akehust R, Sculpher M, Brazier J (2007) Searching for a threshold, not setting one: the role of the National Institute for Health and Clinical Excellence. J Health Serv Res Policy 12(Suppl 1):56–58

Department of Health (2010) A new value-based approach to the pricing of branded medicines: a consultation. Department of Health, London

Devlin N, Sussex J (2011) Incorporating multiple criteria in HTA. Methods and processes. OHE research. Available at: https://www.ohe.org/publications/incorporating-multiple-criteria-hta-methods-and-processes

Dodgson JS, Spackman M, Pearman A, Phillips LD (2009) Multi-criteria analysis: a manual. Department for Communities and Local Government, London, Available at http://eprints.lse.ac.uk/12761/1/Multi-criteria_Analysis.pdf

Donaldson C (2011) Willingness to pay and publicly funded health care: contradiction in terms? Briefing, OHE Seminar, Available at https://www.ohe.org/publications/willingness-pay-and-publicly-funded-health-care-contradiction-terms#sthash.2ffK4iYL.dpuf

Drummond MF, Sculpher MJ, Claxton K, Stoddart GL, Torrance GW (2015) Methods for the economic evaluation of health care programmes, 4th edn. Oxford Medical Publications, Oxford

EVIDEM (2015) Decision Criteria. Conceptual background, definitions, design & instructions. EVIDEM Collaboration. https://www.evidem.org/docs/2015/EVIDEM-v3-0-Decision-criteria-conceptual-background-definitions-and-instructions-June-2015.pdf

Garrido G, Rottingen B (2010) Developing health technology assessment to address health care system needs. Health Policy 94(3):196–202

Gilovich T, Griffin D, Kahneman D (2002) Heuristics and biases: the psychology of intuitive judgement. Cambridge University Press, New York

Golan O, Hansen P (2012) Which health technologies should be funded? A prioritization framework based explicitly on value for money. Isr J Health Policy Res 1:44

Golan O, Hansen P, Kaplan G, Tal O (2011) Health technology prioritization: which criteria for prioritizing new technologies and what are their relative weights? Health Policy 102(2–3):126–135

Hicks EP, Kluemper GT (2011) Heuristic reasoning and cognitive biases: are they hindrances to judgements and decision making in orthodontics? Am J Orthod Dentofacial Orthop 139(3):297–304

INAHTA. http://www.inahta.org/hta-tools-resources/

Kahneman D (2003) Maps of bounded rationality: psychology for behavioural economics. Am Econ Rev 93(5):1449–1475

Karlsberg Schaffer S, Sussex J, Devlin N, Walker A (2015) Local health care expenditure plans and their opportunity costs. Health Policy 119(9):1237–1244

Karlsberg Schaffer S, Sussex J, Hughes D, Devlin N (2016) Opportunity costs and local health service spending decisions: a qualitative study from Wales. BMC Health Serv Res 16:103

Kind P (2015) Cost-effectiveness analysis: a view into the abyss. Appl Health Econ Health Policy 13(3):269–271

Kitzhaber JA (1993) Prioritising health services in an era of limits: the Oregon experience. BMJ 307(6900):373–377

Marsh K et al (2014) Assessing the value of healthcare interventions using multi-criteria decision analysis: a review of the literature. Pharmacoeconomics 32:345–365. Value Health 19:125–137

Marsh K. et al. (2016) Multiple criteria decision analysis for health care decision making—Emerging good practices: report 2 of the ISPOR MCDA. Emerging GoodPracticesTaskForce

Mason H, Baker R, Donaldson C (2008) Willingness to pay for a QALY: past, present and future. Expert Rev Pharmacoecon Outcomes Res 8(6):575–582

Morris S, Devlin N, Parkin D (2007) Economic analysis in health care. Wiley, Chichester, p 236

National Institute for Health and Care Excellence – NICE (2013) Guide to the methods of technology appraisal 2013. NICE. Available at https://www.nice.org.uk/article/pmg9/resources/

non-guidance-guide-to-the-methods-of-technology-appraisal-2013-pdf

Norheim OF, Baltussen R, Johri M et al (2014) Guidance on priority setting in health care (GPS-Health): the inclusion of equity criteria not captured by cost-effectiveness analysis. Cost Eff Res Alloc 12:18

Norman D, Sabin J (2008) Accountability for reasonableness: un updated. BMJ 337:a1850, Available at: http://www.bmj.com/content/337/bmj.a1850.full.print?

Paulden M, Stafinski T, Menon D, McCabe C (2015) Value-based reimbursement decisions for orphan drugs: a scoping review and decision framework. Pharmacoeconomics 33(3):255–269

Peacock S, Mitton C, Bate A, McCoy B, Donaldson C (2009) Overcoming barriers to priority setting using interdisciplinary methods. Health Policy 92(2):124–132

Phillips D (2007) Decision conferencing. In: Edwards W, Miles RF, von Winterfeldt D (eds) Advances in decision analysis: from foundations to applications. Cambridge University Press, Cambridge

Phillips LD, Fasolo B, Zafiropoulos N, Beyer A (2011) Is quantitative benefit-risk modelling of drugs desirable or possible? Drug Discov Today Technol 8(1):e3–e10

Sen AK (1977) Social choice theory: a re-examination. Econometrica 45:53–89

Shah KK, Praet C, Devlin NJ, Sussex JM, Appleby J, Parkin D (2012) Is the aim of the health care system to maximise QALYs? J Health Serv Res Policy 17(3):157–164

SMC (2015) PACE – patient and clinician engagement. Factsheet. https://www.scottishmedicines. org.uk/files/PACE/PACE_factsheet_FINAL.pdf

Sugden R (2008) Citizens, consumers and clients: Alan Williams and the political economy of cost–benefit analysis in The Ideas and Influence of Alan Williams. Ed. by Mason A, and Towse A. Available at https://www.ohe.org/publications/ideas-and-influence-alan-williams-be-reasonable-%E2%80%93-do-it-my-way

Sussex J, Rollet P, Garau M, Schmitt C, Kent A, Hutchings A (2013a) A pilot study of multicriteria decision analysis for valuing orphan medicines. Value Health 16(8):1163–1169

Sussex J, Towse A, Devlin N (2013b) Operationalising value based pricing of medicines: a taxonomy of approaches. Pharmacoeconomics 13(1):1–10

Thokala P, Duenas A (2012) Multiple criteria decision analysis for health technology assessment. Value Health 15(8):1172–1181

Thokala P, et al., for the ISPOR MCDA Task Force (2016) MCDA for Health care decision making – an introduction: report 1 of the ISPOR MCDA Emerging Good Practices Task Force. Value Health. 19(1):1–13

Towse A, Barnsley P (2013) Approaches to identifying, measuring, and aggregating elements of value. Int J Technol Assess Health Care 29(4):360–364

Towse A, Devlin N, Hawe E, Garrison L (2011) The evolution of HTA in emerging markets health care systems: analysis to support a policy response. OHE consulting report. Office of Health Economics, London

Van Til J, Groothius-Oudshoorn C, Lieferink M, Dolan J, Goetghebeur M (2014) Does techiques matter; a pilot study exploring weighting techniques for a multi-criteria decision support framework. Cost Eff Res Alloc 12:22

World Health Organization (WHO) (2010a) Health system financing. The path to universal coverage. Available at: http://www.who.int/whr/2010/en/

World Health Organization (WHO) (2010b) Media release on the Sixty-seventh World Health Assembly. Available at: http://www.who.int/mediacentre/news/releases/2014/WHA-20140524/en/

Youngkong S, Baltussen R, Tantivess S, Mohara A, Teerawattanon Y (2012) Multicriteria decision analysis for including health interventions in the Universal Health Coverage Benefit package in Thailand. Value Health 15:961–970

第 15 章
医疗卫生领域中 MCDA
价值函数以外的方法

Vakaramoko Diaby，Luis Dias

摘要

在医疗卫生决策制定过程中，多准则决策分析（MCDA）某些价值函数方法的主导性地位可能会使得备选方法的现存和潜在可用性黯然失色。本章介绍了备选价值函数和非价值函数方法。本章提出的替代价值函数方法是基于多属性价值理论（MAVT）方法：基于分类的评估技术测量吸引力（MACBETH）、变量独立参数（VIP）分析以及随机多准则可接受性分析（SMAA）。所述的非价值函数方法包括目标规划模型，基于优势的粗集法以及优序模型。本章也回顾了上述方法到目前为止在医疗卫生领域中的应用，结尾是总结性的点评。

15.1 引言

MCDA 作为概括性术语，是一种决策制定的框架，包含了一大组方法或手段来同时明确地考虑多重且彼此冲突的准则（Baltussen 和 Niessen，2006）。这些方法可大致分为五大类：基本方法（Yoon 和 Hwang，1995）、价值函数方法（Belton 和 Stewart，2002）、目

V. Diaby (⊠)
College of Pharmacy and Pharmaceutical Sciences，Florida A&M University，
Tallahassee，FL，USA
e-mail：vakaramoko. diaby@famu. edu；diaby_v@yahoo. fr

L. Dias
INESCC，CeBER and Faculty of Economics，University of Coimbra，Coimbra，Portugal
e-mail：LMCDias@fe. uc. pt

标和参考点方法(Belton 和 Stewart，2002)、优序模型(Belton 和 Stewart，2002)以及基于优势的方法(Pawlak 和 Sowinski，1994；Greco 等，2001；Moshkovich 和 Mechitov，2013)。MCDA 由三步组成(Belton 和 Stewart，2002)。第一步，确认问题和结构，应对的是决策者的确认和目标设置问题。在这一步，要定义相关联的有竞争力的选项及其评价准则。第二步为多准则评价模型的发展及使用，需要选择相关的集合模型并引出模型参数，后者定义了在多重参数中把备选项的表现综合起来时，每条评价准则所起的作用。最后一步为行动方案的形成，即向决策制定者提供、推荐这一方案。另外，敏感性分析的展示过程会根据决策制定者对计划的信心大小，向其提供信息。

即使分析人士和研究者能大范围地接触到 MCDA 的评价模型，并借此来对医疗卫生领域多方面的问题作出反应，这些模型的使用仍限制于寥寥几种价值函数方法。Adunlin 开展了一项系统性的回顾工作，标识了 MCDA 在医疗卫生领域中的应用(Adunlin 等，2015)。研究的时间跨度从 1980 年到 2013 年，并包含了广泛的条目资源(电子数据库，灰色文献)。在满足该研究采纳准则的 66 项研究中，91% 使用了价值函数方法，用该种方法计算单个值来概括某一个备选项在多重准则上的表现。

价值函数法为每个候选技术算出一个综合价值，该价值代表每个备选项在其参数上的整体绩效。因此这类方法被称为完全聚合方法。其他的不计算综合价值并且/或者是非补偿性的 MCDA 方法也是可行的，但是在医疗卫生中应用的较少。

本章的目的是突出可供选择的、可用于处理医疗卫生决策制定问题的(其他)MCDA 方法。本章结构如下，15.2 节和 15.3 节分别描述了备选价值函数方法以及非价值函数方法。两节都回顾了到目前为止这类方法在医疗卫生中的应用。本章以总结性的评述结尾。

15.2　备选价值函数方法

多属性效用理论(MAUT)和多属性价值理论(MAVT)(Keeney 和 Raiffa，1993)是 MCDA 中的著名方法，用于得出候选技术在多重准则下的综合总分。这些方法的主要区别是，MAUT 利用效用函数来计算决策者对待风险的态度，借鉴了彩票的理念，和 MAVT 正好相反。MAVT 会为每一个备选技术构建一个综合价值函数来计算备选技术在决策准则上的总体绩效，利用的理念是偏好的强度。这一节简要地回顾 MAVT 是怎样用来获得某项备选技术的综合价值，并推荐了相关的方法，这类方法可以充当应用 MAVT 的传统做法的备选。

在传统上，实施 MAVT 要涵盖两个主要步骤。第一步，为每一条准则构建部分价值函数。一个部分价值函数反映的是一个参数的值如何随着决策者的测量标度而变化。对于某些参数如生命质量，部分价值函数可以是一个递增函数，对于某些参数如成本，它是递减函数。第二步是把各个部分的价值函数集合到一起，得出一个总的价值函数。最常见的集合模型是可加性价值函数，其中备选技术在每一条决策准则上的部分价值会被准则对应的价值函数赋予的系数加权，这些加权后的数值相加后得到综合价值。这就需要确定加权系数，该系数显示出每个价值函数的权重。加权系数可以通过使用包括摆动加权（Diaby 和 Goeree，2014）在内的多种方法导出。拥有最高综合价值的技术将赢得青睐。构建价值函数需要满足偏好和无差异规则的可传递性，与此同时，在 MAVT 中使用的附加聚合模型要满足附加独立条件（即两条准则之间的权衡不取决于其余准则）（Belton 和 Stewart，2002）。

在相关文献中，MAVT 在医疗卫生领域的应用刊载较少。在我们所知范围内，除了一份教程解释如何使用 MAVT 来支持医疗卫生中的偿付决策制定（Diaby 和 Goeree，2014），仅有一项研究把 MAVT 应用到住院管理系统的床位分配（Tsai 和 Lin，2014）。尽管如此，欧洲药监局（European Medicines Agency）的一项近期项目建议使用 MAVT 作为框架来支持关于医药产品的监管决策（Philips 等，2012）。

作者们的观点是，MAVT 是一种直观的和容易理解的 MCDA 方法，因为它使用一种大多数人都熟知的求整体分数的方法（例如大学里计算 GPA 绩点，建立复合指数如联合国的人类发展指数等）。因此它反映了上述例子以及很多其他例子中数据聚集的方式。和 MAUT 相似，MAVT 定义了一个基于公理的流程，用于构建可衡量的价值尺度和定义加权系数。

使用 MAVT 的一个潜在障碍是可能难以为能够反映决策者权衡取舍加权系数确定精确的值（Dias 和 Climaco，2000）。然而，有可能通过软件评估结论的可靠度来应对这一困难，例如变量依存参数（Variable Interdependent Parameters，VIP）分析（Dias 和 Climaco，2000）。VIP 分析推荐一个备选的流程用于开展基于 MAVT 的分析，该分析内容是只导出容易获取的信息，例如比例系数的排序而不是系数的精确值。在笔者所知范围内，VIP 分析仍未应用于卫生领域。

另一个开展基于 MAVT 分析的备选方法是随机多重准则（或多目标）接纳度分析（SMAA）（Lahdelma 和 Salminen，2001）。与 VIP 分析相似，这个方法不要求决策者确定比例系数的矢量。采用蒙特卡洛模拟来对可能的取值空间采样，以产生每种备选技术的排序统计。SMAA 也能够提供比例系数的信息（如果有的话），即什么样的比例系数能够使得备选技术胜出。SMAA 在医疗干预卫生经济评估方面的潜力已得到认可和倡导，并在一个不孕不育疗法的选择案例中得到了证明。

基于 MAVT 的第三个备选方法是 MACBETH（Ishizaka 和 Nemery，2013；Bana 等，2012）。MACBETH 与其他 MCDA 方法的截然不同之处在于只需要对成双的备选方案吸引度（渴求程度）的差别做定性判断。决策制定者能够用一个定性的六级标度来陈述两个备选方案的吸引度，标度从"非常弱"到"非常强"。还会开展一个一致性检验，以免这些成对的比较结果相互矛盾。MACBETH 流程允许使用线性规划来计算备选方案在每一条准则上的分数，范围是 0 到 100 的整数。对各准则加权用的是类似的处理方法。每一个备选方案的总分以附加聚合的方式估计，其中要考虑多条准则及相应的准则权重。分数最高的备选方案被认为最有吸引力。这种方法可以由 M-MACBETH 软件来实施。

在医疗卫生领域，MACBETH 已被用于诊断和治疗老年痴呆症及糖尿病（de Castro 等，2009a，b；de Moraes 等，2010；Nunes 等，2011）。MACBETH 和 AHP 有相似的特点。两者都使用成对对比来得出准则和选出较优方案，不同之处在于 MACBETH 通过线性规划来得出价值函数，而 AHP 使用本征值方法来求优先级（Ishizaka 和 Nemery，2013；Dodgson 等，2009）。因此，希望找到其他方法来把评价优劣的方式由文本转换为分数的决策制定者可能对 MACBETH 感兴趣。最近的工作证实了 MACBETH 用于集体决策的可行性（Belton 和 Pictet，1997；Bana e Costa 等，2014）。

15.3 医疗卫生决策中的非价值函数方法

使用价值函数方法要接受一点，即在某条准则上非常差的表现/效能总是可以通过在其他准则上的出色表现来弥补。因此决策制定过程中没有充分考虑这些补偿效应时，这类价值函数方法可能不是最合适的。例如，若准则涉及不同的利益相关者（如患者、医院管理人员或医务人员）所受的影响，或者涉及很大差异的维度（比如经济风险与社会或环境风险），那么这种可补偿性可能就不够充分了。

本节所述的非价值函数方法如下：① 目标和参考点方法；② 基于优势的方法；③ 优序法。

15.3.1 目标和参考点方法

有好几种 MCDA 方法通过比较备选方案和某些参考标准来得出评估。这些标准可以是内部的(即根据这一系列备选者来排他地制订)或者是外部的。对于每个备选者的评估,不仅仅取决于备选方案在基于价值的方法中的特征,也取决于所选的基准。

TOPSIS(Yoon 和 Hwang,1995)是一个流行的使用内部参考标准作比较的 MCDA 方法。这一方法中有两个参考标准点,根据所要评估的备选方案集合来定义。第一个参考标准点是所谓的理想点,即一个虚拟的备选方案,其在各条准则上的表现都是实际备选方案集中观察到的最好表现。第二个参考标准点是反理想参考标准点,即一个虚拟的备选方案,其在各条准则上的表现都是实际备选方案中观察到的最差表现。思路是选择一个备选方案,要远离反理想点,接近理想点。

在 TOPSIS 中,备选方案的评分是一比值,分子是方案和反理想参考标准的距离,分母是方案和理想参考标准、反理想参考标准点的距离总和。评分在 0 和 1 之间,这个做法和价值函数方法相似。然而这个评分并不是衡量备选方案本身的好坏,而是备选方案和参考标准之间的距离。距离的计算方法是加权的欧几里德(euclidean)距离,允许不同的准则享有不同的权重。为了便于比较距离,需要归一化操作来使距离的标度统一。TOPSIS 中最常见的归一化是根据每条准则单独实施的,把某个备选方案在某条准则上的绩效除以所有方案在该条准则上的绩效平方和。这个方法的一个重点是,由于标准化方法,得出的分数会不同(Ishizaka 和 Nemery,2013),另外一个要注意的点是引入一个不好的甚至不相关的能改变反理想点的备选方案时,其余备选方案的排序有可能逆转。

根据对文献的回顾,发现 Liang 等人(2014)的一个样例框架使用了 TOPSIS 来做卫生技术评估。建立这个框架是为了基于经济和健康相关的准则来评价不同药物。作者们所用的方法是 TOPSIS 的变形,方法中使用了不同利益相关者的判断并和 AHP 结合来求出准则权重。Akdag 等用了相似的做法,即联合 AHP(求出权重)和 TOPSIS(来对备选方案排序),以评价土耳其某些医院的服务质量(Akdag 等,2014)。这项研究是医疗部门应用 TOPSIS 而不是 HTA 来处理问题的几个例子之一(Beheshtifar 和 Alimoahmmadi,2015;Sang 等,2014;Bahadori 等,2014)。

基于距参考标准点间的距离的其他方法还有很多(Ehrgott,2006),例如目标规划(Jones 和 Tamiz,2010)。这些方法用来设定约束条件下决策变量的值,但是同样的原理可以用来对有限数量的备选方案(根据和参考标准点的距离)来排序。距离可能会被加权,也可能不加权,来对准则赋予重要性。作参考标准的备选方案通常是一个外来的参考值,该值意味着目标或者期望的水平。

在卫生部门中,目标规划法主要被用来安排床位、医务人员和/或患者(Thomas 等,2013)。在文献中没有找到目标规划法应用于 HTA 的例子,除了(一篇文献中)对如何用这种方法来支持医疗卫生中的偿付决策制订过程的说明（Diaby 和 Goeree，2014）。

对于医疗卫生政策的制定者来说，基于参考标准点的方法还是很有意思的，这是因为他们（借此）能够把设定在每条准则上的预期目标用词语来表达。然后，理所当然的结果是要找出最接近这些目标的备选方案，接近程度用某些标准来衡量，并且有可能对各条准则赋予不同权重。例如，若一个管理者有一系列想要达成的目标（很有可能包括外部实体设定的目标），那么在评估备选方案时，考虑其对这些目标的贡献大小就很有用处了。如果这一套目标非常庞大而且不能同时满足，那么一个基于参考标准点的方法能够指出哪种备选方案是最有意义的。

作为一个单独的说明，我们也要提到数据包络分析（DEA）（Cook 和 Seiford，2009；Thomas 等，2013；Liu 等，2013），这是与使用参考标准的 MCDA 关系很近的方法（Ishizaka 和 Nemery，2013；Bouyssou，1999；Gouveia 等，2008；Copper，2005）。实际上，DEA 评估每一种备选方案（在 DEA 术语里叫决策制定单元）时，会把备选方案的整个集合视为潜在基准，而不是要求决策制定者来指出期望水平。当基于新的卫生技术和已运行的技术集的比较结果来制定是否批准该技术的决策时，DEA 是支撑该决策的潜在方法。

15. 3. 2　基于优势的方法

基于 MCDA 来比较备选方案的另一个不同方法是直接比较，而不是计算一个综合价值（基于价值的方法）或者将方案和基准点来比较。最简单的方法是做一个成对比较，即对两个备选方案作比较，来看其中的一个是否显著优于另一个。备选方案 x 强于方案 y 是指 x 在一些准则上优于 y，而且在任何其他准则上不差于 y。产生的强势-弱势关系不需要任何主观的参数如准则权重。如果分析的目的是确认单个最优备选方案，那么就舍弃掉弱势的备选方案。然而，这一强弱关系典型地依赖于几对备选方案，常常会有几个强势选项（尤其是当准则的种类较多时）。

基于优势地位的粗集法（DRSA）是 MCDA 领域的一个最新方法，其出发点是利用粗糙集理论（RST）（Greco 等，2015）的优势地位概念。这个方法可以用于问题排序（把备选方案分类）或者需要对备选方案分级的问题中。RST 不需要设定任何偏好相关的参数（例如重要性权重），但需要决策制定者提供比较的样例，例如，备选的 x 优于备选的 y。这个方法能够通过导出流程从这些样例中归纳出"如果-那么"的规则（条件判定规则）。作为例证，条件判定规则可能是这样的："如果备选方案 x 在准则 1 上比备选方案 y 好得多，而且在准则 2 上差得不太远，那么 x 比 y 优秀。"另外一种手段使用基于定性评估的导出规则,即文字决策分析(VDA)(Moshkovich 等,2002,2005),该手段也能根据决策制定者提供的陈述来把问题排序或者定级。

在医疗卫生领域,DRSA 已经主要用作从数据中发现知识的工具,举例来说,辨认疾病发病机理中涉及的代谢过程(Blasco 等,2015)或者辨认哪种因素使患者在心脏手术后倾向于回到重症室(Jarzabek 等,2014)。VDA 已经被主要用作神经心理学和神经疾病领域(Tamanini 等,2011;Yevseyeva 等,2008)的诊断工具。

基于优势地位的方法,DRSA 很有吸引力,这是由于它们从决策者那里索取的信息量适中而且结果的形式是容易理解的规则。当备选方案特别多以及决策制定者想要一套简单规则(如果……那么……)来对备选方案进行排序的时候,这一方法尤其适合。然而比较几个作为样例的备选方案是困难的,除非它们只在少数几个准则上有差别,并由此产生的条件判定规则可能不足以提供对备选方案清晰或者完整的排序。

15.3.3　优序法

如同前面章节所述,优势地位的建立不需要任何主观参数,如准则权重。也就是说,这一关系通常是较弱的,它只适用于几对备选方案,不能够在没有产生优势地位的方案中区分优劣。优序法使用了额外的输入来使高低关系更为丰富,即使一个备选方案 x 并非在每条准则上优于(或者很有可能与之相当)备选方案 y,如果大多数准则都支持 x 优于y,且 x 没有在某条准则上远远差于 y(如果有该条准则直接否决 x),那么一个决策者也能够做出 x 优于 y 的结论。这是 ELECTRE 方法的基本原理(ELECTRE 是法语Elimination Et Choix Traduisant la Réalité,或者英语 Elimination and ChoiceExpressing Reality 的缩写),ELECTRE 是这类方法的最早一批。

在各种 ELECTRE 方法中,每一种备选方案都会与其余每个方案作比较,每次选择一个备选方案(像是循环赛)来确定是否优于另一个(即一样好)。这一优序关系是在考虑到支持优序关系准则权重的前提下建立的(即一致性),也有可能一条相反的准则会把优序关系否决掉(即无法协调一致)。然后通过 ELECTRE 类型方法中的某个合适的方法来制定这些优序关系。有些方法可以选择胜者(ELECTRE I 和 IS),有些可以给备选方案分级(ELECTRE Ⅱ,Ⅲ和Ⅳ)或者分为预定的种类(ELECTRE TRI)。优序关系并不是可传递的(即如果 x 优于 y 并且 y 优于 z,并不一定意味着 x 优于 z),也不是完备的(有可能出现 x 不优于 y 并且 y 不优于 x 的情况,这时 x 和 y 是不可比较的)。换句话说,ELECTRE 方法并不总是得出单一的优胜者或者一个完备的排序。这一点可以看作是这类方法的一个短板(该方法可能无法将某些备选方案分出高低),或者在某种意义上可以看作一个附加物,强调在某些备选方案不能互相比较的情况下,不会勉强得出一个没有强力论据支撑的结论。

另外一个常用的优序法是 PROMETHEE(Behzadian 等,2010;Brans 等,1986)。与 ELECTRE 相反,PROMETHEE 不需要一个大多数的阈值,并且包括了某准则否决掉一个优序关系的可能性。PROMETHEE 能够提供部分的或者完备的备选方案排行榜,该排行通过平均地比较每个备选方案多大程度上优于或者劣于其竞争者来得出。其他值得考虑但应用较少的优序法有 NAIADE(Munda,1995)和使用定性信息的方法如 ORESTE,QUALIFLEX 和 REGIME(Martel 和 Matarazzo,2005)。

将优序法应用于医疗卫生决策的例子多不胜数。在法国,ELECTRE IS 已被用来选择血红蛋白病的筛选策略,并考虑到成本效果比和其他五个定性准则(Gales 和 Moatti,1990)。最近,Diaby 和 Goeree 阐明如何在假想的 HTA 问题中应用 ELECTRE IS。ELECTRE TRI 方法已有好几个应用(Diaby 和 Goeree,2014)。Figueira 等人(2011)使用这种方法把寻求辅助生育的夫妇分为不同的胚胎移植类型,为每种类型定义了不同的胚胎植入数量(Figueira 等,2011)。PROMETHEE 方法在医疗卫生决策中的使用包括但不限于对巴西一个非常拥挤的急诊室的备选接诊策略的排序(Amaral 和 Costa,2014)和对地方性医院的专业程度作出优序(D'Avignon 和 Mareschal,1989)。Chen 等人使用 QUALIFLEX 的一个改进方法,通过八条健康相关的准则和一条成本准则来评估三种疗法,为一个被确诊为急性炎症性脱髓鞘性疾病的患者选择其中的最优疗法(Chen 等,2013)。

优序法是为了避免价值函数模型的一个主要特点即完全补偿而设计出来的。因此,作者认为,对于那些想避免取舍权衡的决策者,或者那些认为某个备选方案在某些决策准则上的拙劣表现不该被其他准则上的出色表现弥补的人而言,优序法非常有吸引力。

15.4　总结

MCDA 是在医疗卫生领域外发展起来的,但是其在这一领域的应用却与日俱增。它使得决策制定者的偏好和他们的选择相结合,并提供了使医疗卫生决策具有系统性且公开透明的办法。尽管医疗卫生领域大量使用价值函数,MCDA 使用者仍应该知晓 MCDA 方法中还有其他选项可用。有些价值函数方法把每一种备选方案的优点融汇到一个全局价值图景中,这类方法有些在医疗卫生领域应用较少,例如本章已经提到的

MACBETH。然而,价值函数方法拥有确定的关键特征。首先,这些方法允许补偿,即一个备选者能够通过在某些准则上的优良表现弥补其在某些准则上的较差表现。其次,权重代表着准则之间的权衡取舍,该取舍需要满足诸如准则间的偏好独立性。最后,有时会存在如下需求,即导出所有准则的精确权重数值以及每个备选方案在每条准则上的精确分数。对于某些决策问题,这些特征可能太过于严格,这时函数方法的替代者可能更加合适。

　　本章回顾了价值函数之外的一些方法。一个与评估备选方案不同的方法是把它们和给定的基准作比较,这些基准是基于最佳观测值(如 TOPSIS)或者由外部提供的。这类方法可能最适用于决策者非常清楚其要达成的目标的情况。然而,如果基准是从这些备选方案的实际表现得出的,那么增加/删去一个备选方案而保留其余方案时可能会改变结论。

　　基于优劣/优序关系的方法很有意思,尤其是如果决策者更喜欢用例子而不是用权重来做推断时,特别是 DRSA,只需要从终端使用者处获取适当的信息量(简约模型)。这一点使得决策者免于处理数学模型的参数,前提是他们有一套教科书级别的决策(如从以往的经验得到)可以用来作为模型的输入。尽管决策者颇不熟悉 RST(有碍于公开透明),但是它得出的结果形式是容易被理解的决策。

　　最后,对不愿意定义准则之间替换取舍的决策者来说,优序法尤其合适。如果目标是要从一个很大的备选方案池中标出满足最低要求的一小套备选方案,优序法也很有用,这是因为对每个备选方案都用价值函数方法来得出总分是不切实际的。然而,优序法并不总是提供清晰明确的结果,即这些方法可能会导出某两个备选方案之间不可比较的结论,也就是说,可以认为应该深思熟虑,对二者作出抉择。

　　通过提供的一系列方法,MCDA 被证明是足够灵活的,能满足决策制定者的需求。然而,如同本章所述,这是一套多样的 MCDA 技术,每一种方法都有不同的特点及优势/不足。距离 MCDA 的潜力完全发挥还有很长的路要走,为了这个目的,我们呼吁和决策制定者一起进行更多的研究以确定医疗卫生领域里这些备选的方法里哪一种在特定的决策局面中最合适。

致谢

　　作者们感谢 Praveen Thokala,Kelvin Marsh 和 Ellen Campbell 对本书本章的早期版本深刻的评论。

参考文献

Adunlin G, Diaby V, Xiao H (2015) Application of multicriteria decision analysis in health care: a systematic review and bibliometric analysis. Health Expect 18:1894–1905

Akdag H, Kalaycı T, Karagöz S, Zülfikar H, Giz D (2014) The evaluation of hospital service quality by fuzzy MCDM. Appl Soft Comput 23:239–248

Amaral TM, Costa AP (2014) Improving decision-making and management of hospital resources: an application of the PROMETHEE II method in an Emergency Department. Oper Res Health Care 3(1):1–6

Bahadori M, Izadi M, Karamali M, Teymourzadeh E, Yaghoubi M (2014) Research priorities in a military health organization using multi criteria decision making techniques. J Mil Med 16(1):37–44

Baltussen R, Niessen L (2006) Priority setting of health interventions: the need for multi-criteria decision analysis. Cost Eff Resour Alloc 4:14

Bana e Costa CA, Lourenço JC, Oliveira MD, Bana e Costa JC (2014) A socio-technical approach for group decision support in public strategic planning: the pernambuco PPA case. Group Decis Negot 23(1):5–29

Bana e Costa CA, De Corte JM, Vansnick J (2012) Macbeth. Int J Info Tech Dec Mak 11(02):359–387

Beheshtifar S, Alimoahmmadi A (2015) A multiobjective optimization approach for location-allocation of clinics. Int Trans Oper Res. 22(2):313–28.

Behzadian M, Kazemzadeh RB, Albadvi A, Aghdasi M (2010) PROMETHEE: a comprehensive literature review on methodologies and applications. Eur J Oper Res 200(1):198–215

Belton V, Pictet J (1997) A framework for group decision using a MCDA model: sharing, aggregating or comparing individual information? J Decis Sys 6(3):283–303

Belton V, Stewart T (2002) Multiple criteria decision analysis: an integrated approach. Springer Science & Business Media. Norwell, Massachussets, US and Dordrecht, The Netherlands

Blasco H, Błaszczyński J, Billaut J et al (2015) Comparative analysis of targeted metabolomics: dominance-based rough set approach versus orthogonal partial least square-discriminant analysis. J Biomed Inform 53:291–299

Bouyssou D (1999) Using DEA, as a tool for MCDM: some remarks. J Oper Res Soc 50(9):974–978

Brans J, Vincke P, Mareschal B (1986) How to select and how to rank projects: the PROMETHEE method. Eur J Oper Res 24(2):228–238

Chen T, Chang C, Lu JR (2013) The extended QUALIFLEX method for multiple criteria decision analysis based on interval type-2 fuzzy sets and applications to medical decision making. Eur J Oper Res 226(3):615–625

Cook WD, Seiford LM (2009) Data envelopment analysis (DEA)–thirty years on. Eur J Oper Res 192(1):1–17

Cooper W (2005) Origins, uses of, and relations between goal programming and data envelopment analysis. J Multi-Criteria Decis Anal 13(1):3–11

D'Avignon G, Mareschal B (1989) Specialization of hospital services in Québec: an application of the PROMETHEE and GAIA methods. Math Comput Model 12(10):1393–1400

de Castro AKA, Pinheiro PR, Pinheiro MCD (2009a) An approach for the neuropsychological diagnosis of Alzheimer's disease: a hybrid model in decision making. In: Rough sets and knowledge technology. Springer, Berlin, pp 216–223

de Castro AKA, Pinheiro PR, Pinheiro MCD (2009b) Towards the neuropsychological diagnosis of Alzheimer's disease: a hybrid model in decision making. In: Best practices for the knowledge society. Knowledge, learning, development and technology for all. Springer, Berlin, pp 522–531

de Moraes L, Garcia R, Ensslin L, da Conceição MJ, de Carvalho SM (2010) The multicriteria analysis for construction of benchmarkers to support the Clinical Engineering in the Healthcare Technology Management. Eur J Oper Res 200(2):607–615

Diaby V, Goeree R (2014) How to use multi-criteria decision analysis methods for reimbursement decision-making in healthcare: a step-by-step guide. Expert Rev Pharmacoecon Outcomes Res 14(1):81–99

Dias L, Clímaco J (2000) Additive aggregation with variable interdependent parameters: the VIP analysis software. J Oper Res Soc 51(9):1070–1082

Dodgson J, Spackman M, Pearman A, Phillips L (2009) Multi-criteria analysis: a manual. Department for Communities and Local Government, London

Ehrgott M (2006) Multicriteria optimization. Springer Science & Business Media. New York (original version)

Figueira JR, Almeida-Dias J, Matias S, Roy B, Carvalho MJ, Plancha CE (2011) Electre Tri-C, a multiple criteria decision aiding sorting model applied to assisted reproduction. Int J Med Inform 80(4):262–273

Gales CL, Moatti J (1990) Searching for consensus through multicriteria decision analysis. Int J Technol Assess Health Care 6(03):430–449

Gouveia M, Dias L, Antunes C (2008) Additive DEA based on MCDA with imprecise information. J Oper Res Soc 59(1):54–63

Greco S, Matarazzo B, Slowinski R (2001) Rough sets theory for multicriteria decision analysis. Eur J Oper Res 129(1):1–47

Greco S, Matarazzo B, Słowiński R (2005) Rough membership and bayesian confirmation measures for parameterized rough sets. In: Rough sets, fuzzy sets, data mining, and granular computing. Springer, Berlin, pp 314–324

Greco S, Ehrgott M, Figueira J (2016) Multiple criteria decision analysis: state of the art surveys, 2nd edn. Springer, New York

Ishizaka A, Nemery P (2013) Multi-criteria decision analysis: methods and software. John Wiley & Sons, Chichester

Jarzabek R, Bugajski P, Greberski K, Blaszczynski J, Slowinska-Jarzabek B, Kalawski R (2014) Readmission to an intensive care unit after cardiac surgery: reasons and outcomes. Kardiol Pol 72(8):740–747

Jones D, Tamiz M (2010) History and philosophy of goal programming. In: Practical goal programming. Springer, New York, pp 1–9

Keeney R, Raiffa H (1993) Decisions with multiple objectives: preferences and value trade-offs. Cambridge University Press

Lahdelma R, Salminen P (2001) SMAA-2: stochastic multicriteria acceptability analysis for group decision making. Oper Res 49:444–454

Liang L, Liu Z, Wang H (2014) Appling the EVIDEM framework with fuzzy multicriteria group decision making method to medicines appraisal★. J Comput Inf Syst 10(4):1659–1667

Liu JS, Lu LY, Lu W, Lin BJ (2013) A survey of DEA applications. Omega 41(5):893–902

Martel J, Matarazzo B (2005) Other outranking approaches. In: Multiple criteria decision analysis: state of the art surveys. Springer, New York, pp 197–259

Moshkovich HM, Mechitov AI (2013) Verbal decision analysis: foundations and trends. Adv Decis

Sci 2013:9

Moshkovich HM, Mechitov AI, Olson DL (2002) Ordinal judgments in multiattribute decision analysis. Eur J Oper Res 137(3):625–641

Moshkovich H, Mechitov A, Olson D (2005) Verbal decision analysis. In: Multiple criteria decision analysis: state of the art surveys. Springer, New York, pp 609–633

Munda G (1995) Multicriteria evaluation in a fuzzy environment: theory and applications in ecological economics. Physica-Verlag, Heidelberg

Munda G, Nardo M (2005) Constructing consistent composite indicators: the issue of weights. European Commission – Joint Research Center, Office for Official Publications of the European Communities, Luxembourg [EUR 21834 EN]

Nunes LC, Pinheiro PR, Pequeno TC, Pinheiro MCD (2011) Toward an application to psychological disorders diagnosis. In: Software tools and algorithms for biological systems. Springer, New York, pp 573–580

Pawlak Z, Sowinski R (1994) Rough set approach to multi-attribute decision analysis. Eur J Oper Res 72(3):443–459

Phillips LD, et al (2012) Benefit-risk methodology project: work package 4 report: benefit-risk tools and processes. European Medicines Agency, London. Available at: http://www.ema.europa.eu/docs/en_GB/document_library/Report/2012/03/WC500123819.pdf

Postmus D, Tervonen T, van Valkenhoef G, Hillege HL, Buskens E (2014) A multi-criteria decision analysis perspective on the health economic evaluation of medical interventions. Eur J Health Econ 15(7):709–716

Roy B (1991) The outranking approach and the foundations of ELECTRE methods. Theor Decis 31(1):49–73

Sang S, Wang Z, Yu C (2014) Evaluation of health care system reform in Hubei Province, China. Int J Environ Res Public Health 11(2):2262–2277

Tamanini I, de Castro AK, Pinheiro PR, Pinheiro MCD (2011) Verbal decision analysis applied on the optimization of alzheimer's disease diagnosis: a case study based on neuroimaging. In: Software tools and algorithms for biological systems. Springer, New York, pp 555–564

Thomas BG, Bollapragada S, Akbay K et al (2013) Automated bed assignments in a complex and dynamic hospital environment. Interfaces 43(5):435–448

Tsai P, Lin F (2014) An application of multi-attribute value theory to patient-bed assignment in hospital admission management: an empirical study. J Healthc Eng 5(4):439–456

Yevseyeva I, Miettinen K, Räsänen P (2008) Verbal ordinal classification with multicriteria decision aiding. Eur J Oper Res 185(3):964–983

Yoon KP, Hwang C (1995) Multiple attribute decision making: an introduction, vol 104. Sage Publications, Thousand Oaks

第 16 章
MCDA 在医疗卫生领域中的最佳实践

Lawrence D. Philips

摘要

  本章对决策理论进行简要概述,从一致偏好的四个显而易见的特征自然而然地引出保证决策的一致性所要考虑的三点:① 决策结果的效用;② 这些决策结果发生的可能性;③ 把效用和可能性结合起来作为行动指南的预期效用规则。扩展这一理论来适应评估备选方案价值的多条准则,这一点提供了把准则上的价值联合起来的简单加权规则,并满足了决策一致性的目标。这一简单规则为多准则决策分析(MCDA)奠定了基础。应用于医疗卫生领域,MCDA 既要顾及可测量的数据,也要考虑对数据的主观判断,后者通常代表着临床决断或患者的偏好。

  本章描述了开展 MCDA 模型的八个步骤的框架,该框架用于制定十六条最佳实践原则,聚焦点是创立一个能促进小组互动的模型。以团队形式工作能使团队辨别出最基本的准则集合,根据这些准则,团队可以获得评估备选方案的技术。总体目标是要建立一个能够最好地反映当前知识和判断状态的模型,这一模型能够使不确定因素和不同观点得以探讨,从而支持并谨慎地得出最终决策。

16.1 引言

  MCDA 意味着众口难调,但无论如何阐述,由于目标间存在矛盾,因而没有哪一条决

L.D. Phillips

London School of Economics and Political Science,London,UK

e-mail: larry_phillips@msn.com

策在所有方面都可以得到最佳结果，因此，所有的方法都是用来改善决策质量的。然而，MCDA更深层次的价值在于，当建模是通过一群博学的关键人物参与的引导式研讨会来开展时，该流程使得参与者能就该问题的理解达成一致，形成共同目标，并就未来方向达成一致意见（Phillips，2007；Franco和Montibeller，2010）。简单来讲，这个流程使得参与者能齐心协力，但同时又能够保留重要的差异性。

两位社会学家，Charles Kepner和Benjamin Tregoe，在他们的1965年的书《理性管理者》（Kepner和Tregoe，1965）中，阐述了机构管理者在使用书中描述的结构化流程后的好处。《理性管理者》的第六章列出了两位社会学家称之为"决策分析"的流程的步骤，他们用这概念来描述他们解决问题和制定决策的方法：

（1）设定要选择的目标；

（2）根据重要程度对目标分类；

（3）建立候选项以供选择；

（4）根据目标来评估候选项以作抉择；

（5）选择最佳的候选项作为暂定决策；

（6）评估决策的不良后果；

（7）控制最终决策的影响。

35年后，英国政府在2000年发布的《多重准则决策：指南》（Dodgson等，2000）中描述的MCDA步骤如下：

（1）建立决策情景；

（2）确定有待评估的选项；

（3）确定目标和准则；

（4）对每个选项就每条准则打分；

（5）对每条准则赋予权重以反映相应的重要程度；

（6）结合权重和分数；

（7）检验结果；

（8）开展敏感性分析。

尽管某些条目存在差别，但两者都关注多重目标，都涉及把选项依照准则打分，把不确定性包含在打分流程和对准则施加的权重里，因此看起来35年间定义似乎变化不大。但实际上，沧海桑田，其在医疗卫生中的应用也直到最近才开始。然而正如Marsh等人在其最近的综述中所言，"MCDA方法和手段参差各异，应用的方法或医疗卫生决策或评估产品类型的共性很有限"（Marsh等，2014）。

这一章将触及一些关键的问题。让我们从 MCDA 相关理论的历史说起,这会有助于理解本章中阐述的最佳操作规范。沿着这个思路,我们将阐述 3 个关键原则。

16.2　决策理论

Frank Ramsey 是剑桥杰出的数学家、哲学家和经济学家,他在 1926 年引入了一致性概念,即概率可以反映个体信念的程度(Ramsey, 1926)。Johnvon Neumann 和 Oskar Morgenstern(1947)通过进一步充分发展 Ramsey 的理论,引入效用的概念,拓展了一致性的观点。Jimmie Savage 采取额外的步骤,无需假定的概率或者效用,仅从一致性偏好开始建立一套理论体系,并合乎逻辑地推导出概率和效用的概念,以及用于指导一致性决策的预期效用规则(Savage, 1954)。但"一致性偏好"是什么意思? 其对 MCDA 有什么重要性?

Savage 关于一致性偏好的原理体系是简洁的。最重要的四个原则是有序性、可传递性、优势、确定性。以下是我在尽可能保持 Savage 的完整阐述的前提下,对于一个假想的人的描述,其偏好满足以上四条原则:

(1)有序性。你偏好 A 甚于 B 或者偏好 B 甚于 A,或者认为两者难分伯仲。即使你不知道偏好本身,你只需要知晓偏好程度的排名。

(2)可传递性。如果你偏好 A 甚于 B,偏好 B 甚于 C,那么你偏好 A 甚于 C。任何形式的度量都要求这一条。

(3)优势。如果 A 行为的所有可能结果至少和 B 行为的所有结果一样好(从一种角度或者多种角度来看),那么 A 的结果优于 B,应该偏好 A 而不是 B。

(4)确定性。如果 A 和 B 的结果中有一种或多种是一样的,那么在选择 A 或 B 时,这些相同的结果应不予以考虑,因为无论你选择 A 还是 B,你一定会得到相同的结果。

原理体系只包括几条技术性的公理,正如候选项的清单必须是有限的,但是没有人对此提出质疑,因为他们在 Savage 实际应用的"局域"中并无异议,他们在预期未来时间中的决策或许能够被合理定义,这和他认为的"全局"大不同,所谓"全局"是由彼此关联的决策和可能发生的不确定的未来事件组成。迄今为止,包括 Savage 在内,没有人为一致性决策建立起完整的让人满意的"全局"方法。

实际上,人们违反上述公理的例子不难找到,但这并非重点。我们思考的是一个在某特定场合中的真实的人,他/她想要做出决策且其目标和决策不相矛盾。比方说,你不会对一场赛马的结果下赌注说,无论哪一匹马胜出,自己都会输钱(在这里要对我的荷兰同事道歉,这种类型的赌博在说英语的国度中被称为"荷兰赌",我理解你们把它称为"英式赌")。因为那些公理不太管用,那么很自然地会有人问,是否有这样的原则,人们遵循后荷兰赌就不会发生? 例如,有些时候人们不太清楚自己的偏好,因而可能会违反第一条公理。

　　什么才是管用的? 答案是"定理":这些定理指明我们应该考虑如下方面:① 结果的效用;② 实现这些结果的概率;③ 预期的效用规则——选择具有最高"预期"(加权平均)效用的行动步骤。这三条原理对于决策制定的重要性,相当于牛顿三定律对于理解物体运动的重要性。但是有人会说,处于决策核心的这三条定理和牛顿三定律并不相同,后者适用于现实世界。答案是,牛顿定律其实适用于理想物体,这种物体的质量集中在一点并在真空中运动,然而定律也同样适用于现实世界非常复杂的物理体系。类似地,一致性偏好的定理能用来构筑"局域"模型,使决策者能作出有效的决策,但是概率的计算和效用的数学描述限制了我们应用定理的自由度,正如牛顿三定律中力、质量和加速度之间的关系限制了物理实体的运动。

　　Savage 的定理蕴含在公理中,但这一蕴含关系也可以从别的方向来看:定理也蕴含着公理(虽然不是唯一的,即相似的一致性偏好的公理也会导出相同的定理)。因此,即使是偏好可能并不一致的人们,也完全可以让他们参与进来建立一个决策理论模型,该模型可以在流程上帮助他们构建一致性偏好,使得他们的决策与目标互相吻合。

16.3　决策分析

　　Raiffa 和 Schlaifer(1961)于 1961 年出版了《应用统计决策论》,自此之后,随着决策理论在 20 世纪六七十年代演变为应用技术,上一节提到的限制变得更显而易见。Ron Howard 创造了决策理论的一种系统分析手段,称之为"决策分析"(Howard,1966),很明显,他不知道 Kepner 和 Tregoe 一年前已经提出了这个术语。Raiffa 在 1968 年出版的著作,《决策分析》(Raifa,1968)以及 Schlaifer 在 1969 年出版的著作《不确定性的决策分析》(Schlaifer,1969)(附带一份知识性的指导手册、计算机程序手册和哈佛团队的案例研究,是一项令人震惊的智力成就)中,巨细无遗地阐释了这项新技术如何用于协助决策的制定。

　　1976 年,不确定性的建模的关注点增大,包括了多重目标下的决策制定,如 Howard

Raiffa 当时的学生 Ralph Keeney,把 Raiffa 1969 年的 RAND 公司报告《多属性候选项的偏好》(Raiffa,1969)转变为一份完整的阐述报告,内容即是我们现在所知的 Kenney-Raiffa MCDA。通过拓展一致性偏好的公理,他们展示了如何在分析里兼顾多个冲突的目标以及不确定性和风险,建立了最佳实践原则(Keeney 和 Raiffa,1976)。诸如MACBETH、PAPRIKA、离散选择实验、联合分析以及层次分析法等都使用了优序或等级测量步骤,然而预期效用或者价值计算需要用到间隔或者比率测度,这两者在不确定性条件下联结了 MCDA 和决策制定。我之所以选择 MCDA 来定义最佳实践方法,是基于它的普适性(泛用性)、完整性以及在 Savage 公理中坚实的理论基础。这并非说其他的方法没用,而是那些方法可能更易于使用并且能产生有用的结果,但是和所有模型一样,他们在有效性、范围和适用性上都是有限的。

一个 MCDA 模型通常是在一个研讨会中创建的,与会者是代表着议题各方的核心参与者。研讨会的一种形式是决策会议(Phillips,2007),其中,公正无私的主持人指导创立模型的流程,领导和成员填充模型的内容。流程和内容分别由不同的人来负责,这一点使得快速建立和探究模型成为可能,通常创立模型需要 1 到 3 天,但对于复杂问题,创立后有可能亟需细化改进,并常常通过一系列的研讨会来实现。要提交最佳的实践原则,需要一整套研讨会。

大多数多准则方法有个标志性特点,即有一个过程,先是根据准则对选项(项目、方案、策略、系统等)进行打分,然后把准则加权以实现不同准则的不同度量(即一个准则一把尺子),最后把加权的分数结合起来给出选项的总体优序。Dodgson 等(2000)的综述简要地回顾了多重准则分析的多种形式,Belton 和 Stewart(2002)加以详细的解释。Dodgson 等(2000)觉得在英国建立政策的最恰当手段是 Keeney-Raiffa MCDA。本章开头的八步流程被随后的 16 条最佳实践原则进一步定义和详细阐述。一以贯之,目的是创立一个"必备"决策模型,它在形式和内容上都足够有效,以解决手头的问题。

16.4　建立决策情境的原则

原则 1:定义问题的界限

Savage(1954)的观点是:偏好的一致性是有界限的;我们只能在一个已经定义的"局域"里应对一致性。换句话说,一致性总是有条件的,落在我们假设的决策情境限制里。例如,某组织中,部门预算的效用函数通常比公司的效用函数显示出更多的风险规避。出现这种一致性的部分原因是,该部门在总预算中的比例要小得多,以至于它的效用函数在公司效用函数范围内几乎都是线性的。另一个相关的原因出自"公地困境"(Hardin,1968):各个部门选择(对于自己部门)最大化效用的行动不一定能使得组织整体的效用最大化。对于"全局"而言,什么才是"最佳"呢?用 Savage 的术语来说,这个最佳不是"局域"最佳的简单相加。这个问题的出现是由于没有纳入权衡取舍,该举措考虑机会成本,以及"局域""全局"对待风险态度的不兼容性。这是卫生技术评估组织中一个严肃的问题,因为没有哪种通用的、可替代的测量健康结果的方法可以被不同的"局域"接受。

原则 2:确认目的和关键参与者

决策内容的更深层面涉及确认利益相关者和将在研讨会中充当顾问或与会者的关键参与人。后者包括专家和其他能对分析作出积极贡献的人员;他们不一定非得是利益相关者,即那些会被决策结果影响到的人。把那些会拒绝研讨会建议的人考虑进来,这一点也很重要。部长们和其他人可能无法参加评估研究,但是其观点可以由他们的代表人来传达。另外,在研讨会召开之前,对于主持人而言,以下是明智之举:与提案者接触以确定关键参与者、拟定研讨会的目标、勾勒出研讨会的主要任务以及告知受邀与会者要做的准备。在研讨会开始前,这些内容以"邀请笔记"形式发送给与会者,这能建立与会者的期望并确保高度的积极性和参与度。对于大多数医疗卫生实践,把临床医师请进来是尤为重要的,临床医师关于患者的经验对于评估测量数据的临床价值具有较高的重要性。

原则 3:集体探讨内容和问题

在研讨会的开始阶段,在完成对会议目标的介绍和重申之后,主持人要求集体讨论议题,特别是对达成目标有重要性的议题。根据与会者的回应和主持人的提示能够建立起相关的内部或者外部影响:政治的、经济的、社会的、技术的、环境的和法律的(PESTEL)因素;或者组织的任务(为什么我们会在这里),或者核心价值(我们真正关心的是什么);任何一点都会影响 MCDA 模型,内容尤其会为后续的价值判断提供意义。

16.5　确认选项的原则

第二步(确认选项)和第三步(确认目标及准则)是可以互换的。如果给出了选项,向小组提问目标。如果给出了目标,则提问选项。当目标和选项都模糊不清时,目标和选项的讨论就变成恰当的反复思考的过程;每一条都会影响另一条。我们从选项讲起。

原则 4:建立一套定义清晰的选项要素集

当选项已经明明白白或者一开始确认了,主持人可以提问现有资源是否有其他用处,即其他的决策机会。预算的限制经常有碍于考虑新的选项,所以主持人可以鼓励与会者抛开预算,进行天马行空的思考。这可能是寻找更好的现有资源配置替代方案的一个重要步骤,这可能直到 MCDA 较晚的阶段才能从 MCDA 模型中得出。鼓励(评估)小组创造双赢选项有助于避免零和论点,这种论点经常由焦虑的与会者提出。即使"维持现状"或者"什么也不做"并不实际可行,也要把它们列入选项,充当后续阶段中评估附加价值的参考基准点。每个选项应该被定义得清晰明白。在 MCDA 中,和决策树不同,选项并非是互斥的。它们可以是决策、策略、政策、子系统、项目、程序或者任何其他能够达成目标的东西。

16.6　确认目标和准则的原则

所谓目标,是未来某个阶段渴求的最终状态,通过识别和定义可测量目标的准则(或者参数)来进行操作。例如,"减轻痛苦"是目标,而"减弱疾病严重程度"是可以测量的准则。两者的特点是都可表示为一个动词和一个名词。

原则 5:建立一套定义清晰的,可操作的准则要素集

最近 Bond 等人(2010)的研究表明,个体能够纳入思考的目标个数是有限的,个体能够搞清楚的目标也受限于思考的广度和深度。他们发现在过程开始阶段提供基于分类的提示做法,不如在要求个体扩展其清单之后才给出提示。比方说,药物滥用顾问委员会主席向讨论"危害"含义的成员建言，他们把危害分为生理危害、心理危害以及社会危害，并划分为对使用者的危害和对他人的危害。这些分类作为提示，有助于危害准则讨论的条理化，并导出总共16条准则（药物滥用顾问委员会，2010）。

一条准则的定义应该是可操作的，即每个候选项的效果应该根据该准则来判定或者测量，而且结果应该在偏好上是单向的（相比于中等效果，要么偏好更强的效果，要么偏好更弱的）。

原则 6：确保各准则是简洁的

消除掉不必要的或者重复的准则。例如，监管机构通常会忽略轻微且不会影响到某新药决策的副作用，所以（关于这些副作用的准则）不会纳入考虑。又比如，在一个包含医生总体评价（PGA）的某新药应用评分系统中，患者牛皮癣的医生总体评价（PGA）可能会在这个评分系统中多次出现，监管者应该只考虑这些重复项中的一个。

原则 7：确保单条准则内或者多条准则间没有重复计算

确保每一个数据点在各准则之间、单条准则内出现且只出现一次。例如，存活月数的平均值、中位值和平均无疾病进展月数在这三条准则里重复计算了同样的数据点。但由于这些准则可能反映了某种不同的效果，因此可以都纳入一个 MCDA 模型里，但只能有一条是可操作的，这可以通过每三次运行模型时，每次把两条准则的权重设为 0（只让一条准则权重不为 0）来实现。

另外一个例子是重复计算患者。患者存活 12 个月、18 个月和 24 个月作为单独的准则，实际上会把（一些）患者重复计算；任何存活到较长期限的患者都能存活于较短时间。要么每次核算，只有一条准则赋予非零权限，或者这三条权限应该以合适的频率分布来呈现：12～17 个月，18～23 个月和 24 个月及以上。

原则 8：确保准则之间偏好独立

候选项在任何一条准则里的偏好顺序不会受到来自其他任何准则的偏好顺序的影响，反之亦然。这个情况比统计上的独立要弱。各条准则的得分通常在准则间存在统计关联，但是高的关联度可能意味着违反了偏好独立性。如果与会者要求阅览 Y

准则上的分数,然而根据准则 X 来评分,这就意味着违反了本条原则。如果少了这条原则,那很可能(但不保证)意味着缺乏偏好的相互独立性。对于任何加权平均模型,如果加权分数要明确无误,这一条要求必须要满足。如果准则是偏好独立的,统计相关性并不重要,这是较弱的要求。

原则 9:在选项和目标间循环迭代,创立各自的要素集

更具代表性的是,因为最开始无论选项或者目标都还没明确建立起来,在两者之间反复循环是有益处的。以价值为焦点思考(Keeney,1992):对你的价值观要清楚(你在乎什么),想象期望的和不期望的健康结果,形成你的目标(动词和名词),以及把结果(你的最终目标)和方法分离开来,这些一起服务于创立合意的候选项。

16.7　对选项评分的原则

评分的目的在于把得到的测量结果转变为偏好值,第一步是建立一个单一、共同的度量办法,它能够使所有选项在多条准则下可以统一地比较。在这一阶段,选项的结果被表达为测量值;这些通常是来自现实世界的测量,虽然也可能是直接根据偏好判定的。接下来要确立一个以测量值为输入的价值函数,价值被定义为结果距离目标的距离。价值函数可以是线性的,但在医疗卫生领域有时是非线性的。对增加 20 年寿命的渴求程度是增加 10 年的 2 倍吗? 很可能不是,并且这个价值函数也依赖于人的年龄。注意,对选项的评分需要给定准则下每个单独选项的数据和判断。MCDA 的输入选项之间不存在差异;选项间的加权差别以输出呈现,然而对于其他方法,例如成本-效益分析,则是作为输入。有时候数据可能缺失,或者以定性的形式呈现,这种情况下直接评估偏好值,优先用集体直觉来使个体评估的偏差最小化。公开发表的数据都过于频繁地报道胜率或者风险率,而没有关于比率分子和分母的足够信息。除非其中一个或者另一个在所有选项中都相等,否则不可能从这些比率中得到偏好(排行)。在 MCDA 中每个选项都需要分开测量。

原则 10:确保评估者理解偏好标度的类型和意义

在卫生体系内,选项常常是干预,并且预期干预的结果能够以良性影响的形式提供附加价值,表现为不良影响的损失控制在一个合理的值以下。在 MCDA 中有三种类型的标度:绝对值,比值和相对值。三者在标度的原点和测量单位上有差别。在测量理论(Krantz 等,1971)中,计数是一个绝对标度;而原点,零点,意味着被计数的属性缺失,每次的计数都是一个整数,例如出现良好效果或不良效果的患者的数量,通常被报道为占患者总数的比例。对于比值标度而言,原点也是零,也有相同的含义,例如,测量实施某个疗法后,可感知到的痛苦减轻速度,如果痛苦完全没有变轻,那么(疗法减轻痛苦)评分为零。标度单位因选择而异,测量时间可以按分钟或小时算。对于

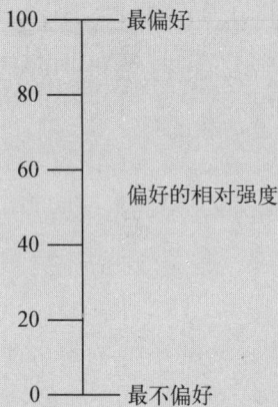

相对标度,原点和单位都随选择而异,正如测量温度时水在海平面的沸点和凝固点提供了两个基准点,在华氏温标中是212 度和 32 度,在摄氏温标中是 100 度和 0 度。MCDA 中的价值标度通常定义为相对标度,选择基准点时要使标度能覆盖到现实数据的范围,如同在一个适宜居住的房间里放置的温度计测得的温度应该落在合理的范围内。把价值标度画在讲解板上是很有用的,可以让与会者领会数字代表的偏好强度,如 100 和 0 意味着什么,如图 16.1 所示的相对标度(某些建模者使用从 0 到 1.0 的价值标度,但是 0~100 标度避免了小数点,也避免了与概率相混淆)。

图 16.1 相对偏好标度

选择何种标度之所以重要,是因为这一选择提供了以下内容的指导,如定义标度的参考基准点,用于评估偏好价值时阐释其含义,并确定与标度类型一致的一致性检验的类型(见原则 11)。这一选择也使得加权偏好价值能得到恰当的阐释,正如下文关于阐释结果的原则中所述。例如,在对精神类药物危害的建模中,Nutt 等使用了比值标度,0 代表"没有危害",100 是每条准则里危害程度最高的药物(Nutt 等,2010)。对于模拟处方药来说,大多数PROTECT 风险收益团队(2015)使用相对标度,并事先定义效果的级别以涵盖效果的观测数值,如果有更多可用数据时则增删(标度范围)数值。范围太大会使评估权衡取舍的权重变得困难甚至不可行,这是因为不切实际的上限和下限超出了评估者的经验范围。一般来讲,100 可以代表着切实可行的最大效能,0 则是给定准则下可接受效能的最低值,而不是代表实际中测得的最好值和最差值。当 0~100 的标度被定义为输入的效能测量值的各种等级时,Belton 和 Stewart(2002)称之为"全局"标度("global" scale),在 V. I. S. A MCDA 软件中也是如此,而 Hiview 软件(LSE/Catalyze,2011)则称之为"固定"标度("fixed" scale)。

在某条准则的标度里定义两个点,最不偏好和最偏好的选项分别赋值为 0 和 100,这是建立相对标度的易于理解和简洁的方法,和预先建立标度范围的方法大不相同,这种方法的优势是使得专家的判断只集中于现有的有待考量的选项以及实际观察到的数据。这些标度被 Belton 和 Stewart 称为“局域”(local),在 Hiview 软件中称为“相对”(relative)。无论效能的测度是正是负,指出偏好的方向都很重要:数字更小或更大的选项才是更受偏好? 疼痛越少越受偏好,而发热越多越不受偏好。第 4 章给出了评分的额外信息。

原则 11:在对选项进行评分的过程中以及之后都要进行一致性检验

当评估使用比值标度时,一致性检验是最容易的。例如,若选项 A 的偏好价值是 100 而选项 B 是 50,那么主持人可以向集体提问,就当前考虑准则的效果而言,对 A 的渴望程度真的是 B 的两倍吗(主持人已经清楚地告知大家,“价值”是非货币层面意义的)。

对于相对标度,偏好价值上的差别是一致性检验的基础。例如,如果选项 A 得分 100,B 得分 80,而 C 得分 20,那么评估者可能注意到 B 和 C 之间偏好的差别为 60 分,是 A 和 B 之间差别的三倍。因为零点是任意选择的,所以不能说 B 是 C 的四倍。

16.8　对准则加权的原则

权重是代表偏好值里权衡取舍的标度常数;权重使得 MCDA“局域”内所有准则偏好值的单位相同(使得一个选项在不同准则下的得分可以互相公平比较)。为了使各个“局域”中偏好值的单位都统一,例如系统水平的医疗卫生决策,需要在各“局域”间根据关键准则来判断权衡取舍,这个方法在 MCDA 中已经很完善,例如在一个医院里各个科室间的资源配置(Kleinmuntz,2007)。这个权重是相对测度值,反映了一个价值标度下某个固定的偏好值的差别对应(等价)于另外一个价值标度下多大的偏好值差别。比方说,华氏和摄氏温标,从 0 度到 100 度,摄氏温标的这个范围(代表的温度区间)比华氏温标的要大,因此 9 个华氏度(的区间)等同于 5 个摄氏度(的区间)。

原则 12:确保在评估价值的权衡取舍时考虑到比较范围

一种常见的对权重的误解是,权重反映了准则的重要程度;这只对了一半。在一个标度上,从最不偏好到最偏好的范围也是考虑的结果,权重反映着这个范围的重要性。购买一辆汽车时,大多数人把价格作为一条重要的准则。然而,如果最贵的和最便宜的车价格相差不大,那么价格因素就不太重要了。差别较大就会被赋予更大的权重,除非购车者非常富有,这种情况下价格可能并不重要。关于如何得到权重的问题如下:这条准则下最不偏好的和最偏好的之间的差别有多大,你在多大程度上在乎这个差别? 问题的第一部分常常是关于硬数据的;第二部分可能是对患者附加价值的临床判断,这取决于医疗卫生环境。这就是为何一开始就要理解情景的重要性。

以下是一个简单的例子。想象你正遭受肌肉拉伤的痛苦并决定服用阿司匹林、布洛芬或者扑热息痛。下列三条准则中,你认为对你而言哪条最重要和最不重要:第一次疼痛减轻来临的速度、疼痛减缓的程度(在 2 小时内宣称疼痛至少减弱 50% 的患者的百分比)或者作用时长(50% 的患者需要再服药的时长)(注意,应用了原则 10)。在继续阅读之前,作出你的选择(为了方便说明,忽略副作用)。

这些数据是基于英国疼痛专家参与的两个研讨会的研究结果,包括他们赋予这三个准则的未归一化权重,如表 16.1 所示。

表 16.1　从数据到偏好值(括号中)的线性变换以及关于三种止痛药的三个准则的权重

	起效时间 (分钟)	患者疼痛 减弱的程度(%)	药效持续 时长(小时)	加权的 偏好值
阿司匹林	50(20)	20(0)	5.0(67)	16
布洛芬	55(0)	48(100)	5.5(100)	47
扑热息痛	30(100)	33(46)	4.0(0)	71
未归一化权重	100	75	15	
归一化权重	0.53	0.39	0.08	

总体来看,扑热息痛的加权偏好值最高,这很大程度上得益于它的见效速度,这一条准则加权比例最大,这条准则的评分基准点是从 30 分钟到 55 分钟。虽然布洛芬疼痛减弱程度更高,但见效速度慢了 25 分钟,并且三种药物的药效持续时长的范围差异较小,仅仅相差 1.5 小时,导致该条准则的权重较低。你可能并不同意这些权重,但获取权重时要考虑数据范围,这个例子为此提供了充分的理由。

原则 13:要简单

实行可操作的问题并非一成不变的,对某些团队适用的不一定对其他团队同样适用。有时候要求评估者想象一个假想的在所有准则上拿到零分的选项,然后请团体来决定哪一条准则选项由最不偏好变为最偏好时,整体的偏好价值增加的最多。这就树立了一个标准:每次根据最不偏好到最偏好的较大改变来比较每一条准则的范围。这是成对比较方法的一个例子,该方法基于 Thurstone(1959)在 1927 年首次提出的可比较判断法则,由于它是获取可靠有效判断的最简单方法,目前仍广泛应用于心理学。

下列有关于见效时间和痛苦减轻程度(两种判据)的联合方式,哪一种方式更好? 这样的提问是另外一种有用的成对比较方法。

- 选项 A:30 分钟见效,减弱患者 20%的痛苦
- 选项 B:55 分钟见效,减弱患者 48%的痛苦

如果选了 A,那么见效时间的范围被视作更重要;若选 B,则减轻疼痛的程度更重要。接下来,继续比较高权重准则的范围和剩余准则的范围,直到最大范围(重要的)也被确定。把权重 100 赋予拥有最大范围的重要准则,然后在剩下的准则里通过成对比较来确立权重。这种做法和联合分析(Johnson,2006)的相似性应该是很明显的。当偏好价值的标度之间有统计关联时,最佳-最差/最差-最佳流程不太管用,这种情况在卫生体系内很常见。回答者很可能说选项是一种联合而来的东西,因为从未在世上出现过,所以他们不能想象。关于这种手段的更多内容可见第四章。

由于权重是比值,你可以问关于一致性检验的问题,例如,一个大小为 60 的权重和一个大小为 30 的权重相比,为同样的范围施加了两倍的偏好值。在评估流程中作那样的比较是很明智的,结果总归是把权重(同比)缩减到可以和 100 相比较的大小,这在很大程度上是由于评估者一开始把什么因素都想得很重要,直到引入了新增的超出范围的价值。表 16.1 用于说明疼痛缓解和药效持续时间的附加偏好值(75 + 15)被判断为疼痛缓解范围内附加价值的 90%。最后,由于主观判断是权重的来源,那么把利益相关者引进到判断过程中是能提供很多信息的。这是一开始就要说清楚模型的目的的另外一个原因。第四章提供了其他加权的手段。

16.9　计算加权分数的原则

无论 MCDA 的输入是什么,是分数和权重抑或是成对差异的排名,把它们联合起来

的都是算法或者数学公式。当完成评分和加权以后,结果不就显而易见了吗? 为什么合二为一的过程不能按直觉完成? 这个问题的答案 60 年前就已为人所知,即临床心理学家 Paul Meehl 于 1954 年发表的专著《临床和统计预测》(Meehl,1996),当时在临床心理学界掀起了轩然大波。Meehl 发现,在他能在文献中找到的 20 项研究中,简单、线性、可加模型始终优于临床对行为的预测。他认为问题在于多个数据碎片的集成而不是对这些数据块的判断。在众多后续跟进的研究中,Phillips 等(1966)比较了判断和整合不确定的数据的多种方法,他们的发现支持了 Meehl 的结论。如今,有超过 200 项已经发表的研究,结论依然成立。实际上,Kahneman 在《思考,快与慢》(Kahneman,2011)一书中用了整整一章来讨论这一话题。所以,最佳的实践原则是要简单。

> **原则 14: 使用算法来整合论据和判断**
>
> 对于大多数 MCDA 模型来说,算法只是简单地把每个偏好值乘以准则权重,然后对所有准则求和。这种简单的加权附加模型适用于准则被认定为相互偏好独立的情形。Keeney 和 Raiffa(1976)提供了数学方法,可用于没有满足相互偏好独立的情形。这种数学方法依然简单,但额外的评估往往更加困难,所以大多数决策分析师会建议重新定义准则,使得互相独立得到满足。其他人则忽略这一点,声称使用这更复杂的模型其实收益不大。

应用层次分析法(AHP)并不需要分离的偏好值和权重。AHP 的输入是矩阵,使用代表差异的 9 点标度来描述成对比较结果,矩阵由成对比较结果生成。用于这些矩阵的数学是基于矩阵代数,不是预期效用或加权值模型,所以它可能违反一致性偏好的公理(Belton 和 Gear,1983),并遭到了 Dyer 的批判(Dyer,1990),Dyer 认为,从 AHP 中输出的权重是"随意"的。联合分析和离散选择实验也把偏好值和权重合并起来,这在某些场合下可能是高效的。MCDA 具有把这两项分开的额外能力,使得数据专家能够予以评分,决策制定者也能更好地理解权重背后的权衡取舍。

16.10 检验结果的原则

检验结果要先把全部选项排序(正如表 16.1 里最右边的一列)。然后,总体效益要和总体成本或风险比较,抑或是一系列效益和另一系列效益作比较。这几种做法中的每一种都可以用一个二维图来表示,这个图通过显示效率边界,给出了一个清晰的图形来建立选项间的优势关系。选项的成对比较结果说明了每一对中每个成员的相对优势和劣势。关于该种图形展示输入和结果的细节调查可以参见 IMI‐PROTECT 项目的两个主要报告(Mt-Isa 等,2013a,b)。

原则 15:依靠软件来提供图片和表格以展示结果

若要最好地实践,以下是几条指南:

(1) 相对标度的输入数据以温度计的形式展现是最好的(使得值的差异看起来更直观;比值不能这样展示),而比值标度的数据用水平条形图来展示则更有用处(这种形式使得分数的比值更突出)。

(2) 垂直(或水平)堆积条形图也很适用于展示价值树各个节点的总体加权分数,每个条形柱的各个分区给出了低一级组分的加权贡献。

(3) MCDA 选项-评估模型的 X‐Y 散点图表现了任意两条准则的效率边界。关于优先级和资源配置的 MCDA 模型的效率边界,能根据成本-效益比值的顺序展示投资选项,因而能够帮助决策制定者"驾驭"一个可行的解决方案,使其达到或接近效率边界(Phillips 和 Banae Costa,2007)。

(4) 差异显示和瀑布图可有效运用于把一个选项和另一个选项在每条准则上的比较。

16.11　敏感性分析和场景分析的原则

敏感性分析提供了用于分析数据精确度和输入分数、价值函数、权重的不同对最终结果的影响效果的方法。MCDA 对输入精度的敏感性非常低,这一主题非常重要以至在 von Winterfeldt 和 Edward(1986)的著作中占据了整个第 11 章。因为这种不敏感性,有可能发生这样的情况,即关键参与者同意最佳选项而不同意输入的精确值。场景分析提供了"如果……该……"这种形式的分析:当获得了更多数据或情形变化时,把分数和权重联合起来可能更为合适。这可以成为测试是否需要搜集额外数据的有用办法——如果不会改变最终结果,那么搜集额外数据是没有意义的。敏感度分析以线形图形式呈现,每条线代表一个选项。

> **原则 16：用敏感性分析和场景分析来考察结论的可靠程度**
>
> 这些方法在 MCDA 建模里经常用于考察结果的不确定性。正如本章开篇所提到的，MCDA 也受概率的影响，这能提供处理不确定性的另一个方法：通过预期值或效用规则的应用。关于这种方法的更多信息见第五章。

一个 MCDA 的最终目标是提供行动的指南，而不是给出"正确答案"，认识到这一点是很重要的。MCDA 模型有助于刺激创造性思考，深化视野并借助结构使思考透彻。通常先构建一个初始的粗糙模型，主要依靠专家的判断以及与会者扮演各种角色来得出哪些领域需要更多工作。这将后续的重点放在那些对获得一致结果至关重要的方面并指导数据收集的过程。

应用这些原则来创立一个 MCDA 框架并得出一个模型，该模型真正代表着一组专家的集体智慧，并且可以由另一组专家重复得出。这一论点已经于 2013 年被欧盟对 2010 年英国的药物损害研究（van Amsterdam 等，2015）的重现所证实。这两项研究中的最终加权偏好价值的关联度高达 0.993，但研究者来自两个不同的专家团队，改变 10% 的分数并重新获取权重，使用相同的准则，结果非常出乎意料。进一步的研究应该寻找机会来确认其他设定条件下 MCDA 建模的这一"最佳实践"能力。

16.12　结论

某些批评家提出反对意见，即 MCDA 仅仅是一个搜集观点和个人判断的流程，并无资格被视为一种适宜的科学方法。我们已经见识过，MCDA 基于一个公理的理论，该理论在一个前提下导出了预期效用和加权效用，这个前提是决策制定者关心如何制定不自相矛盾的决策。结果得到了一个结论：医疗卫生的要素通常是可以测量的数据和主观的判断，后者代表着临床判断。对于很多专家而言，首要困难是把这些判断用明确的、量化的价值函数和准则权重表达出来，但我已经发现，温和耐心的协助通常很受欢迎，那些适应得快的人，在很短时间内就已经把用数字来表达自己当成第二天性，对其他人说"不要胡扯，我们要数字"。把某人关于临床价值的直觉表达为偏好评分，或者把临床相关性表达为数值权重，或者把不确定性表达为概率，而学习这些都需要时间。

当数据比较稀缺时，比如说药物危害，要特别小心根据什么来打分。例如，在最初的关于六种止痛药的决策会议中,专家们提供了三种良性药效和一种不良药效(不良皮肤反应)的数据。但是他们对剩下七种不良药效的哪一种都不能很好地展开研究(令人震惊的事实是这么多年消耗了几十亿药片),所以他们对选项用 0 到 100 的偏好标度做了直接评估。为了做到这一点,他们依靠的是对药物的丰富经验、对药物作用机制的了解、对疼痛理论的认知和其他考量因素,所有这些都通过公开讨论从而达成一致。组成 MCDA 模型输入的是带有丰富信息的判断,而非选项。

当数据可用时,就用数据。如果数据稀缺,那么就作出判断,但是判断要用预先定义的标度,标度有两个清晰定义的基准点。这使得专家得到有意义的相对值和权重,用一致性检验来确保几个选项和准则权重的相对分数是经得起推敲的。公正的引导有助于使信息合乎法度,无论信息来自何处,确保所有专家能畅所欲言。选择与会者时,要能代表当前主题的多种呼声(兼听则明),在评分和加权的阶段,同行评议是最为严格的,与会者要以数值形式表达他们的判断。专家之间意见不合是很常见的,但是赋予数值则常常反映了观点差异,该差异折射出每个人的以往经历。在研讨会里分享这一经历,提供了学习机会,使模型得以建立。重点是要创立一个能代表当前专家群体知识和判断状态的模型,这有助于最终结果的有效性和可靠性。

致谢

我受惠于 Kevin Marsh,Mireille Goetghebeur,Praveen Thokala 和 Rob Baltussen 对初稿的宝贵评论,以及 2015 年 6 月本书各章作者参与的会议中各位同伴的建议。这些评论和建议使我关于应对多准则所用的诸多方法的讨论更具广度、深度,说理也更透彻。

参考文献

Advisory Council on the Misuse of Drugs (2010) Consideration of the use of multi-criteria decision analysis in drug harm decision making. Home Office, London

Belton V, Gear AE (1983) On a short-coming of Saaty's method of analytic hierarchies. Omega 11(3):228–230

Belton V, Stewart TJ (2002) Multiple criteria decision analysis: an integrated approach. Kluwer Academic Publishers, Boston/Dordrecht/London

Bond SD, Carlson KA, Keeney R (2010) Improving the generation of decision objectives. Decis

Anal 7(3):238–255

Dodgson J, Spackman M, Pearman A, Phillips L (2000) Multi-criteria analysis: a manual. London: Department of the Environment, Transport and the Regions, republished 2009 by the Department for Communities and Local Government

Dyer JS (1990) Remarks on the analytic hierarchy process. Manage Sci 36(3):249–258

Franco LA, Montibeller G (2010) Facilitated modelling in operational research. Eur J Oper Res 205(3):489–500

Hardin G (1968) The tragedy of the commons. Science 162:1243–1248

Howard RA (1966) Decision analysis: applied decision theory. In: Hertz DB, Melese J (eds) Proceedings of the fourth international conference on operational research. Wiley-Interscience, New York, pp 55–71

Johnson FR (2006) Measuring conjoint stated preferences for pharmaceuticals: a brief introduction. RTI Health Solutions, Research Triangle Park

Kahneman D (2011) Thinking, fast and slow. Allen Lane, London

Keeney RL (1992) Value-focused thinking: a path to creative decisionmaking. Harvard University Press, Cambridge

Keeney RL, Raiffa H (1976) Decisions with multiple objectives: preferences and value tradeoffs. John Wiley, New York

Kepner CH, Tregoe BB (1965) The rational manager. Kepner-Tregoe, Princeton

Kleinmuntz DN (2007) Resource allocation decisions. In: Edwards W, Miles RF Jr, Von Winterfeldt D (eds) Advances in decision analysis: from foundations to applications. Cambridge University Press, Cambridge, pp 400–418

Krantz DH, Luce RD, Suppes P, Tveresky A (1971) Foundations of measurement. Academic, San Diego/London

LSE/Catalyze (2011) Hiview3 starter guide. Catalyze Ltd, Winchester

Marsh K, Lanitis T, Neasham D, Orfanos P, Caro J (2014) Assessing the value of healthcare interventions using multi-criteria decision analysis: a review of the literature. Pharmacoeconomics 32(4):345–365

Meehl PE (1996) Clinical versus statistical prediction: a theoretical analysis and a review of the evidence. Jason Aronson; Original 1954 edition, University of Minnesota Press, Northvale

Mt-Isa S, Peters R, Phillips LD, Chan K, Hockley KS, Wang N et al (2013a) Review of visualisation methods for the representation of benefit-risk assessment of medication: stage 1 of 2. PROTECT Consortium, London

Mt-Isa S, Hallgreen CE, Asiimwe A, Downey G, Genov G, Hermann R et al (2013b) Review of visualisation methods for the representation of benefit-risk assessment of medication: stage 2 of 2. PROTECT Consortium, London

Nutt DJ, King LA, Phillips LD, on behalf of the Independent Scientific Committee on Drugs (2010) Drug harms in the UK: a multicriteria decision analysis. Lancet 376:1558–1565

Phillips LD (1984) A theory of requisite decision models. Acta Psychol (Amst) 56:29–48

Phillips LD (2007) Decision conferencing. In: Edwards W, Miles RF, von Winterfeldt D (eds) Advances in decision analysis: from foundations to applications. Cambridge University Press, Cambridge

Phillips LD, Bana e Costa CA (2007) Transparent prioritisation, budgeting and resource allocation with multi-criteria decision analysis and decision conferencing. Ann Oper Res 154(1):51–68

Phillips LD, Hays WL, Edwards W (1966) Conservatism in complex probabilistic inference. IEEE Trans Hum Factors Electron HFE-7:7–18

PROTECT Benefit-Risk Project. PROTECT Benefit-Risk website. 2015. Cited; Available from: PROTECTBenefitRisk.eu

Raiffa H (1968) Decision analysis. Addison-Wesley, Reading

Raiffa H (1969) Preferences for multi-attributed alternatives. Santa Monica: The RAND Corporation. Report No.: RM-5868-DOT/RC

Raiffa H, Schlaifer R (1961) Applied statistical decision theory. Harvard University Press, Cambridge

Ramsey FP (1926) Truth and probability. Published 1931 in. The foundations of mathematics and other logical essays, Ch VII: edited by R.B. Braithwaite, Kegan, Paul, Trench, Trubner & Co., London/Harcourt, Brace and Company, New York. 1999 electronic edition. pp 156–198

Savage LJ (1954) The foundations of statistics. 2nd edn, 1972. Dover ed. Wiley, New York

Schlaifer R (1969) Analysis of decisions under uncertainty. McGraw-Hill, New York

Thurstone LL (1959) The measurement of values. University of Chicago Press, Chicago

van Amsterdam J, Nutt D, Phillips L, van den Brink W (2015) European rating of drug harms. J Psychopharmacol 29(6):655–660

von Neumann J, Morgenstern O (1947) Theory of games and economic behavior, 2nd edn. Princeton University Press, Princeton

von Winterfeldt D, Edwards W (1986) Decision analysis and behavioral research. Cambridge University Press, Cambridge

术语对照表

A

adaptive conjoint analysis，ACA　自适应联合分析

accountability for reasonableness，A4R　合理问责

aggregation model　聚合模型

analytic network process，ANP　网络分析法

analytical hierarchy process，AHP　层次分析法

appraisal of guidelines research and evaluation，AGREE　指南研究与评价

B

benefit-risk assessment，BRA　收益风险评估

benefit-risk assessment model，BRAM　收益风险评估模型

budget impact analysis，BIA　预算影响分析

C

child health and nutrition research initiative，CHNRI　儿童健康和营养研究

clinical practice guidelines，CPG　临床实践指南

clusting　聚类

combined approach matrix，CAM　组合方法矩阵

comparative effectiveness research，CER　疗效比较研究

completeness　完备性

confidence bound　置信区间

cost-utility analysis，CUA　成本效用分析

D

data development analysis，DEA　数据包络分析

decision matrix　决策矩阵

decision makers　决策者

direct rating scale　直接评分法

discrete choice experiment，DCE　离散选择实验

dominance-based rough set approach，DRSA　基于优势地位的粗糙集法

Drug Reimbursement Committee，DRC　药物报销委员会

E

elimination et choice translating reality，ELECTRE　淘汰选择法

error　误差

essential national health research，ENHR　国家基本卫生研究

European Medicines Agency，EMA　欧洲药品管理局

evidence and value：impact on decision making，EVIDEM　证据与价值对决策的影响

evidence-based medicine，EBM　循证医学

F

Food and Drug Administration，FDA　食品药品监督管理局

G

goal programming　目标规划

H

health England leading prioritisation，HELP　英国卫生主导性优先权

Health technology assessment，HTA　卫生技术评估

health-related quality of life，HRQoL　健康相关生命质量

heterogeneity　异质性

hierarchical value tree　分层价值树

homogeneity　同质性

I

incremental cost-efftiveness ratio，ICER　增量成本-效果比

International Society for Pharmacoeconomics and Outcomes Reserach，ISPOR　国际
药物经济学与结果研究学会

M

measuring attractiveness by a categorical based evaluation technique，MACBETH　通
过基于分类的评估技术来测量吸引力

messy problem　混杂问题

Ministry of Health，MoH　卫生部

multi-attribute utility theory，MAUT　多属性效用理论

multi-attribute value theory，MAVT　多属性价值理论

multi-criteria decision analysis，MCDA　多准则决策分析

multi-criteria portfolio analysis，MCPA　多准则组合分析

multi-criteria value model，MCVM　多准则价值模型

N

National Health Service，NHS　国家卫生服务体系

National Institute for Health and Care Excellence，NICE　国家卫生与临床优化研
究所

Netherlands organization for scientific research，NWO　荷兰科学研究组织

nonselective nonsteroidal anti-inflammatory drugs，NSAID　非选择性非甾体抗炎药

nonredundancy　非冗余性

O

outranking　优序法

P

partial preference function　边际偏好函数

partial value function　偏价值函数

participants，interventions，comparisons，outcomes，PICO　对象,干预,对照,结果

patient-reported outcomes，PRO 患者报告结果

physician's global assessment，PGA 医生总体评价

preference ranking organization methods for enrichment evaluations，PROMETHEE
偏好顺序结构评估排序法

preferences 偏好

programme budgeting and marginal analysis，PBMA 项目预算和边际分析

Q

quality-adjusted life year，QALY 质量调整生命年

R

rough set theory，RST 粗糙集理论

S

shared decision making，SDM 共同决策

simple multi-attribute rating technique，SMART 简单多属性评估技术

sociotechnical allocation of resources，Star 社会技术资源配置

stakeholders 利益相关者

stochastic multi-criteria acceptability analysis，SMAA 随机多准则可接受性分析

swing weight 摆幅权重法

T

technique for order preference by similarity to ideal solution，TOPSIS 逼近理想解排
序法

transitivity 传递性

U

utilitarianism 功利主义

V

value for money，VFM 货币价值

value judgment　价值判断

value measurement　价值测量

value trade-offs　价值取舍

variable interdependent parameters，VIP　变量依存参数

verbal decision analysis，VDA　文字决策分析

virtue ethics　美德伦理学

von Neumann-Morgenstern（expected utility theory），VNM　冯-诺依曼和摩根斯坦（期望效用理论）

W

weighted-sum　加权求和